도서출판 대장간은
쇠를 달구어 연장을 만들듯이
생각을 다듬어 기독교 가치관을
바르게 세우는 곳입니다.

대장간이란 이름에는
사라져가는 복음의 능력을 되살리고,
낡은 것을 새롭게 풀무질하며, 잘못된 것을
바로 세우겠다는 의지가 담겨져 있습니다.

www.daejanggan.org

누림강해시리즈 ❷
사무엘상 강해
사람의 왕, 하나님의 왕

지은이	곽면근
초판발행	2012년 2월 24일
펴낸이	배용하
책임편집	박민서
등록	제364-2008-000013호
펴낸곳	도서출판 대장간
	www.daejanggan.org
	대전광역시 동구 삼성동 285-16
	전화 (042) 673-7424 전송 (042) 623-1424
박은곳	경원인쇄
ISBN	978-89-7071-249-9

이 책은 저작권법에 의해 보호를 받는 출판물입니다.
기록된 형태의 허락 없이는 무단 전재와 복제를 금합니다.

 값 15,000원

곽면근 목사의 누림강해 시리즈 ②

사무엘상 강해

사람의 왕, 하나님의 왕

곽 면 근

차 례

서문 · · · · · · · · · · · · · · · 9

1. 여호와께서 그를 생각하신지라 〈사무엘상1:1~20〉 · · · · · · 13
2. 그러므로 나도 〈삼상1:21~2:11〉 · · · · · · · · 33
3. 은총을 더욱 받더라 〈삼상2:12~36〉 · · · · · · · · 51
4. 여호와께서 그와 함께 계셔서 〈삼상3:1~4:1〉 · · · · · · 69
5. 이르렀도다 or 떠났도다 〈삼상4:1~22〉 · · · · · · · 85
6. 인간을 받아주시는 하나님 〈삼상5:1~7:2〉 · · · · · · 102
7. 돌아오려거든 〈삼상7:3~17〉 · · · · · · · · · · 120
8. 너희를 다스릴 왕 〈삼상8:1~22〉 · · · · · · · · · 133
9. 지도자 or 왕 〈삼상9:15~10:13〉 · · · · · · · · 150
10. 내게 대하여 증거하라 〈삼상11:1~12:5〉 · · · · · · 168
11. 기뻐하신 고로 〈삼상12:6~25〉 · · · · · · · · · 186
12. 망령되이 행하였도다 〈삼상13:1~15〉 · · · · · · · 204

13. 여호와의 구원은 〈삼상14:1~42〉· · · · · · · · · · 222

14. 순종이 제사보다 낫고 〈삼상15:1~35〉· · · · · · · · 239

15. 평강을 위하여 오시나이까 〈삼상16:1~5〉· · · · · · 256

16. 중심을 보느니라 〈삼상16:6~13〉· · · · · · · · · · 270

17. 이 무리로 알게 하리라 〈삼상17:31~49(16:14~17:58)〉· · · 289

18. 지혜롭게 행하니라 〈삼상18:1~30〉· · · · · · · · · 305

19. 하나님이 어떻게 행하실 것 〈삼상21:1~22:5〉· · · · · 317

20. 사람의 말, 하나님의 말 〈삼상24:1~22〉· · · · · · · 334

21. 나를 막아 주신 하나님 〈삼상25:1~42〉· · · · · · · 348

22. 여호와께서 사시거니와 〈삼상26:1~25〉· · · · · · · 366

23. 충성 or 반역 〈삼상27:1~28:2〉· · · · · · · · · · · 382

24. 대답지 아니하시므로 〈삼상28:3~25〉· · · · · · · · 398

25. 하나님이 주신 것 〈삼상30:1~30〉· · · · · · · · · · 414

26. 할례있는 백성 〈삼상31:1~13 〉· · · · · · · · · · · 432

서 문

성경은 "태초에 하나님이 천지를 창조하시니라"는 하나님의 활동, 하나님의 일하심으로 시작합니다. 사무엘서에도 개인의 다양한 사건들과 공동체의 다양한 사건들이 등장합니다. 사무엘서의 내용은 고대의 특정 지역에서 일어났던 어떤 사건들이 아니라 인간을 위해 하나님을 알리시는 계시 사건들입니다. 하나님께서 인간의 일상적인 상황들을 통해 하나님을 알리셨기에, 사무엘서에 나타나는 사건들을 통해 하나님의 성품과 하나님의 뜻, 하나님의 원리들을 이해하는 것이 사무엘서를 읽는 성도들의 역할일 것입니다. 이 시대에 사무엘 같은 지도자나 다윗 같은 인재를 구하는 어리석음이 아니라 하나님이 계심으로 충분함을 고백할 수 있는 신앙적 성숙을 기대해 봅니다.

사무엘서에는 다양한 사건들을 통한 하나님의 계시를 묘사하기 위해 다양한 문학적 양식들이 사용되었습니다. 때로는 이야기로 서술되고, 때로는 연극이 동원되고, 때로는 노래가 등장하고, 때로는 갈등적 논쟁이 나오기도 합니다. 본문을 읽으면서 역사를 바라보는 바른 관점과 인간의 삶을 풀어가는 지혜와 메시지를 담거나 전달하는 풍성한 방법을 얻은 것은 하나님의 주신 또 다른 선물이었습니다. 본문을 이해하고 메시지를 전달하기 위하여 설교에도 본문만큼은 아니어도 나름대로 다양한 문학적 양식을 사용하려고 애를 쓰며 주로 이야기식으로 풀어보았습니다.

혹자들에게는 설교가 목회자의 즐거움이기보다는 목회자의 고통스러운 과제로 여겨지곤 합니다. 다행스럽게도 하나님께서 저에게 은혜를 주셔서 사무엘서를 읽는 중에 하나님의 마음과 심정을 느끼며 즐거워할 수 있게 하셨고, 설교를 통해 받은 은혜를 전달할 수 있는 행복을 경험하게 하셨습니다. 성경연구와 설교가 목회를 이어가는 원동력이요 추진력이었음을 고백합니다. 사무엘서를 설교하면서 함께 은혜를 나누었던 누림 교회 성도님들께 감사드리며, 말로 행한 설교를 글로 된 책으로 만들어준 도서출판 대장간에 감사를 드립니다.

2012년 2월
하나님의 은혜를 누리는 누림교회에서 곽 면 근

곽면근 목사의 누림강해 시리즈 ②

사무엘상 강해

사람의 왕, 하나님의 왕

1
여호와께서 그를 생각하신지라

사무엘상 1:1~20

1 에브라임 산지 라마다임소빔에 에브라임 사람 엘가나라 하는 사람이 있었으니 그는 여로함의 아들이요 엘리후의 손자요 도후의 증손이요 숩의 현손이더라 2 그에게 두 아내가 있었으니 한 사람의 이름은 한나요 한 사람의 이름은 브닌나라 브닌나에게는 자식이 있고 한나에게는 자식이 없었더라 3 이 사람이 매년 자기 성읍에서 나와서 실로에 올라가서 만군의 여호와께 예배하며 제사를 드렸는데 엘리의 두 아들 홉니와 비느하스가 여호와의 제사장으로 거기에 있었더라 4 엘가나가 제사를 드리는 날에는 제물의 분깃을 그의 아내 브닌나와 그의 모든 자녀에게 주고 5 한나에게는 갑절을 주니 이는 그를 사랑함이라 그러나 여호와께서 그를 임신하지 못하게 하시니 6 여호와께서 그에게 임신하지 못하게 하시므로 그의 적수인 브닌나가 그를 심히 격분하게 하여 괴롭게 하더라 7 매년 한나가 여호와의 집에 올라갈 때마다 남편이 그같이 하매 브닌나가 그를 격분시키므로 그가 울고 먹지 아니하니 8 그의 남편 엘가나가 그에게 이르되 한나여 어찌하여 울며 어찌하여 먹지 아니하며 어찌하여 그대의 마음이 슬프냐 내가 그대에게 열 아들보다 낫지 아니하냐 하니라 9 그들이 실로에서 먹고 마신 후에 한나가 일어나니 그 때에 제사장 엘리는 여호와의 전 문설주 곁 의자에 앉아 있었더라 10 한나가 마음이 괴로워서 여호와께 기도하고 통곡하며 11 서원하여 이르되 만군의 여호와여 만일 주의 여종의 고통을 돌보시고 나를 기억하사 주의 여종을 잊지 아니하시고 주의 여종에게 아들을 주시면 내가 그의 평생에 그를 여호와께 드리고 삭도를 그의 머리에 대지 아니하겠나이다 12 그가 여호와 앞에 오래 기도하는 동안에 엘리가 그의 입을 주목한즉 13 한나가 속으로 말하매 입술만 움직이고 음성은 들리지 아니하므로 엘리는 그가 취한 줄로 생각한지라 14 엘리가 그에게 이르되 네가 언제까지 취하여 있겠느냐 포도주를 끊으라 하니 15 한나가 대답하여 이르되 내 주여 그렇지 아니하나이다 나는 마음이 슬픈 여자라 포도주나 독주를 마신 것이 아니요 여호와 앞에 내 심정을 통한 것뿐이오니 16 당신의 여종을 악한 여자로 여기지 마옵소서 내가 지금까지 말한 것은 나의 원통함과 격분됨이 많기 때문이니이다 하는지라 17 엘리가 대답하여 이르되 평안히 가라 이스라엘의 하나님이 네가 기도하여 구한 것을 허락하시기를 원하노라 하니 18 이르되 당신의 여종이 당신께 은혜 입기를 원하나이다 하고 가서 먹고 얼굴에

다시는 근심 빛이 없더라 19 그들이 아침에 일찍이 일어나 여호와 앞에 경배하고 돌아가 라마의 자기 집에 이르니 엘가나가 그의 아내 한나와 동침하매 여호와께서 그를 생각하신 지라 20 한나가 임신하고 때가 이르매 아들을 낳아 사무엘이라 이름하였으니 이는 내가 여호와께 그를 구하였다 함이더라

성경의 대상

대표성

성경을 보실 때 먼저 여러분이 한 가지 기억하셔야 하는 것은 성경은 하나님께서 어느 특정한 한 개인이나 어느 한 특정한 민족이나 어느 한 특정한 시대에 국한하여 일하시는 것이 아니라는 것입니다. 본문에 이스라엘 백성이 나오고 이스라엘이라는 나라가 나옵니다. 그러나 하나님께서는 이스라엘만 사랑하시거나 이스라엘 시대에만 역사하시는 것이 아닙니다. 성경에 나오는 모든 등장인물과 사건들은 바로 우리의 이야기이며 오늘날의 이야기입니다. 하나님은 아담을 창조하셨습니다. 그 아담 가운데 우리 모두가 들어가 있는 것이고 하나님이 아담을 보고 좋아하신 것이 우리를 보고 좋아하신 것이었고 하나님이 아담과 동행하신 것이 우리와 동행하신 것이었습니다. 그 아담이 범죄 함은 바로 우리의 범죄, 나의 범죄입니다. 내가 그 자리에 있었으면 나도 범죄 했고 그 위치에 있었으면 나도 그렇게 행동했을 것이기 때문에 아담의 범죄는 우리의 범죄고, 또 범한 죄 삯에 빠져 죄인이 되어 아파하고 고통당하고 있을 때 그를 불쌍히 여기신 것도 하나님이십니다. 그때 하나님은 아담만 불쌍히 여기신 것이 아니라 우리를 불쌍히 여기신 것이고 나를 불쌍히 여기신 것입니다. 그래서 성경은 그 시대 그 인물에 해당하는 것이 아니라 오늘 나의 이야기입니다.

시대성

사무엘상의 내용은 시간상으로 상당히 오래전 이야기입니다. 그러나 옛날이야기가 아닙니다. 우리는 마치 옛날이야기는 오래되었고 구식이고 낡았고 우리하고 별로 맞지 않고 오늘날 적용할 게 없을 것처럼 생각합니다. 그러나 그렇지 않습니다. 방송에서 사극을 보시면 전혀 무관심하고 딴 시대 이야기처럼 여기는 것이 아니라 등장인물들이 무엇을 입었던 어디서 살던 그 사극에 나오는 그 인물들과 대사들, 관계들 등 그 일들 일들이 마치 내 일처럼 느끼고, 그때 거기서 유행하는 것들이 오늘날에도 유행하고 그 똑같은 심정을 느낄 때가 많이 있습니다. 왜냐하면 시대가 변하고 상황이 변하고 문화적 구조가 변하고 장소가 바뀔지라도 사람이 변하지 않으면 사람이 가지는 마음과 사람의 심보와 사람의 원리와 사람의 내용이 같기 때문입니다. 그래서 과거와 현재가 같습니다. 사무엘상은 옛날 얘기하는 것이 아니고 오늘날 우리 시대 우리의 이야기, 나의 이야기입니다.

사무엘상의 시대

변화된 인간

사무엘상은 성경의 내용적 순서로 볼 때 창세기부터 룻기까지가 지난 다음이라는 사실을 기억하셔야 합니다. 일반적으로 사람들은 인간이 변한다는 것을 생각하지 않습니다. 문화가 변하고 경제가 변하고 정치가 변하고 제도가 변한다고 생각하지 사람은 변하지 않는다고 생각합니다. 그러나 성경이 말하는 것은 그런 인간 주변의 외형적 변화가 아니라 인간이 변했다는 것입니다. 하나님은 태초에 하나님의 형상과 하나님의 모양과 하나님의 성품을 부어 주셔서 하나님의 사람으로, 하나님이 보시기에 좋았던 사람으로, 하나님의 은혜를 누리며 사는 행복한 사람으로 지으셨습니다.

　하나님은 이렇게 존귀하게 인간을 창조하셨는데 인간이 변했다는 것입니다. 하나님을 부인하고, 하나님을 떠나 죄인이 되고 죄에 잡혀서 이제 사람이 변했습니다. 생각하는 것이 달라지고 꿈꾸는 것이 달라지고 마음먹은 것이 달라지고 계획하는 것이 달라지고 목표가 달라지고 사람이 변했다고 하는 것입니다. 인간의 변화를 설명하는 것이 창세기 3장부터 11장까지 나오는 이야기입니다. 그렇게 죄에 잡힌 인간, 하나님의 원형에서 변형된 인간을 보시고 하나님이 안타까워하시고 불쌍히 여기시고 긍휼히 여기셔서 그들을 돕기로 또 그들에게 새로운 하나님의 뜻을 펼치기로 하십니다. 하나님을 모르는 자들에게 하나님을 알게 하여 하나님을 아는 민족을 이루는 것입니다. 하나님을 모른다는 것은 죄에 잡혀 있다는 것이고 죄인이 되었다는 것입니다. 죄인이라는 것은 죄의 가치, 죄의 방법, 죄의 원리, 죄의 기준, 죄의 목적, 죄의 평가 등을 하고 살아간다는 것이며, 그런 죄인들에게 하나님이 하나님을 알리시고 하나님의 마음을 가르치신다는 것은 하나님의 교훈과 하나님의 심정을 가져서 하나님의 가치, 하나님의 기준, 하나님의 원리, 하나님의 방법을 가지고 살게 하는 것입니다.

　죄의 원리를 따르는 것과 하나님의 원리를 따르는 것을 분별하는 것이 왜 중요하냐면 죄와 하나님이 다르기 때문입니다. 죄의 원리를 따르면 바로 죄의 마음으로 삽니다. 죄의 원리, 죄의 마음으로 산다는 것은 불안, 염려, 근심, 시기, 질투, 수군수군, 살인, 배신 등 죄의 속성이요 죄의 열매로 사는 것입니다. 그래서 죄에 잡혀 있는 죄인은 절대로 행복하고 평화롭고 자유로울 수 없습니다. 하나님의 원리로 산다는 것은 하나님의 마음이 있다는 것이요 하나님의 마음은 평안이요 태평이요 안식이요 자유요 이해요 용납이요 거룩이요 사랑이요 의요 신실이요 행복이요 온유요 양선이요 오래참음이요 절제입니다. 그래서 하나님의 마음이 있는 자가 평안하고 자유롭고 행복할 수 있는 것입니다. 바로 인간을 하나님의 성품으로 하나님의 심정으로 하나님의 마음으로 하나님을 알아 행복한 삶을 살도록 돕기를 원하시는 것이 하나님의 뜻이었습니다. 인간이 행복한 삶을 누리도록 하려고 하나님은 무던히도 애를 쓰셨습니다. 이러한 하나님의 역사가 창세기 12장부터 여호수아 24장까지입니다. 우리는 이미 사무엘상을 오기 전에 그러한 하나님의 일하심이 있었다는 것을 보는 것입니다.

성경의 흐름

여호수아 24장까지가 지나고 사사기를 통해 보는 것은 하나님이 알려주시고 계시하시고 하나님의 뜻을 준 백성이 하나님의 뜻대로 하나님의 마음대로 평화와 행복을 누리며 사는 것이 아니라 죄인들의 한계를 보는 것입니다. 하나님을 알려주어도 배우지 못하는 죄인들의 모습을 사사기를 통해서 볼 수 있습니다. 이스라엘 백성이 하나님을 부인하고 우상을 숭배합니다. 우상을 숭배한다는 것이 단순한 것이 아니라 하나님의 원리로는 될 것 같지 않고 하나님의 방식으로는 이루어질 것 같지 않다고 생각하는 것으로 하나님의 뜻과 심정에 대한 부인입니다. 이러한 장면들을 사사기에서 발견합니다. 백성은 우상숭배하고 어떤 레위인은 먹을 것이 없어서 여기저기 구걸하러 다니고, 그러다가 어느 집에 들어가서 먹을 것을 주면서 평생을 책임져 주겠다는 약속을 받고 그 집에 눌러 앉아서 살고 있었습니다. 또 어떤 레위인은 첩을 얻어 살고, 첩의 동네에 다녀오다가 동네 사람들에게 거리낌 없이 첩을 내주고, 윤간을 당한 첩은 밤에 그 집 앞에서 죽어있습니다. 죽은 첩을 열두 토막을 내서 온 민족에게 보내고, 그걸 보고 민족들이 이런 일은 있을 수 없다며 분노하여 민족상잔이 일어납니다. 이 사람들이 하나님의 사람들인가요? 이 사람들에게 하나님의 마음이 있는 것인가요? 이런 모습이 율법을 가진 자들의 모습인가요?

사사기에는 당시의 시대상을 "각각 제 소견에 옳은 대로 행하였더라"고 표현합니다. '제 소견'은 '죄 소견'입니다. '제 멋대로 살았다'는 것은 멋있게 살았다는 의미가 아니라 '죄 멋대로 살았다'는 의미이고 '제 마음대로 살았다'는 것은 자기 마음대로가 아니라 '죄 마음대로 살았다'는 의미입니다. 이러한 내용이 반복적으로 등장하는 곳이 사사기입니다. 참으로 불행한 것입니다. 하나님의 모든 축복과 하나님의 은혜를 입고도 엉망이 된 백성의 모습을 보는 것입니다. 사무엘상이 바로 그 연장선에 있는 것입니다. 그래서 사무엘상 1장을 달리 표현하면 사사기 22장이라고 표현해도 별 차이가 없을 것입니다. 창세기부터 여호수아를 거치고 사사기를 거친 상태에서 사무엘상이 시작하는 것입니다.

죄인의 행동

엘가나의 행동

성경을 보실 때 여러분에게 제발 부탁드리기는 선입견을 빼라는 것입니다. 교회를 몇 년 다녀 보신 분들은 사무엘상을 읽을 때 '사무엘'에게 초점을 맞추어 버립니다. '한나'는 이미 벌써 100점입니다. 그래서 한나를 격동하게 했던 브닌나는 나쁜 여자이고, 한나는 믿음의 사람이라고 결정이 나있습니다. 과연 그럴까요? 본문에 엘가나라는 남편과 브닌나와 한나라고 하는 두 부인 세 가족 이야기가 나옵니다. 하나님의 사람들, 선택받은 이스라엘 백성, 하나님의 뜻을 가지고 있는 자들이 어떻게 행동했는가와 하나님의 백성임에도 마치 이방인처럼 행동했는가를 확인해 보길 원합니다.

엘가나는 두 아내를 데리고 삽니다. 본문에 엘가나와 직접적으로 관련된 이야기는 조금밖에 안 나옵니다. 브닌나는 자녀를 두었고, 한나는 자녀를 두지 못했다고 말합니다. 매년 실로에 나아가 제사를 드렸다고 말합니다. 매년 여호와께 예배하였다는 표현에 근거하여 엘가나에게 후한 점수를 주면 안 됩니다. 신명기에 보면 이스라엘 백성 중 남자들은 일년에 세 차례 이상씩 하나님 앞에 나아오라는 구절이 있습니다. 본문의 매년이 몇 년인지, 몇 번인지는 확인이 되지 않습니다. 제사를 드린 후에 제물 분깃을 모든 자녀에게 나누어 주고 브닌나와 한나에게도 주었다고 말합니다. 이렇게 행한 것이 문제가 없을 때는 잘하는 것이지만 문제가 생기면 더욱 지혜롭게 행동해야 합니다. 분깃을 나누어줘서 자녀들도 흡족해 하고 두 부인도 흡족해하면 잘 된 것인데 지금은 그렇지 않습니다. 집안에 분란이 일어났습니다. 집안에 분란이 일어나면 가장의 책임입니다. 엘가나가 지혜롭게 행동하지 못한 것입니다. 조금 뒤에 살펴보겠습니다.

브닌나의 행동

사람들의 생각에 브닌나는 아주 질투가 많고 집착이 많으며 욕심이 많고, 착하고 성실한 조강지처가 있는데 그 사람을 매우 시기해서 남편의 사랑을 독차지하려는 첩처럼 생각을 많이 합니다. 실상은 그렇지 않습니다. 엘가나가 두 아내를 두었다고 했으니 브닌나는 첩이 아니라 아내입니다. 제사 때마다 남편이 분깃을 나눠주는데 브닌나는 한 몫을 받고 한나는 두 몫을 받았다고 합니다. 그런데 엘가나가 그렇게 분깃을 나눈 것이 한 번만이 아니라 성경에 보니까 매번 그렇게 했다고 말합니다. 여러분이 브닌나라면 심정이 어떠시겠습니까? 한나만 아내가 아니라 브닌나도 아내고, 도리어 브닌나는 아들도 낳았습니다. 남편이 분깃을 나눠주는데 한나에게는 갑절을 줍니다. 처음에 브닌나는 한나를 향한 남편의 행동을 이해합니다. 한나가 얼마나 외롭고, 얼마나 심심하고 마음이 안타까운지를 헤아립니다. 남편이 한나를 측은이 여겨서 분깃을 갑절로 주는 것을 당연하게 생각합니다. 남편이 지혜롭게 행동한다고 여깁니다.

그런데 엘가나의 행동이 한 번이 아니라 계속 반복됩니다. 한 번, 두 번은 너그럽게 이해했는데 계속 반복되면 브닌나의 마음이 편할 리가 없습니다. 일반적으로 판단할 때 자식 있는 브닌나와 자식 없는 한나 중에 씀씀이가 누가 더 클까요? 당연히 브닌나일 것입니다. 그러면 누구를 더 많이 줘야 합니까? 당연히 브닌나일 것입니다. 물론 자식 없는 여자를 위로하려고 두어 번 많이 줄 수 있습니다. 그러나 순리대로 따지면 자식이 여럿 있는 사람이 쓰는 것이 많으니까 분깃을 많이 줘야하는데 엘가나는 매번 한나에게 갑절을 주었습니다. 브닌나의 마음이 매우 불편했을 것입니다. 만약 브닌나가 아주 성숙한 사람이었다면 가정에 분쟁이 적을 수 있습니다. 그러나 사무엘상에서 만나는 사람들은 이스라엘 백성, 하나님의 백성이 되었음에도 하나님의 심정이 별로 없는 사람들입니다. 그래서 브닌나가 질투가 났고 결국 한나를 시기하고 있습니다. 과연 브닌나가 잘못 행동한 것일까요?

한나의 행동

만약 브닌나가 잘못 처신한 것이고 속이 좁은 것이라면 그럼 한나는 어떠했을까요? 한나는 과연 다르게 행동했을까요? 한나도 엘가나의 아내였습니다. 안타깝게도 아이를 못 낳았습니다. 남편이 자기를 불쌍히 여겨 분깃을 갑절로 나누어 주었습니다. 설령 브닌나가 속 좁게 행동했더라도 한나가 속이 넓었더라면 좋았을 것입니다. 남편이 매번 자신에게 분깃을 갑절로 주니까 브닌나가 속상해 하면서 자꾸 자신의 화를 일으킵니다. 그렇다면 그때 한나는 어떻게 해야 됩니까? 한나가 남편이 자신에게 잘해주고 그것 때문에 브닌나가 스스로 화내는 것을 보았습니다. 한나가 성숙한 사람, 하나님의 마음이 있는 사람까지는 아니더라도 아니 단지 사리분별이 있는 사람이라면 남편을 불러 이야기했어야 합니다. 남편 엘가나에게 말하기를 "엘가나여! 집안이 평화로우려면 남편이 잘해야 됩니다. 매번 날 챙겨줘서 고마워요. 그런데 한두 번도 아니고 매번 갑절로 주니까 브닌나가 심통이 나는 것 같습니다. 제가 생각해도 브닌나의 마음이 이해가 갑니다. 저는 자식이 없으니까 별로 쓸 일도 없지만 브닌나는 자식이 많아서 쓸 일도 많을 것입니다. 당신이 저를 사랑하는 마음을 알았으니 이제부터 저는 조금만 주고 브닌나에게 많은 분깃을 주세요"라고 해야 합니다.

　제가 보기에는 한나에게도 전혀 하나님의 심정, 하나님의 마음이 없습니다. 갑절이나 받으면서 제사 때마다 하는 행동이 "울고 먹지 아니하니"1:7입니다. 남편 엘가나의 속이 부글부글 끓습니다. 엘가나가 말하기를 "어찌하여 울며, 어찌하여 먹지 아니하며, 어찌하여 그대의 마음이 슬프냐?"1:8입니다. 오죽하면 남편이 "내가 그대에게 열 아들 보다 내가 낫지 아니하냐?"라고 말할 지경입니다. 두 아내를 거느린다는 것은 보통 능력이 있지 않으면 안 됩니다. 경제적 능력과 신체적 능력 더불어 심리적 능력까지 있어야 됩니다. 한나는 제사를 드리는 날에, 하나님 앞에 가는 날에 가서 울고 먹지 아니하고 괴로워하면서 하나님 앞에 나아가서 하는 행동이 기도하고 통곡하는 것입니다. 엘리의 권고에 대하여 대답할 때에도 '나는 마음이 슬프고, 나의 원통함과 격분됨이 많다'고 말합니다. 전혀 가정을 생각하는 성숙한 모습이 보이지 않습니다.

죄인의 행동

　엘가나, 브닌나, 한나의 행동이 모두 똑같은 수준입니다. 이 사람들이 하나님의 백성, 하나님의 법을 아는 백성, 하나님의 마음을 배운 백성이란 말입니다. 하나님의 사람이면 하나님의 가치, 하나님의 기준, 하나님의 원리, 하나님의 방법, 하나님의 뜻을 가진 사람들답게 당시 애굽 사람이나 가나안 사람과는 다른 방식, 다른 방법, 다른 원리, 다른 가치, 다른 내용이 있어야 하는데 과연 있느냐는 것입니다. 하나님의 사람 정도는 아니더라도 엘가나가 만약 지혜로웠다고 하면 한 번은 브닌나에게 잘해주고 한 번은 한나에게 잘해주어서 가정의 평화를 이루었어야 합니다. 엘가나가 지혜롭지 못했습니다. 남편이 지혜롭지 못했으면 아내 중 한 사람인 브닌나라도 너그러운 마음이 있었어야 합니다. 브닌나가 속이 좁았다면 한나라도 이해심이 있었어야 합니다. 엘가나, 브닌나, 한나 세 사람 중에 하나도 나은 사람이 없습니다. 세 사람 모두 이방인하고 다를 바가 없고 세 사람 모두 하나님 모르는 사람하고 다를 바가 없습니다. 셋 중에 누가 낫냐를 찾을 수가 없고 세 사람 다 틀렸습니다.

신앙적 행동

신앙적 행위와 내용

하나님을 안다는 것이 삶에 구체적 행동으로 어떻게 적용할 수 있는지를 잘 생각해야합니다. 한 가족 세 사람인 엘가나, 브닌나, 한나 중에 그래도 한나는 기도했으니까 조금 나은 사람으로 점수를 주자고 제안할 수 있습니다. 그러나 그럴 수 없습니다. 기도를 잘했든 잘못했든 그래도 안하는 것보다 백번 나은 것이라고 주장할 수 있습니다. 그러나 그렇지 않습니다. 기도를 안 하는 것보다 하는 것이 백번 나은 것이 아니라 틀리게 할 바에는 안 하는 것이 백번 날 수도 있습니다. 한나가 기도했다는 사실만으로 무조건 잘한 행동이라고 점수를 주고 시작하면 안 됩니다. 기도하는 것은 신앙의 행위요, 기도하는 것은 믿음의 행위라고 인정하고 들어가면 안 됩니다.

구약에서 이스라엘 백성이 하나님 앞에 책망 받을 때 신앙의 행동, 믿음의 외형적 행위가 없다고 책망 받은 것이 아닙니다. 이스라엘 백성이 하나님께 열심히 제사 드렸습니다. 오죽하면 하나님이 '제발 제사 좀 그만 드려라. 너희들이 제사 드린다는 명분으로 내 성전 마당만 밟는구나! 그 제물 타는 냄새 때문에 내 코가 지긋지긋하다'고 하실 정도였습니다. 이스라엘에게 신앙의 행위, 믿음의 행위가 있었습니다. 신앙의 행위와 동시에 중요한 것은 신앙의 행위 속에 담긴 내용이 무엇이냐는 것입니다.

하나님이 가장 싫어하시는 것 중에 하나가 왜곡입니다. 내용적 차원에서 모르는 것과 틀린 것은 전혀 다른 차원입니다. 예를 들어, 이방인들은 하나님을 모르는 사람들입니다. 우상을 만들어 놓고 우상을 섬길 뿐입니다. 그러나 이스라엘 사람들은 송아지를 만들어 놓고 그 형상이 하나님이라고 했습니다. 누구의 잘못이 크냐면 이스라엘 사람들입니다. 왜냐하면 이방인들은 하나님을 모를 뿐 하나님을 왜곡하지는 않았습니다. 그런데 이스라엘처럼 틀리면, 엉터리로 알면 하나님이 왜곡됩니다. 기도했다는 것도 중요하지만 바르게 기도하는 것이 더욱 중요합니다.

한나의 기도

한나의 기도를 살펴보겠습니다. 11절에 한나가 기도한 내용이 나옵니다. 기도제목이 '아들을 주옵소서!'입니다. 6절과 7절에 "여호와께서 그에게 임신하지 못하게 하시므로"라고 기록되어 있습니다. 여호와께서 그로 성태치 못하게 하셨다고 합니다. 삶을 주관하시는 하나님의 능력과 주어진 상황에 대처하는 성도의 능력이 무엇입니까? 인간이 이런저런 수단으로 하나님의 뜻을 바꾸는 것이 능력이 아닙니다. 성도의 능력은 하나님을 순종하는 것입니다. 하나님이 태를 열어 주시지 않았으면 그 태를 여는 것이 능력이 아니라, 하나님이 주신 삶을 하나님 앞에 순종하며 멋있게 살아가는 것이 성도의 능력입니다. 성도의 자랑은 하나님을 이기는 것이 되서는 절대로 안 됩니다. 하나님을 좌지우지하고 하나님의 일하심을 방해하는 것이 성도의 특권이 절대로 아닙니다. 성도는 온 세상 사람들이 아무도 하나님 말을 안들을 때 하나님의 말씀을 순종하는 자요, 그렇게 하나님의 말씀에 순종하는 것이 성도의 능력이요, 성도의 자세입니다.

기도가 하나님을 뜻을 의지하는 것이 아니라 하나님의 뜻을 바꾸려는 수단으로 변질되어버리면 안 됩니다. 안타깝게도 오늘날 기도가 왜곡되고 있습니다. 예를 들면, 교회에서 오후에 축구하기로 계획이 되어 있는데 비가 옵니다. 그럼 어떻게 하면 됩니까? 축구경기를 연기하든지, 또는 비를 맞으면서 수중전을 하면 됩니다. 하나님은 자연을 다스리시면서 비가 필요해서 비를 내리시는데 성도가 자신들의 계획에 방해가 된다고 비를 못 내리게 기도하여 비가 오지 못하게 하면 하나님의 사역을 방해하는 것이며, 하나님의 섭리를 거부하는 것입니다. 하나님은 비를 내리시는데 성도는 비가 그치게 기도하고, 마침 비가 그치면 기도가 응답되었다고 하나님을 찬양합니다. 하나님과 경쟁하고, 하나님의 뜻과 일하심을 거부하고, 하나님을 이겼다고 감사하고 찬송하는 것을 하나님을 인정하고 하나님을 높이는 것이라고 할 수 없습니다. 이런 신앙의 모습은 매우 잘못된 것입니다. 좋은 간증은 하나님께 기도하여 하나님의 도움을 받아 죄를 이겼다는 내용이어야 합니다. 인간이 종교적 열심을 내서 하나님을 이겼다는 것은 간증이 아닙니다. 성도는 비가 오면 비가 와서 좋은 날, 바람 불면 바람 불어 좋은 날, 눈이 오면 눈이 와서 좋은 날로 여길 줄 알아야 합니다. 왜냐하면 하나님께서 모든 일을 가장 적합하고 가장 선하게 섭리하시는 것을 믿고 신뢰하기 때문입니다. 기도는 하나님을 인정하며 그 하나님으로 죄를 이기는 것이 성도의 기도제목이어야 되고, 성도의 기도 생활이어야 합니다.

한나는 하나님의 백성임에도 이방인과 별로 다를 바가 없습니다. 하나님의 백성이면 생각하는 바가 다르고, 구하는 바가 다르고, 삶의 방법이 다르고, 삶의 내용이 다르고, 삶의 가치가 달라야 합니다. 세상에서는 아들이 없으면 삶의 의미가 없고, 아내로서 아들을 출산하지 못하면 아내의 역할을 못하는 것이라고 생각할 수 있습니다. 세상이 그와 같은 죄의 원리로 생각할 때 성도는 하나님의 원리, 하나님의 가치로 생각할 수 있어야 합니다. 안타깝게도 한나는 다른 모습을 보여주지 못합니다. 2절에 보면 브닌나에게는 자식이 있다고 기록되었는데 아들인지 딸인지는 나오지 않습니다. 한나가 아들을 낳으려고 하는 것을 보면 브닌나는 딸을 낳았었던 것 같습니다. 아마도 아들을 낳으면 전세를 역전시킬 수 있다는 생각했을 수도 있습니다. 한나의 기도는 하나님의 영광을 위한 기도도 아니요, 이스라엘의 평화와 안정을 위한 기도도 아니요, 한 가정의 화목을 위한 기도도 아니요, 시기와 질투에 격분한 지극히 감정적인 기도일 뿐입니다.

한나의 서원

한나가 일반적인 가치관 속에서 아직 신앙적인 성숙이 안 되어 아들을 달라는 기도를 한 것까지는 이해할 수 있습니다. 더욱 안타까운 것은 만약 하나님의 은혜로 아들을 낳았을 경우에 행하겠다는 한나의 서원 내용입니다. 한나가 하나님께 기도하고 하나님이 은혜로 아들을 주신다면 당연히 한나는 남편과 브닌나와 브닌나의 자녀와 자신의 자녀와 기타 다른 형제들과 우애롭고 화목하고 행복하게 살겠다는 다짐이 나와야 합니다. 그것이 한나가 진정 가정을 위하는 마음의 증거일 것입니다. 그러나 한나는 하나님이 아들을 주시면 아들과 함께 행복하게 살겠다는 다짐이 아니라 도리어 아들을 하나님께 드리겠다고 서원합니다. 한나가 기도했고 서원했다는 자체만으로 한나를 신앙적 여인으로 미화해서는 안 됩니다. 한나가 왜 아들을 하나님께 드립니까? 하나님이 아들이 필요하십니까? 하나님이 한나에게 아들을 요구하셨습니까?

하나님은 인간에게 아무것도 요구하는 것이 없습니다. 성경 어디에도 하나님이 인간에게 무엇인가를 내놓으라고 청구하신 적이 없습니다. 하나님은 인간의 소유물을 내놓으라고 하신 일이 없고 성전을 지으라고 하신 일도 없고 하나님을 위해서 무엇을 하라고 하신 일도 없습니다. 하나님은 온전하시고 충분하시고 풍성하신 분입니다. 인간이 하나님께 더 보태 드릴 것이 없고, 하나님께 더해 드릴 것도 없습니다. 인간이 하나님께 해드릴 것이 없고, 하나님이 인간에게 요구하시는 것도 없습니다. 인간이 하나님을 위한다는 개념자체가 불가능한 개념입니다. 인간의 신앙은 하나님을 위한 것이 아닙니다. 하나님을 위하여 예배에 출석하고, 하나님을 위하여 기도하고, 하나님을 위하여 교회를 건축하는 것이란 없습니다. 또 하나님은 은혜받기 위한 조건을 제시하지 않습니다. 축복받기 위한 자격도 따지지 않으십니다.

한나의 방식은 전혀 하나님을 아는 사람의 방식이 아닙니다. 하나님께 은혜를 구할 때는 말 그대로 은혜를 구해야 됩니다. 인간 스스로 대책이 없고, 방법 얻을 길이 없고, 갚을 길이 없기 때문에 은혜를 구하는 자는 철저하게 엎드리는 것입니다. 그것밖에 방법이 없는 것입니다. 왜냐하면 은혜를 구하기 때문입니다. 은혜를 구하면서 하나님께 조건을 말하고, 다짐하면서 은혜를 구하는 것은 하나님과 거래하는 것입니다. 한나가 아들을 구하려면 간절히 아들을 달라고만 애원해야 합니다. 하나님이 아들을 주시면 하나님께 바치겠다고 은혜 받을 조건을 제시하면 은혜를 은혜롭지 않게 하는 것입니다. 은혜를 구하는 자는 아무 할 말이 없는 것입니다. 왜냐하면 자신이 제시할 수 있는 대안이 없고, 자신이 받을 은혜를 갚을 방법이 없기 때문입니다. 은혜를 구하는 자가 할 수 있는 말은 오직 한마디 '하나님 불쌍히 여겨주옵소서' 뿐입니다.

하나님께 은혜를 구하면서, '하나님 제가 백일동안 기도하겠습니다. 하나님 제가 사십일을 굶겠습니다' 는 등의 자기 열심을 제안하면 이미 은혜가 아닌 것입니다. '기도를 들어주시면 제가 교회하나 짓겠습니다. 응답해주시면 소득의 20%를 헌금하겠습니다' 라는 등의 대가를 제안하면 이미 은혜를 구하는 것이 아닙니다. 이런 행위는 상호간에 정당한 요구를 가지고 하나님과 거래하는 것이요, 하나님과 대결하는 것뿐입니다. 지독히 이방인적, 죄적 사고방식이고 성경에 하나님과 인간 사이에 이와 같은 모습은 등장하지 않습니다.

죄적 사고방식

사사기뿐만 아니라 사무엘상 1장도 '각각 제 소견에 옳은 대로 행하였더라' 입니다. 하나님이 은혜 주시고 은혜를 갚으라고 요구하시는 경우란 없습니다. 즉, 은혜의 대가를 요구하시는 경우는 없습니다. 하나님이 '아들을 줄테니 하나님께 바치라' 고 말씀하지 않으십니다. 하나님은 병주고 약주는 분이 아니십니다. 안타깝게도 죄적 사고방식들이 성도들 가운데 너무 만연하여 하나님의 은혜가 은혜로 강조되지 않고 있습니다. 은혜 받으려고 수고해야 하고, 은혜 받은 후에 받은 은혜를 갚아야 한다고 생각하니 은혜를 은혜로 생각할 수 없는 것입니다. 예수님이 십자가를 지셨는데 각 사람이 자신의 십자가를 각각 져야한다면 예수님이 십자가를 지셨다는 사실에 감사할 이유가 없습니다. 예수님은 예수님의 십자가를 지고 나는 나의 십자가를 진다면 각자 자신의 십자가를 진 것에 불과합니다. 은혜의 개념, 은혜의 의미를 바르게 이해하지 못하고, 바르게 표현하지 못하고 있는 것입니다.

사무엘상 1장 21절 이후에 한나가 사무엘의 젖을 뗀 후에 사무엘을 성전으로 데려갑니다. 한나의 입장에서는 서원을 지키는 것이지만, 사무엘의 입장에서는 졸지에 전혀 예기치 않은 운명이 결정됐습니다. 성도 중에 만약 헌신하고 결단한다면 본인에 관해서만 하시기 바랍니다. 한나가 성전에서 살고 싶으면 본인이 성전에서 살면 됩니다. 본인은 성전에 살지 않고, 사무엘의 의사와는 관계없이 사무엘을 성전에 머물도록 하는 것은 적절하지 않은 행동입니다. 한나의 이런 행동을 모범삼아 오늘날 교회에서 헌아식을 거행하곤 합니다. 자녀, 아이들을 하나님께 드린다고 생각하는 것입니다. 그러나 헌아식을 행할 때 '헌아'는 '헌아' 獻兒가 아니라 '헌아' 獻我여야 합니다. 아이를 바치는 것이 아니라 나 자신을 바치는 것입니다. 자녀를 양육할 때 하나님의 뜻대로 가르치며, 하나님의 가치로 가르치며, 하나님의 원리대로 가르치겠다고 다짐하는 것입니다. 출생한 아이가 문제가 아니라 아이를 양육할 부모가 자신의 의도가 아닌 하나님의 마음, 하나님의 심정으로 양육하겠다고 자신을 하나님께 드리는 것이어야 합니다. 헌아식을 행할 때 아이가 안수를 받는 것이 아니라 부모가 안수를 받아야 합니다.

한나의 기도, 한나의 서원, 한나의 행동 중에 하나님의 방식, 하나님의 원리, 하나님의 뜻이 없습니다. 성경 어디에도 한나처럼 행동하는 것을 옳다고 인정해 주는 구절이 없습니다. 율법서에서 아브라함, 모세, 여호수아 등이 하나님을 위해서 이런저런 일을 크게 한 번 하겠다고 청원이나 서원, 결단하는 모습은 전혀 나오지 않습니다. 정반대로 하나님이 저들을 부르시고, 하나님이 저들에게 뜻을 주실 때 순종하는 것입니다. 선지자들 중에도 하나님이 맡기신 일 외에 스스로 나서서 비록 하나님은 하나를 요구하실지라도 자신은 하나님을 위하여 둘이나 셋을 처리하겠다고 다짐하는 사람이 없습니다. 신약의 사도행전이나 서신서 어디에도 제자 중에 하나님보다 앞서가며 하나님이 말씀하지 않으신 것을 스스로 행하는 사람은 없습니다.

하나님이 하나님이심을 기억해야 합니다. 하나님은 전지전능하시고 온전하시고 충분하신 분이라는 사실을 기억해야 합니다. 인간의 방식으로 하나님의 사역을 감당하려고 하지 말고, 도리어 하나님의 일하심을 보고 인간이 놀래야 합니다. 왜냐하면 하나님의 원리와 방식이 인간의 원리와 다르기 때문입니다. 하나님의 사역을 감당할 때마다 생각하고 살펴보고 주의해야 합니다. 행여 하나님의 사역을 하나님의 원리가 아닌 인간의 원리로 방해하고 있지는 않은지 조심해야 합니다.

은혜로우신 하나님

의지하는 것

사무엘상 1장에 등장하는 엘가나, 브닌나, 한나는 모두 동일한 수준, 동일한 차원입니다. 기독교에서 말하는 기도는 하나님께 요구하는 것이 아니라 하나님께 의지하는 것입니다. 하나님께서 인간의 필요를 다 먼저 알아서 채워주시고, 구하지도 찾지도 원하지도 않을 때 인간의 문제를 해결해 주시는 하나님이시기 때문에 무엇을 해달라는 것이 아니라 하나님께 고백하는 것이어야 합니다. 한나는 본문에 나오는 대로 '하나님 아들을 주세요. 아들을 주시면 성전에다 갔다 바치겠습니다. 제가 원통하고 슬픈 마음이 있고 격동함이 많습니다' 라고 기도했습니다. 한나가 성숙했다면, 한나가 하나님의 원리와 가치를 가지고 있었다면, 행복의 가치가 다르고 행복의 척도가 다르고 행복의 내용이 다르고 행복의 의미가 달랐다면 기도가 달랐을 것입니다.

한나가 이런 기도했으면 좋겠다고 상상을 해봅니다. '하나님, 속상합니다. 브닌나가 밉고 보기 싫어집니다. 하나님, 브닌나를 향하여 악한 마음이 듭니다. 하나님, 제 마음을 고쳐 주세요. 하나님 도와주세요. 하나님, 아들 하나가 아니라 둘 셋 달라고 기도하고 싶습니다. 그런데 제가 아들을 낳아 브닌나 앞에서 손잡고 다니면 브닌나의 마음이 편하고 남편 엘가나의 마음이 편할까요? 만약 제가 아들을 낳으면 저는 아들 하나 얻어 가지고 한을 풀겠지만 저의 모습을 보고 브닌나가 얼마나 약 올라 하겠으며, 남편을 불편하게 만들겠습니까? 결국 우리 가정이 깨질지도 모릅니다. 하나님 제 마음을 다스려주시고, 제 마음을 붙잡아 주세요. 남편이 저에게 잘 대해주는 것을 시기하는 브닌나를 이해하게 하시고, 제가 남편으로 하여금 지혜롭게 행동할 수 있도록 잘 보필할 수 있도록 지혜를 주세요. 죄의 마음을 버리게 하시고 하나님의 마음이 내 마음이 되게 하시고, 하나님의 행복이 내 행복이 되게 하시고 하나님의 가치가 제 가치가 되게 하셔서 하나님의 마음으로 브닌나를 이해하게 하시고, 제가 아들을 키우겠다는 간절한 심정으로 브닌나의 아이들을 잘 돌보고 가정의 화목과 행복을 가꾸어 가도록 도와주세요.'

한나와 같은 문제를 우리도 만날 수 있습니다. 한나와 같은 상황에 우리도 처할 수 있습니다. 문제와 상황을 해결하는 것에만 관심을 가질 것이 아니라 문제를 바라보는 관점, 상황을 이해하는 관점에 관심을 가져야 합니다. 문제와 상황을 하나님의 관점, 하나님의 가치, 하나님의 내용, 하나님의 기준으로 분별할 줄 알아야 문제를 해결할 방식이 달라질 수 있습니다. 가치가 달라져야 구하는 내용이 달라지고, 목적이 달라져야 행동하는 양식이 달라집니다. 죄적 마음을 가지고 누가 더 열심히 하느냐가 아니라 하나님 마음을 가지고 있기에 구하는 것이 다르고 목적이 다르고 방식이 달라야 합니다. 한나도, 브닌나도, 엘가나 세 사람 모두 하나님의 백성, 이스라엘이었습니다. 그런데 전혀 하나님의 백성다운 모습이 없고, 죄인들과 다른 모습이 나타나지 않습니다.

하나님의 은혜

사무엘상 1장에는 바른 신앙의 모습을 보여주는 사람이 없습니다. 엘가나는 가장으로나 남편으로나 집안을 화목하게 이끌지 못했으며, 브닌나와 한나 또한 각자의 목적대로 행동했을뿐 가정을 평안하게 만들지 못했습니다. 성경은 사람의 선행을 격려하거나 의로움을 칭찬하려고 기록한 것이 아니며, 선한 사람의 모범을 통해 교훈을 주는 내용이 담겨있는 것이 아닙니다. 성경은 하나님을 계시하고, 하나님의 은혜를 선포하는 것입니다. 본문에서 가장 중요한 것은 엘가나, 브닌나, 한나의 수준 낮은 행동, 하나님을 왜곡하는 이스라엘 백성답지 못한 작태와 죄적 인식에 근거한 얼토당토 않는 요구에 대한 하나님의 반응입니다. 1장 19절에 '그들이 아침에 일찍이 일어나 여호와 앞에 경배하고 돌아가서 라마의 자기 집에 이르니라. 엘가나가 그의 아내 한나와 동침하매 여호와께서 그를 생각하신지라.' 이것이 하나님의 은혜입니다. 하나님은 이렇게 은혜를 주시는 분입니다.

비록 이스라엘 백성이 하나님을 왜곡할 지라도 수용해주시고, 하나님이 기대하는 수준이 도달하지 못할지라도 들어주시고, 하나님의 백성다운 모습이 없을지라도 받아주시고, 하나님과 거래하고 하나님을 이기려고 할지라도 도리어 불쌍히 여기시고 긍휼히 여기시고 민망히 여기시어 생각하시고 들어주시고 기억하시고 마음에 두셔서 도와주시는 분이 바로 하나님이십니다. 기독교의 하나님은 정말 멋지신 분입니다. 한나가 하나님께 기도했기 때문에, 부르짖었기 때문에, 하나님 앞에 서원했기 때문에 은혜를 받은 것이 아닙니다. 한나는 하나님의 사랑과 하나님의 긍휼과 하나님의 온유 때문에 은혜를 받은 것입니다.

안타까운 것은 이스라엘 백성임에도, 율법을 가진 자임에도 이방인과 다르지 않았다는 것입니다. 사무엘상의 이스라엘이 이방인과 다르지 않았다는 것 때문에 안타까워한다면 오늘날 성도는 이방인과 다를 뿐만이 아니라 한나 또는 이스라엘 백성과도 전혀 달라야 됩니다. 왜냐하면 한나를 비롯한 이스라엘 백성은 아직 구원이 이루어지지 않은 상태, 즉 구약이기 때문입니다. 상대적으로 오늘날의 성도는 죄를 이긴 자요 하나님의 성령이 들어와 있는 자요 하나님의 법이 심중에 쓰인 자요 새로운 피조물이라고 불리는 자입니다. 성도라면 더 달라지고, 더 멋있어지고, 더 성숙되고, 더 우아하고, 더 고귀하고, 더 품위 있고, 더 멋지고 더 거룩해야 함이 마땅한 것입니다. 저와 여러분이, 하나님이 본문의 한나의 연약함과 부족함을 아셔서 그 속에 있는 여러 연약함을 멸하여 주시고 그 속에 있는 죄의 요소들을 다 멸하여 주시고 성도로 만들어주신 거룩하신 하나님의 사람들이십니다. 저와 여러분이 성도됨을 알아서 하나님과 함께 하나님의 은혜를 풍성히 누려 가시기를 주님의 이름으로 축원합니다.

그러므로 나도

사무엘상 1:21~2:11

21 그 사람 엘가나와 그의 온 집이 여호와께 매년제와 서원제를 드리러 올라갈 때에 22 오직 한나는 올라가지 아니하고 그의 남편에게 이르되 아이를 젖 떼거든 내가 그를 데리고 가서 여호와 앞에 뵙게 하고 거기에 영원히 있게 하리이다 하니 23 그의 남편 엘가나가 그에게 이르되 그대의 소견에 좋은 대로 하여 그를 젖 떼기까지 기다리라 오직 여호와께서 그의 말씀대로 이루시기를 원하노라 하니라 이에 그 여자가 그의 아들을 양육하며 그가 젖 떼기까지 기다리다가 24 젖을 뗀 후에 그를 데리고 올라갈새 수소 세 마리와 밀가루 한 에바와 포도주 한 가죽부대를 가지고 실로 여호와의 집에 나아갔는데 아이가 어리더라 25 그들이 수소를 잡고 아이를 데리고 엘리에게 가서 26 한나가 이르되 내 주여 당신의 사심으로 맹세하나이다 나는 여기서 내 주 당신 곁에 서서 여호와께 기도하던 여자라 27 이 아이를 위하여 내가 기도하였더니 내가 구하여 기도한 바를 여호와께서 내게 허락하신지라 28 그러므로 나도 그를 여호와께 드리되 그의 평생을 여호와께 드리나이다 하고 그가 거기서 여호와께 경배하니라 1 한나가 기도하여 이르되 내 마음이 여호와로 말미암아 즐거워하며 내 뿔이 여호와로 말미암아 높아졌으며 내 입이 내 원수들을 향하여 크게 열렸으니 이는 내가 주의 구원으로 말미암아 기뻐함이니이다 2 여호와와 같이 거룩하신 이가 없으시니 이는 주 밖에 다른 이가 없고 우리 하나님 같은 반석도 없으심이니이다 3 심히 교만한 말을 다시 하지 말것이며 오만한 말을 너희의 입에서 내지 말지어다 여호와는 지식의 하나님이시라 행동을 달아보시느니라 4 용사의 활은 꺾이고 넘어진 자는 힘으로 띠를 띠도다 5 풍족하던 자들은 양식을 위하여 품을 팔고 주리던 자들은 다시 주리지 아니하도다 전에 임신하지 못하던 자는 일곱을 낳았고 많은 자녀를 둔 자는 쇠약하도다 6 여호와는 죽이기도 하시고 살리기도 하시며 스올에 내리게도 하시고 거기서 올리기도 하시는도다 7 여호와는 가난하게도 하시고 부하게도 하시며 낮추기도 하시고 높이기도 하시는도다 8 가난한 자를 진토에서 일으키시며 빈궁한 자를 거름더미에서 올리사 귀족들과 함께 앉게 하시며 영광의 자리를 차지하게 하시는도다 땅의 기둥들은 여호와의 것이라 여호와께서 세계를 그것들 위에 세우셨도다 9 그가 그의 거룩한 자들의 발을 지키실 것이요 악인들을 흑암 중에서 잠잠하게 하시리니 힘으로는 이길 사람이 없음이로다 10 여

호와를 대적하는 자는 산산이 깨어질 것이라 하늘에서 우레로 그들을 치시리로다 여호와께서 땅 끝까지 심판을 내리시고 자기 왕에게 힘을 주시며 자기의 기름 부음을 받은 자의 뿔을 높이시리로다 하니라 11 엘가나는 라마의 자기 집으로 돌아가고 그 아이는 제사장 엘리 앞에서 여호와를 섬기니라

욕심을 부린 한나

아들을 구하는 한나

본문은 사무엘상 1장과 2장의 전반부입니다. 본문을 읽다보면 짧은 시간 또는 얼마 되지 않은 기간 중에 모든 사건이 일어난 것처럼 느낄 때가 있습니다. 그러나 성경을 차분히 읽어보면 결코 짧은 시간이 아니고 여러 해가 지났다는 것을 알 수 있습니다. 엘가나 가정에 브닌나와 한나라고 하는 두 아내가 있었는데 어느 날 브닌나가 심기가 불편하여 한나를 충동질하니까 한나가 그날따라 갑자기 흥분해서 한 맺힌 감정으로 오기를 발동해서 아이 낳기를 간절히 기도했더니 당장에 아들을 낳았다는 이야기가 절대로 아닙니다. 1장 3절 표현대로 "매년 자기 성읍에서 나와서 실로에 올라가서 만군의 여호와께 예배하며 제사를 드렸다"이고 5절을 보면 엘가나가 제사 드리는 날에 한나에게는 분깃을 갑절을 주었다는 표현이 나옵니다. 7절을 보면 이와 같은 행동이 매년 반복되었습니다. 유달리 어떤 한 해만, 어떤 한날만 그런 것이 아니라 여러 해를 그렇게 했습니다. 한나가 자녀를 못난 것이 한 해, 두 해가 아니고 여러 해 동안입니다. 그 여러 해 동안 한나는 아마 처음에는 아이를 기다렸을 것입니다. 곧 자식이 생기고, 곧 자신도 아이를 가질 수 있을 것을 기대하면서 기다렸을 것입니다. 그런데 한 해 두 해가 가도 소식이 없고 아무런 반응이 없습니다.

아마 그 당시 한나는 아들을 낳으려고 여러 가지 민간요법을 통해서 이렇게 노력도 해보고 저렇게 노력도 해보고 여러 가지 방법을 시도해

보았을 것입니다. 그리고 엘가나와 한나는 이스라엘 사람이었습니다. 한나는 하나님께 매어 달리는 심정으로 기도도 했을 것입니다. 아이가 생기지 않는 것을 알게 되어 기도를 시작하던 그 순간부터 만약 하나님께서 아들을 주시면 성전에 바치겠다고 서원하지는 않았을 것입니다. 왜냐하면 아들을 갖고 싶은데, 갖고 싶다는 아들을 얻자마자 미련 없이 바치겠다고 마음먹기가 쉽지 않기 때문입니다. 처음에는 기다렸고, 다음에는 이런저런 노력을 해봤고, 그 다음에는 기도했던 것입니다. 기다리며 시간이 지나면 어떤 방법이 생기기를 기대하고, 기도하며 때가 되면 응답이 오기를 기다렸는데 이런저런 방법들이 다 소용없어지고 자신의 육체의 나이는 조금씩 늙어가고 기도해도 응답이 없자 점점 불안하고 염려되는 것입니다. 한나의 행동과정을 살펴보는 것입니다. 한 단계, 한 단계가 첨부되는 것입니다. 처음에는 개인적으로 노력하다가 기도하고, 기도할 때도 처음에는 기도하다가 후에는 금식기도하고 철야기도하다가, 나중에는 하나님이 아들이 주시면 하나님께 바치겠다는 서원까지 하고, 하나님을 감동시켜 뭔가 하나님 앞에 은혜 받을 만한 조건을 제시하자는 발상들이 행동으로 연결된 것입니다.

죄의 원리

이런 인간의 발상이 지독히 죄적인 인식이요 죄의 원리입니다. 죄의 원리는 점점 쉬워지는 것이 아니라 언제나 점점 어려워집니다. 점점 가벼워지는 것이 아니라 점점 무거워집니다. 할 수 없는 자가, 연약한 자가 더는 할 게 없으니까 그저 '하나님 어쩔 수 없습니다. 하나님 도와주세요'라고 기도해야 하는데 '아들을 주세요. 아들을 주시면 평생 하나님께 바치겠습니다' 고 기도하고 만약 그래도 응답이 안 오면 다른 조건을 점점 더 갖다 붙이면서 '아들을 하나님께 바치고, 교회도 하나 건축하고, 헌금도 많이 내겠습니다' 고 맹세합니다. 이것이 죄의 발상입니다.

이런 죄의 원리를 하나님에게, 하나님을 향한 신앙에 적용하면 절대로 안 됩니다. 왜냐하면 하나님의 원리와 죄의 원리는 다르고, 하나님은 죄의 원리로 움직이는 분이 아니시기 때문입니다. 그런데 대부분의 사람들, 심지어는 신앙인까지도 이런 방식을 사용하곤 합니다. 안 되면 기도하고, 기도해서 안 되면 금식하고, 금식해서 안 되면 철야로 금식하고, 그래도 안 되면 자꾸 하나님 앞에 조건을 달고 이것만 해주시면 저렇게 하겠다고 제안합니다. 이런 행동들은 하나님께 은혜를 구하는 것이 아니라 자꾸 은혜를 은혜 안 되게 만드는 것입니다. 이런 방식을 사무엘상 1장에 나타난 한나의 행동에서 봅니다.

민수기 30장 6절로 8절에 따르면 하나님 앞에 서원을 할 때에 아내는 꼭 남편의 허락을 받아야 합니다. 남편이 허락하면 그 서원이 효력이 발생하는 것입니다. 그런데 한나는 남편에게 묻거나, 허락을 받지 않은 상태에서 기도할 때 아들을 하나님께 바치겠다고 서원을 해 버립니다. 사무엘상 1장 21절 이하에서 엘가나와 그의 온 집이 여호와께 올라갈 때에야 한나는 남편에게 "아이를 젖 떼거든 내가 그를 데리고 가서 여호와 앞에 뵙게 하고 거기에 영원히 있게 하리이다"라고 말합니다. 엘가나는 그제야 한나의 서원에 대한 각오를 듣게 되고 '그대의 소견에 좋은 대로 하라' 고 허락합니다. 그러므로 한나의 행동은 하나님이 정하신 방식, 신앙적 방식, 믿음의 방식이 아니었습니다.

여호와께서 그를 생각하신지라

엘가나가 살고 있던 시대에 결혼한 여인 중에 자녀가 없는 여자가 한나 혼자만이 아닙니다. 아이 달라고 하나님께 기도한 사람 또한 이 한나 혼자만이 아닙니다. 다른 여자들과 비교해서 한나의 기도가 더욱더 절실했다거나, 한나가 더욱더 간절하고, 더욱더 열심히 기도했다거나, 다른 사람보다 특별히 신실하게 기도했다고 생각할 수 없습니다. 성경에 한나 한 사람만 기록되어서 그렇지 다른 많은 여자들도 기도하고 하나님께 서원도 했을 것입니다. 이 사건에서 중요한 것은 한나가 아닙니다. 이 사건의 핵심은 한나가 어떻게 했느냐가 아니라 하나님입니다. 한나가 얼마나 큰 믿음을 가지고 하나님께 간절히 기도했느냐가 아니라 한나의 기도를 하나님이 들어주셨다는 것이 선포되고 있는 것입니다. 언제나 우리가 감격해야 하는 것은 하나님께서 인간의 부르짖음, 인간의 기도를 응답해 주신다는 것입니다. 왜 이게 감격이냐면 하나님께서 기도에 응답을 안 해주셔도 하나님은 잘못 하는 것이 아니기 때문입니다. 왜냐하면 하나님께서 인간의 기도를 들어주시고 응답하셔야 할 의무가 없기 때문입니다.

이스라엘의 경우는 도리어 하나님께 기도할 면목조차 없어야 정상입니다. 역사적으로 출애굽에서 가나안 정복까지 살펴보면 이스라엘은 하나님께 너무나 많은 은혜를 입었고, 너무나 많은 축복을 받았습니다. 가나안에 도착해서도 하나님께서 때때로 사사들을 세우시사 이방에서 구원하시고 공급하시고 책임지시고 태평함을 허락하셨습니다. 하나님이 이스라엘에게 행한 바에 비해 이스라엘이 하나님께 행한 것은 배반이었고 불신이었고 죄악뿐이었습니다. 죄인도 양심이 있고 낯짝이 있으면 자신들이 부인하던 하나님께 기도할 수 없고 부르짖을 수 없었을 것입니다. 그런데 이스라엘은 하나님께 기도했습니다. 만약 하나님께서 공의대로, 행한대로 갚는다는 기준에 근거한다면 하나님은 이스라엘에게 반응을 보이시면 안 됩니다. 이스라엘의 옳지 않은 행동에 반응을 보이시면 자꾸 버릇이 나빠집니다. 안 좋은 선례를 남기면 안 좋습니다. 기도에 응답해주지 않아야 합니다. 기도를 안 들어 주는 정도가 아니라 도리어 책망하고 꾸짖고 혼내셔야 합니다.

이런 이스라엘의 상황이고 한나의 모습이기에 한나라고 다른 것이 없습니다. 그런데 하나님이 들어주신다는 것입니다. 하나님을 배반한 이스라엘의 기도, 하나님을 부인하는 이스라엘의 간구, 하나님의 의도에 맞지 않는 부르짖음, 하나님의 마음과 심정이 담겨있지 않은 요구조차도 하나님은 들어주십니다. 하나님이 왜 들어주실까요? 한나가 응답 받을 만한 자격을 갖추었습니까? 아닙니다. 하나님께서는 한나에게 응답해 주셔야만 하는 빚진 것이 있습니까? 아닙니다. 한나의 공로가 대단합니까? 아닙니다. 그렇다면 왜 하나님이 한나의 기도를 들어 주실까요? 그 이유는 오직 하나, 하나님이 한나를 사랑하시고, 하나님이 인간에게 은혜 주시기를 원하기 때문입니다. 절대적으로 인간의 공로가 드러나는 것이 아니라, 인간의 기도를 들어 주시고 응답해주시는 하나님이 강조되어야 합니다.

하나님의 은혜는 언제나 인간의 기준을 넘어섭니다. 한나는 단지 아들 하나를 구했을 뿐입니다. 그런데 하나님은 한나라고 하는 여인의 기도를 들어주셨을 뿐만 아니라, 아들로 하여금 이스라엘이 구하지도 않았던 이스라엘의 구원자, 이스라엘의 지도자, 이스라엘을 회복하는 자, 이스라엘을 부흥케 하는 자, 이스라엘을 건강케 하는 자로 하나님이 세워 주셔서 한 가족 뿐만 아니라 한 나라까지도 도우신다는 것입니다.

하나님의 은혜

사람들은 기도해서 무엇인가를 이루면 무지하게 자랑합니다. 그리고 고백하기를 '기도는 만사를 변화시킨다' 고 합니다. 그 말은 기도는 하나님까지도 바꿀 수 있다는 뜻으로 매우 무서운 말입니다. 기도응답을 받은 반응이 지금과 같아서는 안 됩니다. '내가 기도했더니 이루었다' 는 방식으로 간증이 이루어지면 안 됩니다. 반대로 '하나님께서 나 같은 사람의 기도를 응답하셨다. 하나님 감사합니다' 는 고백의 방식이어야 합니다. '기도는 만사를 변화시킨다' 며 기도예찬론에 빠지는 것이 아니라 '하나님은 자격도 없는 나를 변화시킨다' 고 고백하며 하나님을 찬양하는 것이 하나님의 은혜에 대한 바른 신앙의 모습입니다.

한나가 기도했더니 하나님이 응답하신 것이 아니라 한나의 기도조차도 하나님이 응답하시는 것입니다. 성경에 은혜 받는 방법, 축복받는 방법, 하나님께 응답받는 방법 등은 없습니다. 왜냐하면 하나님이 먼저 은혜를 주시기 때문입니다. 인간이 하나님에게 은혜 받을 만한 행동을 하면 은혜를 주고, 복 받을 일을 하면 복을 주시는 것이 아닙니다. 하나님께서는 인간에게 은혜가 필요하기에 먼저 은혜를 주시고, 죄인에게 복이 필요하기에 먼저 복을 주시는 것입니다. 하나님이 먼저 다 베풀어 주시는 분이기에 성경에는 은혜 받는 방법이나 복 받는 방법은 없고 하나님이 은혜 주셨다, 복 주셨다는 선포가 나오게 되어 있는 것입니다.

욕심을 버린 한나

자식과 부모

사무엘상 1장과 2장의 모습은 한나가 하나님에게 아들을 달라고 기도하면서 아들을 주시면 하나님께 바치겠다고 서원했더니 덜컥 아들이 들어서고, 열 달이 지나서 덜컥 아들이 생겼다는 흐름이 아닙니다. 한나가 아이가 없는 상태에서 아이 얻기까지 여러 해가 지나갑니다. 자녀를 갖지 못해서 안타까워 한 것이 수년이요, 기다려 본 것이 여러 해요, 이 모양 저 모양 방법을 써보며 또 몇 해를 보내고, 하나님께 기도한 것이 수차례요, 그러다가 아이를 임신한 것이 열 달이요, 그 아이를 젖 뗀 후 성전에 드리기까지 아이를 돌보며 아이를 데리고 양육한 기간이 여러 해가 지나갑니다.

하나님께서 한나의 기도를 응답하셔서 아들을 주셨습니다. 그랬더니 한나가 그 아이를 성전에 데리고 가서 하나님께 드렸다고 합니다. 한나의 결정이 절대로 쉬운 것이 아닙니다. 부모들이 자식을 자신의 마음에서 내려놓기가 보통 어려운 것이 아닙니다. 예를 들어 보겠습니다. 대부분의 가정에서 부모와 자식 간에 실랑이하는 경우가 많습니다. 왜냐하면 부모가 자녀에 대한 기대가 있고 소원이 있고 바라는 것이 있고 원하는 것이 있기 때문입니다. 부모가 아이를 이렇게 저렇게 해보려고 애씁니다. 갈등의 시간들이 지나가고 어느 순간 부모가 아이를 자신의 손에서 내려놓습니다. 그런데 그 내려놓는 순간이 그 아이를 인정하고 그 아이를 높여주고 그 아이를 존중해서 하는 행동이 아닙니다. 부모와 자식 간에 갈등이 있고 다툼이 있습니다. 언제까지 싸우고 언제까지 부모가 아이를 주장 하냐면 부모가 이길 때까지 합니다. 그래서 '내말 들어. 이렇게 해, 저렇게 해' 라고 말합니다. 만약 자녀가 부모의 말을 따르지 않으면 어르기도 하고 때리기도 합니다. 그러는 동안에 아이가 장성해집니다. 어느 날 부모가 매를 들고 자녀를 훈계하려고 할 때 자녀가 부모의 손을 잡고 '이러지 마세요' 라고 저항하는 날 모든 갈등 상황이 종료됩니다. 그때서야 '아이고, 내 자식일지라도 내 맘대로 안 되는구나' 라고 말하면서 자녀를 내려놓습니다. 그러나 이것은 자녀를 내려놓는 것이 아니라 자녀에게 진 것입니다. 반대의 경우도 있습니다. 아이들도 부모의 말을 들어줄 때가 있습니다. 언제까지냐면 자신이 부모를 이길 때까지입니다.

본문에서 한나가 자기의 아들을 하나님께 내어 놓습니다. 이 결정이 절대로 쉬운 결정이 아닙니다. 부모이든 자녀이든 또는 상대가 누구이든, 상대를 인정할 때는 처음부터 달라져야 합니다. 이기려고 하다가, 다스리려고 하다가 도무지 할 수 없어서, 더는 안 되니까, 졌기 때문에 포기하는 모습은 안 됩니다. 처음부터 상대에 대한 인식, 상대에 대한 가치, 상대에 대한 기준이 원칙적으로 달라야 합니다. 부모와 자식관계, 남편과 아내관계, 상사와 부하의 관계에서 처음부터 태도가 달라야 합니다.

상대방과 자신과의 관계를 적절하게 형성하는 가장 모범적인 경우가 바로 하나님입니다. 하나님에게서 상대를 대하는 원리를 배워야 합니다. 하나님은 인간을 창조하셨습니다. 그러나 하나님은 인간에게 '내가 만들었으니까 너는 내 것이다. 너는 내가 창조하였으니 내 맘대로 할 것이다. 내가 지었으니 내 뜻대로 할 것이다' 라고 말씀하지 않으십니다. 대신에 '내가 창조했지만 자유를 주노라. 내가 창조했지만 너의 인격을 존중하노라. 내가 창조했지만 너의 소망이 무엇이든 이루라' 고 말씀하시는 것이 하나님의 마음입니다. 오늘날 이와 같은 하나님의 마음이 아니면 인간관계를 해결할 방법이 없습니다.

한나의 변화

부모가 자녀를 놓는다는 것 매우 힘든 것입니다. 그런데 한나가 귀하게 얻은 아들을 하나님 앞에 내어놓습니다. 사무엘상 1장의 한나와 2장의 한나는 전혀 다른 사람이라는 것을 분별하셔야 합니다. 1장과 2장 사이에 상당한 세월이 흘렀다는 것을 강조하는 이유는 그 세월 동안에 한나가 변했다는 것입니다. 물론 한나는 하나님께 약속한 대로 사무엘을 드립니다. 이것이 원래부터 가지고 있던 한나의 믿음이 아니고, 약속을 지키는 한나의 위대함이 아닙니다. 한나가 아들의 문제로 하나님께 구하고, 하나님께 응답받고, 하나님께 드리려고 몇 년 데리고 있는 그 기간 동안 단지 세월만 흘러간 것이 아닙니다. 그 기간 동안에 한나는 하나님을 구하고, 하나님을 찾고, 하나님의 응답을 받고, 하나님의 은혜를 받고, 하나님의 사랑을 받으며, 하나님과 교통하면서 변해가고 바뀌어 갑니다. 하나님을 만나고 한나가 새롭게 달라지는 것입니다.

만약 한나가 아들을 얻으려고 여러 해를 싸웠다고 합시다. 자신과 싸웠고 브닌나와 싸웠고 외로움과 싸웠고 하나님과 싸웠다고 합시다. 그래서 그 싸움의 승리로 아들을 얻었다는 생각이 있다면, 그 생각으로는 절대로 사무엘을 하나님께 바칠 수가 없습니다. 자신이 수고해서 얻은 대가인데, 자신이 그 아들을 얻으려고 얼마나 애를 썼는데, 그 아들을 내놓을 수가 없습니다. 한나는 아들을 낳으려고 오랫동안 기도하고, 또 자식을 잉태한 열 달 동안, 또 자식을 낳아서 하나님께 드리기 전에 양육하는 여러 해 동안 자신과 하나님을 돌아보며 하나님의 은혜를 생각합니다. 한나는 '나만 기도한 것이 아니라 여러 사람이 기도했다. 그러나 기도한다고 다 아들을 얻는 것이 아니다. 다른 사람보다 내가 더 열심 낸 것도 아니다. 그런데 왜 나에게 이런 일이 있을까? 아! 이게 하나님의 은혜구나. 내가 기도해서 얻은 것이 아니고, 하나님이 돌보시고 하나님이 불쌍히 여겨서 나에게 은혜를 주신 것이다'라고 생각하는 것입니다. 한나는 아들을 얻는 사건을 통해 하나님을 알아 가는 것입니다. 하나님이 한나에게 은혜를 주시고, 한나는 은혜를 받아 하나님을 알아 가는 것입니다.

　한나는 자기의 기도와 하나님의 응답을 통해 하나님의 은혜를 깨달아 알아가는것입니다. 자신이 기도한 것의 당연한 응답이 아니라 하나님이 은혜를 주셨다는 것을 아는 것입니다. 하나님이 한나를 사랑하시며, 하나님이 한나를 기억하시며, 하나님이 한나를 도우시며, 하나님이 한나와 함께 계시다는 것을 알게 된 것입니다. 기도하면 만사가 변하는 것이 아니고, 기도하면 하나님이 변하는 것이 아니고, 기도하면 세상이 변하는 것이 아니고, 기도하면 기도하는 사람이 변합니다. 자신의 주장을 내세우는 기도를 하던 사람이 하나님의 응답을 받으면 자신을 사랑하시는 하나님을 깨닫게 되고 기도하는 사람이 변화하는 것입니다. 그래서 기도하기 전의 한나와 기도한 후에 응답 받고난 후의 한나가 다른 것입니다.

그러므로 나도

달라진 것은 엘가나 집에 아들이 하나 더 생겼다는 것뿐이 아닙니다. 오늘 성경에 가장 중요한 사실은 한나가 변했다, 한나가 달라졌다, 한나가 바뀌었다, 한나가 새로워졌다는 것입니다. 사무엘상 1장 27절에 한나가 고백하기를 "이 아이를 위하여 기도하였더니 내가 구하여 기도한 바를 여호와께서 내게 허락하신지라. 그러므로 나도 그를 여호와께 드리되 그의 평생을 여호와께 드리나이다"입니다. 본문의 설교 제목이 '그러므로 나도' 입니다. 내가 어찌 어찌했더니 하나님이 어찌어찌하셨다는 것이 아닙니다. '하나님이 은혜를 주셨다. 그러므로 나도 하나님께 응답한다' 는 것입니다. '하나님께서 나에게 은혜를 주셨다. 그러므로 내가 바뀌었다' 는 것입니다. '하나님께서 나를 도우셨다. 그러므로 내가 변했다. 변화된 내가 이제 하나님 앞에 응답하고 하나님께 반응한다' 는 것입니다. 이것이 바른 신앙입니다.

'내가 기도로 하나님을 바꾸었다' 는 것이 성도의 자랑이 아니라, '하나님이 나를 바꾸셨다. 하나님으로 인해 내가 바뀌었다' 는 것이 성도의 자랑입니다. '내가 기도해서 무엇을 이루었다' 는 것이 자랑이 아니라, '하나님이 나의 기도를 응답해 주셨다' 는 것이 성도의 자랑입니다. 기도로 하나님을 바꾸고 세상을 바꾸는 것이 아니라, 기도로 말미암아 내가 변하는 것입니다. 기도를 통하여 하나님을 만나고, 응답을 통해 하나님을 알고, 기도와 응답으로 말미암아 하나님을 체험하면서 내 생각, 내 원리, 내 방식이 자꾸 변해가는 것입니다.

하나님의 은혜

은혜

한나는 하나님께 은혜를 받았습니다. 은혜는 당사자가 결과를 얻을 만한 아무런 조건이나 자격이나 공로가 없음에도 결과를 받는 것입니다. 만약 한나가 기도했고, 한나의 기도 때문에 아들을 얻었다면 그것은 은혜가 아니라 한나의 공로입니다. 기독교의 은혜는 전적인 하나님의 배려요, 전적인 하나님의 선물입니다. 한나가 받은 은혜는 아들을 낳았다는 것이 아닙니다. 왜냐하면 브닌나는 하나님께 은혜를 받지 않았음에도 아들을 얻었기 때문입니다. 성경이 말하는 은혜, 하나님이 주시는 은혜를 바르게 이해해야 합니다. 사람들은 야곱이 하나님과 씨름하고 하나님께 축복을 받아서 거부가 되었다고 합니다. 야곱이 받은 은혜는 재물이 아닙니다. 왜냐하면 하나님께 은혜를 받지 않았음에도 부자되고 거부가 된 사람이 많기 때문입니다. 어떤 사람은 자기가 열심히 일하고 지혜를 쓰고 재테크를 잘해서 거부가 되기도 합니다. 만약 야곱이 은혜를 받아서 부자가 됐다고 말한다면, 에서는 훨씬 더 부자입니다. 야곱은 기껏해야 가축 두 떼와 자기들 식구 몇 명 데리고 가는데, 에서는 하인만 사백 명을 데리고 나옵니다. 재물로 비교하면 야곱은 에서의 상대가 되지 않습니다.

　인간이 할 수 있는 일은 인간이 하면 됩니다. 성도가 진정으로 하나님께 구해야 할 것은 인간으로 할 수 없는 것, 인간으로는 구할 수 없는 것을 구해야 합니다. 오직 하나님이 아니면 안 되는 것을 하나님께 구해야 합니다. 하지만, 죄인들은 하나님을 모르기에 하나님의 것을 구하지 못합니다. 죄인인 인간들은 정작 중요한 것을 모르기에 인간의 것만 구할 뿐 아무도 하나님의 것을 구하지 않습니다. 그런데 신기한 것은 인간의 것을 구했는데 하나님의 것이 온다는 것입니다. 이것이 은혜입니다. 인간은 다만 인간의 것을 구했는데 하나님은 하나님의 것을 주시기 때문에, 인간이 구하지 않은 것을 주시기 때문에 은혜인 것입니다. 하나님은 한나가 구한 것을 주시는 정도가 아니라, 아들 이외의 것 즉, 한나가 구하지 않은 것, 하나님의 것을 그 아들을 구하는 사건을 통해 하나님이 주십니다. 그게 바로 은혜입니다.

한나가 받은 은혜

한나가 하나님께 받은 은혜는 아들을 받은 것이 아닙니다. 하나님은 기도응답을 통해서 아들을 주고자함이 목적이 아니라, 하나님의 은혜를 주고자 아들이라는 방법을 쓰시는 것입니다. 하나님의 기대에는 한나가 하나님의 것을 구해야하는데, 하나님의 것은 구하지 못하고 기껏해야 아들만 구하고 있습니다. 하지만 하나님의 생각에는, 한나가 하나님께서 아들을 주실 수 있다고 여기면서 아들을 구하는 것이 고마워서 우선은 한나의 요구대로 아들을 주시고 추가적으로 하나님의 은혜를 주시는 것입니다. 이런 방식이 하나님의 인간 사랑의 마음입니다. 결국 한나가 받은 은혜는 아들이 아니라 아들을 주시는 걸 통해서 한나로 하여금 '하나님이 내 기도를 들어주시고 하나님께서 나와 함께 계시는구나' 라는 것을 알게 하시는 것이요 이것이 바로 은혜입니다.

하나님은 한나로 하여금 하나님을 아는 것, 하나님을 앎으로 행복이 무엇이며, 기쁨이 무엇이며, 인간이 인생을 어떻게 살아야하는가를 알게 하시는 것입니다. 하나님은 한나에게 아들을 주신 것이 아니라 하나님을 알게 하시고 인생을 바로 사는 것을 알게 하시는 것입니다. 만약 한나가 아들이 행복이라고 생각했다면 절대로 아들을 내놓을 수가 없습니다. 비록 하나님께 약속했을지라도 아들을 내놓을 수가 없습니다. 한나가 아들을 하나님 앞에 약속대로 기꺼이 내놓을 수 있는 이유는 아들을 사랑하지 않기 때문이 아니며, 아들을 버리고 자식들을 다 포기하기 때문이 아닙니다. 한나는 하나님께 기도하고 응답받는 과정에서 행복론이 달라지며 기쁨론이 달라지며 삶의 원리가 달라지고 삶의 내용이 달라졌던 것입니다. 만약 한나가 하나님께 얻은 아들을 통해 날마다 자식 크는 재미로 살 계획을 세웠다면 아들을 바칠 수가 없습니다. 그런데 몇 년에 걸쳐서 매우 어렵게, 힘들게 얻은 아들이면서도 그 아들을 한나가 하나님 앞에 거뜬히 내어드릴 수 있는 힘은 행복이 무엇인지, 은혜가 무엇인지, 하나님이 누구이신지를 아들을 얻는 사건을 통해서 알게 되었고 하나님을 앎으로 한나의 생각과 사상, 관념, 관점 등 모든 것이 변화된 것입니다.

여호와께 드리되

한나가 하나님의 마음, 하나님의 관점, 하나님의 기준으로 달라진 모습을 사무엘상 1장 27-28절에서 볼 수 있습니다. 28절에 '그러므로 나도 그를 여호와께 드리되' 라고 기록되어있습니다. 본문의 '드리되' 라는 표현에는 두 가지의 의미가 있습니다. 하나는 말 그대로 성전에 데리고 가서, 아들을 집에 두지 않고 성전에 두는 것입니다. 그런데 '드리되' 라는 단어가 27절 "이 아이를 위하여 내가 기도하였더니 내가 구하여 기도한 바를 여호와께서 내게 허락하신지라"는 구절 중에 '내가 구하여' 와 '기도한 바' 라는 단어와 동일한 단어입니다. '내가 하나님께 구하여 기도하여' 라는 표현과 '내가 하나님께 드리되' 라는 표현에 동일한 단어가 사용된 것입니다. '구하여', '기도한 바', '드리되' 를 동일한 표현으로 번역하면 "이 아이를 위하여 내가 기도하였더니 여호와께서 나의 구하여 기도한 바를 허락하신지라. 그러므로 나도 그를 여호와께 구하되 그의 평생을 여호와께 구하나이다 하고 그 아이는 거기서 여호와께 경배하니라"입니다. '드리다' 는 표현이 '하나님께 구한다' 는 표현입니다.

처음에 한나는 자신이 행복하지 않고, 자신이 참 불행하고, 자신이 역경 속에 있다고 생각했습니다. 그래서 그 문제를 해결해달라고, 삶을 좀 바꿔달라고 하나님 앞에 구했습니다. 그랬더니 하나님께서 아들을 주시는 정도가 아니라 하나님의 마음, 하나님의 관점, 하나님의 뜻을 은혜로 알려 주셨습니다. 하나님으로 말미암아 한나는 삶의 내용이 바뀌고, 삶의 가치가 바뀌고, 삶의 목적이 바뀌어서 삶의 문제가 다 해결되었습니다. 한나가 아들을 여호와께 드렸다는 것은 "내가 하나님께 구했더니 하나님께서 아들의 문제가 아니라 내 삶의 문제를 해결해 주셨다. 이로 말미암아 하나님이 행복이고, 하나님이 기쁨인 것을 내가 알았다. 그러면 이제 내가 이 아들을 위해서 할 수 있는 것이 땅 남겨 주고 지식 남겨 주는 방식이 아니다. 하나님이 나에게 은혜를 베풀어 주셨듯이 이 아들에게도 하나님이 그렇게 은혜 주시고 하나님이 돌보시고 기도들어주시고 관심 가져 주시고 살펴주시는 것, 그것이 바로 이 아들의 모든 앞으로 일어날 삶의 문제의 해결이다. '아들을 하나님께 간구합니다. 이 아들의 삶을 하나님께 의뢰합니다. 이 아들의 삶을 하나님께 맡깁니다'"라는 의미입니다. 이것이 바로 '하나님께 드리다', '하나님께 구하다'의 바른 의미입니다. 이것을 아는 것, 하나님을 알고 인생의 원리를 알게 된 것이 바로 한나가 받은 은혜입니다.

　한나가 하나님을 알게 된 것이 아들을 얻은 것 보다 훨씬 더 큰 은혜입니다. 왜냐하면 이 사람 저 사람들이 아들을 낳았습니다. 아들을 낳긴 낳았는데 하나님께 삶을 구해 행복하다는 것은 모릅니다. 어떤 사람이 돈을 벌고 부자가 됩니다. 그래서 부자는 됐는데 하나님의 원리, 하나님의 마음이 있어야 행복하다는 것을 모릅니다. 아들을 낳은 사람은 많고, 돈을 벌어 부자인 사람은 많습니다. 하지만 행복한 사람은 많지 않습니다. 왜냐하면 하나님의 마음, 하나님의 심정, 하나님의 원리를 모르기 때문입니다. 한나가 받은 은혜는 아들이 아니라 하나님의 역할, 하나님과 자신과의 관계를 알았다는 것이요, 이 은혜로 말미암아 한나가 아들을 기꺼이, 즐거운 마음으로, 자신이 해줄 수 있는 어떤 것보다도 담대한 마음으로 하나님께 구할 수 있고 의뢰할 수 있었던 것입니다. 이것이 믿음이요 이것이 신앙입니다.

　한나의 믿음 때문에 하나님이 축복하신 것이 아니라, 하나님이 축복하시니까 한나에게 믿음과 신앙이 생겨난 것입니다. 성경은 믿음의 어머니로서 한나를 소개하는 것이 아니라, 평범한 여인 한나에게 은혜를 주셔서 믿음의 어머니로 변화해주시는 하나님을 소개하는 것입니다. 하나님께서 한나에게 행하신 것보다, 한나에게 베푸신 은혜보다 더 큰 은혜를 받은 사람, 하나님이 한나에게 알려주신 것보다 더 자세히 더 풍성히 더 분명히 더 정확히 하나님을 알게 하시고 하나님의 사람이 되도록 변화시켜 준 그 은혜를 받은 사람들이 저와 여러분 성도입니다.

한나의 기도

사무엘상 2장에 한나의 기도가 등장합니다. 한나의 기도 내용에는 아들의 대한 기도가 하나도 없습니다. '하나님! 이 아들 좀 도와주세요. 하나님! 이 아들에게 지혜와 총명과 명철을 주시고, 이 아들이 머리가 될지언정 꼬리가 되지 않게 해주시고, 이 아들이 꾸어 줄지언정 꾸지 않게 하옵소서' 등의 내용이 전혀 없습니다. 왜냐하면 한나는 이 아이의 행복이 삶의 정황에 있는 것이 아니라 하나님을 아는 것에 있다는 것을 알기 때문입니다. 한나 자신이 먼저 하나님 때문에 기뻐하고 있습니다. 하나님은 도우시는 분이요, 하나님은 지식의 하나님이요, 하나님은 공급하시는 분으로 인정하며 그 하나님을 찬양하며 하나님을 고백하며 하나님을 경배하는 기도만 있습니다.

또한 '하나님 고맙습니다. 제가 하나님께 아들을 드리겠다고 하니까 아들을 주셨군요. 감사합니다. 저도 약속대로 아들을 드리겠습니다. 저도 아들을 드린다는 약속을 지켰으니까 하나님 또 축복해주세요. 그렇게 축복을 해주시면 제가 성전하나 지어드리고 주님을 위해서 살겠습니다' 라는 또 다른 서원이 등장하지 않습니다. 한나가 하나님을 위해서 무엇을 하겠다, 무엇을 바치겠다는 다짐이 하나도 없습니다. 도리어 '하나님이 참 반석이시군요. 하나님이 참 우리를 도우시는 분이군요' 라면서 그 하나님의 대한 고백이 나옵니다. 한나가 받은 은혜는 바로 이것입니다.

성경에는 한나에 대해서 아들의 사건을 통해서 하나님을 알고 하나님을 깨닫게 되었다는 것 외에는 다른 이야기가 없습니다. 성경에 한나는 이스라엘의 지도자 사무엘을 키워낸 믿음의 어머니로 등장하지 않습니다. 한나는 사무엘을 성전에 보냈을 뿐 사무엘을 키우는 것이 아닙니다. 또 한나가 하나님의 약속을 신실하게 믿고 그 약속을 지켰으니까 그가 나중에 하나님께로 큰 복을 받아서 부귀영화를 얻었다는 내용도 등장하지 않습니다. 한나 이야기는 사무엘상 2장 10절에서 끝입니다. 2장 21절에 "여호와께서 한나를 돌보시사 그로 하여금 임신하여 세 아들과 두 딸을 낳게 하셨다"는 이야기만 나올 뿐 다른 어떠한 복을 받았다, 성공했다, 부자가 됐다, 신세가 펴졌다, 신수가 좋아졌다 등의 이야기는 전혀 없습니다. 사람들이 기대하는 위대한 믿음의 한나에 대한 아무런 이야기가 없습니다. 상급도 없고 축복도 없고 더는 아무런 얘기가 없습니다. 왜 없냐면 이미 한나는 다 받았기 때문입니다.

성경에 더는 한나 이야기가 등장하지 않는 이유는 하나님을 알고 하나님의 마음을 갖게 된 것이 한나가 이 땅에서 받을 수 있는 모든 것 중에 가장 귀하고 가장 본질적이고 가장 값진 것이기 때문입니다. 성경에는 은혜 받는 방법, 복 받는 방법이 안 나옵니다. 왜냐하면 은혜를 주시기 때문입니다. 대신에 성경에는 받은 은혜를 누리는 방법, 받은 복을 삶 속에 체험하는 방법이 나오는 것입니다. '하나님을 알고 하나님의 원리를 알고 하나님의 방식을 알아 하나님의 마음으로 하라. 그리하면 하나님께 받은 모든 것들이 날마다 삶속에 들어나리라' 는 가르침이 성경의 교훈인 것입니다.

성경에는 믿음의 사람이나 하나님이 보시기에 합당한 사람은 없습니다. 자수성가한 사람, 역경을 넘어 인생 역전한 사람, 불굴의 투지로 고난을 극복한 사람 등은 성경에 나오지 않습니다. 성경에는 집을 떠나 혈혈단신이 되어 객지에 나가 자수성가한 아브라함이 아니라 하나님께 은혜 받은 아브라함이 등장합니다. 성경에는 형제들에게 버림받고 또 사람들에게 팔려가서 어느 집에 노예가 되고 감옥에 갇혀 있다가 은근과 끈기와 인내로 모든 것을 다 극복하고 총리까지 된 위대한 영웅 요셉이 아니라 하나님의 은혜를 받은 요셉이 등장합니다. 성경에는 하나님 앞에 부르짖어 자신의 아들을 바치겠다고 결단하여 아들을 받아낸 한나가 아니라 하나님의 은혜를 받은 한나가 등장합니다. 성경에는 어렸을 때부터 말하는 것이 다르고 생각하는 바가 다르고 기도하는 바가 다른 사무엘이 아니라 하나님의 은혜를 받은 사무엘이 등장합니다. 성경은 하나님의 은혜를 선포하며 저와 여러분이 하나님의 은혜를 받았다고 선포합니다. 하나님을 아서서 하나님을 삶 가운데 풍성히 누려 가시기를 주님의 이름으로 축원합니다.

3 은총을 더욱 받더라

사무엘상 2:12~36

12 엘리의 아들들은 행실이 나빠 여호와를 알지 못하더라 13 그 제사장들이 백성에게 행하는 관습은 이러하니 곧 어떤 사람이 제사를 드리고 그 고기를 삶을 때에 제사장의 사환이 손에 세 살 갈고리를 가지고 와서 14 그것으로 냄비에나 솥에나 가마에 찔러 넣어 갈고리에 걸려 나오는 것은 제사장이 자기 것으로 가지되 실로에서 그 곳에 온 모든 이스라엘 사람에게 이같이 할 뿐 아니라 15 기름을 태우기 전에도 제사장의 사환이 와서 제사 드리는 사람에게 이르기를 제사장에게 구워 드릴 고기를 내라 그가 네게 삶은 고기를 원하지 아니하고 날 것을 원하신다 하다가 16 그 사람이 이르기를 반드시 먼저 기름을 태운 후에 네 마음에 원하는 대로 가지라 하면 그가 말하기를 아니라 지금 내게 내라 그렇지 아니하면 내가 억지로 빼앗으리라 하였으니 17 이 소년들의 죄가 여호와 앞에 심히 큼은 그들이 여호와의 제사를 멸시함이었더라 18 사무엘은 어렸을 때에 세마포 에봇을 입고 여호와 앞에서 섬겼더라 19 그의 어머니가 매년 드리는 제사를 드리러 그의 남편과 함께 올라갈 때마다 작은 겉옷을 지어다가 그에게 주었더니 20 엘리가 엘가나와 그의 아내에게 축복하여 이르되 여호와께서 이 여인으로 말미암아 네게 다른 후사를 주사 이가 여호와께 간구하여 얻어 바친 아들을 대신하게 하시기를 원하노라 하였더니 그들이 자기 집으로 돌아가매 21 여호와께서 한나를 돌보시사 그로 하여금 임신하여 세 아들과 두 딸을 낳게 하셨고 아이 사무엘은 여호와 앞에서 자라니라 22 엘리가 매우 늙었더니 그의 아들들이 온 이스라엘에게 행한 모든 일과 회막 문에서 수종 드는 여인들과 동침하였음을 듣고 23 그들에게 이르되 너희가 어찌하여 이런 일을 하느냐 내가 너희의 악행을 이 모든 백성에게서 듣노라 24 내 아들들아 그리하지 말라 내게 들리는 소문이 좋지 아니하니라 너희가 여호와의 백성으로 범죄하게 하는도다 25 사람이 사람에게 범죄하면 하나님이 심판하시려니와 만일 사람이 여호와께 범죄하면 누가 그를 위하여 간구하겠느냐 하되 그들이 자기 아버지의 말을 듣지 아니하였으니 이는 여호와께서 그들을 죽이기로 뜻하셨음이더라 26 아이 사무엘이 점점 자라매 여호와와 사람들에게 은총을 더욱 받더라 27 하나님의 사람이 엘리에게 와서 그에게 이르되 여호와의 말씀에 너희 조상의 집이 애굽에서 바로의 집에 속하였을 때에 내가 그들에게 나타나지 아니하였느냐 28 이스라엘 모든 지파 중에서 내가

그를 택하여 내 제사장으로 삼아 그가 내 제단에 올라 분향하며 내 앞에서 에봇을 입게 하지 아니하였느냐 이스라엘 자손이 드리는 모든 화제를 내가 네 조상의 집에 주지 아니 하였느냐 29 너희는 어찌하여 내가 내 처소에서 명령한 내 제물과 예물을 밟으며 네 아들들을 나보다 더 중히 여겨 내 백성 이스라엘이 드리는 가장 좋은 것으로 너희들을 살지게 하느냐 30 그러므로 이스라엘의 하나님 나 여호와가 말하노라 내가 전에 네 집과 네 조상의 집이 내 앞에 영원히 행하리라 하였으나 이제 나 여호와가 말하노니 결단코 그렇게 하지 아니하리라 나를 존중히 여기는 자를 내가 존중히 여기고 나를 멸시하는 자를 내가 경멸하리라 31 보라 내가 네 팔과 네 조상의 집 팔을 끊어 네 집에 노인이 하나도 없게 하는 날이 이르지라 32 이스라엘에게 모든 복을 내리는 중에 너는 내 처소의 환난을 볼 것이요 네 집에 영원토록 노인이 없을 것이며 33 내 제단에서 내가 끊어 버리지 아니할 네 사람이 네 눈을 쇠잔하게 하고 네 마음을 슬프게 할 것이요 네 집에서 출산되는 모든 자가 젊어서 죽으리라 34 네 두 아들 홉니와 비느하스가 한 날에 죽으리니 그 둘이 당할 그 일이 네게 표징이 되리라 35 내가 나를 위하여 충실한 제사장을 일으키니 그 사람은 내 마음, 내 뜻대로 행할 것이라 내가 그를 위하여 견고한 집을 세우리니 그가 나의 기름 부음을 받은 자 앞에서 영구히 행하리라 36 그리고 네 집에 남은 사람이 각기 와서 은 한 조각과 떡 한 덩이를 위하여 그에게 엎드려 이르되 청하노니 내게 제사장의 직분 하나를 맡게 내게 떡 조각을 먹게 하소서 하리라 하셨다 하니라

사무엘의 가정환경

방송이나 언론에서는 동시대의 많은 주제들과 이슈들과 관심거리에 대해서 아주 심층적으로 다룹니다. 매 시대마다 중요한 이슈들과 문제들이 있음에도 성경과 교회는 그러한 일들에 대해 단 한마디도 말하지 않습니다. 사무엘상에도 한나라는 한 여인과 그 여인의 아들에 관한 이야기만 하고 있습니다. 어떤 분은 사무엘상을 읽으시면서 이 시대를 어떻게 살아가야 하는지, 우리가 당면한 문제를 어떻게 해결하는지에 대하여는 아무런 언급도 하지 않고, 단지 어떤 여자와 아이의 이야기만 하기에 성경이나 교회 설교는 현실에 맞지 않고 따분하다고 생각하실 수도 있습니다. '한나라는 여자가 기도했더니 하나님이 들어주셨느냐? 아니면 '하나님이 은혜를 주시니까 한나라는 여자가 변화 되었느냐?' 라

는 내용이 무슨 큰 차이가 나며, 그 사실이 오늘날 이 시대의 중요한 문제들과 무슨 관계가 있냐고 생각하시면 안 됩니다.

세계를 이야기하고 국제 정세를 이야기하고 다양한 주제를 이야기하면 시야가 넓고 규모가 큰 것이고 큰 문제가 해결되는 것이고, 한 여자나 한 아이의 얘기를 하면 집안 이야기에 불과한 사소한 잡담거리가 아닙니다. 정작 인간 삶에 중요한 것은 거창하고 큰 것이 아니라 나와 관계된 일, 내 주변에 있는 사람과의 일상적인 일들입니다. 우리 시대에 문제가 있듯 사무엘 시대에도 문제가 많이 있었습니다. 하나님은 사무엘 시대를 풀어 가시는데 오늘 성경처럼 풀어 가시는 것입니다. 사무엘 시대를 풀어 가시는 하나님의 방법을 아셔야 합니다. 당대에도 많은 이슈가 있고, 당대에도 많은 중요한 정치적 경제적 문화적 국제적 상황이 있습니다. 그런데 성경은 그런 얘기를 언급하지 않고 한 가정 이야기만 합니다. 그 가정을 통해 인간에게 가장 중요한 것이 무엇이고, 큰 사건이나 엄청난 주제에 관한 것이 아니라 인간 삶에 가장 본질적인 이야기가 무엇이고, 인간 삶 중에 가장 핵심적으로 이해해야할 것이 무엇인가를 알려주시는 것입니다. 지난 본문에서 한나를 살펴보았고 오늘 본문부터는 사무엘을 통하여 하나님이 시대를 풀어 가시는 방법, 하나님이 인간 삶을 다스려 가시는 방법을 살펴보기 원하는 것입니다.

우리는 성경을 볼 때 너무나 선입견이 많고 점수를 후하게 주고 시작하는 경향이 있습니다. 성도들은 일반적인 경우 사무엘에 대한 존경심을 가지고 있습니다. 사무엘이라는 이름만 들어도 사무엘의 말과 행동, 삶에 감동받을 준비하고 있습니다. 사무엘은 어머니 한나가 기도로 낳은 아들이요 그 어머니의 좋은 기도와 후원과 아름다운 관심과 사랑 속에 선하고 거룩하게 자랐을 것이라고 생각합니다. 그러나 정작 사무엘은 매우 불우한 가정환경에서 자라납니다. 불우한 가정환경을 언급하면 대부분의 사람은 경제적으로 좀 어렵거나 부모님 중에 한 분이 안 계시거나 또는 가정이 깨진 경우들을 많이 생각합니다. 불우하다는 용어에 대한 기준이 잘못 선정되거나 또는 한 쪽으로 치우쳐 있는 것입니다.

예전에 드럼을 치는 한 남자 연예인이 있었습니다. 그 연예인이 방송에 나와서 대화하는 중에 자신은 매우 불우한 가정에서 자랐다고 말했습니다. 방송에 같이 나왔던 사람들이 아무도 믿질 않았습니다. 왜냐하면 그 연예인의 부모님은 두 분 모두 대학교수셨고, 연예인 당사자도 의과대학을 졸업한 의사였기 때문입니다. 그러나 본인은 계속하여 자신이 불우한 가정환경에서 자랐다고 강조했습니다. 그 연예인의 설명에 의하면 자신은 어려서부터 음악을 좋아했다고 합니다. 피아노를 치는 게 좋고 드럼을 치면 신나고 늘 머릿속에서 음악을 하고 음악을 꿈꾸고 음악을 좋아했답니다. 그런데 부모님은 단 한 번도 자신이 음악하는 것을 좋아하지 않고 언제나 의사가 되어야 한다고 말씀하셨다는 것입니다. 본인이 피아노를 치고 있으면 그만 치고 가서 공부하라고 말씀하시고, 드럼을 치고 있으면 악기를 부수고, 계속 공부만을 강조하고 의사가 될 것을 요구하셨다는 것입니다. 자신은 너무 음악이 좋았는데, 자기가 성장해서 자기 뜻대로 할 때까지 집안에서는 단 한 번도 음악하라는 권면이나 당사자가 좋아하는 것을 해보라고 격려한 적이 없다는 것입니다. 그래서 자기는 불우한 가정에서 자랐다고 고백하는 것이었습니다.

일반적으로 생각하고 판단하는 기준이 대체적으로 경제와 학업성적 등에 의해 결정되지만 다양한 측면을 살펴보아야 합니다. 사무엘의 경우도 상당히 불우한 가정환경에서 성장한 것입니다. 어머니 한나가 성전에 사무엘을 드려서, 사무엘이 머물고 성장한 곳이 성전입니다. 많은 성도님들이 '성전에 머물고 있으니까 사무엘은 얼마나 큰 복을 받았으며 성전에서 자라나고 있으니까 얼마나 최상 최고의 환경에서 자랐겠는가!'라고 생각하시면 안 됩니다. 부모와 자녀의 관계라는 측면에서 보면 사무엘은 불우한 환경입니다. 젖 뗀 아이가 부모를 떠나 타인들만 있는 종교시설에 위탁된 것입니다. 이런 경우는 매우 불우한 환경입니다. 어린아이의 입장에서 거하는 장소가 성막이라고 해서 좋을 것 하나도 없습니다. 어린아이에게 중요한 것은 부모의 존재유무이지 거하는 장소는 별 의미가 없습니다. 지금 젖 뗀 아이에 불과한 사무엘에게 필요한 것은 제사장의 관심이 아니라 부모의 관심입니다. 그런데 부모는 일 년에 한 번씩 와서 보고 가끔씩 옷을 가져다줍니다. 매우 불우한 환경입니다.

사무엘상 2장에서는 사무엘의 어린 시절이 나오지만 7장과 8장에 보면 사무엘이 어른이고 사무엘이 자기 자녀들을 기르는 모습이 나옵니다. 그 때 사무엘의 자녀들이 바른 모습으로 성장하지 않았습니다. 아비인 사무엘처럼 백성의 칭찬받는 자녀로 성장하지 않았습니다. 온 이스라엘의 걱정거리요, 백성의 근심거리가 될 정도로 망나니처럼 자랐습니다. 모든 백성이 사무엘의 자녀들을 볼 때, 이스라엘에 장래가 불안하다고 생각하였으며 결국 왕을 구할 정도로 말썽꾸러기로 자라납니다. 사무엘이 자녀교육에 실패한 것에는 여러 가지 이유가 있을 것입니다. 그 중에 한 가지는 사무엘이 어렸을 적부터 부모에게 떨어져 생활하였기에 아마 아버지의 사랑을 받아본 적이 없고, 사무엘이 자신의 아버지가 자신을 어떻게 대하는가를 체험해본 적이 없다는 것입니다. 그 결과 사무엘이 아버지가 되고, 자신에게 아들이 있을 때 아이들을 아비로서 어떻게 대하며, 양육해야 하는지에 대하여 몰랐다는 것입니다. 부모와 떨어져 지냈기에, 자녀를 양육하는 일에 부족함이 많았다는 아쉬운 면이 있는 것입니다. 사무엘은 절대로 좋은 환경에서, 우수한 환경에서, 아주 거룩하게 잘 자라난 것이 아닙니다. 불우한 환경에서 자랍니다.

사무엘의 주변 환경

엘리 제사장

사무엘의 가정환경이 불우했다면 주변 환경은 양호했을까요? 사무엘이 머물고, 성장한 곳이 여호와의 전입니다. 여호와의 전에서 제사장들과 제사장의 자녀들과 함께 머물러 삽니다. 그 당시의 제사장이 엘리이고 엘리의 자녀들이 홉니와 비느하스입니다. 성경에 등장하는 사람들에 대하여 이유 없이 악평을 해서도 안 되지만 특별히 과대평가를 해서도 안 됩니다. 등장인물들에 대하여 성경에 묘사되어 있는 사실에 근거하여 평가해야 합니다. 성경에 등장하는 사람들, 특별히 하나님께 쓰임 받은 사람은 그 시대에 가장 탁월하고 가장 우수한 사람들이나 뛰어난 사람들이 아닙니다. 각자 하나님 앞에 자격고사를 거쳐서 가장 실력이 있고 그 시대에 가장 영향력을 미칠 만해서 하나님의 사람으로 선출되는 것이 아닙니다. 평범한 사람들입니다. 엘리 제사장도 마찬가지입니다. 엘리가 '제사장 고시'라는 어려운 시험을 통과한 사람이 아니라 레위의 자손으로 태어났기에 자동적으로 제사장이 되는 것입니다. 제사장이 되면 저절로 신령해지거나 저절로 신실해지는 것이 아닙니다. 제사장이 되어도 제사장이 되기 전과 비교하여 갑자기 특별하게 달라지는 것이 없습니다. 그래서 성경에 나타난 엘리에 관한 묘사는 특별한 칭찬도 특별한 꾸중도 안 나옵니다.

홉니와 비느하스

본문 12절에 '엘리의 아들들은 불량자라 여호와를 알지 못하더라'라고 기록되어 있습니다. 사무엘이 어렸을 때 함께 어울렸던 어쩌면 동료요 어쩌면 선배요 형님들이었던 인물이 홉니와 비느하스였습니다. 사무엘이 성막 기숙사에 살았다면 홉니가 방장이요 비느하스가 중방이요 사무엘이 졸방이었을 것입니다. 그런데 성경이 홉니와 비느하스에 대하여 묘사하기를, 사무엘과 함께 어울렸던 동료요 선배들을 묘사하기를 '불량자'라고 합니다. 성경에서 말하는 '불량자'의 의미를 세상적 기준으로 이해해서는 안 되고, 성경적 기준에 근거하여 이해하셔야 합니다. 일반적으로 불량자는 공부 안하는 학생, 부모님 말씀 안 듣는 아이, 자기 하고 싶은 데로 하는 아이, 속 썩이는 아이라고 생각하는 경향이 있습니다. 성경이 말하는 불량자란 그와 같은 의미가 절대로 아닙니다.

성경에 등장하는 용어에 대한 개념을 이해할 때의 기준은 하나님의 기준이어야 합니다. 하나님의 기준에서 볼 때, 이 아이들이 하나님의 원리와 하나님의 마음과 하나님의 심정과 하나님의 방법대로 행하지 않는다는 것이 불량자라고 불리는 이유입니다. 본문에 불량자라고 번역되어 있는 단어를 원문으로 살펴보면 "벨리알의 아들들"이라고 기록되어 있습니다. 고린도후서 6장 15절에 보면 그리스도인과 비그리스도인 즉, 하나님의 뜻을 따르는 자와 사단의 뜻을 따르는 자를 비교할 때 "그리스도와 벨리알이 어찌 조화되며 믿는 자와 믿지 않는 자가 어찌 상관하며"라는 기록이 있습니다. 하나님의 뜻을 따르는 자와 반대적으로 사용하는 표현이 벨리알의 자녀들입니다. 즉, 사무엘이 성장하던 시대에 하나님의 백성임에도 하나님의 원리와 하나님의 마음을 가진 하나님의 제사장 역할이 아니라 당시의 우상 숭배와 당시의 이방 종교적 사고방식을 가지고 행동하는 사람, 그런 자녀, 그런 아이를 표현하는 용어가 '불량자' 이었습니다.

하나님의 인간을 평가하는 기준은 인간들이 생각하는 기준 즉, 좋은 행동을 하느냐 혹은 나쁜 행동을 하느냐는 것과는 전혀 다릅니다. 하나님은 모든 인간에게 생명을 주셨고 여러 가지 은사와 재능들을 주셨습니다. 그래서 하나님은 하나님의 피조물인 모든 인간을 평등하고 동등하게 인정해주십니다. 각자에게 소질을 주셨고 재능을 주셨습니다. 그래서 하나님께 받은 재능을 쓰고 그 소질대로 사는 것이 가장 자연스럽습니다. 하나님은 어떤 소질은 더 위대하고 어떤 소질은 전혀 쓸모없다고 평가하지 않습니다. 특별히 높여주는 것도 없고 특별히 낮춰주는 것도 없습니다. 왜냐하면 모든 것이 하나님이 주신 재능이기 때문입니다. 하나님의 기준은 변하지 않는데 인간의 기준은 언제나 변합니다. 유행따라 변하고, 돈 되는 것에 따라 변하고, 인간의 선호도에 따라 변합니다. 인간의 기준은 변할지라도 하나님의 기준은 언제나 동일하고, 하나님의 기준에서 홉니와 비느하스를 '불량자' 즉, 하나님의 원리가 아니라 벨리알의 원리, 우상의 원리, 이방 종교의 원리를 따르고 있다고 말합니다.

불량자의 행위

제물

엘리 제사장의 아들인 홉니와 비느하스가 불량자로 평가받는 이유는 사무엘상 2장 12절 후반부에 기록된 대로 '여호와를 알지 아니하더라'입니다. 여호와를 알지 않는 것이 불량자로 판결 받는 기준입니다. 자녀가 학업 성적이 우수하고 상을 받을지라도 삶의 가치와 원리가 죄의 원리를 따른다면 그는 불량자입니다. 불량자의 기준이 말투나 행동이나, 학업성취도가 아니라 하나님을 아느냐 모르냐인 것입니다. 어떤 학생이 머리를 파마하고 염색했다면 그것은 불량한 것이 아니라 스타일입니다. 어떤 성도가 예배시간에 졸고 있다면 그것은 불량한 것이 아니라 피곤한 것입니다. 불량자를 평가하는 기준이 일반적으로 생각하는 태도나 행동이 아니라 하나님의 원리와 하나님의 심정으로 행하고 있느냐는 것입니다.

홉니와 비느하스를 불량자라고 평가한 행동이 본문에 두 가지가 나옵니다. 하나는 제물에 관한 태도입니다. 홉니와 비느하스는 제물을 정해진 방법대로 드리기 전에 취했다고 합니다. 제물을 삶고 있는데 그중에 빼내가고, 제사를 드리는 도중에 기름을 빼지도 않은 상태에서 먼저 자기들이 뺏어가곤 했습니다. 그래서 성경은 '그들이 여호와의 제사를 멸시했다'고 기록하고 있습니다. 제사에 대한 바른 이해가 우선 필요합니다. 하나님은 제물을 안타까워하신 것이 아닙니다. 제물이 하나님께 바쳐진다 할지라도 어차피 하나님이 제물을 드시는 것이 아닙니다. 하나님이 제물로 사용된 고기를 건져서 재활용품으로 사용하시는 것도 아닙니다. 더 나아가 제사 자체가 하나님을 위한 것이 아닙니다. 하나님을 위하는 제사가 아니기에 그 제사가 맞아도 하나님이 높아지거나, 제사가 틀려도 하나님이 낮아지는 것이 아닙니다.

제사는 하나님을 위한 것이 아니라 사람을 위한 것입니다. 제사를 드리는 사람은 죄 지은 사람입니다. 죄 지은 사람이 제사를 드림으로 죄 사함을 받아서, 죄에 대한 두려움과 죄에 대한 진노에서 평안하고 안정되고 행복한 마음을 얻는 것이 제사의 목적입니다. 제사는 인간들이 하나님을 위하여 하나님께 드리는 인간의 경배 행위가 아니라 도리어 하나님이 인간의 죄를 용서하려고 받아 주시는 하나님의 은혜의 행위입니다. 제사를 통하여 하나님이 높아지는 것이 아니라 인간이 자유로워집니다. 그러므로 제사가 무시되고 하나님의 제사가 멸시되면 하나님이 불편하신 것이 아니라 인간이 불편한 것입니다. 어떤 사람이 제물을 가지고 왔습니다. 제물을 가지고 나왔다는 것은 죄를 지었다는 것입니다. 죄 된 마음에 두려움과 떨림으로 제사를 드리고 있습니다. 그래서 제물을 드리고 그 제물을 하나님 앞에 드림으로 '하나님께서 내 제사를 받아 주셨구나! 나를 용서하셨구나!'고 생각하며 돌아갈 때 평안하고 자유롭고 안정된 마음으로 가야됩니다. 그 역할을 돕는 사람이 제사장이고 그 행위가 제사입니다.

그런데 홉니와 비느하스는 죄인이 제사를 드릴 때 제물을 불태우기 전에 뺏어가 버렸습니다. 그러면 죄의 두려운 마음으로 제사 드리던 사람이 '내 죄가 사함 받았구나!' 라는 마음을 가질 수가 없는 것입니다. 죄인 마음으로 제사 드리러 왔는데, 제사장의 자녀들이 제사까지 망쳐놔서 그 사람은 '하나님이 진노하시지는 않을까? 하나님이 형벌하시지는 않을까? 하나님이 심판하시지는 않을까?' 라는 두려움에 사로잡히게 됩니다. 이렇게 제사 드리는 사람에게 죄 사함 받았다는 평안한 마음 대신에 징계 받을 것 같은 두려움이 가중되어서 돌아가게 하는 것이 바로 하나님을 멸시한 것입니다. 하나님은 인간을 자유롭게 하고, 하나님은 인간을 평화롭게 하고, 하나님은 인간을 안정되게 해주시는 분이신데 하나님의 제사장이 하나님 백성의 마음을 불편하게 하고, 하나님 백성의 마음을 두렵게 만들었다는 것이 바로 하나님을 멸시한 것입니다. 왜냐하면 하나님의 의도와 계획과 전혀 다르며, 정반대의 결과를 만들어 내었기 때문입니다. 고기를 조금 빨리 건졌는가 아니면 고기를 좀 나중에 건져 먹었는가의 문제가 아닙니다. 이 제사가 왜 필요하며, 누구를 위해 필요한 것인가에 관한 근본원리가 틀렸습니다. 홉니와 비느하스는 죄인들의 죄를 용서해주고 죄인들의 마음을 평안하게 하는 하나님의 심정을 따르는 사람이 아니었습니다.

동침하였음

홉니와 비느하스가 불량자로 평가받은 또 하나의 행동이 22절에 "엘리가 매우 늙었더니 그의 아들들이 온 이스라엘에게 행한 모든 일과 회막문에서 수종드는 여인들과 동침하였음을 듣고"입니다. 본문에 '동침하였다' 는 표현도 음란하다 또는 여자를 억압했다는 의미가 아닙니다. 사무엘이 살던 어린 시절은 사사들 시대의 연장입니다. 사사기에서 우리는 이스라엘 백성이 얼마나 비신앙적으로 행동하며, 얼마나 불신앙적으로 행동하며, 얼마나 이방종교적 습관으로 행동했는가를 볼 수 있습니다. 이방종교 또는 우상숭배 하는 종교와 하나님 믿는 신앙의 가장 큰 차이점이 있습니다. 차이점은 '인간이 신을 위하느냐? 신이 인간을 위하느냐?' 입니다. 기독교, 하나님의 종교는 하나님이 인간을 위해 주십니다. 그래서 언제나 하나님이 일하시고 하나님이 수고하시고 하나님이 애쓰십니다. 하나님 안에서는 인간이 하나님을 위해서 할 일이 없습니다. 도리어 하나님이 은혜를 주십니다. 그러나 이방종교는 인간이 신을 위합니다. 인간의 희생이 따르고 인간이 행하는 헛된 종교 행위들 중의 하나가 신전에는 언제나 매음하는 여자가 있었다는 것입니다. 신전에서 섬기는 여자와 남녀 간에 행위를 통하여, 죽어가는 것과 새로운 것이 결합하여 새 생명이 태어난다는 엉뚱한 이론들이 이방종교에 언제나 있었습니다.

사무엘상 2장에 홉니와 비느하스 시대에 성전에 수종드는 여인이 있었고, 홉니와 비느하스가 수종 드는 여인들과 이방종교적 사고방식에 근거한 관계를 가졌다는 것입니다. 여호와의 전에서 종교의 명분으로, 제사의 방식으로 이런 짓들을 행했다는 것입니다. 그래서 그들을 "벨리알의 아들들"이요 "불량자"라고 말하는 것입니다. 하나님의 원리와는 전혀 다른, 하나님의 심정과는 전혀 다른, 벨리알의 아들들로써 벨리알의 원리로 이방종교적 원리로 제사장 직분을 감당하고 있는 것입니다. 그래서 성경은 "그들이 하나님을 알지 아니하더라", "불량자"라 다른 표현으로 "벨리알의 아들들"이라고 하는 것입니다.

여호와 앞에서 자라니라

성경은 홉니와 비느하스는 불량자의 대표자로 간주하고 그들과 다르게 사무엘은 선행자의 대표로 간주하여 서로 대조하고 있는 것이 아닙니다. 엘리의 아들 홉니와 비느하스는 불량자이고 기도로 낳은 한나의 아들은 선하다는 것이 아닙니다. 물론 홉니와 비느하스는 불량자입니다. 왜냐하면 하나님을 알지 못하기 때문입니다. 그렇다면 사무엘은 어떨까요? 사무엘은 홉니와 비느하스와는 전혀 다른 신실하고 의롭고 정결하고 깨끗하다는 것이 아닙니다. 그 시대의 모든 사람이 다 불량자입니다. 엘리도 불량자요 홉니와 비느하스도 불량자요 사무엘도 불량자요 시대가 불량하고 모든 백성이 불량자라는 것이 성경의 선언입니다. 사사 시대의 백성이 불량하였고, 사무엘 시대의 제사장도 역할을 망각하고 엉뚱한 짓을 할 때에 드디어 암울한 시대에 한 줄기 소망의 밝은 빛이 있고, 그러한 열악한 환경 중에도 선하고 의롭고 착실한 한 아이가 무럭무럭 자라나고 있었으니 그 아이의 이름은 사무엘이라는 이야기가 아닙니다. 하나님도 모두가 악하여 도무지 쓸 사람이 없어 아무 일도 하실 수 없고, 그저 선하고 의로운 사무엘이 무럭무럭 자라기만 기다리고 계시는 이야기하려는 것이 아닙니다.

성경은 정반대의 이야기를 말 하려고 합니다. 제사장도 불량자요 제사장의 아들도 불량자요 그 아들들과 어울려 기숙사에 사는 사람도 불량자입니다. 쓸 사람이 아무도 없습니다. 그 시대에 대안이 아무도 없습니다. 그러나 하나님은 인간 사랑을 멈출 수 없습니다. 그래서 하나님은 단지 좀 쓸 만한 인간이 안 나오나, 어디 괜찮은 인간이 안 나오나 막연히 기다리시는 것이 아닙니다. 하나님이 친히 이스라엘에 간섭하시고 하나님이 동행하시고 하나님이 은혜를 주셔서 한 아이가 탄생하게 하시고 그 아이와 함께 하시고 그에게 은혜를 주셔서 그가 신실하게 자라나게 하시고 그가 바르게 성장하게 하십니다. 그래서 사무엘뿐만 아니라 그 시대와 그 나라와 그 모든 사람들에게 대안이 있고 해결책이 되도록 역사하시는 분이 하나님이십니다. 그 하나님이 계시다고 선언하는 것입니다. 하나님은 암울한 시대에도, 모두가 불량자인 시대에도, 인간이 하나님을 대적할지라도, 하나님의 원리를 왜곡할지라도, 한 사람을 심으시고, 자라나게 하시고, 키워가게 하셔서 그로 인하여 대안이 되게 하시고 그로 인하여 소망이 되게 하십니다. 이런 하나님이 이스라엘과 함께 하는 것이 이스라엘의 소망이라고 선언하는 것입니다.

　성경은 인물을 비교하면서 특정인물을 높여주는 장면이 등장하지 않습니다. 하나님 앞에는 모든 인간이 동일합니다. 사무엘상에 사무엘과 홉니와 비느하스의 이야기가 등장하는 이유는 홉니와 비느하스는 불량자고 사무엘은 선했다고 말하는 것이 아닙니다. 모두가 불량자로서 그 시대에 아무런 대안이 없고, 믿을 사람이 없고, 소망이 없고, 새사람이 될 비전이 하나도 없는 처참한 이스라엘의 현실을 묘사하는 것입니다. 사무엘이 달랐다고 강조하는 것이 아니라 사무엘이나 홉니나 비느하스나 다 같았다고 말합니다. 그렇다면 대안은 무엇이냐고 질문할 때 '하나님만이 해결책이다' 라고 선포하는 것입니다. 사무엘상 2장 21절에 '여호와께서 한나를 돌보시사 그로 하여금 임신하여 세 아들과 두 딸을 낳게 하셨고 아이 사무엘은 여호와 앞에서 자라니라' 입니다.

　인간적 관점에서 사무엘이 돌봐주고 책임져주는 부모님과 떨어져 살며, 사무엘의 주변에 함께 어울리는 형들은 불량자라면 그러한 주변 환경에서 사무엘이 무슨 재주로 바르게 성장할 수 있습니까? 사무엘이 바르게 성장할 수 있었던 것은 사무엘이 비범한 것이 아니라 하나님이 그 시대의 암담함을 보시고, 하나님이 안타까워하시고, 하나님이 사무엘을 붙잡아 주셨기 때문입니다. 그래서 더 나아가 2장 26절에 "아이 사무엘이 점점 자라매 여호와와 사람들에게 은총을 더욱 받더라"가 되는 것입니다. 사무엘이 하나님과 함께 한 것이 아니라 하나님이 사무엘과 함께 하셔서 사무엘이 달라질 수 있는 것입니다.

　홉니와 비느하스가 불량자로 불릴 때 그들이 불량자인 증거가 나왔습니다. 하나님의 제사를 멸시했다는 증거, 성전에서 수종드는 여인과 매음했다는 증거로 불량자라고 선언할 수 있었습니다. 그렇다면 사무엘이 신실했고, 의로웠고, 은총을 받았다고 말하려면 증거가 나와야 합니다. 본문에는 사무엘이 은총 받을 만한 행동했다는 기록이 등장하지 않습니다. 사무엘은 심성이 고왔고, 품행이 반듯하여 홉니와 비느하스와는 차원이 달랐다고 말하지 않습니다. 만약 사무엘이 선행으로 은혜를 받았다고 말하면, 사무엘은 은혜를 받은 것이 아니라 단지 행동에 합당한 상을 받은 것에 불과합니다. 사무엘은 주변의 다른 사람과 비교하여 특별히 선하고 의로운 것이 아니었습니다. 사무엘이 다를 수 있었던 것은 하나님의 은총이 임했기 때문입니다. 하나님이 왜 사무엘을 잘 대해 주시고, 왜 하나님이 사무엘과 함께 하시고, 하나님이 왜 사무엘에게 은혜를 주셨을까요? 하나님이 은혜를 주신 이유는 그 시대에 대안이 없기 때문입니다. 하나님이 은혜를 주시는 것 이외에는 아무런 돌파구가 없기 때문에 하나님이 일방적으로 은혜를 주셔서 인간을 돕고, 죄인을 돕고, 하나님의 사람들을 도와주시는 것이 바로 하나님의 사랑입니다.

홉니와 비느하스가 특별히 나쁜 자가 아니라 당대의 사람들이 똑같으며, 사무엘이 특별히 착한 것이 아니라 당대의 사람들과 같습니다. 우리가 기억해야할 것은 사무엘이 아니라 하나님입니다. 악행하는 시대를 안타까워하시며 도우시는 하나님, 패역한 인간을 불쌍히 여겨 은혜를 주시는 하나님, 대안이 없는 시대에 아이를 낳게 하시고 그 아이를 하나님 앞에 자라나게 해 민족을 구원케 하시는 하나님, 하나님이 우리의 소망입니다. 하나님만이 인간의 소망입니다.

하나님의 사역

사무엘상 2장 27절부터 36절에 어떤 하나님의 사람이 나와서 그 시대 가운데 일하실 하나님의 일하심을 예언하는 장면이 나옵니다. 그중 전반부는 엘리 집안 이야기로 '내가 네 팔과 네 조상의 집 팔을 끊어 네 집에 노인이 하나도 없게 하는 날이 이를지라' 고 선언하십니다. 이것은 하나님의 심판과 진노와 형벌이 아닙니다. 죄 지은 자를 하나님이 처벌

하시고, 죄 지은 자를 하나님이 심판하시는 것이 아니라 죄를 지은 자는 언제나 죄로부터 죄의 결과를 당하게 되어 있는 것입니다. 죄의 결과를 당하는 것을 막아 주시는 것이 하나님의 은혜이고, 만약 하나님이 은혜를 주시지 않으면 죄인이 모두 죽게 되어 있는 것입니다.

만약 엘리의 집안이 특별히 악행을 해서 하나님이 엘리를 심판하시려고 한다면 그 자리에서 엘리나 엘리의 자녀들이 죽어야 합니다. 사무엘상 2장에 엘리 가문에 임할 예언이 선언되었는데 엘리와 두 아들이 3장에 멀쩡하게 살아있고 4장에도 멀쩡하게 살아있습니다. 그렇게 살아 있다가 어느 날 전쟁에 나가 전쟁에서 죽습니다. 전쟁에서 사람이 죽는 것은 홉니와 비느하스 뿐만 아니라 병가지상사입니다. 하나님의 심판과 징계로 인하여 죽은 것이 아닙니다. 하나님은 인간에게 징계와 형벌을 내리시는 분이 아닙니다. 하나님이 죄의 결과를 막아주시지 않으면 그것이 심판이요 진노라고 묘사될 뿐입니다. 성경은 하나님이 엘리의 집안을 심판하셨다고 말하지 않습니다. 성경의 표현양식대로 묘사하면 '하나님이 엘리의 집안을 내어 버려두셨다' 고 하는 것입니다.

반면에 하나님이 일하시는 것, 하나님이 개입하셔서 성도를 위하여 일하시는 내용이 35절입니다. 엘리 집안의 안타까운 모습을 보시면서 하나님이 간섭하시고 역사하시는 내용이 "내가 나를 위하여 충실한 제사장을 일으키리니 그 사람은 내 마음, 내 뜻대로 행할 것이라. 내가 그를 위하여 견고한 집을 세우리니 그가 나의 기름 부음 받은 자 앞에서 영구히 행하리라"입니다. 특별히 충실한 사람이 있다는 것이 아니라 자격이 있는 사람이 아무도 없는데 하나님이 세우신다는 것입니다. 하나님께서 충실한 제사장을 일으키시고 그 사람으로 하여금 하나님의 마음과 뜻대로 행하도록 만들어 내시겠다는 선언입니다. 소망 없는 이스라엘을 위해 사람을 세우시는 하나님, 모두가 불량자인 시대에 하나님이 은혜를 주어 변화시키고, 하나님의 중재자로 그 시대를 구원하시는 분,

그분이 하나님이시고 그렇게 하나님의 은혜를 입어서 세워진 사람이 사무엘입니다. 그러니까 사무엘은 처음부터 달랐던 사람이 아니라 하나님의 은혜를 받은 사람입니다.

간혹 국가의 위기를 맞이할 때 구국기도회 등에서 '하나님 이 시대에도 사무엘 같은 지도자를 주옵소서. 암흑의 시대에 사무엘 같은 영적 리더를 주옵소서'라고 기도하는 경우가 있습니다. 이것은 매우 미련한 기도입니다. 물론 이스라엘이 암담할 시대에 하나님이 은혜를 주셔서 사무엘을 세웠습니다. 하나님이 이스라엘에 사무엘을 세우셨던 것처럼, 우리의 시대에 너무나 암담하고 아무 비전이 없는 이 시대에 하나님이 충실한 제사장을 일으켜 하나님의 마음과 하나님의 뜻대로 행하라고 세우신 하나님의 사람들이 바로 성도입니다. 하나님은 이미 사무엘과 같은 사람으로서 이 땅에 성도들을 세우신 것입니다. 그런데 세움 받은 성도가 자신이 부름 받고 세움 받은 사실은 망각한 채 사무엘과 같은 지도자를 보내달라고 간구하는 것은 잘못 가도 한참 잘못 가는 것입니다.

사무엘은 은혜를 입은 자입니다. 하나님은 사무엘에게 '사무엘아, 너는 이스라엘을 새롭게 하라, 이 나라를 갱신 시켜라, 이 나라의 영토를 확장해라, 부국강병하라'는 말씀을 한 마디도 하시지 않습니다. 또 '사무엘아, 너는 창의력을 발휘하고 리더십을 발휘하고, CEO 자질을 발휘해서 탁월한 일을 행하고 위대한 업적을 이루어라'는 말씀도 없습니다. 하나님은 선언하시기를 '내가 충실한 제사장을 일으키니 그 사람은 내 마음, 내 뜻대로 행할 것이라'입니다. 하나님은 인간에게 '하나님을 위하여 큰일을 행하라'고 명령하지 않습니다. 아이든 어른이든 남자든 여자든 인간이 행복한 것은 하나님을 아는 것입니다. 사무엘 시대에 이스라엘은 정치, 경제, 문화 등 여러 부분에서 문제들이 많습니다. 그런데 하나님은 이스라엘이 직면한 문제들에 대하여 한 말씀도 하시지 않습니다. 왜냐하면 이스라엘이 무엇을 행하든지 그 본질적 마음에 하나님의 원리와 하나님의 심정이 없으면 아무 것도 달라지지 않기 때문입니다. 하나님의 마음이 없으면 정치를 해도 엉망이고 경제를 해도 엉망입니다. 무엇을 하든지 가장 중요한 것은 하나님의 마음과 하나님의 뜻으로 행하는 것입니다.

암울한 시대, 대안 없는 시대에 하나님은 사무엘을 세워서 그 시대를 열어 주십니다. 부모는 자녀를 위해 세우는 하나님의 제사장입니다. 목사는 성도를 위해 세우는 하나님의 제사장입니다. 성도는 세상을 향해 하나님이 세우시는 하나님의 제사장입니다. 각 성도는 하나님이 인간에게 하시듯, 하나님이 저와 여러분을 대하시는 것처럼 행동함으로 하나님 앞에 부름 받은 사명을 감당합니다. 죄인인 인간 때문에 속 썩는 하나님이 아니라 하나님 때문에 인간이 행복한 것이 기독교입니다. 부모와 자녀관계도 마찬가지입니다. 자녀 때문에 속 썩는 부모가 아니라 부모 때문에 아이들이 편해지는 것입니다. 목사와 성도관계도 마찬가지입니다. 성도 때문에 골치가 지끈지끈 아프고 흰머리가 나는 목사가 아니라, 목사 때문에 골치가 편한 성도가 되어야하는 것입니다. 교회와 세상의 관계도 마찬가지입니다. 교회 때문에 세상이 복잡하고 시끄러워지는 것이 아니라 교회와 성도 때문에 이 세상 사람들이 그나마 피할 곳이 있고 그나마 안식할 곳이 있고 그나마 마음 놓을 곳이 있습니다. 하나님이 저와 여러분을 사랑하셔서 은혜를 주셨고 그 은혜 받은 우리가 세상을 향하여 행해야 할 역할입니다.

사무엘상 1장과 2장에서 한나가 중요한 인물이 아니고, 사무엘이 중요한 인물이 아닙니다. 우리가 한나 같은 어머니가 되는 것이 중요한 게 아니고 사무엘 같은 지도자가 되는 것이 중요한 것이 아닙니다. 하나님이 세상을 돌보시고, 사람을 세우시며, 역사하신다는 사실이 중요한 것입니다. 인간을 도우시는 하나님을 의지하는 것, 그것이 우리의 사명입니다. 하나님을 알아 가셔서 하나님의 행복을 누리시고, 자녀들에게 하나님을 알려주셔서 그 자녀도 하나님의 행복을 누릴 수 있게 도와주시고, 세상 사람들에게 하나님의 원리를 적용하셔서 이 땅 가운데 하나님 나라를 구현해 나가는 저와 여러분 되시기를 주님의 이름으로 축원합니다.

4
여호와께서 그와 함께 계셔서

사무엘상 3:1~4:1

1 아이 사무엘이 엘리 앞에서 여호와를 섬길 때에는 여호와의 말씀이 희귀하여 이상이 흔히 보이지 않았더라 2 엘리의 눈이 점점 어두워 가서 잘 보지 못하는 그 때에 그가 자기 처소에 누웠고 3 하나님의 등불은 아직 꺼지지 아니하였으며 사무엘은 하나님의 궤 있는 여호와의 전 안에 누웠더니 4 여호와께서 사무엘을 부르시는지라 그가 대답하되 내가 여기 있나이다 하고 5 엘리에게로 달려가서 이르되 당신이 나를 부르셨기로 내가 여기 있나이다 하니 그가 이르되 나는 부르지 아니하였으니 다시 누우라 하는지라 그가 가서 누웠더니 6 여호와께서 다시 사무엘을 부르시는지라 사무엘이 일어나 엘리에게로 가서 이르되 당신이 나를 부르셨기로 내가 여기 있나이다 하니 그가 대답하되 내 아들아 내가 부르지 아니하였으니 다시 누우라 하니라 7 사무엘이 아직 여호와를 알지 못하고 여호와의 말씀도 아직 그에게 나타나지 아니한 때라 8 여호와께서 세 번째 사무엘을 부르시는지라 그가 일어나 엘리에게로 가서 이르되 당신이 나를 부르셨기로 내가 여기 있나이다 하니 엘리가 여호와께서 이 아이를 부르신 줄을 깨닫고 9 엘리가 사무엘에게 이르되 가서 누웠다가 그가 너를 부르시거든 네가 말하기를 여호와여 말씀하옵소서 주의 종이 듣겠나이다 하라 하니 이에 사무엘이 가서 자기 처소에 누우니라 10 여호와께서 임하여 서서 전과 같이 사무엘아 사무엘아 부르시는지라 사무엘이 이르되 말씀하옵소서 주의 종이 듣겠나이다 하니 11 여호와께서 사무엘에게 이르시되 보라 내가 이스라엘 중에 한 일을 행하리니 그것을 듣는 자마다 두 귀가 울리리라 12 내가 엘리의 집에 대하여 말한 것을 처음부터 끝까지 그 날에 그에게 다 이루리라 13 내가 그의 집을 영원토록 심판하겠다고 그에게 말한 것은 그가 아는 죄악 때문이니 이는 그가 자기의 아들들이 저주를 자청하되 금하지 아니하였음이니라 14 그러므로 내가 엘리의 집에 대하여 맹세하기를 엘리 집의 죄악은 제물로나 예물로나 영원히 속죄함을 받지 못하리라 하였노라 하셨더라 15 사무엘이 아침까지 누웠다가 여호와의 집의 문을 열었으나 그 이상을 엘리에게 알게 하기를 두려워하더니 16 엘리가 사무엘을 불러 이르되 내 아들 사무엘아 하니 그가 대답하되 내가 여기 있나이다 하니 그가 17 이르되 네게 무엇을 말씀하셨느냐 청하노니 내게 숨기지 말라 네게 말씀하신 모든 것을 하나라도 숨기면 하나님이 네게 벌을 내리시고 또 내리시기를 원하노라 하는지라

18 사무엘이 그것을 그에게 자세히 말하고 조금도 숨기지 아니하니 그가 이르되 이는 여호와이시니 선하신 대로 하실 것이니라 하니라 19 사무엘이 자라매 여호와께서 그와 함께 계셔서 그의 말이 하나도 땅에 떨어지지 않게 하시니 20 단에서부터 브엘세바까지의 온 이스라엘이 사무엘은 여호와의 선지자로 세우심을 입은 줄을 알았더라 21 여호와께서 실로에서 다시 나타나시되 여호와께서 실로에서 여호와의 말씀으로 사무엘에게 자기를 나타내시니라 4:1 사무엘의 말이 온 이스라엘에 전파되니라

말씀이 희귀하여

성경은 하나님의 말씀입니다. 성경이 하나님의 말씀이라고 해서 성경 창세기 1장 1절부터 '하나님이 가라사대'로 시작해서 계시록 21장까지 계속 하나님이 하신 말씀만 적어 놓은 것이 아닙니다. 하나님이 성경을 주신 목적은 인간이 범죄함으로 하나님과의 관계가 단절되었을 때에 죄인인 인간에게 하나님을 알게 하시는 것입니다. 하나님을 알게 하실 때 단순하게 하나님을 선언함으로 아는 것이 아니기에 알아듣도록 설명하셔야 했습니다. 그러나 하나님이 말씀으로 설명하려해도 인간이 죄인이기에 죄인들의 생각으로는 하나님의 생각을 이해할 수가 없습니다. 그래서 하나님이 역사歷史라는 것을 사용하시는 것입니다. 인간 삶의 정황과 사건들을 사용하셔서, 인간의 차원을 넘어서는 일, 흔히 말하는 기적이라는 일들을 행하십니다. 이 기적을 볼 때에 사람들의 생각에 '이런 일을 인간이 할 수 있는 일이 아니다. 인간이 어떻게 이런 일을 하겠어? 그럼 누굴까? 아! 하나님이시구나!'라고 생각하여 하나님을 알게 하시는 것입니다. 이적을 행하실 때 미리 예언하여 말씀하시지 않으면 사람들이 이적이 우연히 이루어진 줄 알기 때문에, 하나님은 이적을 행하시기 전에 '내가 이제 이런 일을 하겠다'고 알려 주십니다. 이적에 대한 예언을 들은 사람들이 '어떻게 그런 일이 가능합니까?'라고 의심하고 있을 때 하나님의 예언대로 이적이 이루어집니다. 그러면 이적을 본 사람

들이 '아! 하나님은 말씀하신 대로 이루어지게 행하시는 분이시구나!'를 깨닫게 하시는 것입니다.

하나님이 행하신 큰일은 창세기 12장부터 여호수아 24장까지에 이스라엘이라고 하는 하나님의 신앙공동체를 세우시는 것이었습니다. 그래서 여호수아 24장까지 하나님은 말씀과 역사와 기적을 통하여 하나님의 계획을 다 이루십니다. 이적도 행하셨고, 동행도 하셨고, 많은 일들을 친히 보여 주셨고, 율법을 통해 하나님의 심정과 원리도 자세하게 적어 주셨습니다. 이스라엘의 조상 아브라함과 약속하셨던 모든 것을 일러 주셨습니다. 율법을 주실 때에 '너희가 하나님을 이렇게 배웠고 하나님의 말씀을 이렇게 받았으니 이 말씀을 자녀들에게, 하나님에 대한 내용을 후손들에게 알려주라'고 권고했습니다. 또 절기라는 것을 통하여 '일년에 수차례씩 하나님 전에 나아와 하나님이 함께 하심을 깨닫고 기억하라.' 하나님께서 말씀하신 것처럼 모든 것을 다 이루셨습니다. 이런 과정이 여호수아 24장까지입니다.

사사기부터는 하나님의 말씀이 별로 등장하지 않습니다. 왜냐하면 이미 다 말씀해주셨기 때문입니다. 사사기 이후에서 만약 이스라엘 백성이 하나님을 모른다고 한다면 그것은 하나님이 가르쳐주지 않았기 때문이 아니라, 하나님이 가르쳐준 내용을 배운 사람들이 후손들에게 전달하고 가르치라고 한 하나님의 권고대로 행하지 않았기 때문입니다. 하나님이 안 가르쳐서가 아니라, 사람들이 안 가르치고 사람들이 안 배웠기 때문입니다. 사사기 시대에 하나님이 아무 말씀도 안 하시는 것이 아니라 가끔 나타나시고 가끔 말씀하십니다. 하나님은 가끔씩 하나님을 기억하라고, 하나님께서 이스라엘에게 말씀하시고 행하셨던 것을 기억하라고, 하나님께서 이스라엘에게 이루었던 것을 똑바로 알고 있으라고 가끔씩 확인해 주십니다.

안타깝게도 사사기에서 볼 수 있듯이 이스라엘 백성은 마음을 전부 우상들에게 빼앗겼습니다. 도무지 하나님의 말씀대로가 아니라 '제 소견에 옳은 대로 행하였더라!' 입니다. 제 소견에 옳은 대로 한 것, 하나님의 말씀을 가르치지 않고 배우지 않는 모습이 본문 3장 1절입니다. '아이 사무엘이 엘리 앞에서 여호와를 섬길 때에는 여호와의 말씀이 희귀하여 이상이 흔히 보이지 않았더라' 고 되어있습니다. 여호와의 말씀이 희귀하다는 표현은 하나님이 등장하지 않았다거나, 하나님이 동행하지 않으셨거나, 하나님이 자주 나타나지 않으셨다는 의미가 아닙니다. 하나님의 말씀이 희귀하다는 표현은 도리어 이스라엘이 얼마나 하나님을 잊고 살았으며, 이스라엘이 얼마나 하나님의 말씀을 멀리하고 살았는가를 보여주는 증거입니다.

신약성경 사도행전에 "하나님의 말씀은 흥왕하여 더하더라"행12:24, "주의 말씀이 힘이 있어 흥왕하여"행19:20라는 표현이 나옵니다. 이 말씀의 의미는 하나님이 자주 나타나셔서 말씀 하신다는 뜻이 아니라 하나님이 말씀 하신 내용을 사도들이 전하고 가르치고, 성도들이 모여서 배우고 그러한가하여 함께 꼼꼼히 따져보는 모습을 묘사하는 것입니다. 마찬가지로 사무엘상에서 여호와의 말씀이 희귀하다는 표현 또한 하나님이 안 나타나신다는 의미가 아니라 이스라엘이 하나님의 말씀을 가르치지 않으며 배우지 않으며 서로 살펴보지 않는다는 것입니다. 하나님이 자주 나타나시고, 자주 말씀하실 이유가 없습니다. 왜냐하면 하나님은 이미 역사를 통해, 율법을 통해 하나님의 모든 것을 다 알려 주셨기 때문입니다.

여호와를 알지 못하고

사무엘상 3장 7절에는 '사무엘이 아직 여호와를 알지 못하였다' 고 말합니다. 사무엘에 대한 왜곡된 생각, 잘못된 환상들을 바로잡으시기 바랍니다. 사무엘은 어머니 한나가 기도해서, 하나님 앞에 간절히 서원해서 약속으로 받아낸 아들이니까 출생부터 달랐다고 생각하지 마시기 바랍니다. 성장과정에 믿음의 어머니 한나의 헌신적이며 신실한 신앙적 교육을 받으면서 자랐을 것이라고 생각하시면 안 됩니다. 성경은 그렇게 말하지 않습니다. 성경은 어머니 한나가 아이 사무엘을 성전에 들여보냈다고 합니다. 성전에 위탁 교육을 시켰습니다. 성전에서 함께 어울려 놀던 선배들과 동료들이 있는데 대표적인 인물이 홉니와 비느하스입니다. 함께 성장하던 선배들의 삶이 엉망진창이요, 선배들에게서 아무것도 배울 것이 없었습니다. 어느 날 사무엘이 하나님의 부르심을 듣습니다. 세 번씩이나 하나님의 음성을 듣는데 알아듣지 못합니다. 잠결이라 못 알아듣는 것이 아니라 들은 적이 없고 배운 적이 없기 때문에 알아듣지 못한 것입니다. 이것이 사무엘 시대의 영적 상황입니다.

하나님의 교육

찾아오시는 하나님

사무엘은 3장에 와서도 하나님을 배우지 못했습니다. 왜냐하면 아무도 가르쳐주지 않았기 때문입니다. 사무엘상에는 사무엘과 하나님의 관계에 대한 여러 좋은 표현들이 반복됩니다. 그래서 우리는 그런 표현들 때문에 자주 혼동합니다. 예를 들어 "엘가나는 라마의 자기 집으로 돌아가고 그 아이는 제사장 엘리 앞에서 여호와를 섬기니라"2장 11절, "사무엘은 어렸을 때에 세마포 에봇을 입고 여호와 앞에서 섬겼더라"2장 18절, "아이 사무엘이 엘리 앞에서 여호와를 섬길 때에는"3장 1절입니다. 세 구절 모두 "여호와를 섬겼다"는 표현이 나옵니다. 이 표현들을 보면서 사무엘이 참으로 신실하게 하나님을 섬겼다고 생각할 수 있지만 실상은 정반대입니다. 참으로 참담하고 비참하고 안타까운 것은 사무엘이 여호와를 섬겼다는 반복된 표현의 결론이 "사무엘이 아직 여호와를 알지 못하고"3장 7절라는 것입니다.

　하나님의 궤가 있는 여호와의 전에서 성장하며, 제사장과 함께 생활하고 있음에도 전혀 하나님을 배우지 못하고, 하나님을 알지 못하고 있는 현실이 바로 당시의 시대상입니다. 아무도 하나님을 가르치지 않고, 아무도 하나님을 배우지 않고, 어느 곳에서도 하나님의 말씀이 흥왕하지 않고, 말씀이 희귀하기 때문에 하나님이 찾아오시는 것입니다. 하나님은 하나님을 알지 못하는 백성, 하나님을 잊는 백성, 하나님을 배반하는 백성을 버리는 것이 아닙니다. 백성이 하나님을 모르고, 하나님을 찾지 않기에 도리어 하나님이 백성을 찾아오시는 것입니다. 하나님이 찾아오셔서 가르치시고 알려주시려고 이 땅을 보니까 하나님이 찾아 오실 만한, 하나님 마음에 쏙 드는, 새벽이슬 같은 주의 청년이 있어서 그 사람을 만나시는 것이 아닙니다. 도리어 쓸 만한 사람이 아무도 없고, 아무도 가르치지도 않고 아무도 배우지도 않고 아무도 율법을 묵상하지도 않으니까 하나님이 또 나타나셔서 하나님의 사람을 세우시고 하나님의 말씀을 또 만드시려고 하는 것입니다.

만드시는 하나님

　본문의 강조점은 사무엘의 탁월성이 아니라 아무도 없는 시대에 찾아오시는 하나님입니다. 그래서 세 번이나 사무엘이 하나님의 음성을 못 알아듣는 과정을 통하여 이제 네 번째 사무엘을 세우시고 하나님이 말씀하십니다. 사무엘에게 하나님이 말씀하시는 내용이 3장 11절부터 14까지입니다. 엘리 가문에 관한 내용입니다. 그런데 엘리 가문이 멸망할 것이라는 이 말씀은 하나님이 처음 하는 것이 아닙니다. 2장 27절부터 36절에 보면 똑같은 말씀을 이미 하나님이 말씀하셨습니다. 27절에 "하나님의 사람이 엘리에게 와서 그에게 이르되 여호와의 말씀에 여차여차 하더라"고 되어 있습니다. 그때 하나님은 이미 하나님의 사람을 엘리에게 보내셨습니다. 엘리에게, 가족들에게 일어날 일 즉, 엘리 가문의 멸망을 예언하셨고 더 나아가 하나님이 새로운 충실한 제사장을 세울 것이라고 말씀하셨습니다. 엘리에게 말씀하신 동일한 내용을 이제 사무엘에게 말씀하시는 것입니다.

하나님께서 엘리에게 말씀하실 때 한 가지를 약속하셨습니다. 엘리 가문의 팔이 끊어지는 것으로 끝나는 것이 아니라 하나님께서 새로운 충실한 한 제사장을 세우시고, 그가 하나님의 마음과 하나님의 뜻대로 행하도록, 그런 사람을 하나님께서 세우시겠다고 말씀하셨습니다. 그 약속을 지키시려고 아무도 하나님을 찾지 않을 때에, 하나님이 죄인들을 찾아오시고 한 사람을 세우려고 애쓰고 수고하고 일하시는데 그 한 사람이 바로 사무엘입니다. 그래서 사무엘에게, 엘리에게 말씀하셨던 것처럼 엘리 가문에 일어날 일들을 다시 말씀하십니다. 왜냐하면 하나님께서 사무엘에게 예언의 말씀을 하지 않으시면 사무엘은 아무것도 배울 수 없기 때문입니다. 예언의 말씀을 해두셔야 나중에 엘리 가문에게 예언의 사건이 이루어졌을 때 사무엘이 이 모든 일이 하나님께서 예언하신 대로, 하나님이 사무엘에게 말씀하신 대로 이루어졌다고 알게 되는 것입니다. 하나님의 예언과 하나님의 성취의 과정을 경험하면서 하나님이 살아계시고, 하나님이 하시기로 하면 그대로 되는 것을 알고, 더 나아가 하나님을 알게 하십니다.

만약 하나님이 이 말씀을 해놓지 않으면 사무엘은 하나님을 배우지 못합니다. 4장 후반부에 가면 엘리 가문이 망합니다. 그런데 엘리 가문이 망할 때 희한하게 망하는 게 아니라 평범하게 망합니다. 홉니와 비느하스 두 아들이 전쟁에 나갔다가 전쟁에서 죽습니다. 전쟁에서는 사람이 많이 죽습니다. 전쟁에서 둘 죽는 것은 별로 놀라운 일이 아니고, 이상한 일이 아닙니다. 또 아들들이 죽었다는 소식을 전했을 때 엘리 제사장이, 눈이 어둡고 몸이 불편한 연세가 한 구십 쯤 된 제사장이 의자에

앉았다가 소식들 듣고 자기 의자에서 뒤로 넘어져 문 곁에서 목이 부러져 죽습니다. 노인이 의자에서 뒤로 넘어져 문 곁에서 목이 부러져 죽는 일도 흔한 것입니다. 전쟁 중에 장수 둘이 죽는 것이나, 노인이 아들들 죽었다는 소식 듣고 넘어져서 돌아가시는 것은 지극히 평범한 일입니다. 만약 사무엘에게 하나님께서 엘리 가문에 일어날 사건에 대한 말씀을 해놓지 않으면 사무엘은 아무것도 배우지 못합니다.

하나님이 사무엘에게 엘리 가족에게 일어난 사건들에 대하여 분명히 말씀을 해놓으셨기에, 전쟁 중에 일상적으로 일어나는 일과 같은 두 장수가 죽고 노인이 넘어져 죽는 사건을 보면서 사무엘은 하나님의 말씀대로 이루어진다는 사실을 배웁니다. 하나님이 옳으시고, 하나님의 말씀이 옳다는 것을 알게 되고, 하나님이 역사하고 계시는 것을 알게 되고, 궁극적으로 사무엘이 하나님을 알아가고 하나님을 배워가게 됩니다.

사무엘이어야 하는가?

하나님께서 왜 사무엘에게 이와 같은 교육을 행하시는지를 생각하셔야 합니다. 엘리 제사장은 안 되고 사무엘이어야만 된다는 의미가 절대로 아닙니다. 하나님은 왜 사무엘을 사용하십니까? 하나님이 다른 사람이 아닌 사무엘, 홉니 비느하스가 아니라 사무엘을 사용하시는 이유가 무엇일까요? 정답은 '그냥' 입니다. 정확하게 설명하면 사무엘이기 때문에 하나님이 사용하시는 것이 아니라 하나님이 사용하신 사람이 사무엘일 뿐입니다. 사무엘은 가장 자격을 갖추고 있는 사람으로서 선발된 것이 아니라 도리어 하나님이 사무엘로 하여금 자격을 갖추도록 만들어가고 있습니다. 조금 더 신랄하게 설명하면 하나님이 사무엘을 대상으로 삼는 이유는 가장 안 될 것 같은 아이이기 때문입니다. 가장 자격이 없고, 가장 적합하지 않은 사람이었기에 사무엘이 하나님께 부름을 받은 것입니다.

사무엘이 성장하던 당시에 이스라엘 백성이 모두 하나님을 믿지 않았고, 하나님을 불신합니다. 하나님을 믿는 대신 이스라엘 백성 중에 어른이나 제일 높은 사람을 의지할 때 그 중 대표가 제사장이었습니다. 그런데 엘리 제사장은 이미 신용을 잃었고, 차세대 지도자 후보들인 홉니와 비느하스 마저도 이미 신용을 잃었습니다. 이스라엘이 의지할 바가 없고 기댈 바가 없고 믿을 사람이 없습니다. 이때 사무엘만큼은 백성의 신용을 얻은 것이 아닙니다. 엘리가 백성에게 신용을 잃었고, 홉니와 비느하스가 백성에게 신용을 잃었는데 엘리와 홉니와 비느하스와 함께 지내며 수발들고 있는 사무엘이 백성에게 신용을 얻을 수 있는 방법이 없습니다. 백성은 사무엘을 엘리나 홉니나 비느하스와 같은 부류로 인식하고 있을 뿐입니다.

이스라엘은 다 포기하는 것입니다. 하나님도 못 믿겠고 제사장도 못 믿겠고 제사장의 자녀들도 못 믿겠고 더욱이 제사장의 불량한 자녀들과 함께 어울리는 아직 소년에 불과한 사무엘도 전혀 믿을 만하지 않습니다. 이스라엘 백성이 더는 기대고 의지할 곳이 없는 상태입니다. 바로 그때에 이스라엘 사람들의 예상과 기대와는 정반대로, 사람이 인정하지 않고 도무지 신뢰할 수 있을 것 같지 않은 어린 아이를 하나님이 고르시는데 그게 바로 사무엘입니다. 사무엘은 가장 지도자가 될 것 같은 아이가 아니라 가장 안 될 것 같은, 가장 가능성이 없어 보이는 아이입니다. 제사장 가문 출신도 아니고, 부모에게 신실한 교육을 받은 소년도 아니고, 훌륭한 선배들에게 귀한 가르침을 받은 것도 아니고, 도무지 이스라엘의 지도자요 하나님의 거룩한 사역자가 될 가능성이 전혀 없는 소년이 결국 이스라엘의 태평성대를 이루어내는 하나님의 일꾼이 되면 그것은 사무엘의 탁월한 자질 때문이 아니라 전적으로 하나님께서 일하신 결과라는 결론이 자연스럽게 나오게 돼 있는 것입니다.

이 모든 과정의 궁극적 목적이 이스라엘 백성으로 하여금 하나님을 알게 함을 기억하고 계셔야 합니다. 사무엘의 성장을 통하여 사무엘의 탁월성이 드러나는 것이 아니라 하나님의 전능성이 부각되어야하는 것입니다. 하나님은 가장 가능성 있는 후보자가 사무엘이기 때문에 선택한 것이 아니라 사람들의 생각에 사무엘이 가장 가능성이 없어보였기 때문에 사무엘을 선택한 것입니다. 사무엘은 어머니 한나가 자녀를 낳지 못하다가 하나님의 은혜로 겨우 출생한 사람입니다. 게다가 부모가 자녀를 옆에 두고 애지중지 금이야 옥이야 키워도 바르게 성장하기가 쉽지 않은데 어려서부터 부모를 떠났고, 여호와의 전에서 불량자들과 함께 생활하였습니다. 상식적인 생각으로는 신실하게 성장할 수 없고, 건강하고 균형있는 지도자로 자라날 수 없습니다. 그런데 3장 19절에 "그의 말이 하나도 땅에 떨어지지 않게" 됩니다. 사무엘이 이렇게 성장할 수 있는 이유는 "여호와께서 그와 함께 계셔서"이며, "그의 말이 하나도 땅에 떨어지지 않게 하시니"입니다. 사무엘이기 때문에 사무엘이 된 것이 아니라, 여호와께서 사무엘과 함께 계셨기 때문에 사무엘이 된 것이며, 여호와께서 도우시고 인도하시고 역사하셨기 때문에 사무엘의 말이 땅에 떨어지지 않을 수 있었던 것입니다. 사무엘 같은 사람도 하나님이 함께 하시면 신실하고 거룩한 사람으로 만들어 질 수 있습니다. 하나님이 하시면 된다는 것을 증거하는 사람으로 사무엘이 사용됩니다.

하나님을 알라

하나님은 이스라엘 가운데 사무엘을 높이 세우시는 것이 아닙니다. 이스라엘 백성으로 하여금 하나님을 의지하는 대신 새로운 지도자인 사무엘을 의지하고 따르라고 말씀하시는 것이 아닙니다. 하나님의 목적은 사무엘의 성장과정을 보면서 하나님을 배우고 하나님을 알고 하나님을 의지하라는 것입니다. 사람들의 생각에 가능성이 없어보였던 사무엘이 하나님의 일하심을 통하여 이스라엘의 지도자로 변화하는 과정을 지켜 보면서 하나님은 모든 것을 하실 수 있는 분임을 알도록 하시는 것입니다. 하나님은 사무엘을 세우시는 것이 목적이 아니라 사무엘을 세우시는 과정을 통해 하나님을 알게 하시는 것이 목적인 것입니다. 그래서 이스라엘이 사무엘을 알고 사무엘을 의지하는 것이 아니라 하나님을 알고 하나님을 의지해야 하는 것이 성경의 결론입니다. 하나님은 하나님을 모르는 자에게 더 찾아오셔야 합니다. 왜냐하면 하나님을 모르는 사람이기에 하나님을 알게 하려면 더 자주 찾아오셔서 더 많이 가르쳐야하기 때문입니다.

엘리의 하나님

사무엘상 3장 15절부터 사무엘이 하나님을 만나서 예언의 말씀을 듣는 장면이 나옵니다. 다음날 아침에 엘리가 일어납니다. 지난밤에 사무엘이 와서 세 번씩이나 잠을 깨웠습니다. 엘리가 부르지도 않았는데 사무엘이 쫓아와서 엘리를 귀찮게 했습니다. 세 번째에 엘리가 사무엘에게 자신에게 올 것이 아니라 하나님의 말씀을 들으라고 권면해주었고 그 밤에 사무엘이 하나님 말씀을 들었습니다. 아침에 엘리가 사무엘을 불러서 하나님이 무슨 말씀하셨는지를 질문합니다. 단순히 궁금하고 간섭하는 정도가 '내게 숨기지 말라. 네게 말씀하신 모든 것을 하나라도 숨기면 하나님이 네게 벌을 내리시고 또 내리시기를 원하노라' 입니다. 이스라엘의 제사장은 하나님이 세우셨습니다. 백성이 죄를 용서받도록, 징계 받지 않도록, 하나님의 징벌을 받지 않도록 하나님이 제사라는 방법도 주시고 제사장도 주시고 하나님이 인간을 축복하시는 은혜의 수단으로 세우신 수단이 제사요, 중재자가 제사장입니다. 그러한 역할을 위하여 세워진 제사장이 하는 말이 '모든 것을 하나라도 숨기면 하나님이 네게 벌을 내리시고 또 내리시기를 원하노라' 입니다. 하나님이 제사장이라는 직분을 세운 의도와 하나님의 원리와 하나님의 뜻과는 전혀 다른 신앙의 왜곡의 극치를 보는 것입니다.

제사장은 죄지은 백성이 죄사함 받도록 하나님께 간구하는 역할을 해야 합니다. 어떤 이스라엘 백성이 죄를 범했고, 하나님께서 보다 못해서 이스라엘을 다 쓸어버리겠다고, 이스라엘에게 진노하사 멸절하시겠다고 말씀하실 바로 그때에 제사장이 나아가 하나님을 막아서야하는 것입니다. 제사장은 하나님께 이스라엘 백성이 연약한 죄인임을 상기시키고, 하나님은 자비롭고 은혜로우신 이스라엘의 보호자이심을 상기시켜서 하나님의 진노를 막아야하는 것입니다. 그런데 엘리는 진노를 막아야할 제사장임에도 자신이 알고 싶은 것 때문에 하나님께서 진노를 내리시기를 원한다고 협박하고 있습니다. 하나님이 제사장을 왜 세우셨으며, 하나님의 세움 받은 사람의 역할이 무엇인가를 완벽하게 왜곡하고 있는 것입니다. 결국 겁에 질린 사무엘이 자세히 말하고 조금도 숨기지 않았습니다. 사무엘의 말을 다 들은 엘리가 가로되 18절 마지막에 '이는 여호와시니 선하신 대로 하실 것이니라' 입니다.

조금 전까지 엉망으로 신앙을 가졌던 엘리가 갑자기 18절에서 거룩한 사람으로 변화된 것이 아닙니다. 18절의 뜻은 '하나님은 선하신 분이니까 선하신 뜻대로 하실 것이다' 는 의미가 아니라 '흥, 여호와 그분은 저 좋은 대로 하시지' 는 의미입니다. 하나님을 인정하며 하나님의 선하신 뜻대로 행하실 것이라는 기대가 아니라 하나님은 하나님 멋대로, 하나님 마음대로, 하나님 생각에 옳은 대로 행동하신다는 빈정거림의 말투입니다. 공동 번역 성경에는 '그 분이 하나님이셔, 하나님이 하시는 일이 어련 하시겠어? 라고 번역했습니다. 제사장 엘리의 불신앙의 극치입니다. 이 모습이 당시의 상황이고, 이런 상황이기에 하나님이 이스라엘을 찾아오시는 것이고, 하나님이 백성을 찾아오실 때에 모든 사람이 포기하고 아무도 기대하지 않는 사람인 사무엘에게 하나님이 오시는 것입니다.

사무엘의 하나님

은혜 주시는 하나님

사무엘에게 찾아오셔서 행하신 일이 19절 '사무엘이 자라매 여호와께서 그와 함께 계셔서 그의 말이 하나도 땅에 떨어지지 않게 하시니' 입니다. 사무엘상 2장 11절과 2장 18절 그리고 3장 1절에 반복적으로 등장한 표현이 "사무엘이 여호와를 섬겼더라"입니다. 섬겼다는 표현은 시중들다, 봉사하다, 일하다, 수고하다는 뜻입니다. 신실한 믿음을 가지고 굳건한 믿음을 가지고 경배했다는 의미가 아니라 맡은 일을 했다는 것입니다. 성경이 강조하는 내용을 살펴보면 2장 21절에 "아이 사무엘은 하나님 앞에서 자라니라", 2장 26절에 "아이 사무엘이 점점 자라매 여호와와 사람들에게 은총을 더욱 받더라", 3장 19절에 "사무엘이 자라매 여호와께서 그와 함께 계셔서" 등에 나옵니다. 세 구절에 공통적인 강조점은 하나님이 사무엘과 함께 계셨다는 것입니다. "사무엘이 여호와를 섬겼더라"고 할 때에는 아무런 일도 일어나지 않았습니다. 그러나 "여호와가 사무엘과 함께 계셨더라"고 할 때에는 역사가 일어나는 것입니다.

인간이 하나님을 향하여 무엇을 행할 때 역사가 일어나는 것이 아니라 하나님이 인간과 함께 계실 때 비로소 인간이 은혜를 입고 은총을 입는 것입니다. 이것이 신앙의 바른 모습입니다. '인간이 하나님을 얼마나 섬겼느냐? 인간이 하나님을 얼마나 위했느냐? 를 자랑하는 것이 아니라 '하나님이 얼마나 우리와 함께 계시고 하나님이 얼마나 우리를 도우시는가!' 를 놀라워하며 감사하며 고백하는 것이 신앙입니다. 하나님이 함께 하시기 때문에 사무엘의 말이 하나도 땅에 떨어지지 아니하고 온 이스라엘이 사무엘은 여호와의 선지자인줄 알더라는 결론이 나는 것입니다. 전적으로 하나님의 일하심의 결과입니다.

성경의 초점은 사무엘이 아니라 하나님입니다. 온 백성이 사무엘이 여호와의 선지자인줄 알았다는 표현이 사무엘이 높아졌고, 영예를 얻었다는 의미가 아닙니다. 하나님은 다른 사람과 구별하여 사무엘을 백성 중에 높이는 것이 목적이 아니라 모든 하나님의 백성을 도우시는 것이 목적입니다. 하나님의 백성이 평안히 살려면 하나님의 원리대로 살아야 합니다. 그런데 아무도 하나님의 원리대로 살지 않습니다. 그래서 하나님은 사무엘에게 간섭하셔서 사무엘의 말이 하나도 땅에 떨어지지 않게 만들어 주시는 것입니다. 전적인 하나님의 일하심입니다. 그러나 사람들에게는 사무엘을 도우시는 하나님은 보이지도 않고, 사무엘이 하는 말이 하나 둘 착착 이루어지는 현상만 보일 뿐입니다. 이제부터 이스라엘은 사무엘의 말을 듣습니다.

백성은 사무엘의 말만 듣는데, 사무엘은 하나님의 원리, 하나님의 방법, 하나님의 뜻대로 말합니다. 만약 백성이 하나님을 모르고 사무엘의 말만 들을지라도 사무엘이 하나님의 원리와 하나님의 방식대로 말하기 때문에 온 백성이 하나님의 방식대로 행하는 것이요, 결과적으로 온 백성이 태평한 그런 열매를 낳게 만드는 것이 바로 하나님의 지혜의 오묘함입니다. 이와 같은 결과를 만들어내려고 먼저 하나님은 사무엘을 만들어야했습니다. 성장과정에서 사무엘이 불량자들과 함께 있었기에 일정기간 동안은 백성이 사무엘의 말을 귀담아 듣지 않았지만 사무엘의 말이 땅이 떨어지지 않는 것을 한 번 두 번 경험하면서 점차 사무엘의 말을 듣게 되고, 궁극적으로는 사무엘을 통하여 역사하시는 하나님의 말씀을 순종하고 살게 하는 것이 하나님이 일하시는 과정입니다. 이 모든 내용이 이스라엘을 도우시는, 죄인들을 도우시는 하나님의 은혜의 선언이십니다. 아무도 찾지 않을 때, 아무도 바라지도 않을 때, 아무도 구하지도 않을 때 먼저 찾아오시고 먼저 가르쳐 주시고 먼저 함께하시는 하나님이십니다.

사무엘의 복

과연 사무엘은 하나님께 부름 받아 어떤 복을 받았을까요? 사무엘이 백성 위에 높아져서 온 백성을 다스리는 권한을 축복으로 받은 적이 없습니다. 사무엘이 다른 이스라엘 백성과 구별된 특권을 혜택으로 받은 적이 없습니다. 사무엘이 당대에 특별한 복을 받지 못하였으면 자손의 때에 가서 복을 받았을 것으로 예상할 수도 있습니다. 그러나 성경 기록에 의하면 사무엘의 자손들은 백성의 신망을 얻지 못하였습니다. 자손의 때에도 특별한 복을 받지 못했다면 사무엘이 말년에 명예를 얻어 모든 사람의 존경을 받으며 은퇴 사역자로서 평안한 삶을 살았을 것으로 예상할 수도 있습니다. 그러나 성경에는 그런 기록이 없습니다. 후일에 하나님이 사무엘에게 나타나셔서 사울에게 기름 부어 지도자로 세우게 하고 다시 다윗에게 기름 부어 왕으로 세우게 하십니다. 이 사건이후 사무엘은 사울을 두려워하며 상당기간 숨어사는 신세가 되고 맙니다. 성경에 우리가 기대하는 방식으로 사무엘이 복 받았다는 것이 하나도 없습니다.

사무엘이 여호와께 받은 복은 아무도 하나님을 모르던 시대에 하나님이 사무엘을 찾아 오셔서 사무엘에게 하나님을 알려주시고, 사무엘로 하여금 하나님을 알게 하셨다는 것입니다. 하나님을 안다는 것은 하나님의 마음, 하나님의 심정, 하나님의 성품이 있다는 것이요 하나님의 심정과 마음과 성품은 평안과 희락과 환희와 절제와 온유와 양선과 충성과 오래 참음과 인내입니다. 하나님의 성품을 가지고 사니 날마다 마음이 자유롭고 평안하고 행복합니다. 하나님을 아는 것, 하나님의 사람이 되어 하나님을 알고 하나님과 교통하는 것이 인간이 받을 수 있는 가장 큰 복이요, 사무엘이 받은 축복입니다.

신앙의 내용

　각 시대마다 경제 위기가 있고 여러 가지 사회적 문제들이 있지만 성경은 한 개인 또는 한 가정의 이야기만을 다루고 있는 모습을 봅니다. 그러나 성경은 한 개인 또는 한 가정의 사건만 다루고 있는 것이 아니라 모든 인간의 본질적인 문제를 다루고 있습니다. 하나님은 한 나라, 한 민족만 다루시는 것이 아니라 모든 인간을 상대하십니다. 하나님은 처음부터 어느 민족이나 어느 국가나 어느 단체를 위하는 하나님이 아닙니다. 인간의 문제에 있어서 하나님을 알고 죄의 원리가 아닌 하나님의 마음이어야 한다고 가르쳐 주십니다. 엘가나라는 사람의 한 집안의 이야기나, 사무엘이라는 한 청년의 이야기가 아니라 인간의 삶에 왜 하나님이어야 하는가를 가르쳐 주십니다.

　하나님은 인간을 절대로 포기하지 않습니다. 하나님이 찾아오시고 하나님이 만드시고 하나님이 가르치시고 어떤 모양으로든 인간을 도우시는 분이 하나님이십니다. 그 하나님을 만났던 이스라엘이 그 하나님의 뜻대로 하지 않아 하나님의 백성임에도 하나님의 은혜를 하나도 누리지 못하는 어리석음을 범합니다. 그 이스라엘 보다 더 큰 은혜, 예수 그리스도의 죽음을 통하여 성도라고 하는 엄청난 은혜를 받은 사람들이 저와 여러분입니다. 저와 여러분이 이스라엘이 했던 실수를 반복한다면 우리는 더더욱 어리석은 자들입니다. 이제 저와 여러분은 말씀을 알아가시고 성도라는 큰 은혜 가운데 삶 가운데 하나님의 원리로 사셔서 하나님께로 받은 복을 날마다 구현하며 누리시기를 주님의 이름으로 축원합니다.

5

이르렀도다 or 떠났도다

사무엘상 4:1-22

1 사무엘의 말이 온 이스라엘에 전파되니라 이스라엘은 나가서 블레셋 사람들과 싸우려고 에벤에셀 곁에 진 치고 블레셋 사람들은 아벡에 진 쳤더니 2 블레셋 사람들이 이스라엘에 대하여 전열을 벌이니라 그 둘이 싸우다가 이스라엘이 블레셋 사람들 앞에서 패하여 그들에게 전쟁에서 죽임을 당한 군사가 사천 명 가량이라 3 백성이 진영으로 돌아오매 이스라엘 장로들이 이르되 여호와께서 어찌하여 우리에게 오늘 블레셋 사람들 앞에 패하게 하셨는고 여호와의 언약궤를 실로에서 우리에게로 가져다가 우리 중에 있게 하여 그것으로 우리를 우리 원들의 손에서 구원하게 하자 하니 4 이에 백성이 실로에 사람을 보내어 그룹 사이에 계신 만군의 여호와의 언약궤를 거기서 가져왔고 엘리의 두 아들 홉니와 비느하스는 하나님의 언약궤와 함께 거기에 있었더라 5 여호와의 언약궤가 진영에 들어올 때에 온 이스라엘이 큰 소리로 외치매 땅이 울린지라 6 블레셋 사람이 그 외치는 소리를 듣고 이르되 히브리 진영에서 큰 소리로 외침은 어찌 됨이냐 하다가 여호와의 궤가 진영에 들어온 줄을 깨달은지라 7 블레셋 사람이 두려워하여 이르되 신이 진영에 이르렀도다 하고 또 이르되 우리에게 화로다 전날에는 이런 일이 없었도다 8 우리에게 화로다 누가 우리를 이 능한 신들의 손에서 건지리요 그들은 광야에서 여러 가지 재앙으로 애굽인을 친 신들이니라 9 너희 블레셋 사람들아 강하게 되며 대장부가 되라 너희가 히브리 사람의 종이 되기를 그들이 너희의 종이 되었던 것 같이 되지 말고 대장부 같이 되어 싸우라 하고 10 블레셋 사람들이 쳤더니 이스라엘이 패하여 각기 장막으로 도망하였고 살육이 심히 커서 이스라엘 보병의 엎드러진 자가 삼만 명이었으며 11 하나님의 궤는 빼앗겼고 엘리의 두 아들 홉니와 비느하스는 죽임을 당하였더라 12 당일에 어떤 베냐민 사람이 진영에서 달려나와 자기의 옷을 찢고 자기의 머리에 티끌을 덮어쓰고 실로에 이르니라 13 그가 이를 때는 엘리가 길 옆 자기의 의자에 앉아 기다리며 그의 마음이 하나님의 궤로 말미암아 떨릴 즈음이라 그 사람이 성읍에 들어오며 알리매 온 성읍이 부르짖는지라 14 엘리가 그 부르짖는 소리를 듣고 이르되 이 떠드는 소리는 어찌 됨이냐 그 사람이 빨리 가서 엘리에게 말하니 15 그 때에 엘리의 나이가 구십팔 세라 그의 눈이 어두워서 보지 못하더라 16 그 사람이 엘리에게 말하되 나는 진중에서 나온 자라 내가 오늘 진중에서 도망하여 왔나이다 엘리가

이르되 내 아들아 일이 어떻게 되었느냐 17 소식을 전하는 자가 대답하여 이르되 이스라엘이 블레셋 사람들 앞에서 도망하였고 백성 중에는 큰 살육이 있었고 당신의 두 아들 홉니와 비느하스도 죽임을 당하였고 하나님의 궤는 빼앗겼나이다 18 하나님의 궤를 말할 때에 엘리가 자기 의자에서 뒤로 넘어져 문 곁에서 목이 부러져 죽었으니 나이가 많고 비대한 까닭이라 그가 이스라엘의 사사가 된 지 사십 년이었더라 19 그의 며느리인 비느하스의 아내가 임신하여 해산 때가 가까웠더니 하나님의 궤를 빼앗긴 것과 그의 시아버지와 남편이 죽은 소식을 듣고 갑자기 아파서 몸을 구푸려 해산하고 20 죽어갈 때에 곁에 서 있던 여인들이 그에게 이르되 두려워하지 말라 네가 아들을 낳았다 하되 그가 대답하지도 아니하며 관념하지도 아니하고 21 이르기를 영광이 이스라엘에서 떠났다 하고 아이 이름을 이가봇이라 하였으니 하나님의 궤가 빼앗겼고 그의 시아버지와 남편이 죽었기 때문이며 22 또 이르기를 하나님의 궤를 빼앗겼으므로 영광이 이스라엘에서 떠났다 하였더라

여호와께서 패하게 하셨다

하나님의 백성

　성도라는 용어는 엄청난 내용을 담고 있는 말입니다. 단순히 교회에 출석하는 사람들을 부르는 호칭으로서 성도가 아닙니다. 사람들은 가는 곳마다 적절한 신분이 정해지고 그 신분에 상응하는 역할이 기대됩니다. 자신의 수준이나 예상을 넘어서는 신분이 주어지면 대부분 반응들이 과분하다고 합니다. 그러나 엄밀히 말하면 과분할 것은 하나도 없습니다. 왜냐하면 세상에는 공짜가 없기 때문입니다. 다만 순서가 바뀌곤 합니다. 대부분 자신이 수고하고 노력해서 자리를 얻으면 그것은 수고의 대가입니다. 반면에 내가 수고하지 않고 내 수고보다 과분하게 그 자리가 주어진다면 그때부터는 그 자리에 맞게 알맞은 일을 해야 합니다. 그래서 과분할 것도 없고 은혜라고 표현할 수도 없습니다. 과분한 직분을 받았는데 과분한 만큼 상응하는 일을 하지 않으면 과분하게 주어진 직분은 과감하게 빼앗겨 버립니다.

　그러나 성도라는 신분은 정말로 과분한 신분입니다. 내가 아무것도 한 일이 없습니다. 또한 성도에 상응하는 책임을 하나님께 해내라고 요

구하는 것도 없습니다. 받은 나는 아무것도 안했고 앞으로도 할 일이 없지만 나에게 성도라는 신분을 주시려고 하나님은 육신을 입고 강림하시고 죽으시고 부활하신 엄청난 사건을 행하셨습니다. 그 하나님의 일하심의 결과로 저와 여러분은 성도라는 신분을 갖는 것입니다. 그러면 '하나님이 왜 그렇게 우리에게 엄청난 신분을 부여하시는가?' 라는 것입니다. 하나님의 목적은 성도가 하나님을 알고 하나님의 원리를 알아서 하나님의 은혜를 누리며 살라고 축복하시는 것입니다. 전폭적인 하나님의 은혜요 선물입니다. 정말로 하나님은 인간을 도우시며 인간을 축복하시는 고마우신 하나님이십니다. 성도는 그 하나님을 성경에서 가르치는 대로 바르게 알고 하나님의 마음을 알고 하나님의 뜻을 알아 실제 삶 가운데 하나님의 은혜를 만끽하며 살아야 합니다.

안타까운 것은 성도들이 하나님을 잘 알지 못하고 하나님의 은혜를 누리는 것이 적다는 것입니다. 우리뿐만이 아니라 성경에서, 특별히 구약에서 많은 예를 발견합니다. 이스라엘이란 공동체는 그냥 한 무리에게 붙인 나라의 이름이거나 민족의 이름이 아닙니다. 하나님이 아브라함을 부르시고 그와 동행하시며 참으로 많은 수고와 애씀과 노력과 역사를 이루셨고 그 과정가운데 하나님이 가르치시고, 보여주시고, 나타내시고, 들려주시고 친히 글로 써 주시면서 인간에게 하나님을 알리셨습니다. 이스라엘이 그렇게 하나님께 배운 신앙공동체라고 하면 기존의 죄인들이 생각하는 신과 이스라엘 백성이 생각하는 하나님은 달라야 하며, 기존의 죄인들이 신을 섬기는 모습과 이스라엘이 하나님을 섬기는 모습이 달라야 합니다. 그런데 성경에서 이스라엘과 이방인의 신앙행위가 별로 다르지 않은 것을 봅니다. 그게 다르지 않다면 이스라엘은 이스라엘일 필요가 없고 이스라엘이여야 할 이유가 없습니다.

기독교는 성경을 '하나님의 계시'라고 이해합니다. 인간이 이해하는 하나님이 아니라 하나님이 나타내신 하나님을 가르쳐 주는 것이 성경입니다. 성경은 이스라엘이 하나님을 체험하고 자신들의 신앙을 고백을 한 것을 기록해 놓은 책이 아닙니다. 이스라엘이 하나님을 체험하고 깨달은 하나님을 소개하는 책이 아닙니다. 성경에서 이스라엘을 살펴보면 이스라엘이 신앙을 바르고 신실하게 유지하는 경우가 거의 없습니다. 이방인들이 하나님을 말할 때 잘못 인식하고 왜곡된 종교행위를 하는 것은 충분히 이해할 수 있습니다. 왜냐하면 이방인, 즉 하나님을 배우지 못하고 알지 못하는 사람들이기 때문입니다. 이방인의 신 개념 또는 종교관이 잘못되어 있을 때 이스라엘은 옳고 맞고 바르고 정확하게 신앙의 모습을 보여주어 하나님의 칭찬을 들어야 정상인데 성경에 나타나는 이스라엘의 실상은 그렇지 않습니다. 이방인은 배운 적이 없어서 틀리는 것인 반면에 이스라엘은 배우고도 틀립니다. 이것이 구약에 나타난 인간, 죄인의 한계입니다. 그래서 성경이 구약에서 끝나지 않고 신약으로 연결되고 예수님이 오시고 성령의 도움을 받아야 한다고 말하는 것입니다.

일반적으로 구약에 등장하는 이스라엘은 믿음이 좋은 것으로 생각하는 경향이 있습니다. 이스라엘은 맞는 것처럼, 이스라엘은 옳은 것처럼, 이스라엘은 언제나 정답이요 모범인 것처럼 여겨왔는데 정작 성경에 나타나는 이스라엘은 혼나고 꾸중 듣고 책망 듣는 모습입니다. 그래서 많은 성도님들이 당황합니다. 성경에 등장하는 모든 사람들은 하나님에 대해서 몰랐습니다. 그런 사람들에게 하나님이 간섭하시고 하나님이 도우시고 하나님이 가르치셔서 조금씩 하나님을 바르게 알아가는 과정이 성경의 내용입니다. 성경에 사람들이 한 말은 대부분 틀리고, 사람들에게 말씀하신 하나님의 말씀은 옳습니다. 본문에 이방인과 이스라엘 두 부류의 사람들이 고백하는 말이 성경에는 있으나 하나님의 의도와 뜻이 아닌 내용을 점검해 보면서 오늘날 우리들이 성도임에도 죄인들처럼 생각하고 표현하는 말들 가운데 성경적으로 바로잡아야 하는 내용들을 확인해 보기를 원합니다.

전쟁과 하나님

이스라엘과 블레셋 사이에 전쟁이 일어납니다. 이스라엘은 에벤에셀에 진을 쳤고 블레셋은 아벡에 진을 쳤습니다. 전쟁을 했고 안타깝게도 이스라엘이 패배해서 사천 명이 죽었습니다. 전쟁에서 지고 자신들의 진영으로 돌아오면서 장로들이 패한 것에 대해 말하는 것이 4장 3절입니다. '백성이 진영으로 돌아오매 이스라엘 장로들이 이르되 여호와께서 어찌하여 우리에게 오늘 블레셋 사람들 앞에 패하게 하셨는고' 입니다. 성경에 나오는 사람들의 말 중에서 하나님의 의도와 하나님의 뜻과는 전혀 다른 첫마디가 바로 이것입니다. '여호와께서 어찌하여 우리에게 오늘 블레셋 사람들 앞에 패하게 하셨는고' 는 하나님과는 전혀 무관한, 하나님을 배웠음에도 하나님에 대하여 전혀 맞지 않는 말입니다. 이 말을 하나님의 백성인 이스라엘이 하는 것입니다.

이스라엘이 전쟁에서 졌습니다. 전쟁에서 졌으면 패배를 시인해야 하고, 자신들이 전쟁준비에 소홀했다고 인정하면 됩니다. 하지만 이스라엘은 자신들의 준비부족은 단 한마디도 하지 않고 도리어 여호와께서 패하게 하셨다고 말합니다. 마치 이스라엘이 이길 수 있는 싸움이었는데 여호와가 개입하셔서 패하게 하셨다고 생각하는 것처럼 들립니다. 절대로 그렇지 않습니다. 물론 성경에는 하나님이 인간의 삶에 간섭하시는 장면이 여러 번 나옵니다. 사람들은 하나님이 인간의 삶을 조종하거나 간섭하거나 마음대로 움직인다고 생각합니다. 하나님이 인간의 삶에 간섭하시는 경우는 반드시 사람을 도우시는 경우입니다. 패할 싸움을 이기게는 하셔도 이길 싸움을 패하게 하시는 하나님은 절대로 아닙니다. 이스라엘이 애굽에서 고생하고 있을 때 애굽에서 꺼내 주시는 하나님이지, 이스라엘이 평안하게 살고 있을 때 애굽에 보내 노예가 되게 하시는 하나님이 아니십니다. 이스라엘이 광야를 지나 갈 때에 먹을 것이 없는 이스라엘에게 만나와 메추라기와 우물물을 공급하시는 하나님이지, 단물이 나오는 오아시스를 바싹 마르게 하는 하나님이 아니십니다. 복음서에서도 하나님은 병든 자를 고치시는 하나님이지 건강한 사람을 병들게 하고 아프게 하시는 하나님이 아니십니다. 죽은 자를 살리시는 하나님이지 살아있는 자를 죽이시는 하나님이 아닙니다.

사무엘상에서 이스라엘 즉, 하나님을 안다고 하는 자들이 말하기를 여호와께서 패하게 하셨다는 것입니다. 여호와는 절대로 패하게 하시는 분이 아니십니다. 이스라엘은 철저하게 준비했는데 하나님의 일방적인 뜻이 계셔서 패하게 하는 경우는 절대로 없습니다. 물론 성경에 이스라엘이 전쟁에서 패할 때가 자주 있습니다. 사사기에 이스라엘이 전쟁에서 패한 사건이 가장 많이 나옵니다. 하나님이 창세기 12장에서 아브람과 행하신 약속을 지키고 여호수아 24장까지 이스라엘을 인도하여 가나안에 입성시키셨음에도 이스라엘이 전쟁에서 패합니다. 왜냐하면 하나님은 가나안에 들어온 이스라엘 백성에게 하나님의 의도와 하나님의 뜻, 하나님의 계명을 따르고 하나님의 원리대로 하나님을 의지하라고 말씀하셨는데 이스라엘이 하나님의 말씀을 순종하지 않고 각자 제 소견에 옳은 대로 행하여 하나님의 도우심을 거부하고 하나님과 함께하기를 거부하였기 때문입니다. 이스라엘의 패배는 하나님 때문이 아니라 이스라엘 때문입니다. 이스라엘이 패하였을 때에도 하나님은 또 찾아가셔서 이스라엘을 도우시고 이스라엘을 이기게 하십니다. 사사기에서만 하나님이 패배한 이스라엘을 도우시고 구원하시려고 사사를 세우신 경우가 열두 번이나 됩니다. 하나님이 최소 열두 번 이상 이스라엘을 도우시고 간섭하시고 패배할 싸움을 이기게 하십니다. 하나님은 인간을 돕는 쪽으로 간섭하시지 패하는 쪽으로 인도하시는 분이 아닙니다.

만약 이스라엘이 하나님을 알고 있고, 하나님을 믿는 사람이었다면 전쟁에서 패배한 다음에 고백이 달랐어야 합니다. 이스라엘이 신앙을 가진 자로서, 하나님을 아는 백성으로서, 하나님을 믿는 백성으로서, 만군의 여호와라고 고백하는 하나님을 따르는 백성이라고 하면 여호와께서 패하게 하셨을 경우 당연히 패해야 한다고 생각해야 합니다. 왜냐하면 하나님이 패하게 하셨을 것이기 때문입니다. 하나님의 의도대로 전쟁에서 패한 다음에 '하나님이 우리에게 무슨 뜻이 있을까? 하나님이 무엇을 알리고 싶으실까? 하나님이 어떤 것을 알게 하시려고 하실까?' 라고 생각을 해야 했습니다. 그런데 이스라엘은 하나님에 대하여 왜곡되어있습니다. 하나님은 전혀 그렇지 않음에도 하나님이 패하게 하셨다고 생각하는 왜곡된 개념을 가지고 있는 이스라엘이 하나님의 뜻을 이해하고 받아들일 리가 없습니다.

우리를 구원하게 하자

우상 종교

성경에 기록되어 있으나 이스라엘이 하나님의 뜻과 하나님의 의도와는 전혀 다르게 말한 두 번째 내용이 4장 3절 후반부에 있습니다. '여호와의 언약궤를 실로에서 우리에게로 가져다가 우리 중에 있게 하여 그것으로 우리를 우리 원수들의 손에서 구원하게 하자' 입니다. 신앙에 대해, 하나님에 대해 인간이 알고 말하는 것 중에 가장 잘못된 표현, 가장 잘못된 행동이 바로 이것 '하나님으로 하여금 우리를 구원하게 하자' 는 것입니다. 하나님을 동원하고 하나님을 이용하자는 것으로 전형적인 불신앙의 모습입니다. 출애굽기에도 동일한 장면이 나옵니다. 시내 산에서 모세가 율법을 받고 있을 때, 산 밑에서 이스라엘 백성이 금송아지를 만들 때도 똑같이 말합니다. 출애굽기 32장 1절 '우리를 위하여 우리를 인도할 신을 만들라' 입니다. 사람들은 신을 이용합니다. 신의 능력을 사용해서 자신들의 목적을 성취하려고 합니다. 물론 신을 믿었는데 신이 자신에게 무익하면 믿을 이유가 하나도 없습니다. 신이 자신에게 도움이 되어야 믿는 것이 당연합니다. 성경은 그걸 우상숭배라고 합니다. 신을 믿는다는 개념에서는 동일할지라도, 우상적 방식 또는 이방적 방식과 기독교적 방식, 하나님의 방식이 무엇인가를 잘 분별해야 합니다. 성경이 금지하는 것이 우상숭배입니다. 왜냐하면 우상은 아무 유익이 없기 때문이요, 우상이 아무것도 해줄 수 없기 때문입니다. 대신 성경은 하나님을 믿으라고 말합니다. 성경이 하나님을 믿으라고 하는 이유는 하나님은 인간에게 모든 것을 해줄 수 있는 가능성을 가지고 계시기 때문이 아닙니다. 하나님은 이미 모든 것을 다해주셨기 때문에 믿으라고 하는 것입니다. 성도는 이미 하나님께 은혜를 받은 자들입니다. 성도가 이미 은혜를 받은 사람이라는 사실을 잊어버리면 성도의 신앙도 이방신앙과 똑같을 수밖에 없습니다. 우상숭배와 하나님을 믿는 것은 근본적으로 다릅니다. 우상은 내가 신을 고르는 것이지만 신앙은 하나님이 나를 택하시는 것입니다. 그래서 우상숭배에서는 내가 주인이요 내 마음대로입니다. 그러나 신앙은 하나님의 원리대로 행하는 것입니다. 당연히 우상숭배에는 우상의 뜻과 우상의 계명이 없고, 우상이 말하고 사람이 듣고, 우상이 가르치고 사람이 배운다는 개념이 존재하지 않습니다. 그러나 기독교는 하나님이 말씀하시고 백성이 들으며, 하나님이 가르치시고 백성이 배우는 것입니다. 우상은 우상자체가 무익한 존재이기 때문에 우상에게 순종한다, 우상에게 충성한다는 표현이 없습니다. 그러나 신앙은 하나님의 뜻과 원리에 순종하는 것입니다.

순종하는 신앙

이방종교와 기독교 신앙의 차이점은 신에 대한 인간의 자세입니다. 우리가 하나님을 결정하는 것이 아니라 하나님이 정하시면 하나님의 뜻을 따르는 것이 신앙입니다. 우리가 하나님을 움직이거나 우리가 하나님을 변화시키거나 우리가 하나님을 이기는 것을 신앙이라고 말하지 않습니다. 인간이 하나님의 뜻에 순종한다는 것은 약자의 한계이거나 인간의 자유의지를 포기한다는 것을 의미하지 않습니다. 도리어 순종이란 하나님의 은혜를 받고 보니 하나님의 은혜를 누려보니 그 은혜가 너무나 고맙고, 하나님의 원리를 따져보니 가장 좋고 가장 쉽고 가장 편안하고 너무 좋아서 스스로 기뻐하여 하나님의 뜻에 동의하여 자원하여 자발적으로 따르는 것을 의미합니다.

또 기독교에서는 인간이 하나님을 동원할 수 없습니다. 엄밀하게 말하면 동원할 수 없는 것이 아니라 동원 할 필요가 없습니다. 우상숭배와 하나님의 가장 근본적인 차이점은 우상은 아무 것도 행한 것이 없고, 하나님은 어떤 것도 행하지 않은 것이 없다는 것입니다. 우상은 행한 것이 없고 하나님은 하지 않으신 것이 없는 것이 우상과 하나님의 근본적 차이입니다. 하나님은 인간을 도우십니다. 하나님이 인간을 도우신다는 말은 이제 인간이 하나님께 도움을 청하자는 의미가 아닙니다. 일반적으로 '하나님이 우리를 도우신다' 는 말을 들으면 미래적으로 듣는 경향이 있습니다. 물론 하나님이 인간을 도우신다는 말은 과거에 도우셨다는 의미도 될 수 있고, 현재에 돕고 계시다는 의미도 될 수 있고, 미래에 도우실 것이라는 의미도 될 수 있습니다. 하지만 기독교적인 관점에서 세밀하게 표현한다면 '하나님이 우리를 도우신다' 는 말은 '이미 다 도우셔서 완성하셨다' 는 의미입니다. 하나님이 우리를 도우시니 우리는 날마다 하나님께 도움을 청하자는 표현은 충분하지 않습니다. 왜냐하면 만약 우리가 하나님께 도움을 청하면 아직 하나님이 아무것도 안 해주신 것처럼 느껴지기 때문입니다. 기독교의 차이점을 분별하셔야 합니다. 하나님은 이미 저와 여러분을 도우셨고, 하나님은 저와 여러분을 위해 모든 역사를 이루시고 행하시고 완성하셨습니다. 엄밀한 의미에서 인간은 더는 하나님께 도움을 요청할 일이 없습니다.

이스라엘의 불신앙

이스라엘은 하나님이 자기들을 패하게 하셨다고 말합니다. 전쟁의 패배를 하나님 탓으로 돌린 직후에 하는 행위가 하나님의 뜻을 바꾸어 자신들을 구원하게 하자는 것입니다. 전쟁의 패배원인이 하나님이었다면, 하나님의 뜻이 무엇인지를 이해하려고 노력해야 합니다. 이스라엘은 먼저 패배의 원인을 하나님 탓으로 돌리는 잘못을 행하였고 다음엔 하나님의 뜻에 순종하는 대신 하나님의 뜻을 거스르는 행동을 서슴지 않고 시도하는 것입니다. 하나님을 이기고 하나님의 뜻을 바꾸고 하나님을 변화시키려는 열심과 노력이라면 차라리 힘을 길러서 블레셋과 전쟁하여 승리하는 것이 나을 것입니다. 하나님을 상대로 싸움을 벌이느니 차라리 블레셋을 상대로 싸움하는 것이 쉬울 텐데 블레셋에게도 패하는 사람들이 하나님을 이기겠다고 덤비는 꼴입니다.

이스라엘의 불신앙적인 행동에 대한 하나님의 반응을 살펴보겠습니다. 이스라엘의 말이 틀렸고, 행동이 틀렸습니다. 하나님께서 전쟁에서 패하게 하신 것이 아님에도 하나님 때문에 패했다고 억지 쓰고, 여호와의 언약궤를 가지고 나아가서 하나님으로 자신들을 구원하게 하자고 합니다. 자신들이 하나님을 동원하고, 자신들이 하나님을 부려먹으려고 하는 시도입니다. 그때 하나님은 이스라엘의 행동에 묵묵히 따라오십니다. 이스라엘의 엉뚱한 도발에, 이스라엘의 불신앙적인 요구에 여호와의 언약궤가 그 있던 자리에서 꿈쩍도 안하거나, 장사 백 명이 달라붙어도 안 되고 도무지 여호와의 언약궤를 옮길 수 없었던 것이 아닙니다. 이스라엘이 여호와의 언약궤를 이용하여 자신들을 구원하게 하려는 의도로 법궤를 옮기려고 시도할 때 언약궤가 덜렁 들려서 끌려나옵니다. 하나님이 이렇게 반응하시는 이유를 분별하셔야 합니다.

신이 진영에 이르렀도다

고백과 무관한 사람들

이스라엘 사람들이 가지는 왜곡 신앙의 모습을 살펴보았습니다. 이스라엘과 비교하여 당시 이방인들은 어떻게 생각하고 있었으며, 이스라엘 사람들은 이방인들보다 나았는지 못했는지를 살펴보겠습니다. 이스라엘의 도발적 행동에 의하여 여호와의 언약궤가 드디어 이스라엘의 진영에 도착합니다. 이스라엘 진영에 있는 병사들은 좋아서 큰 소리를 외치매 땅이 울릴 정도였습니다. 반면에 블레셋 사람들이 깜짝 놀라 사태 파악에 나서고 경위를 알게 된 후에 하는 말이 4장 7절 "블레셋 사람이 두려워하여 이르되 신이 진영에 이르렀도다 하고 또 이르되 우리에게 화로다. 전날에는 이런 일이 없었도다. 우리에게 화로다. 누가 우리를 이 능한 신들의 손에서 건지리요. 그들은 광야에서 여러 가지 재앙으로 애굽인을 친 신들이니라"입니다. 신이, 여호와의 법궤가 이스라엘 진에 이르렀다고 블레셋 사람들이 놀라고 두려워합니다. 아마도 블레셋 사람들은 여호와에 대한 소문을 많이 들었던 것 같습니다. 소문을 귀담아 들었고 여호와라는 신에 대한 평가도 분명하고 정확하게 하고 더 나아가 고백까지 합니다. 블레셋 사람들이 여호와에 대한 평가를 내리기를 "누가 우리를 이 능한 신들의 손에서 건지리요"입니다. 그 신은 "광야에서 여러 가지 재앙으로 애굽인을 친 신들이니라"고 자세한 전력을 인정합니다. 그리고 탄식하며 고백하기를 "우리에게 화로다. 우리에게 화로다"라고 블레셋 군사들이 말합니다.

블레셋과 이스라엘이 전쟁하고 있을 때에 이스라엘 진영에서 블레셋 군사들이 대항할 수 없는 신, 평범한 신이 아니라 광야에서 여러 가지 재앙으로 애굽인을 친 신을 옮겨왔다면, 그리고 스스로 자신들에게 화가 될 것임을 고백했다면 다음에 취해야할 행동이 무엇이겠습니까? 자신들이 대항할 수 없음을 인식했다면 도망치던가, 백기 들고 투항하는 것이 상식입니다. 그런데 애굽인을 물리친 신이 이스라엘의 진영에 도착하여 자신들에게 화가 임할 것을 탄식하는 블레셋 군사들이 취한 행동이 "너희 블레셋 사람들아 강하게 되며 대장부가 되라. 너희가 히브리 사람의 종이 되기를 그들이 너희의 종이 되었던 것 같이 되지 말고 대장부 같이 되어 싸우라"9절입니다. 블레셋 군사들의 말과 행동은 도무지 맞지 않습니다. 이스라엘이 옮겨온 신을 자신들이 어쩔 수 없고 자신들에게 화가 임했다고 고백하지 말던가 아니면 같이 대장부 같이 싸우자는 얘기를 말아야 합니다. 닥친 상황에 대하여 저들이 하는 말과 맞이한 상황에 대하여 저들이 취하는 행동이 전혀 다릅니다.

신을 이기는 사람들

여호와의 언약궤를 진영으로 옮기는 이스라엘 백성도 희한한 사람들이고 그 법궤를 맞이하며 두려워하면서 대적하려는 블레셋도 희한한 사람들입니다. 본문에서는 이방종교와 하나님 종교, 이방 신에 대한 생각과 하나님에 대한 생각이 아수라장 돼서 서로 다를 바가 하나도 없다는 것을 보여주고 있는 것입니다. 결국 이스라엘과 블레셋은 다시 전쟁을 하였고 블레셋이 대장부 같이 싸워서 또 다시 이스라엘을 이기고 이스라엘의 신 여호와를 이깁니다.

이스라엘의 경우, 자신들의 말처럼 하나님이 전쟁에서 패하게 하셨다고 고백했으면 다시 전쟁에 나가면 안 됩니다. 더욱이나 전쟁을 패하게 하신 여호와의 언약궤를 들고 나아가면 안 되는 것이었습니다. 그러나 이스라엘은 하나님이 패하게 하셨다고 고백하면서도 하나님의 뜻을 거슬러서 여호와의 언약궤를 들고 나갑니다. 자기들의 고백과는 전혀 무관한, 자기 마음대로 신앙생활 하는 것이며 신을 이기는 사람들입니다. 블레셋의 경우, 이스라엘 진영에 신이 임하여 자신들에게 화가 임할 것이라고 고백하면서도 대장부같이 신과 대적하여 싸워서 신을 이겨버리므로 자신들의 고백과는 무관한, 자기들 마음대로 신앙생활 하는, 신을 이기는 사람들입니다. 하나님을 안다고 하는 이스라엘이나 하나님을 모른다고 하는 이방인이나 아무런 차이가 없습니다.

인간에게 지는 신

블레셋이 여호와의 언약궤와 대적하여 싸울 때 여호와는 무엇을 하고 계실까요? 인간들이 신을 이기려고 시도하고 결국 신을 이겨버리는데 도대체 어디에서 무엇을 하고 계실까요? 하나님은 진정 블레셋에게, 인간에게 패하시는 것일까요? 하나님이 진짜 신이라면 감히 인간이 대적할 수 없고, 비록 싸움이 벌어졌다 할지라도 신이 승리하여야 합니다. 이스라엘이 여호와의 언약궤를 들고 나가려고 시도할 때 가볍게 들려서 끌려 나오시고, 블레셋이 싸워 이기려고 시도할 때 너무나 무력하게 블레셋에게 지시니 과연 하나님은 무엇을 하고 계실까요? 만군의 하나님이요, 온 천한 만민을 다스리시는 하나님이요, 왕 중의 왕이요, 신중에 신이신 하나님은 무엇을 하고 계실까요? 일반적인 신 개념과 기독교의 하나님을 잘 분별하실 줄 알아야 합니다.

이스라엘이 언약궤를 끌고 나오면 끌려 나오시고, 블레셋이 하나님께 대적하여 이기려하면 지시는 하나님입니다. 기독교의 하나님은 인간에게 져 주시는 하나님이십니다. 하나님이 신이심에도 인간에게 져 주시는 분이라면 왜 져주시는가를 이해하셔야 합니다. 하나님은 패하게 하시는 분이 아니라 하나님이 패하시는 분이십니다. 이 전쟁은 이스라엘이 패해서 삼만 사천 명이 죽었지만 이스라엘이 패한 것이 아니라 하나님이 패한 것입니다. 하나님이 일부러 패하십니다. 하나님의 목적은 전쟁의 승리가 아니라 이스라엘 백성에게 하나님을 알게 하시는 것이기 때문입니다. 만약 하나님이 이스라엘의 생각이 틀렸기 때문에 이스라엘을 돌보시지 않고 하나님과 이스라엘 중에 하나님이 이스라엘을 이겨버리면 이스라엘은 하나님을 배울 수가 없습니다. 그런데 하나님이 자신이 패하시는 것을 통하여 이스라엘로 하나님을 알게 하시는 것입니다.

만약 그 전쟁에서, 하나님의 언약궤가 움직이지 않고, 대신에 하나님이 블레셋을 진멸해서 이스라엘이 패하지 않고, 하나님이 패하지 않으면, 즉 하나님이 이스라엘을 이기면 이스라엘은 하나님을 모릅니다. 하나님이 블레셋을 이기고, 하나님이 이스라엘을 이기면 하나님의 명예는 유지되지만 이스라엘은 존재의 이유, 존재의 가치가 없어집니다. 하나님은 존경받는데 이스라엘은 은혜를 받을 수 없습니다. 하나님은 권세가 있는데 이스라엘은 하나님께 순종하지 않습니다. 하나님은 하나님이 하나님되는 것이 목적이 아니라 하나님이 져서라도, 하나님이 패해서라도, 하나님이 망신을 당해서라도 이스라엘을 가르치십니다. 사무엘이라는 아이가 말을 할 때마다 그 말이 땅에 떨어지지 않게끔 그 말을 다 받아 주면서까지 이스라엘에게 하나님을 알리시고, 이스라엘이 하나님의 은혜를 누리며 살도록 도우시는 하나님이십니다.

영광이 떠났다

사람들의 생각

두 번의 전쟁에서 삼만 사천 명이 죽었습니다. 전쟁에 패한 소식이 엘리 제사장에게 전해집니다. 성경은 엘리가 구십 팔세나 되어서 그 소식을 듣고 깜짝 놀라 의자에서 뒤로 넘어져 문 곁에서 목이 부러져 죽었다고 말합니다. 그때 엘리의 며느리가 아이를 낳으면서 그 아이 이름을 '이가봇' 이라고 짓습니다. 이가봇은 하나님의 영광이 어디에 있는가라는 의미입니다. 본문에서 사람들이 하는 말 중에 하나님의 의도와는 전혀 다른 말들을 살펴보았습니다. 하나는 "하나님께서 패하게 하셨다"이고 두 번째는 "우리를 구원하자 하자"이고, 세 번째는 "대장부같이 싸우라"이고, 네 번째가 "하나님이 떠났다. 하나님의 영광이 이스라엘에게서 떠났다"는 표현입니다.

사무엘상 4장 7절에서 "블레셋 사람들이 두려워하여 이르되 신이 진영에 이르렀도다"고 말한 것도 틀린 것이고 4장 21절과 22절에서 "영광이 이스라엘에서 떠났다"고 말한 것도 틀린 것입니다. 블레셋 사람들이 첫 번째 전쟁에서 사천 명을 이길 때에는 신에 대하여 아무런 언급도 하지 않습니다. 이스라엘 군사 사천 명을 죽인 후에 이스라엘이 여호와의 언약궤를 들고 왔을 때 "신이 진영에 이르렀도다"입니다. 하나님은 첫 번째 전투가 벌어질 때에는 실로에 계시다가 두 번째 전투가 벌어지기 직전에 언약궤가 옮겨지니까 어쩔 수 없이 따라 나오셔서 이스라엘 진영에 도착하신 것이 아닙니다. 여호와의 언약궤는 하나님의 상징일 뿐입니다. 이스라엘과 이방인들은 보이는 것 외에는 전혀 알지 못합니다. 이스라엘이 하나님의 궤를 빼앗겼다는 것을 알고 이스라엘의 제사장 며느리가 말하기를 "영광이 떠났다"고 합니다. 블레셋 사람들은 여호와의 언약궤가 진영에 들어오자 "신이 이르렀도다"고 말하고 이스라엘 제사장의 며느리는 하나님의 법궤가 빼앗기자 '영광이 떠났다' 고 말합니다. 신이 진영에 이르렀다는 이방인의 말이나 영광이 떠났다는 제사장 며느리의 말에는 하나님에 대한 인식의 차이가 존재하지 않습니다. 하나님의 백성의 말이나 이방인의 말이나, 하나님의 백성의 신앙적 마인드나 이방종교의 신앙적 마인드가 다르지 않다는 것입니다.

임마누엘

하나님은 어떤 경우에는 임하시고 어떤 경우에는 떠나시는 분이 아니십니다. 이사야에서 예수의 강림을 예언하실 때 하나님이 '임마누엘' 즉, '하나님이 우리와 함께 하신다'고 주어집니다. 하나님은 언제나 우리와 함께 하시는 분이십니다. 하나님은 절대로 인간을 떠나지 않습니다. 하나님이 임하시고 하나님이 떠나시는 것이 아니라 인간이 하나님께 나아가기도하고 인간이 하나님을 떠나기도 하는 것일 뿐입니다. 하나님은 인간을 떠나신 적이 없고 또 하나님이 인간으로 하여금 하나님을 떠나도록 하신 적도 없습니다. 이스라엘이 제 소견대로 행할 때 하나님이 찾아오셔서 사사를 세우십니다. 하나님이 세우신 제사장 엘리와 자녀들이 엉망이 될 때에 하나님은 어린 아이 사무엘이라도 세워서 이스라엘에게 하나님을 알게 하십니다. 인간을 포기하지 않으시는 하나님, 하나님이 져주셔서라도 인간으로 하여금 하나님을 알도록 인간을 도우시는 하나님이 바로 우리의 하나님이십니다.

하나님을 믿는 하나님의 사람들, 하나님의 공동체는 하나님의 원리를 적용하고 실천해야 합니다. 하나님에 대한 오해를 바로 고치고 하나님을 바로 알았다면 우리 가운데 하나님의 원리가 실제로 적용되고 운행되도록 해야 합니다. 인간에게는 가정이 있습니다. 가정에서 비록 자식이 부모의 마음에 안 들고 자식이 부모의 기준에 도달하지 않을지라도 자식을 버리는 경우는 없습니다. 자녀가 불건전하게 행동하여 가족의 명예가 실추되었다 할지라도 가족의 명예가 자녀의 존재보다 절대로 앞서지 못합니다. 자녀가 부모의 이름에 누를 끼치는 행동을 할 때 부모라는 명예는 자녀를 책임지는 것으로 증거됩니다. 그래서 부모가 모든 먹칠을 당해도 부모는 자녀를 감당해야 되고 끝까지 끌어안는 것이 하나님이 세우신 가정의 원리입니다. 그러나 간혹 부모가 자녀를 포기하고 버리는 경우도 있습니다. 사람은 간혹 자녀를 버릴지라도 하나님은 인간을 절대로 포기하지 않으십니다. 하나님은, 사람들이 하나님을 이용하고, 하나님을 배신하고, 하나님을 왜곡하고, 하나님의 언약궤를 다곤 신전 앞에 무릎 꿇게 할지라도 절대로 인간을 포기하지 않습니다. 하나님이 이스라엘을 찾아오십니다. 엘리뿐만 아니라 엘리의 자식들뿐만 아니라 장로들까지도 모든 신앙의 행태가 이방인과 전혀 구분되지 않는 모습일 때 하나님이 이스라엘을 찾아오십니다. 하나님은 한나를 통하여 사무엘을 낳게 하시고 "내가 이 백성 가운데 내 뜻과 내 의도를 따르는 한 백성 한 제사장을 세우리라"고 약속하십니다. 사무엘을 길러내시고 도우시고, 이스라엘이 여호와의 언약궤를 들고 나가니까 끌려가시고, 블레셋이 대장부처럼 대적하고 치니까 패배하시는 과정을 통해 하나님을 알리시는 것입니다. 이런 하나님이 우리의 소망이요, 그 하나님이 저와 여러분을 성도로 삼으셨습니다. 하나님을 아서서 하나님의 은혜를 누리시고 하나님의 원리대로 행하셔서 주변의 많은 죄인들을 살리시기를 주님의 이름으로 축원합니다.

6
인간을 받아주시는 하나님

사무엘상 5:1-7:2

5:1 블레셋 사람들이 하나님의 궤를 빼앗아 가지고 에벤에셀에서부터 아스돗에 이르니라 2 블레셋 사람들이 하나님의 궤를 가지고 다곤의 신전에 들어가서 다곤 곁에 두었더니 3 아스돗 사람들이 이튿날 일찍이 일어나본즉 다곤이 여호와의 궤 앞에서 엎드러져 그 얼굴이 땅에 닿았는지라 그들이 다곤을 일으켜 다시 그 자리에 세웠더니 4 그 이튿날 아침에 그들이 일찍이 일어나 본즉 다곤이 여호와의 궤 앞에서 또 다시 엎드러져 얼굴이 땅에 닿았고 그 머리와 두 손목은 끊어져 문지방에 있고 다곤의 몸뚱이만 남았더라 5 그러므로 다곤의 제사장들이나 다곤의 신전에 들어가는 자는 오늘까지 아스돗에 있는 다곤의 문지방을 밟지 아니하더라 6 여호와의 손이 아스돗 사람에게 엄중히 더하사 독한 종기의 재앙으로 아스돗과 그 지역을 쳐서 망하게 하니 7 아스돗 사람들이 이를 보고 이르되 이스라엘 신의 궤를 우리와 함께 있지 못하게 할지라 그의 손이 우리 신 다곤을 친다 하고 8 이에 사람을 보내어 블레셋 사람들의 모든 방백을 모으고 이르되 우리가 이스라엘 신의 궤를 어찌하랴 하니 그들이 대답하되 이스라엘 신의 궤를 가드로 옮겨 가라 하므로 이스라엘 신의 궤를 옮겨 갔더니 9 그것을 옮겨 간 후에 여호와의 손이 심히 큰 환난을 그 성읍에 더하사 성읍 사람들의 작은 자와 큰 자를 다 쳐서 독한 종기가 나게 하신지라 10 이에 그들이 하나님의 궤를 에그론으로 보내니라 하나님의 궤가 에그론에 이른 즉 에그론 사람이 부르짖어 이르되 그들이 이스라엘 신의 궤를 우리에게로 가져다가 우리와 우리 백성을 죽이려 한다 하고 11 이에 사람을 보내어 블레셋 모든 방백을 모으고 이르되 이스라엘 신의 궤를 보내어 그 있던 곳으로 돌아가게 하고 우리와 우리 백성이 죽임 당함을 면하게 하자 하니 이는 온 성읍이 사망의 환난을 당함이라 거기서 하나님의 손이 엄중하시므로 12 죽지 아니한 사람들은 독한 종기로 치심을 당해 성읍의 부르짖음이 하늘에 사무쳤더라 6:1 여호와의 궤가 블레셋 사람들의 지방에 있은 지 일곱 달이라 2 블레셋 사람들이 제사장들과 복술자들을 불러서 이르되 우리가 여호와의 궤를 어떻게 할까 그것을 어떻게 그 있던 곳으로 보낼 것인지 우리에게 가르치라 3 그들이 이르되 이스라엘 신의 궤를 보내려거든 거저 보내지 말고 그에게 속건제를 드려야 할지니라 그리하면 병도 낫고 그의 손을 너희에게서 옮기지 아니하는 이유도 알리라 하니 4 그들이 이르되 무엇으로 그에게 드릴

속건제를 삼을까 하니 이르되 블레셋 사람의 방백의 수효대로 금 독종 다섯과 금 쥐 다섯 마리라야 하리니 너희와 너희 통치자에게 내린 재앙이 같음이니라 5 그러므로 너희는 너희의 독한 종기의 형상과 땅을 해롭게 하는 쥐의 형상을 만들어 이스라엘 신께 영광을 돌리라 그가 혹 그의 손을 너희와 너희의 신들과 너희 땅에서 가볍게 하실까 하노라 6 애굽인과 바로가 그들의 마음을 완악하게 한 것 같이 어찌하여 너희가 너희의 마음을 완악하게 하겠느냐 그가 거들 중에서 재앙을 내린 후에 그들이 백성을 가게 하므로 백성이 떠나지 아니하였느냐 7 그러므로 새 수레를 하나 만들고 멍에를 메어 보지 아니한 젖 나는 소 두 마리를 끌어다가 소에 수레를 메우고 그 송아지들은 떼어 집으로 돌려보내고 8 여호와의 궤를 가져다가 수레에 싣고 속건제로 드릴 금으로 만든 물건들은 상자에 담아 궤 곁에 두고 그것을 보내어 가게 하고 9 보고 있다가 만일 궤가 그 본 지역 길로 올라가서 벧세메스로 가면 이 큰 재앙은 그가 우리에게 내린 것이요 그렇지 아니하면 우리를 친 것이 그의 손이 아니요 우연히 당한 것인 줄 알리라 하니라 10 그 사람들이 그같이 하여 젖 나는 소 둘을 끌어다가 수레를 메우고 송아지들은 집에 가두고 11 여호와의 궤와 및 금 쥐와 그들의 독종의 형상을 담은 상자를 수레 위에 실으니 12 암소가 벧세메스 길로 바로 행하여 대로로 가며 갈 때에 울고 좌우로 치우치지 아니하였고 블레셋 방백들은 벧세메스 경계선까지 따라 가니라 13 벧세메스 사람들이 골짜기에서 밀을 베다가 눈을 들어 궤를 보고 그 본 것을 기뻐하더니 14 수레가 벧세메스 사람 여호수아의 밭 큰 돌 있는 곳에 이르러 선지라 무리가 수레의 나무를 패고 그 암소들을 번제물로 여호와께 드리고 15 레위인은 여호와의 궤와 그 궤와 함께 있는 금 보물 담긴 상자를 내려다가 큰 돌 위에 두매 그 날에 벧세메스 사람들이 여호와께 번제와 다른 제사를 드리니라 16 블레셋 다섯 방백이 이것을 보고 그 날에 에그론으로 돌아갔더라 17 블레셋 사람이 여호와께 속건제물로 드린 금 독종은 이러하니 아스돗을 위하여 하나요 가사를 위하여 하나요 아스글론을 위하여 하나요 가드를 위하여 하나요 에글론을 위하여 하나이며 18 드린 바 금 쥐들은 견고한 성읍에서부터 시골의 마을에까지 그리고 사람들이 여호와의 궤를 놓은 큰 돌에 이르기까지 다섯 방백들에게 속한 블레셋 사람들의 모든 성읍들의 수대로였더라 그 돌은 벧세메스 사람 여호수아의 밭에 오늘까지 있더라 19 벧세메스 사람들이 여호와의 궤를 들여다 본 까닭에 그들을 치사 (오만)칠십 명을 죽이신지라 여호와께서 백성을 쳐서 크게 살육하셨으므로 백성이 슬피 울었더라 20 벧세메스 사람들이 이르되 이 거룩하신 하나님 여호와 앞에 누가 능히 서리요 그를 우리에게서 누구에게로 올라가시게 할까 하고 21 전령들을 기럇여아림 주민에게 보내어 이르되 블레셋 사람들이 여호와의 궤를 도로 가져왔으니 너희는 내려와서 그것을 너희에게로 옮겨 가라 7:1 기럇여아림 사람들이 와서 여호와의 궤를 옮겨 산에 사는 아비나답의 집에 들여놓고 그의 아들 엘리아살을 거룩하게 구별하여 여호와의 궤를 지키게 하였더니 2 궤가 기럇여아림에 들어간 날부터 이십년 동안 오래 있은지라 이스라엘 온 족이 여호와를 사모하니라

역사하는 언약궤

하나님의 목적

하나님은 인간을 창조하신 분이요, 인간을 도우시는 분이요, 인간을 축복하시는 분입니다. 하나님은 인간과 경쟁하지 않으시며 인간을 이기려고 하시지도 않습니다. 하나님 먼저 계셨고 하나님이 수고하시고 역사하셔서 인간이 존재합니다. 하나님과 인간은 처음부터 경쟁 상대도 아니고 다툴 수 있는 대상도 아닙니다. 그런데 성경에 보면 가끔 하나님과 인간이 다투시는 장면이 등장합니다. 또 성경에 하나님이 질투하신다고 표현하기도 합니다. 하나님이 마치 욕심꾸러기 같고 간혹은 인간과 경쟁하시는 듯한 그런 장면도 나옵니다. 이런 장면들은 정말로 하나님이 인간을 누르시고 하나님이 세다는 것을 보이기 위한 장면이 아니라 하나님이 백성을 도우시는 장면입니다. 실제로 하나님과 인간이 다툼을 벌인다면 하나님의 완승으로 끝날 것입니다. 성경에 하나님과 인간이 다투는 장면에서는 하나님의 KO승이 아니라 하나님이 종종 지시는 것을 볼 수 있습니다. 하나님이 판정으로 이겨도 부족할 판인데 하나님이 지시기까지 하십니다. 하지만 성경에서 하나님이 지시는 것이 아니라 결국 하나님이 이깁니다. 막상 하나님이 이겼는데 승리의 결과가 하나님께로 돌아가는 것이 아니라 인간에게 주어집니다. 하나님이 인간에게 지셔서 인간에게 이득이 생기면 그것이 바로 하나님이 이기신 것입니다. 왜냐하면 하나님의 목적은 백성에게 하나님을 알리심으로 하나님이 명예와 존귀를 얻으시는 것이 아니라 백성으로 하여금 하나님의 은혜를 알고 하나님의 복락을 누리게 하는 것이기 때문입니다.

사무엘상 4장에서 이스라엘과 블레셋이 전쟁하여 처음 싸움에서 이스라엘이 졌습니다. 패배한 이스라엘 백성은 여호와께서 전쟁을 패하게 하셨다고 여호와의 책임으로 몰아세우고, 여호와의 언약궤를 동원해서라도 여호와로 하여금 자신들을 구원하게하자고, 자신들의 목적을 성취하는 수단으로 언약궤를 사용하려고 합니다. 만약 하나님께서 이스라엘 백성이 하나님에 대한 신앙의 원리를 잘못 적용하는 것에 대하여 바르게 가르치려고 하시면, 하나님은 언약궤에게 아무런 움직임을 가하지 못하게 하시는 방식으로 목적을 이루실 수 있습니다. 이스라엘 백성이 언약궤를 들고 나가려고 움직여보지만 언약궤가 땅바닥에 달라붙어서 절대로 떨어지지 않으며, 소와 짐승을 통하여 끌어보려고 할 때에도 도무지 움직이지 않게 하실 수 있습니다. 언약궤가 움직이지 않는다면 이스라엘이 자기들의 시도를 포기할 수밖에 없을 것입니다. 여호와의 언약궤가 움직이지 않으면 하나님은 전쟁에 안 나가셔도 됩니다.

    그런데 이스라엘이 여호와의 언약궤를 이동하려고 할 때 언약궤가 가볍게 들립니다. 하나님은 백성의 의도를 아시면서도 언약궤를 움직이지 못하게 하시는 것이 아니라 쉽게 움직이도록 두셨습니다. 이스라엘이 백성이 여호와의 언약궤를 이동시켜 여호와를 전쟁터에 끌어들이려고 할 때 하나님은 끌려 나가십니다. 단지 전쟁터에 끌려 나가시는 것뿐만 아니라 정작 전쟁에서 이스라엘이 지고 여호와의 언약궤가 빼앗김을 당하여 블레셋 진영으로 끌려가십니다. 하나님은 인간에게 그렇게 져주시는 분이십니다. 하나님이 인간에게 져주시는 이유를 바르게 알아야 합니다.

    예를 들어보겠습니다. 우리 주변에 옳은 사람들, 잘난 사람들이 있습니다. 그런데 대부분의 경우, 주변에 있는 잘난 사람, 옳은 사람을 좋아하지 않습니다. 왜냐하면 그 옳은 사람 또는 잘난 사람이 우리에게 보탬을 주지 않기 때문입니다. 잘난 사람이 있으면 자신의 잘난 것으로 못난 사람을 도와주고 못난 사람과 함께 해주어야 못난 사람이 조금 더 낫게 살 수 있습니다. 모르는 사람, 틀리는 사람, 무지한 사람은 옳은 사람이 있고 아는 사람이 있어야 도움을 받고 어떤 혜택을 받을 수 있습니다.

그런데 우리 사회는 그렇지 않습니다. 잘난 사람은 못난 사람과 상종하지 않고 아는 사람은 모르는 사람을 이용해먹기 때문에 우리는 잘난 사람이나 아는 사람을 좋아하지 않습니다. 잘나기로 하면, 능력이 있기로 하면, 지혜롭기로 하면 하나님이 최고이십니다. 그런데 하나님은 사람들처럼 행동하지 않습니다. 하나님은 하나님으로서 독야청청 저 눈 밭에 푸르른 소나무 되어 굽히지도 아니하고 홀로 자신의 명예를 지켜나가는 방식으로 존재하거나 활동하지 않으십니다.

강하고 능하신 하나님이 약하고 미련한 인간에게 져주시는 이유를 알아야 합니다. 하나님은 무너지고 망가지고, 하나님은 망신당하고, 백성에게 지고, 하나님은 전쟁터에서 상대방에게 끌려가시기도 하십니다. 하나님이 약하시기 때문이 아니라 하나님만의 목적이 있기 때문입니다. 하나님의 목적은 하나님이 위대하고 존귀하다는 것을 인간에게 확인받는 것이 아니라 하나님을 알려서 인간으로 하여금 하나님의 영광을 누리게 하시는 것입니다. 하나님은 하나님을 잘 모르는 이스라엘을 이기시면 안 됩니다. 하나님은 이스라엘을 이기시는 것이 목적이 아니라 이스라엘에게 하나님을 알리시어 이스라엘로 하여금 하나님의 은혜를 누리게 하는 것이 목적이기 때문에 차라리 하나님은 이스라엘에게 져주시기도 하시는 것입니다. 하나님이 이스라엘을 이기면 여호와의 언약궤가 움직이지 않고, 전쟁에서 패하여 블레셋으로 옮겨가지 않을 수 있습니다. 그러면 하나님은 패하지 않으시지만 이스라엘은 하나님을 배울 수가 없습니다. 이스라엘이 하나님을 못 배우면, 이스라엘이 하나님의 제사장의 역할을 감당할 수 없으며, 결국 이방인이나 열방은 더욱이 하나님을 배울 수가 없습니다. 제사장 역할을 해야 할 이스라엘 자신도 모르는데 이방이나 열방을 가르칠 수 없기 때문입니다.

다곤 신전의 하나님

사무엘상에 나오는 이스라엘은 하나님의 제사장 역할을 잘 감당하지 못하고 있습니다. 이스라엘이 제사장 역할 잘 감당하면 이스라엘도 하나님을 알고, 이방인 블레셋도 하나님을 알 수 있는데 안타깝게도 이스라엘조차 하나님을 모르고 있습니다. 당연히 블레셋은 하나님을 알 수가 없습니다. 이스라엘이 하나님을 드러내는 작업을 실패했기에 하나님이 직접 일하십니다. 그래서 지금 하나님이 블레셋으로 가시는 것입니다. 하나님이 무기력하고 약해지고 능력이 쪼그라들어서 전쟁에서 패하여 사로잡혀 가는 것이 아니라 하나님의 제사장된 이스라엘이 주어진 역할을 하지 못했기에 이스라엘에게도 하나님을 알리고 열방에게도 하나님을 알리려고 하나님이 블레셋으로 가시는 것입니다. 블레셋을 진멸하러 가시는 것이 아니라 하나님을 알리러 가시는 것입니다. 이스라엘의 입장에서만 보면 하나님이 패한 것으로 생각할 수 있습니다. 그러나 하나님의 관점에서는 하나님이 패하신 것이 아니라 일부러 져주셔서 이스라엘이 감당하지 못하는 역할을 친히 하나님이라도 감당하시는 것입니다. 하나님이 블레셋으로 친히 옮겨가시는 것입니다.

사무엘상 5장 2절에 '블레셋 사람들이 하나님의 궤를 가지고 다곤의 신전에 들어가서 다곤 곁에 두었다' 고 합니다. 블레셋 백성이 섬기던 다곤은 그 생김새가, 상체는 수염 달린 남자의 형상이요 하체는 물고기 형상으로 알려져 있습니다. 바알의 아버지라고도 하며 다산과 풍요의 상징입니다. 블레셋이 아마도 승리의 기쁨으로, 이스라엘이 패배했기에 패배한 신의 상징인 여호와의 법궤를 자신들의 신 앞에 굴복시키는 모습으로 다곤 신전에 두었던 것 같습니다. 하나님으로서는 망신을 당하시는 것입니다. 자기 백성 이스라엘에게 이용당하시고, 적군 블레셋에게 패하여 사로잡히시고, 그들의 신전 밑에 나아가 그 신전에 두어지는 꼴을 당하시는 것입니다. 절대로 하나님이 무기력하기 때문이 아니라 하나님이 스스로 그곳에 가신 것입니다.

이스라엘 백성의 왜곡된 종교방식 때문에 전쟁에 끌려 나오시고, 전쟁에서 잡혀 온 하나님처럼 여겨지지만 다곤의 신전에 가서는 전혀 다른 하나님으로 나타납니다. 신전에서 다곤 신들을 물리치시며 이기십니다. 하나님이 갑자기 없던 힘이 생긴 것이 아닙니다. 하나님이 갑자기 능력이 생긴 것이 아닙니다. 하나님은 원래부터 모든 신을 이길 수 있으며, 모든 전쟁을 이길 수 있으십니다. 하나님이 다곤 신들을 이겼다는 사건이 새롭고 놀라운 것이 아니라 하나님은 충분히 이길 수 있었음에도 왜 블레셋에게 져주셨는가를 알아야 합니다. 이길 수 있었음에도 패하시며, 패하신 후에는 단호하게 이기는 하나님의 활동원리를 이해해야 합니다. 하나님은 스스로 모든 것을 이기는 자임을 드러내려고 이기는 것이 아닙니다. 한편으로 하나님이 이기는 것을 통하여 저들이 하나님을 알 수 있을 때는 이기십니다. 다른 한편으로 하나님이 지는 것을 통하여 저들이 하나님을 배울 수 있으면 하나님이 지십니다. 하나님이 이기느냐 지느냐가 핵심이 아니라 하나님의 백성이 하나님을 알고, 열방이 하나님을 알고, 죄인들이 하나님을 알아 하나님의 은혜를 누리게 하는 것이 하나님의 관심이요, 하나님의 목적입니다.

우상의 원리와 하나님의 원리

우상의 원리

하나님이 블레셋 지방으로 옮겨져 다곤의 신전에 있습니다. 사무엘상 5장과 6장에서는 블레셋 사람들이 신을 어떻게 생각하며, 이방인들 즉, 하나님의 원리를 모르는 일반 사람들의 종교적 생각과 관념이 무엇인가를 살펴볼 수 있습니다. 이방인들의 종교행위를 하나님은 어떻게 반응하시며, 과연 하나님은 어떻게 그들에게 하나님의 진리와 은혜를 가르치시는지를 확인할 수 있습니다. 다곤 신전에 하나님의 법궤가 옮겨졌고 하룻밤 자고 일어났습니다. 5장 3절에 의하면 '아스돗 사람들이 이튿날 일찍이 일어나 본즉 다곤이 여호와의 궤 앞에 엎드러져 얼굴이 땅에 닿았는지라' 고 나옵니다. 아마 아스돗 사람들이 깜짝 놀랐을 것이고, 주변에 알려지지 않도록 서로 쉬쉬하면서 원래대로 다곤을 세웠습니다. 5장 4절에 의하면 '그 이튿날 아침에 그들이 일찍이 일어나 본즉 다곤이 여호와의 궤 앞에서 다시 엎드러져 얼굴이 땅에 닿았고 그 머리와 그 손목이 끊어져 문지방에 있고 다곤에 몸뚱이만 남았더라' 고 나옵니다. 하나님이 다곤을 이기시는 장면입니다. 전쟁에서 패하신 것이 하나님이 무기력해서가 아니라, 이렇게 신들과의 싸움에서 능히 이길 수 있는 하나님이시지만 블레셋에 가려고 하나님이 져주시기도 하셨습니다.

다곤의 신이 넘어져 목이 잘리고 손이 끊겨서 문지방에 놓여있습니다. 5장 5절에 '그러므로 다곤의 제사장들이나 다곤의 신전에 들어오는 자는 오늘까지 아스돗에 있는 다곤의 문지방을 밟지 아니하더라' 입니다. 다곤이 넘어졌던 신전의 문지방이 성지聖地가 되어버렸습니다. 다곤 신의 손목이 놓아졌던 곳을 불경하게 밟아서는 안 된다는 두려운 마음으로, 신상의 일부가 닿았던 곳은 범접할 수 없는 곳이 되어 버렸습니다. 결과적으로 다곤 신 때문에 인간이 디딜 수 있는 한 곳이 없어진 것입니다. 만약 다음 날에 남아있는 다곤의 몸둥이가 또 잘려져서 다른 곳에 놓여있고, 다음 날에 다른 부분이 잘려져서 다른 곳에 놓여있기를 반복했다면 사람들은 다곤 신전의 어느 곳도 밟을 곳이 없고, 디딜 곳도 없고, 아예 접근조차 할 수 없게 되었을 것입니다. 신상이 닿은 곳이라 사람이 밟을 수 없다고 생각하는 것이 우상의 원리입니다.

하나님의 원리

하나님의 원리는 전혀 차원이 다릅니다. 하나님은 백성을 부르시고, "네가 밟는 곳마다, 네가 가는 어느 곳마다, 내가 다 네게 주리라"고 말씀하십니다. 우상, 이방신, 이방종교는 신이 닿았던 곳에는 인간이 닿지 못하므로 인간의 활동영역이 축소되고 제한되고 결국 인간이 신에게 얽매입니다. 그러나 하나님은 인간의 영역을 넓혀 주시고 인간에게 자유를 주시고 해방을 주시는 분입니다. 하나님은 하나님이 창조하신 세상 중에 어느 한 곳이라도 하나님의 성지로 지정하시고 인간이 밟지 못하도록 금하신 적이 없습니다. 창세기 28장에서 야곱이 잠을 자다가 환상을 통해 사닥다리가 있고 하나님의 사자들이 그 위에서 오르락내리락 하는 것을 보고 잠을 깹니다. 야곱이 그곳에서 하나님을 보았다고 사방에 울타리를 치고 인간으로 하여금 접근할 수 없도록 막지 않습니다. 분명히 하나님이 나타나셨던 곳, 하나님이 역사했던 곳, 하나님이 출현하셨던 곳이지만 접근금지구역 또는 신성한 곳으로, 거룩한 곳으로 구별 짓지 않습니다. 하나님은 이방적 방식처럼 인간을 제한하고 속박하고 얽매는 일을 하시지 않습니다.

우상의 원리와 인간종교의 원리, 우상의 원리와 기독교의 원리 사이에는 근본적인 차이점이 있습니다. 기독교는 하나님이 인간을 축복하시며 하나님이 인간을 도우십니다. 우상과 인간종교의 원리는 인간이 신을 도와야하며, 신이 인간을 속박합니다. 기독교는 하나님이 인간에게 생명을 주시고, 하나님이 인간에게 자녀를 주시고, 하나님이 인간에게 은혜를 주십니다. 그러나 우상과 인간의 종교는 인간이 신에게 생명을 바치고, 인간이 신에게 자녀를 바치고, 인간이 신에게 재물과 몸을 제물로 바칩니다. 기독교는 하나님이 인간을 도우시며 축복하시는 종교입니다.

옮겨 다니는 언약궤

순회하시는 하나님

　다곤 신전에서 하나님이 신들을 이기십니다. 하나님은 전쟁에 패하셔서 끌려가신 것이 아니라 일부러 블레셋에 찾아가신 것입니다. 이스라엘과 블레셋 사람들에게 하나님을 알게 하시려고 신전에서의 여러 사건들이 발생하도록 역사하셨습니다. 사무엘상 5장 6절에 "여호와의 손이 아스돗 사람에게 엄중히 더하사 독한 종기의 재앙으로 아스돗과 그 지역을 쳐서 망하게 하니"입니다. 여호와로 인하여 아스돗 사람들이 예상하지 못한 사건들이 발생합니다. 아스돗 사람들이 말하기를 "이스라엘 신의 궤를 우리와 함께 있지 못하게 할지라. 그의 손이 우리와 우리 신 다곤을 친다"고 합니다. 결국 두려움 가운데 언약궤를 가드지역으로 옮깁니다. 가드에서도 "여호와의 손이 심히 큰 환난을 그 성읍에 더하사 성읍 사람들의 작은 자와 큰 자를 다 쳐서 독한 종기가 나게 하신지라"는 사건이 일어납니다. 가드 사람들도 아스돗 사람들과 마찬가지로 두려움 가운데 궤를 에그론 지역으로 옮겨갑니다. 당연히 에그론 사람들이 궤가 자신들의 지역으로 옮겨지는 것을 반대하고 결국 블레셋 모든 방백들과 회의를 거쳐 이스라엘 신의 궤를 원래 있던 곳으로 돌려보내기로 결정합니다.

　사무엘상 6장 1절에 따르면 "여호와의 궤가 블레셋 사람들의 지방에 있은 지 일곱 달"입니다. 여호와의 궤가 블레셋 지방에서 칠 개월 간을 머무는 동안에 데 한 곳에 정착한 것이 아니라 아스돗, 가드, 에글론 등 이곳저곳으로 옮겨집니다. 블레셋 사람들의 입장에서는 기피 물건을 서로 떠넘기는 양상이지만 하나님의 입장에서는 사람들에게 쫓겨 다니시는 것이 아니라 도리어 하나님의 궤가 블레셋 지역 지역을 순회 하시는 것입니다. 만약 하나님께서, 하나님 자신이 다곤 보다 강하다는 것을 증명하는 것이 목적이라면 하루는 다곤 신상을 넘어지게 하고 다음 날에는 손을 끊고 또 다음 날에는 몸뚱이만 남겨놓는 과정을 거칠 필요가 없습니다. 하나님이 하시려고 하면 다음 날 신상의 한 부분 정도가 아니라 아예 신상 자체가 없어지게 하실 수 있고, 더 나아가 신전 자체가 사라지게 하실 수도 있습니다. 하지만 하나님은 그렇게 하시지 않으십니다.

아스돗 지역 주민이 이스라엘 신의 궤 때문에 안 좋은 일이 생겼다고 말하며 궤를 옮길 때 하나님이 아스돗 주민을 괘씸하게 여겨 아스돗 지역에서 궤가 절대로 옮겨지지 않게 만드시지 않습니다. 아스돗 주민이 궤를 옮기면 하나님도 따라서 이동하시고, 가드 주민이 궤를 옮기면 하나님도 따라서 이동하시고, 에글론 지역 주민이 궤를 옮기면 하나님도 따라서 이동하십니다. 한 두 번은 참으시고 마침내 진노하셔서 블레셋 주민을 멸절하시는 것이 아니라 옮기는 대로 옮겨지시는 것입니다. 왜냐하면 하나님은 블레셋 주민에게 쫓겨 다니는 것이 아니라 블레셋 지역을 순회하시는 것이기 때문입니다. 각 지역을 다니시면서 하나님은 '너희가 예상하지 못한 일들이 발생하고 있고, 너희 신들은 해결할 수 없는 일들이 일어났다. 여호와의 언약궤가 가는 곳마다 여호와의 능력이 나타나고 있다. 너희가 여호와를 알지어다' 라고 말씀하시는 것입니다.

항복을 받아내시는 하나님

사실 이러한 사역은 하나님이 직접 행하실 일이 아니라, 하나님의 제사장 역할을 감당한 이스라엘이 해야 할 사역이지만 현재 이스라엘은 자신의 신앙조차 유지하지 못하고 있기에 하나님께서 이스라엘과 이방들을 향하여 역사하시는 것입니다. 여러 곳으로 여호와의 언약궤가 옮겨 다니다가 아스돗 주민이 아예 본처로 돌려보내자고 제안합니다. 이스라엘에서 여호와의 언약궤를 빼앗았다고 좋아하고, 자신들의 신전 밑에 두어 조롱하던 것이 엊그제인데 불과 칠개월 만에 아스돗과 온 블레셋 주민이 완전히 항복을 한 것입니다. 자신들의 어떤 신도 여호와로 인하여 일어난 사건들을 해결할 수 없기에 하나님을 감당하지 못하겠다는 심정으로 언약궤 본처로 돌아가게 하여 이스라엘로 돌아오는 장면이 6장입니다.

인간을 받아주시는 하나님

제사를 받아주시는 하나님

블레셋 사람들은 언약궤를 돌려보낼 때 그냥 돌려보내면 안 되고 신께 속건제를 드려야 한다고 말합니다. 왜 블레셋 사람들이 하나님의 법궤 앞에 속건제를 드려야 한다고 할까요? 성경에 보면 하나님이 이스라엘에게 요구하시는 제사가 있고 하나님의 명령과 무관하게 이방인들이 자기의 신들에게 드리는 제사가 나옵니다. 성경에 묘사된 상황들을 근거로 모든 신들은 인간의 제사를 받는다고 생각하면 안 됩니다. 하나님이 이스라엘에게 요구하시는 제사 즉, 이스라엘이 드리는 제사와 이방 사람들이 자기들의 신께 드리는 제사는 근본의도와 내용이 확연히 다릅니다. 이방종교의 원리는 다분히 '신神 중심적' 입니다. 어떤 인간이 어려움과 고난에 빠졌다만 신의 진노를 받은 것입니다. 불만 있고 화가 난 신이 요구하시는 것이 있습니다. 사람들은 신을 달래고 신의 요구를 충족해주고 진노를 풀어달라는 대가로 제물을 바칩니다. 신은 인간에게 예물을 받은 대가로 용서를 베풉니다.

본문의 블레셋 사람들도 동일한 생각입니다. 여호와의 신이 진노하여 블레셋 지방에 어려움을 주기에 그냥 돌려보내서는 안 되고, 여호와를 감동시켜 진노를 달래려고 귀한 것을 바쳐야 한다는 것입니다. 신을 감동시킬만한 값지고 소중한 것을 제물로 삼아야 합니다. 블레셋 사람들이 여호와께 속건제를 드리기 위한 제물이 금 독종과 금 쥐입니다. 금 독종은 그들이 종기가 난 모양을 금으로 형상화해서 다섯 지방에 해당하도록 다섯 개를 만든 것입니다. 종기가 발생한 이유가 아마도 쥐들이 전염병을 유발했을 것으로 생각해서 문제에 대한 해결책으로 독종과 함께 쥐를 금으로 만들어 제물로 바칩니다. 제물을 바치면서 '우리가 이스라엘 신께 영광을 돌리자'고 말합니다. 이러한 모습은 하나님의 원리와는 전혀 다른 것입니다.

하나님은 은혜의 하나님이십니다. 하나님은 값을 요구하시는 것도 없고 대가를 요구하시는 것도 전혀 없습니다. 인간이 하나님을 높이는 것이 아니라 하나님이 인간을 높이시는 것이 하나님의 원리입니다. 그래서 블레셋 사람들이 하나님 앞에 속건제를 드리거나 하나님 앞에 제사하는 것은 하나님께 영광을 돌리는 것이 아니며, 하나님이 인간에게 제사를 가르치신 의도와는 전혀 무관한 것이며, 자기생각대로 하나님을 생각하는 것에 불과합니다. 하나님은 하나님을 위한 제사를 요구하시지 않고, 하나님의 영광과 존귀를 위한 제사를 요구하시지 않고 도리어 인간이 죄사함을 받도록 제사를 가르치셨습니다. 사람이 제사를 드림으로 유익을 얻는 것은 하나님이 아니라 바로 사람 자신인 것입니다.

본문에서 블레셋 사람들이 하나님께 속건제를 드리고, 제사를 드리고, 신을 경배 한다고 주장하는 것은 하나님 의도와는 전혀 다른 이방인의 방식일 뿐입니다. 블레셋 사람들은 여호와의 원리와는 전혀 다른, 자신들의 방식이요 이방인의 방식으로 하나님을 대합니다. 블레셋 사람들의 방식이 하나님의 의도와 다르기 때문에 하나님은 하나님의 원리에 합당하지 않은, 하나님이 의도하시고 명하신 것과 전혀 다른 내용을 가진 블레셋의 제사에 응답하지 않으셔야 합니다. 그런데 하나님은 블레셋 사람들의 제사를 받아주십니다. 블레셋 사람들은 스스로 말하기를 '여호와의 궤가 우리 신 다곤과 우리를 다 치는 도다'고 했습니다. 자신들의 표현대로 여호와가 다곤을 이겼다면 패배한 다곤을 버리고 승리한 여호와를 섬기는 것이 정상적인 태도일 것입니다. 블레셋은 자신들의 신이 곤경에 처하는 것을 안타까워할 뿐 강하고 능하신 여호와를 섬기기로 다짐하지 않습니다. 왜냐하면 인간들은 신이 인간에게 진노와 심판을 준다고만 생각할 뿐 은혜와 자비와 복을 준다고 생각하지 못하기 때문입니다. 미신과 우상숭배의 종교행위는 주로 신을 쫓아내는 것입니다. 신이 복을 주는 존재이기보다는 화가 임하게 하는 존재로 인식하기 때문입니다. 신이 인간을 돕는다고 생각하지 않고 신이 인간을 방해한다고 생각하기에 신의 진노를 피하는 것에만 집중합니다. 블레셋 사람들은 자신들에게 신의 진노가 임해서 독종이 발생했기에 독종을 물리치고 화를 벗어나는 것에만 관심을 가질 뿐 어떻게 하면 은혜를 누릴 수 있는가는 전혀 생각하지 못합니다.

시험을 받아주시는 하나님

블레셋 사람들은 자신들에게 임한 질병의 원인을 정확하게 모릅니다. 단순한 질병인지, 여호와의 법궤로 발생한 것인지 분별할 수 없습니다. 여호와의 법궤를 돌려보내면서 자신들에게 발생한 문제의 원인을 확인해 보기로 합니다. 수레에 여호와의 언약궤와 금 독종과 금 쥐 다섯 개를 담은 상자를 실어 보냅니다. 이때 수레가 그대로 가면 질병이 하나님에게 온 것이고, 만약 정상적으로 가지 않으면 하나님 때문이 아니라는 것입니다. 사무엘상 6장 7절에 보면 블레셋 사람들이 수레를 만들고 멍에를 메어보지 않은 젖 나는 소 둘을 끌어다가 수레를 소에 메고 송아지들은 집으로 돌려보냅니다. 블레셋 사람들은 단지 여호와의 언약궤를 돌려보내는 것이 아니라 여호와를 시험해 보는 것입니다. 만약 블레셋 사람들이 질병에서 치유받기를 원하고, 하나님의 은혜를 받기를 원한다면 수레 끄는 소를 선정할 때 수레를 끌어본 경험이 있는 소를 선택해야 합니다. 훈련이 잘 되고 경험이 있는 소가 수레를 끌어야 수레가 평탄히 바르게 갈 것입니다. 그런데 블레셋 사람들은 멍에를 메어보지 않은 젖 나는 소를 선택했습니다. 멍에를 메어보지 않은 소, 수레를 끌어보지 않은 소는 당연히 수레 끄는 일에 익숙하지 않을 것이며, 당연히 수레는 길을 똑바로 가기가 쉽지 않을 것입니다. 블레셋 사람들도 그것을 알고 일부러 시험하는 것입니다. 만약 질병의 원인이 여호와의 언약궤가 맞았다면, 소가 수레를 끌 때에 무엇인가 일상적이지 않은 신비하고 미스터리하고 불가사의한 이적 등이 나타날 것이라고 예상하는 것입니다. 그것을 확인하려고 일부러 가능한 비정상인 방법을 동원하는 것이요, 일부러 멍에를 매어보지 않은 소, 수레를 끌어보지 않은 소에게 수레를 끌게 하는 것입니다.

레위기 법에 따르면 대체로 성전에 드리는, 하나님께 제사하는 소들은 수소입니다. 그런데 본문에 블레셋 사람들은 멍에를 매어보지 않은 소이며 동시에 젖 나는 소, 즉 암소를 골랐습니다. 단순한 암소가 아니라 송아지를 난 암소입니다. 또한 암소의 눈앞에서 송아지들을 떼어 집으로 돌려보내며 수레를 끌도록 합니다. 블레셋 사람들이 자신들의 질병원인이 언약궤로 말미암은 여부를 확인하기 위한 이중, 삼중의 시험장치를 세우는 것입니다. 멍에를 매어보지 않은 소, 수레를 끌어보지 않은 소, 자기의 송아지들과 떨어져야 하는 암소를 고른 후 이 암소가 수레를 끌 때에 대로로 바르게 가는 여부를 확인하겠다는 것입니다. 도무지 수레를 바르게 끌 수 없는 상황을 만들어 놓고, 만약 이런 조건 속에서도 수레가 바르게 가면 진정 여호와의 언약궤 때문이라고 인정하겠다는 것입니다. 언약궤로 인하여 곤경에 처할 때마다 언약궤를 여러 번 옮겨보고 결국 언약궤를 돌려보내면서까지 단순한 우연의 일치인지 실제로 언약궤 때문이지를 확인하는 것입니다. 블레셋 사람들의 이러한 시험을 하나님이 받아 주십니다.

하나님은 블레셋의 태도를 괘씸하게 여기지 않으셨고, 블레셋의 시험을 거부하지 않으시고 다 받아 주십니다. 멍에를 매어보지 않은 소로 하여금 자기의 송아지들로부터 떼어냄을 당하였음에도 대로로 바르게 행하도록 역사하시어, 블레셋 사람들로 하여금 하나님을 알게 하십니다. 하나님은 인간을 도우시는 분이요, 복 주시는 분입니다. 다곤을 신으로 섬기는 블레셋 사람들에게 우상의 무용성을 알리시고, 하나님이 참 하나님이신 것을 언약궤를 통하여 계시하시고 가르쳐 주시는 것입니다. 성경에 나타나는 사건들은 하나님이 자신을 계시하시며, 알리시는 수단이요 방법입니다. 이적과 기적을 통하여 하나님의 은혜를 받았다면 하나님이 계시하시는 하나님, 하나님이 나타내시는 하나님, 하나님이 드러내시는 하나님을 배우고 바로 알아야 합니다.

하나님 앞에 누가 능히 서리오

배우지 못한 이스라엘

6장 13절 이하에 보면 과연 언약궤를 실은 암소가 벧세메스 길로 똑바로 행하여 대로로 가며 갈 때에 울고 좌우로 치우치지 않았습니다. 벧세메스 사람들이 언약궤가 돌아옴을 보고 기뻐하였고 수레의 나무를 패고 소를 번제로 여호와께 드렸습니다. 언약궤가 블레셋 지역에 머문 기간이 칠개월여입니다. 그동안 이스라엘은 단 한 번도 언약궤를 찾으려는 노력을 한 적이 없습니다. 칠개월 전에 여호와를 섬기는 신앙이 무지몽매하여 단지 언약궤만 메고 나가면 전쟁에 이길 것 같은 이방적 사고방식에 젖어있던 이스라엘이었고, 칠개월 동안에 단 한 번도 여호와를 찾는 신앙의 모습을 보여주지 않은 이스라엘입니다. 여호와의 언약궤가 스스로 돌아올 때에야 겨우 제사를 드리는 매우 빈곤한 신앙의 모습을 보여주고 있습니다. 사무엘의 성장과정에 대해 묘사하는 도중에 이 사건이 기록되어 있는 이유를 분별하셔야 합니다. 사무엘상 6장에서 하나님이 이러한 역사를 행하신 이유는, '왜 하나님이 사무엘을 세워야 하는가? 왜 하나님이 어리고 연약한 사무엘과 함께 하시며 사무엘의 말이 하나도 땅에 떨어지지 않게 하시는가? 왜 하나님이 사무엘과 함께 하시고 은총을 주고 도와 주셔야만 하는가?' 를 보여주시는 것입니다.

이스라엘이 전쟁에서 졌습니다. 이스라엘은 하나님이 자신들을 치셨기에 졌다고 생각했으며, 언약궤를 들고 나오면 이길 것으로 생각했는데 놀랍게도 언약궤마저 빼앗겨 버렸습니다. 망연자실한 이스라엘은 언약궤가 블레셋 지역에서 행한 일을 알지 못합니다. 다곤의 신전에서 어떤 일들이 일어났었으며, 블레셋 지역들에 어떤 사건들이 발생했는지를 모르고 있습니다. 어느 날 블레셋 진영에서 수레가 올라오는 것을 봅니다. 수레에 실린 금 독종과 금 쥐 형상을 주목할 것이 아니라 여호와의 궤를 주목했어야 합니다. 언약궤가 돌아오는 것을 보고 이스라엘은 자신들의 불신앙을 참회하며 여호와를 맞이했어야 합니다. 자신들의 불신앙에도 다시 자신들의 품으로 돌아오시는 여호와를 향하여 이제 믿음의 모습을 보여주고 여호와의 뜻대로 살기로 다짐했어야 합니다. 그러나 안타깝게도 이스라엘의 신앙은 블레셋과 전혀 다르지 않았습니다. 상자에 담긴 금 보물에 마음을 빼앗겼고, 혹시 언약궤 안에도 보물에 담겼을까 궁금해 하면서 들여다보기에 이르렀습니다.

언약궤를 맞이한 이스라엘 백성의 입에서 나온 말이 20절 '이 거룩하신 하나님 여호와 앞에 누가 능히 서리요 그를 우리에게서 뉘게로 가시게 할꼬' 입니다. 서로 여호와를 맞이하는 것이 아니라 서로 여호와를 떠넘기려고 합니다. 블레셋 지역에서 언약궤가 가는 곳마다 환난이 임하자 여호와를 거부하며 언약궤를 서로 다른 지방으로 보낸 것과 같이, 이스라엘도 여호와에 대하여 블레셋 사람들과 똑같은 방식으로 생각하고, 똑같은 방식으로 대하여 서로 가져가라고 난리를 피우는 것입니다. 블레셋에서의 유랑을 마치고 돌아온 언약궤가 이제부터는 이스라엘에서 유랑을 다녀야 할 처지가 되었습니다. 이때에도 하나님은 묵묵히 행동을 받아주십니다. 그리고 7장에서 하나님이 이스라엘을 도우시고, 하나님이 이스라엘을 복 주십니다. 왜냐하면 하나님이 도우시지 않으면 이스라엘은 소망이 없기 때문입니다. 하나님은 사무엘을 붙잡아 주셔야 합니다. 왜냐하면 하나님이 사무엘을 붙잡아 주지 않으면 이스라엘은 더더욱 하나님을 모르기 때문입니다. 인간으로 하여금 하나님을 알게 하시고, 인간으로 하여금 하나님의 은혜와 복을 누리게 하시는 것이 하나님의 목적이기 때문입니다.

돌아오려거든

사무엘상 7:3-17

3 사무엘이 이스라엘 온 족속에게 말하여 이르되 만일 너희가 전심으로 여호와께 돌아오려거든 이방 신들과 아스다롯을 너희 중에서 제거하고 너희 마음을 여호와께로 향하여 그만을 섬기라 그리하면 너희를 블레셋 사람의 손에서 건져내시리라 4 이에 이스라엘 자손이 바알들과 아스다롯을 제거하고 여호와만 섬기니라 5 사무엘이 이르되 온 이스라엘은 미스바로 모이라 내가 너희를 위하여 여호와께 기도하리라 하매 6 그들이 미스바에 모여 물을 길어 여호와 앞에 붓고 그 날 종일 금식하고 거기에서 이르되 우리가 여호와께 범죄하였나이다 하니라 사무엘이 미스바에서 이스라엘 자손을 다스리니라 7 이스라엘 자손이 미스바에 모였다 함을 블레셋 사람들이 듣고 그들의 방백들이 이스라엘을 치러 올라온지라 이스라엘 자손들이 듣고 블레셋 사람들을 두려워하여 8 이스라엘 자손이 사무엘에게 이르되 당신은 우리를 위하여 우리 하나님 여호와께 쉬지 말고 부르짖어 우리를 블레셋 사람들의 손에서 구원하시게 하소서 하니 9 사무엘이 젖 먹는 어린 양 하나를 가져다가 온전한 번제를 여호와께 드리고 이스라엘을 위하여 여호와께 부르짖으며 여호와께서 응답하셨더라 10 사무엘이 번제를 드릴 때에 블레셋 사람이 이스라엘과 싸우려고 가까이 오매 그 날에 여호와께서 블레셋 사람에게 큰 우레를 발하여 그들을 어지럽게 하시니 그들이 이스라엘 앞에 패한지라 11 이스라엘 사람들이 미스바에서 나가서 블레셋 사람들을 추격하여 벧갈 아래에 이르기까지 쳤더라 12 사무엘이 돌을 취하여 미스바와 센 사이에 세워 이르되 여호와께서 여기까지 우리를 도우셨다 하고 그 이름을 에벤에셀이라 하니라 13 이에 블레셋 사람들이 굴복하여 다시는 이스라엘 지역 안에 들어오지 못하였으며 여호와의 손이 사무엘이 사는 날 동안에 블레셋 사람을 막으시매 14 블레셋 사람들이 이스라엘에게서 빼앗았던 성읍이 에그론부터 가드까지 이스라엘에게 회복되니 이스라엘이 그 사방 지역을 블레셋 사람들의 손에서 도로 찾았고 또 이스라엘과 아모리 사람 사이에 평화가 있었더라 15 사무엘이 사는 날 동안에 이스라엘을 다스렸으되 16 해마다 벧엘과 길갈과 미스바로 순회하여 그 모든 곳에서 이스라엘을 다스렸고 17 라마로 돌아왔으니 이는 거기에 자기 집이 있음이니라 거기서도 이스라엘을 다스렸으며 또 거기에 여호와를 위하여 제단을 쌓았더라

하나님의 원리

이전 지옥, 이제 천당

우리나라에 복음이 전파되고 교회가 성장하는 과정 중에 믿음의 선진들이 얼마나 주의 일에 열심을 내었고, 하나님의 일에 수고했는가를 보여주는 유명한 일화들이 많이 있습니다. 복음이 뿌리내리고 교회가 성장하는 과정이었기에 전도에 관한 일화들이 매우 많습니다. 그중에 하나 대표적인 것이 최권능목사님이라는 분이 하신 전도입니다. 그분은 딱 여덟 글자, '예수 천당 불신 지옥'을 외치셨습니다. 복음을 전하려고 내용을 아주 간결하게 요약하시고 전국을 누비시며 선포하신 열심에 경의를 표합니다. 하지만 그 표현이 '과연 성경적으로 적절한 표현인가?'는 것은 점검을 해봐야 합니다.

성경에는 하나님의 은혜로 인간이 창조되었다고 말씀 하십니다. 창조된 인간이 하나님과 동행하며 하나님의 땅에서 하나님의 은혜를 누리며 삽니다. 하나님의 땅에서 하나님의 사람이 하나님의 은혜를 누리며 하나님과 더불어 사는 곳을 하나님나라 또는 천국이라고 하며 그 삶을 천국생활이라 합니다. 그러다가 아담이 하나님을 부인하는 범죄를 행하여 하나님과의 관계가 단절 되었습니다. 하나님의 축복과는 무관한 자가 되었고 죄에 사로잡혀 죄의 종, 죄인이 되었습니다. 죄가 주인이 되었고 인간은 죄와 동행하며 죄의 원리를 따르며 죄로 충만한, 죄의 결과를 당하는 삶을 삽니다. 그 삶을 바로 지옥이라고 합니다. 하나님이 없고, 하나님의 마음이 없고 대신에 생각이 죄요 행동이 죄요 결과가 죄이고 생활 자체가 죄인 것을 지옥이라고 말하는 것입니다. 그러니까 아담이 범죄한 이후에 모든 사람들은 죄인이고 그 죄인의 삶이 지옥입니다.

성경에는 인간이 중립적인 위치에 있다고 말하지 않습니다. 중립적 위치에서 선택에 따라 미래가 결정되는 것이 아닙니다. 중립적 상태에서 다시 한 번 하나님을 잘 믿으면 천당 가고 하나님을 안 믿으면 즉, 불신이면 지옥 간다고 말하고 있지 않습니다. 마치 연옥에서 중간에 대기하는 것과 같은 표현이 성경에는 없습니다. 죄인은 하나님을 믿지 않는 자요, 죄인의 삶이 곧 지옥의 삶입니다. 그러므로 엄밀하게 분별하면 "예수천당 불신지옥"은 정확한 표현이 아닙니다. 정확하게 표현하면 "원래지옥 예수천당"입니다. 불신자들은 예수 없는 삶을 살고 있기에 현재 지옥생활을 하고 있으며, 예수를 믿으면 천당에 간다는 의미입니다. 불신자들을 향하여 외칠 때에는 '원래지옥, 예수천당' 이라고 말할 수 있습니다. 성도들에게는 표현이 또 달라질 수 있습니다. 성도도 이전에는 불신자로서 지옥생활을 하였으나 예수를 믿어서 구원을 얻은 자요, 하나님나라에 온 자요, 하나님의 자녀 된 자입니다. 그러므로 성도들을 향하여는 "옛날지옥, 지금천국" 또는 "이전에는 지옥, 이제는 천국"이라고 할 수 있을 것입니다.

하나님의 은혜

'이전과 이제'를 대조하는 이유는 사무엘상의 위치를 잘 분별하셔야 하기 때문입니다. 사무엘상은 창세기가 아닙니다. 창세기에서 하나님이 아브라함과 약속하셨고 그 약속을 이루어 오시는 출애굽기 레위기 민수기 신명기를 다 거쳤고 약속에 땅인 가나안에 입성하는 여호수아서까지도 다 마친 상태입니다. 하나님이 인간을 축복하시고 은혜를 주시는 모든 과정을 거친 상태가 지금 이스라엘입니다. 그래서 처음에는 아브라함이 유리하는 백성 아모리 족속이었으나 지금은 하나님의 백성 이스라엘이 되었고 하나님의 땅, 약속의 땅에 들어와 있는 것입니다. 그러므로 사무엘상의 이스라엘은 복을 받아야하는 사람이 아니라 이미 복 받은 사람이라는 것을 기억하셔야 합니다.

이스라엘은 하나님의 은혜로 복을 받았습니다. 이스라엘이 무엇을 행해서 은혜를 받아 자녀가 된 것이 아니라 오직 하나님의 은혜로 복을 받고 하나님의 자녀가 되었습니다. 타종교나 죄의 원리와는 전혀 다른 기독교만이 가지고 있는 독특하고 유일한 개념이 바로 은혜입니다. 하나님이 먼저 자격 없는 인간, 아무런 합당한 행동을 하지 못하는 인간을 도우시는 것을 은혜라고 합니다. 이스라엘은 하나님의 은혜로 자녀가 되었고, 하나님의 은혜로 백성이 되었고, 하나님의 은혜로 가나안 땅에 들어왔고, 하나님의 은혜로 하나님의 원리를 배웠습니다. 기독교에는 인간이 복 받기 위한 조건을 절대로 제시하지 않고 하나님의 은혜로 복이 주어지는 것입니다. 기독교에는 복 받는 방법이 없습니다. 인간이 지켜서, 인간이 준행해서, 인간이 노력해서, 인간이 충족시켜서 복 받는 방법은 기독교에 없습니다. 기독교에 복 받는 방법이 있다면 상대적으로 은혜라는 개념이 존재할 수 없습니다. 기독교에 은혜 받는 방법이란 없습니다. 대신에 은혜 받은 사람이 있는 것입니다. 일방적인 하나님의 은혜가 있고 그 은혜를 받은 성도가 있는 것입니다.

성경에는 많은 계명들이 나오고 하나님의 가르침이 나옵니다. 하나님의 말씀은 복 받는 방법이 아니라 하나님이 주신 복을 누리는 방법으로 등장합니다. 하나님의 약속과 하나님의 성취가 조건적으로 '네가 어찌어찌 하면 내가 복 주리라' 고 나오지 않습니다. 도리어 '내가 너를 복 주리라' 고 하나님이 선포하시는 것입니다. 복 주신 후에 '내가 너를 복 주었을 때에 너는 나의 가르침대로 행하라' 는 순서입니다. 기독교에서 복은 언제나 하나님의 은혜로 주어집니다. 복을 받지 않은 사람에게는 복을 누리는 방법이 아무 소용이 없고, 복을 받은 사람은 복을 누리는 방법을 알아야 실제로 풍성히 누리며 살 수 있는 것입니다. 성도는 복 받으려고 하나님의 말씀에 순종하는 것이 아니라 이미 받은 복을 누리고 구현하려고 말씀대로 행하는 것입니다.

하나님이 성경을 주신 이유는 '이대로 행하여 복을 받아라' 가 아니라

'복은 내가 은혜로 줄 테니 말씀대로 행하여 복을 누려라'는 것입니다. 또 성경은 하나님께 받은 복을 올바르게 누리지 못할 때 다시 회복될 수 있는 길을 알려주시는 것입니다. 하나님의 은혜를 누리는 방법은 언제 단순하고 명쾌하고 매우 쉽습니다. 하나님의 말씀에 순종하는 것 하나 뿐입니다.

전심으로 여호와께 돌아오려거든

본문 7장 3절부터 17절에서 가장 중요한 내용은 3절입니다. 그런데 사람들은 5절을 중요시하려고 합니다. "사무엘이 가로되 이스라엘은 미스바로 모이라 내가 너희를 위하여 기도하리라"는 기록 때문에 문제를 해결하는 방법, 역사를 이루는 방법, 은혜 받는 방법, 복 받는 방법으로 기도를 강조하는 실수를 범합니다. 이스라엘 백성이 하나님께 복 받은 자로써 하나님 원리에 충실하지 않았습니다. 여호수아 24장까지에서 하나님이 약속을 완성시켜 놓고 사사기 시대를 열어주었을 때에, 이스라엘 백성이 가나안에서 은혜를 누리며 살지 못했습니다. 은혜를 누리지 못하고 산 세월이 최소 이백에서 사백년입니다. 사사기 시대가 지나가고 사무엘상에 들어왔을 때도 마찬가지이고, 블레셋과의 전쟁에서 패배한 후 여호와께서 패하게 하셨다고 엉뚱한 주장을 하고, 하나님 방법이 아닌 불신앙적인 방법으로 법궤를 들고나가 법궤를 빼앗기기까지 합니다. 그렇게 법궤를 빼앗겼을 때 하나님이 또 이스라엘을 생각하셔서 약 칠 개월 후에 법궤가 다시 돌아오게 했습니다. 그러면 '하나님이 우리를 떠나지 않고 다시 돌아와 주시는구나!' 라고 생각하며 감사해야 하고, 감사의 표현을 신앙의 방법, 하나님의 방법으로 해야 하는데 여전히 이방적, 불신앙적 방법으로 했습니다. 상자가 두 개 왔는데 하나에 금이 들었으면 다른 쪽엔 더 좋은 것이 들어 있을지도 모른다는 호기심으로 법궤를 열어보고 결국 큰 애곡이 일어나는 사건을 지금까지 경험한 것입니다. 그런 상태가 오늘 7장입니다.

　이때 사무엘이 '하나님이 돌아오셨기에, 하나님으로 인한 복을 누리자'고 권면하는 내용이 "사무엘이 이스라엘 백성에게 일러 가로되 너희가 전심으로 여호와께 돌아오려거든 이방신들과 아스다롯을 너희에게서 제하고 너희 마음을 여호와께로 향하여 그만 섬기라 너희를 블레셋 사람들 손에서 건져 내시리라"3절이며 이것이 하나님의 방식입니다. 사무엘이 전하는 방식은 전혀 새로운 방식이 아니라 하나님이 처음부터 알려준 것과 같습니다. 하나님은 인간에게 '하나님을 향하여 무언가를 바치라! 하나님을 향하여 무엇을 높여라! 하나님을 향하여 무엇을 드리라!'는 요구가 없습니다. 성경에서 명령은 언제나 '헛된 것을 버려라! 우상 숭배하지마라! 왜냐하면 무익하고, 소용없고, 어리석은 행동이기 때문이다'라는 형식으로만 등장합니다. 동일한 내용, 동일한 표현이 3절입니다. 아스다롯을 버리고 이방신을 버리라고 합니다. 왜냐하면 그것들은 이스라엘을 전혀 도울 수 없기 때문입니다.

　이스라엘 백성에게 "너희는 마음을 돌이켜 여호와를 섬기라"고 권면합니다. 이 권면에는 하나님의 약속이 이미 주어져 있습니다. 이스라엘이 불순종했을 때에 블레셋으로 인한 곤란함이 발생했으니 이제 이방신들을 버리고 아스다롯을 제거하면 하나님이 이스라엘을 블레셋 사람들 손에서 건져 내시겠다는 약속이 주어진 것입니다. 하나님은 처음부터 끝까지 오직 한 가지 즉, 헛된 일 하지 말고 너희를 돕는 진정한 주이신 하나님을 의지하라는 것입니다. 사무엘의 권면을 들은 이스라엘이 '그 동안 우리가 잘못했습니다. 법궤에 대한 우리의 신앙도 잘못됐고 여러 가지 불신앙적인 요소가 많았는데 이제 그것들 다 떨쳐내고 하나님만 섬기겠습니다'고 마음을 돌이키면 되는데 그렇게 하지 못하는 것입니다. 이스라엘이 우상을 섬겨왔던 세월이 최소 삼사백년입니다. 사무엘이 권면하여도 실천에 옮겨지기가 쉽지 않은 것입니다.

죄의 원리

대리인은 없다

이때 사무엘이 백성을 위하여, 하나님의 백성을 향한 사랑을 가지고 백성을 위하여 한 가지 좋은 제안을 하는 것이 5절부터 나오는 기도입니다. 사무엘이 미스바에 모두 모여서 기도하자고 제안하는 것은 이스라엘을 회복하는 최선책이 아니라 차선책입니다. 최선책은 이방을 버리고 하나님을 섬기는 것입니다. 그런데 백성이 변화하는 기간, 백성이 성숙하는 기간, 백성이 알아가는 기간 동안 일단 하나님의 은혜를 누리지 못하는 것을 막고 죄의 결과가 임하는 것을 막으려고 사무엘이 기도라는 것으로 하나님 앞에 중재하는 것이며 하나님 앞에 타협하는 것입니다. 본문은 이스라엘이 마음도 돌이키고, 행동도 돌이키고 거기에 더 나아가 기도까지 열심히 하는 장면이 아닙니다. 기도가 최선책이 아니라 최선책은 마음을 돌이키는 것으로 이것이 처음부터 끝까지 변함없는 하나님의 방식입니다. 그런데 사무엘이 백성을 도우려고 하나님에게 은혜를 구하고 용서를 구하는 기도드릴 때에 백성은 죄의 원리에 빠져있기에 쉽게 성경적 원리를 왜곡하는 모습을 보여주는 것이 본문입니다.

7절에 이스라엘이 미스바에 모였다는 소식을 듣고 블레셋 사람들이 깜짝 놀라서 이스라엘을 공격합니다. 이때 8절에 "이스라엘 자손들이 듣고 블레셋 사람들을 두려워하여 사무엘에게 이르되 당신은 우리를 위하여 우리 하나님 여호와께 쉬지 말고 부르짖어 우리를 블레셋 사람들의 손에 구원하시게 하소서"라고 요청합니다. 성경이 기대하는 것은 이스라엘 백성이 마음을 돌이켜 하나님을 믿는 것입니다. 우상을 떨치고 하나님의 원리대로 행동하는 것입니다. 그런데 백성의 반응은 자신들이 마음을 돌이키고, 우상을 떨치고, 하나님의 뜻대로 행하겠다는 다짐이 아니라 사무엘에게 쉬지 말고 부르짖어 달라고 요청하는 것입니다. 백성의 반응은 하나님의 원리와 매우 다른 것입니다. 하나님은 인간을 대리인으로 세우신적이 절대로 없습니다.

하나님은 분명히 이스라엘 백성이 마음을 돌이키면 블레셋을 제거해 주시겠다고 선언하셨습니다. 이스라엘은 자신이 행해야 하는 일은 전혀 행하지 않은 채, 사무엘에게 쉬지 말고 부르짖어 여호와께서 자신들을 블레셋에서 구원하게 하라고 요구할 뿐입니다. 블레셋을 물리칠 수 있는 명백한 하나님의 선언이 있음에도 하나님의 말씀대로는 도무지 행동하지 않고 엉뚱하게 기도를, 그것도 자신이 하는 것이 아니라 사무엘에게 대신 해달라고 요구하는 것입니다. 하나님의 약속, 하나님의 원리, 하나님의 뜻은 온데간데없고 자기들의 전혀 새로운 방법이 등장했습니다. 하나님은 본인의 역할을 대신하고 본인의 사명을 대신하고 본인의 일을 대신하는 중계인 또는 대리인 세운 적이 없습니다. 물론 하나님이 사무엘을 세우셨습니다. 사무엘이면 충분히 나라를 구할 수 있는 인재였기 때문이 아니라 사무엘을 통해 하나님을 알라는 것입니다. 성경에 하나님이 쓰시는 사람은 인간적 기준으로 판단할 때 믿을 만한 사람이 아니라 가장 못 믿을 만한 사람이며 가장 될 만한 사람이 아니라 가장 안 될 만한 사람을 쓰십니다. 그래서 사람들이 안 된다고 생각하는 것을 하나님이 되게 만들어 내심으로 모든 것을 이루어내시는 하나님을 알게 하시는 것이 하나님의 의도입니다.

종종 사람들은 성경의 의도를 정반대로 이해합니다. 하나님이 부족한 인물을 통해 일을 완성하셨을 때 하나님의 능력을 깨달아 알아야 하는데, 그 사람에 대하여 자신들이 오해했다고 생각합니다. 원래부터 그 사람은 능력과 재주와 실력이 있었는데 자신들이 판단을 잘못했다고 생각할 뿐입니다. 결국 그 사람의 능력과 공적을 높일 뿐, 정작 그 사람을 통하여 역사를 행하신 하나님을 배우지 못하는 것입니다. 이것이 죄의 인식이요 죄의 원리입니다. 하나님은 누구를 대신하여 주고, 누가 할 일을 대신하여 주는 목적으로 대리인을 세운 적이 없습니다. 예수님이 우리를 위하여 대신 죽으신 것은 인간이 아니라 하나님이 하신 것입니다. 하나님은 사무엘을 대리자로 세우시고 '사무엘을 따르라, 사무엘을 의지하라, 사무엘을 믿으라' 고 말씀하신 적이 없습니다. '너희는 기도 안 해도 사무엘이 기도하면 들어주겠다. 너희들은 돌이키지 않아도 사무엘이 쉬지 않고 부르짖으면 응답하겠다' 는 약속은 없습니다.

은혜 받는 행위, 은혜 받은 행위

하나님의 인간을 위한 사랑을 묘사하는 은혜는 조건 없는 하나님의 사랑입니다. 만약 은혜를 받기 위한 조건이 제시된다면 절대로 은혜가 될 수 없습니다. 기독교에서는 하나님의 은혜와 인간의 행위를 잘 분별하셔야 합니다. 우리나라에 왜곡된 선비사상이 있었습니다. 군자나 선비는 글을 읽는 사람입니다. 선비가 글을 읽으려면 누군가 선비를 위해 일하는 사람이 있어야 합니다. 만약 출세하지 못하면 부양자가 없어서 본인이 일을 해야 합니다. 그런데 선비를 아무리 가난해도 일하지 않고 가난한 가운데서 글 읽기를 즐기는 삶을 안빈낙도라고 합니다. 결국 본인이 일하겠다는 개념이 전혀 없습니다. 복권을 사는 사람들의 기대는 복권에 당첨되는 순간 더는 일에 매이지 않고 쉬며 놀겠다는 것입니다. 로마의 평화도 노예들의 노동을 전제로 삼았고, 선진국들의 안락한 삶도 개발 국들의 인권유린과 노동력 착취가 없으면 절대로 가능할 수 없는 것입니다. 성경의 개념과는 전혀 다릅니다.

하나님 앞에는 은혜 받기 위한 인간의 행위와 수고가 없습니다. 하나님께 복을 받아내기 위한, 하나님을 감동시켜 하나님의 복을 받아내기 위한 방법의 행위는 없습니다. 왜냐하면 죄인이 하나님을 감동 시킬 수 없고 죄인이 하나님의 요구를 충족할 수 없기 때문입니다. 이렇게 인간에게 행위를 통한 방법이 가능하지 않기 때문에 하나님의 은혜가 등장하는 것입니다. 인간에게 방법이 있다면 하나님이 은혜를 주실 필요가 없고, 인간에게 가능성이 없다면 하나님이 은혜를 주셔야만 합니다. 그래서 하나님께 은혜를 받기 위한 방법의 행위는 존재하지 않습니다. 은혜를 주시는 일은 인간이 해야 할 일이 아니라 하나님이 행하셔야 하는 일입니다. 그러나 일단 하나님께 은혜를 받았으면, 그 은혜를 누리는 일은 본인이 해야 합니다. 은혜받기 위한 행위와 은혜 받은 후의 행위를 분별해야 합니다. 대부분의 사람들은 복 받으려고 수고하고 헌신합니다. 만약 수고와 행위를 통하여 복 받았다면 그 후에는 수고를 멈추고 행위를 하지 않으려고 합니다. 이런 개념은 성경의 개념과 다른 것입니다.

성경은 복 받으려고 수고할 것이 없고 도리어 복을 받았다면 이제부터는 더욱 수고하고 더욱 열심을 내라는 것입니다. 인간의 행위는 은혜와 복을 받아 내기 위한 행동이 아니라 받은 복을 누리고 구현하기 위한 행동인 것입니다. 은혜 받으려는 어떤 수고와 헌신이 필요하지 않습니다. 그러나 받은 은혜를 누리려면 하나님의 원리대로 행동해야 합니다. 은혜 받기 위한 행위는 없습니다. 그러나 은혜 받은 자의 행위는 있습니다. 구약에서 우리는 은혜 받기 위한 이스라엘의 노력을 만나는 것이 아니라 은혜주시는 하나님을 만나는 것입니다. 안타까운 것은 하나님의 은혜를 받은 사람들이 하나님의 원리에 순종하여 하나님께 받은 복을 누리는 아름답고 멋있는 삶의 모습을 구약에서 만나볼 수 없다는 것입니다. 구약과 비교할 때 하나님으로부터 은혜를 받고, 그 은혜를 받은 자의 멋있는 행위, 정말로 드라마틱한 행복한 삶의 수고를 만날 수 있는 곳이 바로 신약의 사도행전이요 서신서입니다. 바울은 은혜로 복을 받은 후에 일상을 떠나 은둔하여 편안한 삶을 보낸 것이 아니라 하나님께 받은 은혜와 평화와 사랑과 감격과 환희와 기쁨과 열정을 가지고 자신과 같은 삶을 누리지 못하는 자들에게 안타까운 마음을 가지고 나아가 그들을 넉넉히 감당하는 모습, 진정으로 은혜를 누리는 모습을 보여주고 있습니다.

응답의 은혜

사무엘은 백성을 도우려고 하나님께 중재했습니다. 이때 백성은 아무 것도 행하지 않고 사무엘로 하여금 기도하게만 합니다. 이것은 아주 위험한 행동이며, 쉽게 죄의 결과를 만들어 냅니다. 한두 번 기도를 부탁할 수 있고, 한두 번 대신 기도를 해줄 수 있습니다. 그러나 곧 기도해 주는 사람은 종교적 능력자가 되고, 기도를 부탁한 사람은 종교적 피해자가 되어버립니다. 그 후에는 자신의 역할을 도외시하고 자신 대신에 능력 있는 대행자를 세우려는 시도가 발생합니다. 성경적 원리와 다른 행동은 어느 순간에 갑자기 분출하는 것이 아니라 작은 것 하나 하나를 만드는 것입니다. 하나님이 사무엘을 세우셨지만 백성에게 사무엘을 의지하고, 사무엘에게 모든 일을 부탁하라고 말씀하신 적이 없습니다. 자신들이 해야 할 일은 행하지 않고 사무엘에게 기도를 요청하는 백성의 요구는 잘못된 것입니다.

만약 백성의 요구가 잘못된 행동이라면 사무엘의 기도에 응답이 오지 않아야 합니다. 그런데 사무엘상 7장 9절에 의하면 여호와께서 응답하셨습니다. 하나님이 응답하시는 것은 백성의 요구가 정당하기 때문이 아니라 어리석은 백성이 불쌍하기 때문에 받아 주시는 것이요 수용해 주시는 것이요 용서해 주시는 것입니다. 사무엘의 부르짖음을 들으시고 큰 우레를 발하여 블레셋으로 하여금 이스라엘 앞에 패하게 하셨습니다. 이때 이스라엘은 사무엘을 향하여 자신들의 위대한 지도자라고 칭송해서는 안 됩니다. 앞으로 모든 일을 사무엘에게 의탁하며 사무엘을 의지해서는 안 됩니다. 성경은 사무엘을 높여주고 사무엘을 영웅으로 만드는 것이 아니라 사무엘의 기도를 들어주시고, 사무엘을 통해 역사하시는 하나님을 알려주는 것이며, 백성으로 하여금 하나님을 믿고 의지하게 만드는 것입니다.

이스라엘이 계속하여 하나님께 불순종하고 은혜를 누리지 못하니까 하나님이 사무엘을 태어나게 하고, 하나님이 사무엘을 세우고, 하나님이 양육시키고, 하나님이 사무엘의 기도를 받아 주시면서, 하나님이 사무엘을 통해서 이스라엘에게 은혜를 주시는 것입니다. 이스라엘이 도무지 복 받을 짓을 안 하니까 복 받을 근거를 하나님이 만들어 내시고, 하나님이 만든 근거에 의지하여 하나님이 복을 주시는 것입니다. 이분이 하나님이십니다. 본문에서 사무엘을 동원하신 분이 하나님이고, 사무엘을 기르신 분이 하나님이고, 사무엘을 통하여 이스라엘을 구원하시는 분도 하나님이십니다. 그럼 이스라엘은 당연히 하나님을 믿고 하나님을 의지해야 합니다. 그런데 이스라엘은 하나님을 믿은 것이 아니라 사무엘을 믿고 사무엘을 의지합니다. 이것이 죄인의 행동이요 죄인의 연약함입니다. 이스라엘은 더더욱 자신들의 마음을 돌이키는 것은 행하지 않은 채 모든 일을 사무엘에게 의지하고, 사무엘에게 쉬지 말고 기도해 달라고 의뢰합니다. 사무엘상 8장에 가면 사무엘이 나이 많아 늙으매 백성이 "사무엘을 대신 할 사람을 세워 달라. 우리에게 왕을 주소서"라는 안타까운 목소리가 나옵니다. 사무엘상 8장의 백성의 주장은 갑자기 등장하는 게 아니라 7장부터 진행된 죄의 싹들이 계속 커 나온 결과인 것입니다.

사무엘상 7장 13절에 "여호와의 손이 사무엘이 사는 날 동안에 블레셋 사람을 막으시매"라고 되어 있습니다. 이 말씀은 사무엘이라는 사람이 있으니까 하나님이 막아주신다는 의미가 아니며 오늘날도 우리 가운데 사무엘 같은 사람 하나만 있으면 진노를 받지 않을 수 있다는 의미가 아닙니다. 정반대로 인간에게 아무런 희망과 가능성이 없자, 하나님이 직접 행하심으로 기어코 복 주시는 하나님을 강조하는 것입니다. 하나님이 일하십니다. 그래서 하나님의 은혜로 우리에게 복이 주어집니다. 성도는 그 복을 받은 자입니다. 마음을 하나님께로 향하고 하나님의 원리와 마음과 심정으로 행하셔서 받은 복을 풍성히 누리시기를 주님의 이름으로 축원합니다.

8
너희를 다스릴 왕

사무엘상 8:1~22

1 사무엘이 늙으매 그의 아들들을 이스라엘 사사로 삼으니 2 장자의 이름은 요엘이요 차자의 이름은 아비야라 그들이 브엘세바에서 사사가 되니라 3 그의 아들들이 자기 아버지의 행위를 따르지 아니하고 이익을 따라 뇌물을 받고 판결을 굽게 하니라 4 이스라엘 모든 장로가 모여 라마에 있는 사무엘에게 나아가서 5 그에게 이르되 보소서 당신은 늙고 당신의 아들들은 당신의 행위를 따르지 아니하니 모든 나라와 같이 우리에게 왕을 세워 우리를 다스리게 하소서 한지라 6 우리에게 왕을 주어 우리를 다스리게 하라 했을 때에 사무엘이 그것을 기뻐하지 아니하여 여호와께 기도하매 7 여호와께서 사무엘에게 이르시되 백성이 네게 한 말을 다 들으라 이는 그들이 너를 버림이 아니요 나를 버려 자기들의 왕이 되지 못하게 함이니라 8 내가 그들을 애굽에서 인도하여 낸 날부터 오늘까지 그들이 모든 행사로 나를 버리고 다른 신들을 섬김 같이 네게도 그리하는도다 9 그러므로 그들의 말을 듣되 너는 그들에게 엄히 경고하고 그들을 다스릴 왕의 제도를 가르치라 10 사무엘이 왕을 요구하는 백성에게 여호와의 모든 말씀을 말하여 11 이르되 너희를 다스릴 왕의 제도는 이러하니라 그가 너희 아들들을 데려다가 그의 병거와 말을 어거하게 하리니 그들이 그 병거 앞에서 달릴 것이며 12 그가 또 너희의 아들들을 천부장과 오십부장을 삼을 것이며 자기 밭을 갈게 하고 자기 추수를 하게 할 것이며 자기 무기와 병거의 장비도 만들게 할 것이며 13 그가 또 너희의 딸들을 데려다가 향료 만드는 자와 요리하는 자와 떡 굽는 자로 삼을 것이며 14 그가 또 너희의 밭과 포도원과 감람원에서 제일 좋은 것을 가져다가 자기의 신하들에게 줄 것이며 15 그가 또 너희의 곡식과 포도원 소산의 십일조를 거두어 자기의 관리와 신하에게 줄 것이며 16 그가 또 너희의 노비와 가장 아름다운 소년과 나귀들을 끌어다가 자기 일을 시킬 것이며 17 너희의 양 떼의 십분의 일을 거두어 가리니 너희가 그의 종이 될 것이라 18 그 날에 너희는 너희가 택한 왕으로 말미암아 부르짖되 그 날에 여호와께서 너희에게 응답하지 아니하시나라 하니 19 백성이 사무엘의 말 듣기를 거절하여 이르되 아니로소이다 우리도 우리 왕이 있어야 하리니 20 우리도 다른 나라들 같이 되어 우리의 왕이 우리를 다스리며 우리 앞에 나가서 우리의 싸움을 싸워야 할 것이니이다 하는지라 21 사무엘이 백성의 말을 다 듣고 여호와께 아뢰매 22 여호와께서

사무엘에게 이르시되 그들의 말을 들어 왕을 세우라 하시니 사무엘이 이스라엘 사람들에게 이르되 너희는 각기 성읍으로 돌아가라 하니라

하나님의 공급

인간을 바로 세우는 신앙

성도가 가져야하는 기본인식 중의 하나는 하나님의 생각과 죄인인 인간의 생각은 다르다는 것입니다. 죄인인 인간은 살면서 배운 학식, 경험 등의 보고 들은 것이 있기에 나름대로 하는 것이 있다고 생각하지 본인이 모른다고 생각하지 않습니다. 나름대로 지혜가 있고 잘 살아가고 있다고 생각합니다. 그런데 성경에는 그런 인간들의 생각과는 다른, 하나님의 생각과 하나님의 방법이 나오는데 이것이 언제나 비슷하거나 유사한 것이 아니라 전혀 다르게 등장 합니다. 왜냐하면 인간은 죄인이고 하나님은 하나님이시기 때문입니다. 성경에는 하나님께서 인간을 위하여 인간의 방식으로 여러 가지 사건들과 이야기들을 기록해 놓으셨습니다. 인간은 성경을 읽을 때마다 인간의 방식으로 생각하는 것이 아니라 하나님의 방식으로, '하나님이 왜 이렇게 말씀하시고 왜 이렇게 행동하시는가?'를 찾아야 됩니다.

사람이 가지고 있는 신앙에 대한 생각과 성경이 가르쳐 주고 있는 신앙에 대한 생각의 차이점을 성경에 나오는 표현 때문에 오해하는 경우가 종종 있습니다. 사람들은 대체로 신앙이란 자기를 부인하는 것이라고 생각합니다. 성경에 자기를 부인하는 것에 관한 표현이 많이 나옵니다. 성경적 표현을 따라, 신앙이 자라고 성숙한다는 것은 자신의 뜻이나 목적이 있어서는 안 되고 자신의 영광을 추구해서도 안 되고 온전히 자신을 부인하는 것이어야 한다고 생각합니다. 그래서 가장 많이 사용하는 고백이 '나는 없습니다. 나는 아무것도 아닙니다. 나는 죽어도 좋습

니다. 주님만 좋으시다면 나는 어찌되든 아무 상관없습니다' 입니다. 이런 고백을 하나님이 들으시면 매우 안타까워하실 것입니다. 왜냐하면 사람을 지으신 분이 하나님이요, 사람의 성품과 존재와 가치와 인생을 지으신 분이 하나님이신데, 정작 지음 받은 인간이 '나는 없습니다. 나는 아무것도 아닙니다' 라고 말한다면 하나님이 너무 답답해하시고 속상해 하실 것입니다. 하나님은 인간을 만드신 분이요 인간을 하나님의 사랑의 대상으로 높여 주신 분입니다. 하나님은 절대로 인간을 무시하거나 멸시하거나 인간의 존재를 부인하거나 인간의 가치를 낮추지 않습니다.

물론 성경에 '자기를 부인하라' 는 표현이 나옵니다. 이 표현은 인간의 존재, 인간의 가치, 인간의 의미를 부인하라는 의미가 아니라 인간이 죄에 잡혀 있다는 사실을 전제할 때에만 이해가 가능합니다. 태초에 하나님이 하나님의 성품을 부여하시어 인간을 창조하시고 보시기에 좋았다고 말씀하시며 기뻐하셨습니다. 인간이 하나님을 떠나 하나님이 부여하신 가치와 하나님이 존중해준 인간의 존엄성 등을 상실할 때에 하나님은 그 모습을 안타까워하시고, 이제 죄인이 되어 생각 하는 것이 죄요 꿈꾸는 것이 죄요 행동하는 것이 다 죄일 때 바로 그때 자기를 부인하라고 말씀하시는 것입니다. 즉, 죄의 생각을 부인하라, 죄의 가치를 부인하라, 죄의 기준을 부인하라, 죄의 원리를 부인하라, 죄인으로 죄에 잡혀있는 그 상태를 부인하라는 의미이지 절대로 인간의 존재, 인간의 자존성을 부인하라는 의미가 아닙니다. 결국 자기를 부인하라는 말은 죄를 부인하고 죄를 떠나고 죄로부터 독립하여 진정한 인간, 바른 인간, 하나님이 창조하셨던 상태의 인간, 하나님이 부여하셨던 인격, 하나님이 높여 주셨던 가치, 하나님이 부여하신 상태를 회복하라는 의미입니다. 그러므로 신앙은 자기를 없애는 것이 아니라 자기를 찾는 것이며 자기를 세우는 것입니다.

하나님이 인간을 구원하신다, 하나님이 인간을 살리신다, 하나님이 인간을 도우신다는 것은 인간을 인간답게 만들어 주신다는 말입니다. 죄에 잡힌 상태로서의 인간이 아니라 인간다운 인간으로 회복시켜 주신다는 의미입니다. 만약 하나님이 인간들 표현대로 자기를 부인하고 나는 없다고 고백하는 상태를 원하신다면, 인간의 존재를 부인하고 인간의 가치를 부인하게 만들려고 하면 굳이 인간을 구원하실 필요가 없습니다. 그런데 하나님은 인간을 구원하시는 것입니다. 원래 하나님이 의도하시고 축복하셨던 고귀한 하나님의 사랑의 대상으로서의 가치를 상실하였기에 그 상태를 회복하시려고 하는 것입니다. 그래서 하나님은 인간을 구원하셔서 자녀 삼았다고 말씀하시지 종 삼았다고 말씀하지 않으십니다. 자녀 즉, 아버지와 아들로서 동등한 수준이요 동등한 존재로 여기셨다는 것입니다. 기독교에서 하나님을 믿는다는 것은 인간의 주체성을 상실하는 것이나 인간이기를 포기하는 것이 아닙니다. 자기가 가장 중요합니다. 예수님께서도 "온 천하를 얻고도 자기 목숨을 잃으면 아무 소용이 없다"고 말씀하셨습니다. 하나님의 종이 되지 마시고, 하나님을 통하여 자기를 찾으시고 하나님을 통하여 인간의 가치와 행복 그리고 존엄성을 찾으시기 바랍니다. 성도가 신앙 안에서 자신을 찾고 자신의 삶을 행복하고 자유롭게 평안하게 살아갈 때에 하나님이 성도를 보시고 심히 기뻐하시는 것입니다.

이스라엘의 상황

이런 하나님의 의도를 이스라엘 백성이 알았어야 합니다. 이스라엘 백성이 사무엘상 8장에 왔을 때, 하나님이 원래 만드신 인간의 모습이 어떠했고 하나님을 떠나갔던 자신들의 결과가 어떠했고 오늘까지 하나님이 자신들을 인도하려고 행하셨던 일들이 무엇인가를 잘 기억하고 하나님의 말씀을 분별했어야 합니다. 그래서 하나님의 원리 하나하나가 모두 인간을 위한 것임을 알아 자원하여 하나님께 순종했어야 합니다. 막무가내로, 맹목적으로 따르는 것을 순종이라고 하지 않습니다. 앞뒤 따져보지 아니하고 일방적으로 따르는 것은 맹종이라고 합니다. 맹종은 절대로 잘하는 것이 아닙니다. 하나님은 맹종을 요구한 것이 아닙니다. 도리어 하나님은 인간에게 생각해보고, 계산해보고, 따져보라고 하십니다. 하나님의 원리가 옳은가? 하나님의 원리가 맞는가? 하나님의 뜻이 네가 보기에도 그럴듯한가? 하나님의 명령대로 하면 너에게 이득이 생길 것 같은가? 하나님의 뜻대로 하면 자신의 삶이 나아질 것 같은가? 를 따져보고 계산해 보라는 것입니다. 자신에게 유익이 된다는 결론이 나오면 기꺼이 따르고, 좋아서 따르고, 자원하여 따르는 것 즉, 순종을 기대하시는 것입니다. 맹종이 아니고, 복종이 아니고 순종입니다. 순종은 매우 쉬운 것입니다. 왜냐하면 좋아서 하는 것이요, 유익이 되기 때문에 하는 것이요, 내가 행복할 수 있기에 하는 것이기 때문입니다. 순종에는 두려움이 존재할 수 없고, 순종에는 억울함이 존재할 수 없고 순종에는 조건이 존재할 수 없는 것입니다.

 이스라엘은 하나님의 교육을 받음으로 하나님을 이해하고 자신들이 하나님을 따르겠다는 모습이 나타났어야 했는데 실상은 정반대였습니다. 전쟁에서 패배하였습니다. 하나님이 무능력해서 진 것이 아니라 자신들이 하나님의 보호하심을 거부했기 때문에 졌습니다. 이스라엘은 자신들의 불신앙 대신에 하나님이 도와주지 않았다고 불평했습니다. 하나님은 법궤를 통하여 언제나 이스라엘과 함께 하셨는데도, 전쟁을 할 때에 법궤를 안 들고 가서 졌다고 생각하고 법궤를 들고 나가 버립니다. 법궤는 때와 장소에 따라 효력이 달라지는 신물神物이 아닙니다. 하나님의 뜻, 하나님의 의도를 전혀 모른 채 단지 법궤를 가지고 나가면 승리할 것 생각으로 전쟁에 임하면 결국 또 패배합니다. 이번에도 하나님은 이스라엘을 불쌍히 여기십니다. 그래서 사무엘을 세우셔서 그들을 가르치시고 또 법궤가 이스라엘 가운데로 돌아오게 하십니다. 하나님은 이스라엘에게 사무엘을 믿고, 하나님 대신 사무엘을 의지하라고 사무엘을 세운 것이 아닙니다. 하나님이 일하신다는 것을 보여주려고 사무엘을 세웠고 그 사무엘은 백성을 가르쳤습니다. '너희가 하나님께로 돌아오려거든, 너희가 하나님의 은혜를 누리려거든 너희들 가운데서 이방 신들과 아스다롯을 너희에게서 제하고 너희 마음을 여호와께로 향하여 그만 섬기라' 는 것이 하나님이 사무엘을 통해 가르치시는 내용입니다.

이스라엘이 행해야할 일은 매우 간단합니다. '아 우리가 하나님의 원리대로 안했구나. 우리 가운데 있는 우상을 떨치고 우리 가운데 있는 죄의 모습을 떨치고 하나님께로 돌아가자' 고 하면 됩니다. 이렇게 가르쳤음에도 아직 이스라엘이 연약하고 무지하고 부족하기에 사무엘이 추가로 행한 조치가 하나님께 기도하여 은혜를 구하겠다는 것입니다. 기도는 당연한 결과를 요구하는 것이 아니고 자신의 주장을 펴는 것이 아닙니다. 기도는 하나님의 은혜를 구하는 것입니다. 자신의 자격 없음을 알리고, 자신으로서는 구할 방법이 없기에 하나님의 도움, 하나님의 은혜, 하나님의 일방적 축복을 구하는 것이 기도입니다. 가장 좋은 것은 자기들이 해야 할 것을 정상적으로 행하는 것, 즉 마음을 돌이켜 회개하고 여호와께로 향하는 것입니다. 가장 정상적인 것, 가장 좋은 것을 행하지 못하기에 하나님이 도우시는 방법이 기도로 그들에게 응답해 주시는 것입니다. 하나님이 기도를 응답해 주시는 것은 최선책이 아니라 차선책입니다. 기도하고 응답받는 것보다 마음을 돌이키고 하나님을 섬기는 것이 더욱 좋은 것입니다. 그런데 이스라엘은 자신들의 행동은 돌이키지 않고 사무엘에게 매달립니다. 자신들의 삶을 돌이키지 않고 자신들을 대신 해줄 사람, 자신들을 막아줄 사람, 자신들을 보호해줄 사람을 찾는 것은 바른 신앙이 아닙니다.

하나님을 아는 신앙

신앙은 하나님을 바로 아는 것이고 하나님을 알아 자신의 삶 속에 하나님의 은혜를 누리며 구현하는 것이지 자신들은 아무것도 하지 않은 채 대행자를 세우는 것이 아닙니다. 은혜를 주시는 것은 하나님의 사랑이기에 감사할 수 있지만, 인간은 은혜를 구하기 전에 하나님의 말씀대로 사는 것을 우선해야 합니다. 자신의 부족함에도 하나님이 은혜를 주시면, 은혜 주시는 하나님께 감사하며 은혜를 통하여 다시 한 번 하나님의 사랑을 깨닫고 바로 하나님께로 마음을 돌이켜 하나님의 원리대로 순종하는 것이 하나님이 은혜를 주시는 목적입니다. 안타깝게도 사무엘을 통하여 은혜를 받음에도 이스라엘은 변화되지 못하고 도리어 신앙의 큰 난관에 봉착하는데 그것은 바로 사무엘이 나이가 들어가고 있다는 것입니다. 사무엘이 나이가 들어가고 이제 이스라엘을 위해줄 수 없고, 이스라엘이 의지할 수 없게 되어가고 있다는 것입니다. 사무엘이 나이 들었다는 것을 안타까워하며 자신들이 의지할 또 다른 사람으로 사무엘의 아이들을 삼으려고 합니다. 사무엘의 아들들이 아버지의 신실함을 본받고 사무엘의 영감을 본받아서 자신들을 도와주고 막아주고 지켜주기를 기대했는데 사무엘의 아들들은 도무지 의지할 수 있는 대상이 되지 못했습니다.

죄인들은 하나를 모르는데 그 하나를 모르는 게 전부를 모르는 것입니다. 그 하나가 바로 하나님입니다. 하나님을 모른다는 사실은 자신들이 죄인이라는 것을 모른다는 것이며 동시에 다른 사람도 죄인이라는 사실을 모른다는 것입니다. 죄에 대하여 자신이 할 수 없으면 다른 사람도 못합니다. 자신이 죄를 이길 수 없으면 다른 사람도 죄를 이길 수 없는 것입니다. 왜냐하면 죄인은 죄에 대하여 똑같이 무능력하기 때문입니다. 내가 죄를 못 이기면 누군가에게 죄를 이겨 나를 막아 달라고 의지할 수 있는 사람은 없습니다. 그런데 이스라엘은 계속하여 의지할 사람을 찾습니다. 왜냐하면 문제의 본질을 모르기 때문이요, 어떻게 풀어 나가야 하는지를 모르기 때문입니다. 자신들이 못하니까 자신들 대신에 잘하는 사람이 있을 거라고, 좀 더 나은 사람이 있을 거라고 생각하고 의지했던 사람이 사무엘이요, 사무엘이 나이 들자 사무엘의 자식들이요, 사무엘의 자식들에게도 소망이 없자 주변의 나라들을 살펴보고 다른 나라의 방식을 추구하는 것이 바로 하나님께 왕을 세워 달라고 구하는 것입니다.

이스라엘은 상황을 잘 인식했어야 했습니다. 하나님은 이스라엘을 떠난 적이 없습니다. 전쟁에서 진 것은 법궤 때문이 아니라, 하나님 때문이 아니라 자신들의 불신앙 때문이었습니다. 법궤를 들고 나가는 것이 아니라 자신들의 불신앙을 고쳤어야 합니다. 이스라엘이 곤란한 상황에 빠진 것은 사무엘이 늙었기 때문이 아닙니다. 자신들의 불신앙이 문제이기에 마음을 여호와께로 돌이키면 됩니다. 앞날에 대한 두려움이 있는 것은 사무엘의 아들들에게 소망이 없기 때문이 아닙니다. 아들들과 상관없이 그동안 자기들이 배웠던 하나님의 뜻을 이해하고 순종하고 모든 난관을 거뜬히 돌파할 수 있습니다. 지금 자신들이 취해야하는 조치는 왕을 구하는 것이 아니라 하나님을 알고 하나님을 이해하는 것입니다. 그런데 이스라엘은 문제를 잘못 인식하고 있기에 해결책을 잘못 구합니다. 하나님을 의지해야 하는데 정작 하나님께 열방과 같이 왕을 세워달라고 요청합니다. 이러한 백성의 요청을 듣는 하나님의 심정이 어땠을까요?

하나님의 심정

사무엘상 8장에 자신을 버리며 떠나가는 백성을 향한 하나님의 마음이 등장합니다. 7절과 8절 '여호와께서 사무엘에게 이르시되 백성이 네게 한 말을 다 들으라. 이는 그들이 너를 버림이 아니요 나를 버려 자기들의 왕이 되지 못하게 함이니라. 내가 그들을 애굽에서 인도하여 낸 날부터 오늘까지 그들이 모든 행사로 나를 버리고 다른 신들을 섬김 같이 네게도 그리하는 도다' 입니다. 이스라엘 백성이 하나님을 버린 것이 이번이 처음이 아닙니다. 그동안은 너무나도 철저하게 순종을 잘하다가 하나님이 전혀 예상치도 못한 배반을 당하고, 믿는 도끼에 발등 찍혀 당황하시는 것이 아닙니다. 하나님은 인간을 너무나도 잘 알고 계시고 죄인을 너무나 잘 알고 계십니다. 한 번도 인간이 먼저 하나님을 찾아온 적이 없고, 한 번도 인간이 먼저 하나님 앞에 나온 적이 없습니다. 하나님이 지으셨음에도 인간이 하나님을 떠나고, 하나님이 구원하셨음에도 인간이 하나님을 부인하고, 하나님이 도우셨음에도 인간이 하나님을 떠나갈 때도 하나님은 다시 찾아 가시고, 다시 도우시고, 다시 구원하시고, 다시 공급하시는 하나님일 뿐 절대로 자신을 떠나는 인간에게 배신감을 느끼시는 분이 아닙니다.

만약 하나님이 인간에게 배신감을 느끼신다면 앞으로 인간에게 닥칠 일에 대하여 아무 것도 알려 주시지 않아야 합니다. 인간이 당할 일에 대해서 고소해하며 분을 푸셔야합니다. 하지만 하나님은 배신감이 아니라 도리어 백성이 하나님을 떠남으로, 자신들의 요구에 의한 결과로 당할 일들이 너무나 뻔히 눈앞에 보이기에 안타깝고 속상하고 민망해 하십니다. 그래서 백성에게 백성이 행한 행동으로 말미암아 나타나게 될 결과들을 다 알려 주십니다. "그러므로 그들의 말을 듣되 너는 그들에게 엄히 경고하고 그들을 다스릴 왕의 제도를 가르치라"3절입니다. '엄히 경고하라' 는 말은 자세히 설명해 주어라, 분명히 가르쳐 주어라, 정확하게 지적해 주어라, 충분하게 설명해주라는 의미입니다. 자기들이 잘될 줄 알고 구했는데 행여 잘못된 결과가 나올 때에 놀라지 말고 당황하지 말고 돌아갈 곳이 어딘가를 알게 하시는 겁입니다. 이분이 하나님이십니다.

왕의 제도

다스리는 자

이스라엘은 지금 전쟁이라는 나라의 위태로움과 자신들의 생명의 위험함 속에 있기에 자신들을 위하여 싸워야 할 자 즉, 자기들을 도와줄 자, 자기들을 구원해 줄 자, 자기들을 보호해 줄 자, 자기들을 도와 줄 자를 구하여야 됩니다. 이스라엘은 본문의 표현대로 "우리에게 왕을 세워 우리를 다스리게 하소서"라고 말합니다. 백성이 구하는 다스리는 자는 본인이 희생하여 백성을 살기 좋게 만들어 줄 자, 백성이 해야 할 일을 대신하여 줄 자, 자신들을 도와주는 자입니다. 자신들을 다스릴 자를 구하는 것은 자신들이 종이 되겠다고 의미가 아닙니다. 겉으로는 자신들을 다스릴 자는 세워달라고 말하면서 속으로는 자신들의 일을 대신해줄 자, 자신들의 싸움을 대신해줄 자, 결국은 자기를 다스리는 자가 아니라 자신을 도와줄 자를 구하고 있는 것입니다.

이것이 인간이 죄인의 속성을 모르는 대표적인 장면입니다. 어느 누구도 다른 사람의 종이 되고 싶은 사람은 없습니다. 어느 누구도 자기 위에 다스리는 자를 세우고 싶은 사람이 없습니다. 그것은 나 뿐 아니라 상대방도 마찬가지입니다. 자녀를 키울 때 내 아이가 공부 잘하는 아이와 교제하기를 원합니다. 그렇다면 반대로 공부 잘하는 아이의 부모는 공부 못하는 아이와 어울리는 것을 싫어합니다. 내가 원하는 것을 상대도 원하고 있습니다. 나를 도와줄 사람을 찾지만 그런 사람은 없습니다. 내가 나를 도와줄 자를 찾으면 상대방도 자기를 도와줄 자를 찾는다는 것을 알아야 합니다. 나는 나를 도와줄 자를 찾는데 상대방은 자신이 도와줄 대상을 찾는 사람이란 없습니다. 인간이 자기를 도와줄 자를 찾는다는 것은 말이 안 되고 반대로 인간이 누구를 돕는다는 것도 원천적으로 불가능한 것입니다. 특별히 죄에 대해서는 더더욱 그렇습니다. 그런데 이스라엘 백성은 자기들만 지혜로운 줄로 알고 있습니다. 이스라엘 백성이 자신들을 다스릴 자를 세워달라고 요청하는 것은 그 사람을 왕으로 옹립하고 자신들이 섬기려고 하는 것이 아닙니다. 자신들을 다스릴 자로 세우고 전쟁에서 싸워야 할 때 자신들을 대신하여 싸우게 하려는 속셈입니다. 이스라엘 백성이 이러한 의도를 가지고 있다면 다스리는 자로 세워지는 사람은 말없이 백성을 위해 기꺼이 죽기로 자원하지 않을 것입니다. 만약 싸움터에 백성을 대신하여 나간다면 그에 상응하는 대가를 분명히 요구할 것입니다. 서로 자신들의 속마음을 알고 있으면서 그 사실을 서로 속이고 있습니다.

왕의 제도

하나님은 언제나 진실을 드러내십니다. 이스라엘 백성이 기대하는 것처럼 자신들을 도와 줄 자가 있을 줄로 생각하지 말라고 하십니다. 인간 중에는 그와 같은 인간이 없다고 정확하게 지적해 주시는 내용이 10절부터입니다. "사무엘이 왕을 요구하는 백성에게 여호와의 모든 말씀을 말하여 이르되 너희를 다스릴 왕의 제도는 이러하니라." 본문의 다스린다는 말은 말 그대로 통치하다, 지배하다, 압제하다는 의미입니다. 이스라엘이 자기들이 요구하는 바가 당장 필요에 의하여 도울 수 있는 자를 구하는 것 같지만 그 결국이 어떻게 될 것이라는 것을 자신들이 인정하고 싶지 않고 자기들이 동의하고 싶지 않은 것을 하나님은 분명하게 선언해 주십니다. '너희가 너희를 도울 자로 왕을 세우지만 조금 있으면 너희를 도울 자가 아니라 너희를 다스리는 자고 너희를 지배하는 자가 될 것이다. 너희가 그의 도움을 받을 것 같지만 조금 후에는 너희가 그를 도와야 되며 그의 종이 되고야 만다' 는 것을 하나님이 지적하여 주십니다. 사람은 그런 의도가 전혀 없었는데 하나님이 이스라엘 백성을 괘씸하게 생각하여 세움 받는 사람으로 하여금 이스라엘을 지배하도록 만드시는 것이 아닙니다. 이스라엘 백성이 구하는 것의 결과를 하나님이 정확하게 알려주시는 것입니다.

하나님은 이스라엘이 하나님을 떠난다고 하여 배신감을 느끼거나 질투심을 느끼시는 것이 아닙니다. 만약 하나님이 질투하신다면 이스라엘을 책망하고 꾸짖고 혼내면 됩니다. 그러나 하나님은 이스라엘을 책망하지 않으시고 도리어 민망히 여기시고 불쌍히 여기셔서 이스라엘에게 일어날 일, 이스라엘 행하는 일의 결국이 어떻게 될 것인지 적나라하게 지적해 주시는 것입니다. 하나님의 지적하여 주시는 내용이 11절부터 나옵니다. "그가 너희 아들들을 데려다가 그의 병거와 말을 어거하게 하리니 그들이 그 병거 앞에서 달릴 것이며"입니다. 왕이 와서 백성의 병거를 끌어주는 것이 아니라 왕이 백성의 아들들을 데려다가 왕의 병거를 끌게 만들 것입니다. "그가 또 너희의 아들들을 천부장과 오십부장을 삼을 것이며 자기 밭을 갈게 하고 자기 추수를 하게 할 것이며 자기 무기와 병거의 장비도 만들게 할 것이며 그가 또 너희의 딸들을 데려다가 향료 만드는 자와 요리하는 자와 떡 굽는 자로 삼을 것이며 또 너희의 곡식과 포도원 소산의 십일조를 거두어 자기의 관리와 신하에게 줄 것이며 그가 또 너희의 노비와 가장 아름다운 소년과 나귀들을 끌어다가 자기 일을 시킬 것이며 너희의 양떼의 십분의 일을 거두어 가리니 너희가 그의 종이 될 것이라"입니다. 백성이 자신들을 돕는 자로 왕을 세우는 것 같지만 결국엔 백성이 왕의 종으로 전락되고 말 것입니다.

사람들은 이 범주를 넘어서지 않습니다. 어떤 사람이 누군가에게 충성하고 열심내고 시키는 대로 다 행하고 목숨 거는 것은 결국은 자기에게 돌아올 이익을 위해서 잠시 그렇게 행할 뿐입니다. 내가 상대를 이용하려고 하는 것처럼 상대도 나를 이용하려고 하는 것입니다. 내가 도움을 받고 싶어 할 때 누군가 막연히 나를 도와줄 사람은 없습니다. 인간이 다른 인간에게 도움이 된다는 것이 불가능한 것임을 이스라엘은 모르고 있습니다. 정작 이스라엘은 하나님의 일방적 도움을 받았음에도 하나님을 모르니까 하나님이 자신들에게 도와주시는 분이라는 것을 인식하지 못하고 자기들 스스로 어리석은 지혜를 동원하고 있습니다.

하나님의 가르침

하나님은 백성이 왕을 요구할 줄 이미 알고 계셨습니다. 하나님은 신명기에 백성의 요구와 만약 왕이 세워지면 세상의 왕처럼 행하는 대신 하나님의 기대하시는 왕의 원리를 가르쳐 주셨습니다. 신명기 17장 16절 "그는 병마를 많이 두지 말 것이요", 17절 "그에게 아내를 많이 두어 그의 마음이 미혹되게 하지 말 것이며 자기를 위하여 은금을 많이 쌓지 말 것이니라"입니다. 하나님이 언급하신 말馬과 은금과 아내는 왕권의 상징입니다. 일단 왕으로 세워지고 왕권이 강화되면 될수록 다른 사람을 지배하며 다스리며 통치하며 정복할 것입니다. 하나님이 만약 왕을 세우시면 그 왕은 다스리는 자로서가 아니라 섬기는 자, 일하는 자, 수고하는 자로서 세우는 것일 뿐 높임 받는 것이 아닙니다. 세상의 사람들은 사무엘상 8장에 언급된 왕의 태도를 보일 것입니다. 그러나 하나님께서 세우신 왕은 하나님의 원리대로 왕의 태도를 유지해야 합니다. 신명기 17장 18절에는 만약 하나님이 사람을 세운다고 하면 그 세운바 된 사람은 자기의 권위와 권세를 보강할 수 있는 수단을 확충하는 것이 아니라 율법을 늘 묵상하라고 되어있습니다. 율법을 묵상한 결과는 그 마음이 형제위에 교만하지 않는 것입니다. 하나님의 말씀을 묵상하고 그 말씀을 늘 옆에 두면 교만하지 않고 하나 됨과 동등됨과 연합됨과 일치됨을 잃어버리지 않을 수 있습니다. 그러나 하나님의 심정대로가 아니면 정반대로 갑니다. 내가 얼마나 애썼고 내가 얼마나 수고했고 내가 얼마나 노력했고 내가 얼마나 희생했는가를 강조합니다. 마찬가지로 상대방도 자신의 수고와 헌신을 강조합니다. 결국 상호간에 하나 됨과 일치와 연합이 깨어져 버리고 맙니다. 인간의 제도는 악惡순환되고 하나님의 원리는 선善순환되는 것입니다.

하물며

하나님도 사람을 세우신 적이 있습니다. 하나님이 세우신 사람과 사람이 세운 사람은 사역의 차원이 다릅니다. 하나님은 하나님의 원리 안에 모든 사람이 행복하길 원하십니다. 모든 사람이 하나님을 통해 인간의 행복을 같이 누리길 원하는 것이지 누구는 높아지고 누구는 낮아지고, 누구는 다스리고 누구는 지배받도록 만들지 않습니다. 간혹 인간의 예를 들어서 하나님도 마찬가지라고 설명하는 경우가 있습니다. 그러나 인간의 예 중에 하나님도 그와 같다고 비교할 수 있는 것은 단 하나도 없습니다.

마태복음 7장 7절에서 11절에 '구하라, 찾으라, 두드리라' 라는 말하신 다음에 '너희가 악한 자라도 좋은 것으로 자식에게 줄 줄 알거든' 라는 말씀이 나옵니다. 사람은 악한 자라도 제 자식에게 좋은 것을 주고 죄인이면서도 제 자식에게는 귀한 것으로 주려고 합니다. 왜냐하면 자기의 자녀이기 때문입니다. 악인이요 죄인이면서도 자기 자녀에 대해서만은 악인답지 않게 죄인답지 않게 행동하려고 노력합니다. 비록 악한 자일지라도 자녀에게 만큼은 최상 최고의 대접을 해주려고 합니다. 악한 자가 그 정도일진대 하나님도 그와 같다고 비교하여 말하면 안 됩니다. 성경에 등장하는 표현이 "그와 같이"가 아니라 "하물며"입니다. "하물며"라는 표현은 정반대의 의미를 담고 있습니다. 악한 자이기 때문에 자녀에게도 악하게 대하는 자들이 있긴 하지만 대개의 경우는 자녀에게 만큼은 잘하려고 노력합니다. 하나님은 '그' 정도가 아닙니다. 하나님은, 하나님이 만드셨기에 하나님이 지으셨기에 하나님이 창조하셨기에 인간에게 좋은 것으로 귀한 것으로만 주십니다. 인간이 하나님을 떠나가면 찾아가고, 배반하면 쫓아가고, 부인하면 도리어 은혜를 주는 방식을 사용해서라도 인간을 살려내고야 맙니다. 인간의 정도, 인간의 부모의 정도가 아니라 훨씬 그 이상입니다.

돕는 자

성경에 하나님도 사람을 세운 적이 있습니다. 하나님이 사람을 세울 때에는 인간들이 구하기 전에 하나님이 미리 세워 주십니다. 하나님이 모세를 세우셨습니다. 하나님이 모세를 세우시고, 모세와 함께 하셔서 모세로 하여금 정말 대단한 일을 하게 하십니다. 하나님과 하나님이 세운 사람의 역할을 잘 구분하셔야 합니다. 애굽의 나일 강이 흐르고 있고 모세가 바로 앞에 나갑니다. 모세가 나일 강을 향해 하나님이 말씀하신대로 행하여 물이 피가 되게 만듭니다. 모세가 지팡이로 나일 강을 치매 물이 피로 변했습니다. 또 모세가 바로에게 나아가 온 애굽 지역에 흑암이 올 것을 예고합니다. 모세는 하나님이 말씀하신대로 전달하고, 하나님이 말씀하신대로 행동하여 이적과 기적을 일으킵니다. 하나님이 모세로 하여금 놀라운 일을 행하게 하셨지만 단 한번도 '모세야! 네가 말하면 온 세상이 벌벌 떨 것이다. 네가 말로써 온 세상을 다스리라' 고 말씀하신 적이 없습니다. 나일 강을 피로 변하게 하거나, 온 애굽을 흑암으로 만드는 것보다 차라리 모세가 바로에게 백성을 내보내라고 요청할 때에 비로소 바로가 모세의 권세에 눌려 백성을 내보내는 것이 가장 쉽고 빠른 방법일 것입니다. 그런데 하나님은 모세에게 그와 같은 권세를 주시지 않습니다. 왜냐하면 사람을 사람위에 높이지 않고 사람을 사람 아래 낮추지 않기 때문입니다. 하나님은 모든 사람이 하나님의 은혜를 함께 누리길 원하십니다.

여호수아의 경우에서도 확인할 수 있습니다. 하나님이 여호수아에게 가나안을 정복할 수 있는 지혜를 주셨습니다. 여호수아의 지혜가 아니라 하나님이 주신 전략입니다. 여호수아는 요단강을 건너고 여리고성을 정복하려 할 때에 정복할 방법을 고민하지 않고 하나님께서 시키는 대로 행합니다. 하나님이 세우신 전략은 하루에 여리고 성을 한 바퀴씩, 그리고 마지막 날 일곱 바퀴 총 열세 바퀴를 도는 것입니다. 여리고 성을 피 한 방울 안 흘리고 넘어뜨린 전략을 주신 하나님이, 여호수아에게 사람을 보면 그 마음을 다 알아 차려서 그 사람을 다스리고 지배하고 장악하고 주관하는 권세를 주시지 않습니다. 하나님은 절대로 사람이 사람을 지배하고, 사람이 사람을 다스리고, 사람이 사람을 도와주고 도움 받을 수 있다고 말씀하지 않습니다.

세상에서 사람들이 하는 말과 성경에서 하나님이 하시는 말씀의 차이를 분별하셔야 합니다. 세상에서는 대부분 다른 사람에게 누군가를 지배하려면 지혜가 있어야 하고, 전략이 있어야 하고, 리더십이 있어야 한다고 말합니다. 그러나 하나님은 사람을 세우지만 지혜, 전략, 리더십을 요구하신 적이 단 한 번도 없습니다. 지혜가 있어야 하고, 전략이 있어야 하고, 리더십이 있어야 한다는 교훈은 마키아벨리의 군주론에나 나오는 것이고 세상의 처세술에 나오는 내용입니다.

하나님은 사람을 사랑하시고 사람을 존귀하게 여기시고 사람을 하나님의 사랑의 대상으로 높여주십니다. 하나님은 언제나 인간의 필요를 아십니다. 이스라엘에서 사무엘이 죽을 때에 백성이 불안해하며 장래를 걱정하지 않도록 이미 하나님은 그들의 보호자가 되셨고 하나님이 그들의 구원자가 되셨습니다. 신약에도 마찬가지입니다. 예수님이 십자가 사건과 부활을 예고할 때에 제자들은 예수님의 말씀의 의미를 이해하지 못했습니다. 도리어 제자들은 예수님이 떠나가면 안 된다고 막아서기까지 했습니다. 이때 예수님은 제자들에게 '내가 없더라도 잘 견디어라. 내가 나중에 다시 오마' 라고 말씀하신 것이 아니라 '걱정하지마라. 내가 떠나가고 보혜사 성령이 와서 너희와 영원토록 함께할 것이며, 너희 중 하나도 실족치 않게 할 것이며, 내가 너희의 거처를 마련하고 그리로 인도하리라' 고 말씀하셨습니다. 하나님은 자신의 백성을 책임지시는 분입니다. 하나님을 알면 두려울 것이 없고 하나님을 모르면 평안할 수 없습니다. 하나님이 우리의 도움이시며 방패시며 상급이시라는 내용을 놓쳐 버리면 우리는 또 어딘가에 내 기도를 대신해줄 능력 있는 자를 찾아 헤매게 됩니다. 내가 고민해야할 성경공부를 다 알아서 해주는, 나는 그저 듣기만 하고 따라만 가면 천국까지 안전하게 갈 수 있는 목사를 구하게 됩니다. 성경은 그와 같은 어리석은 방황, 미련한 노력을 하지 말라는 것입니다. 하나님을 바로 알아 하나님 때문에 평안하고 자유롭게 행복한 삶을 누리시기를 바랍니다.

9
지도자 or 왕

사무엘상 9:15~10:13

15 사울이 오기 전날에 여호와께서 사무엘에게 알게 하여 이르시되 16 내일 이맘 때에 내가 베냐민 땅에서 한 사람을 네게로 보내리니 너는 그에게 기름을 부어 내 백성 이스라엘의 지도자로 삼으라 그가 내 백성을 블레셋 사람의 손에서 구원하리라 내 백성의 부르짖음이 내게 상달되었음으로 내가 그들을 돌보았노라 하셨더니 17 사무엘이 사울을 볼 때에 여호와께서 그에게 이르시되 보라 이는 내가 네게 말한 사람이니 이가 내 백성을 다스리리라 하시니라 18 사울이 성문 안 사무엘에게 나아가 이르되 선견자의 집이 어디인지 청하건대 내게 가르치소서 하니 19 사무엘이 사울에게 대답하여 이르되 내가 선견자이니라 너는 내 앞에서 산당으로 올라가라 너희가 오늘 나와 함께 먹을 것이요 아침에는 내가 너를 보내되 네 마음에 있는 것을 다 네게 말하리라 20 사흘 전에 잃은 네 암나귀들을 염려하지 말라 찾았느니라 온 이스라엘이 사모하는 자가 누구냐 너와 네 아버지의 온 집이 아니냐 하는지라 21 사울이 대답하여 이르되 나는 이스라엘 지파의 가장 작은 지파 베냐민 사람이 아니니이까 또 나의 가족은 베냐민 지파 모든 가족 중에 가장 미약하지 아니하니이까 당신이 어찌하여 내게 이같이 말씀하시나이까 하니 22 사무엘이 사울과 그의 사환을 인도하여 객실로 들어가서 청한 자 중 상석에 앉게 하였는데 객은 삼십 명 가량이었더라 23 사무엘이 요리인에게 이르되 내가 네게 주며 네게 두라고 말한 그 부분을 가져오라 24 요리인이 넓적다리와 그것에 붙은 것을 가져다가 사울 앞에 놓는지라 사무엘이 이르되 보라 이는 두었던 것이니 네 앞에 놓고 먹으라 내가 백성을 청할 때부터 너를 위하여 이것을 두고 이 때를 기다리게 하였느니라 그 날에 사울이 사무엘과 함께 먹으니라 25 그들이 산당에서 내려 성읍에 들어가서는 사무엘이 사울과 함께 지붕에서 담화하고 26 그들이 일찍이 일어날새 동틀 때쯤이라 사무엘이 지붕에서 사울을 불러 이르되 일어나라 내가 너를 보내리라 하매 사울이 일어나고 그 두 사람 사울과 사무엘이 함께 밖으로 나가서 27 성읍 끝에 이르매 사무엘이 사울에게 이르되 사환에게 우리를 앞서게 하라 하니 사환이 앞서 가므로 또 이르되 너는 이제 잠깐 서 있으라 내가 하나님의 말씀을 네게 들려 주리라 하더라 10:1 이에 사무엘이 기름병을 가져다가 사울의 머리에 붓고 입맞추며 이르되 여호와께서 네게 기름을 부으사 그의 기업의 지도자로 삼지 아니하셨느냐 2 네가 오늘 나를 떠

나가다가 베냐민 경계 셀사에 있는 라헬의 묘실 곁에서 두 사람을 만나리니 그들이 네게 이르기를 네가 찾으러 갔던 암나귀들을 찾은지라 네 아버지가 암나귀들의 염려는 놓았으나 너희로 말미암아 걱정하여 이르되 내 아들을 위하여 어찌하리요 하더라 할 것이요 3 네가 거기서 더 나아가서 다볼 상수리나무에 이르면 거기서 하나님을 뵈오려고 벧엘로 올라가는 세 사람을 만나리니 한 사람은 염소 새끼 셋을 이끌었고 한 사람은 떡 세 덩이를 가졌고 한 사람은 포도주 한 가죽부대를 가진 자라 4 그들이 네게 문안하고 떡 두 덩이를 주겠고 너는 그의 손에서 받으리라 5 그 후에 네가 하나님의 산에 이르리니 그 곳에는 블레셋 사람들의 영문이 있느니라 네가 그리로 가서 그 성읍으로 들어갈 때에 선지자의 무리가 산당에서부터 비파와 소고와 저와 수금을 앞세우고 예언하며 내려오는 것을 만날 것이요 6 네게는 여호와의 영이 크게 임하리니 너도 그들과 함께 예언을 하고 변하고 새 사람이 되리라 7 이 징조가 네게 임하거든 너는 기회를 따라 행하라 하나님이 너와 함께 하시느니라 8 너는 나보다 앞서 길갈로 내려가라 내가 네게로 내려가서 번제와 화목제를 드리리니 내가 네게 가서 네가 행할 것을 가르칠 때까지 칠 일 동안 기다리라 9 그가 사무엘에게서 떠나려고 몸을 돌이킬 때에 하나님이 새 마음을 주셨고 그 날 그 징조다 다 응하니라 10 그들이 산에 이를 때에 선지자의 무리가 그를 영접하고 하나님의 영이 사울에게 크게 임하므로 그가 그들 중에서 예언을 하니 11 전에 사울을 알던 모든 사람들이 사울이 선지자들과 함께 예언함을 보고 서로 이르되 기스의 아들에게 무슨 일이 일어났느냐 사울도 선지자들 중에 있느냐 하고 12 그 곳의 어떤 사람은 말하여 이르되 그들의 아버지가 누구냐 한지라 그러므로 속담이 되어 이르되 사울도 선지자들 중에 있느냐 하더라 13 사울이 예언하기를 마치고 산당으로 가니라

하나님의 배려

백성의 요구

이스라엘 백성이 하나님대신 왕을 구하는 것을 하나님께서는 싫어하셨습니다. 하나님께서 싫어하셨다는 표현은 하나님이 배신감을 느끼셨거나 하나님이 질투를 느꼈거나 하나님이 시기가 나셨다는 의미가 아닙니다. 사람들이 하나님을 오해하는 것 중에 하나가 바로 하나님의 마음입니다. 하나님은 오직 하나님만 경배하고 하나님만 높이고 하나님 외에는 어떤 것도 믿지 말라고 명령하셨고, 또한 하나님은 질투하시고 시기하시는 분으로 마치 하나님이 자기 영광에 집착하시는 것처럼, 하나

님은 자기를 상당히 중요하게 여기는 것처럼 사람들이 생각하는 것은 모두 하나님에 대한 오해입니다. 하나님이 가장 원하시는 것은 인간의 행복입니다. 인간의 행복을 위해 하나님이 세상을 창조하셨고, 인간의 행복을 위해 죄인들에게 하나님을 계시하셨고, 인간의 행복을 위해 하나님이 인간의 삶을 책임지시며 공급하시며 도우시는 것입니다.

이스라엘이 왕을 구했다고 해서 하나님이 질투하고 시기하는 것이 절대로 아닙니다. 이스라엘이 왕을 구하는 것을 하나님이 싫어하신 이유는 이스라엘의 행동이 지혜롭거나 현명한 것이 아니었기 때문입니다. 이스라엘은 오랜 기간 동안 정치제도나 형식이 없었습니다. 하나님이 아브라함을 부르실 때 아브라함은 족장이었고 가족 단위로 이동하며 살았습니다. 출애굽 시대는 모세가 있었고 가나안 정복시대에는 여호수아가 있었지만 그것은 하나님이 제도로 정착시켜서 그대로 시행하라고 한 것이 아닙니다. 이스라엘에는 정치, 경제제도도 없고 국방에 대한 체계도 전혀 없었습니다. 가나안 정복 후에 그들이 정착하여 살 때에도 그곳에서 살아가는 어떤 시스템을 주신 적이 없습니다. 이스라엘이 불순종하여 이방민족이 쳐들어 올 때 하나님은 사사를 세우셨습니다. 이스라엘로 하여금 사사를 통하여 위기를 극복하면서 자신들을 도우시는 하나님을 알고, 하나님 앞에 불순종할 때 당할 결과들을 알게 하심으로 늘 하나님의 신앙을 회복하게 하는 것이 하나님의 가르침입니다.

하나님은 이스라엘로 하여금 주변국들의 강성함 속에 아무런 대비도 없게 만드셔서 그저 하나님 밖에는 살길이 없는 방식으로 두려움 가운데 하나님을 의지하게 만든 것이 아닙니다. 하나님이 중요하게 여기시는 것은 인간의 행복입니다. 다만 그 행복의 방법에 대하여 이스라엘이 생각하는 방식과 하나님의 방식이 달랐던 것입니다. 이스라엘은 사사시대를 거치면서 주변국들을 보았습니다. 열방을 보니까 멋있어 보였습니다. 열방들을 보니까 안정되어 보였고 튼튼해 보였고 그 나라들과 그 백성이 행복해 보였습니다. 그래서 자신들도 열방과 같이 되게 해달라고 하나님 앞에 요구하는 것입니다. 그러나 주변의 내용을 잘 살펴야합니다. 주변에 여러 나라들이 있고 각 나라마다 왕이 다스리고 있습니다. 이스라엘은 이방 나라들의 왕을 보고 사무엘상 8장 19절에서 '우리도 다른 나라들 같이 되어 우리의 왕이 우리를 다스리며 우리 앞에 나가서 우리의 싸움을 싸워야 할 것이니이다' 고 요구했습니다. 왕은 백성을 잘 다스리며, 백성을 잘 인도하며, 싸워야 할 때 왕은 나가서 싸워서 자신들을 보호해 주는 멋진 사람으로 생각했습니다.

그러나 겉보기와 실상은 전혀 다른 경우가 많이 있습니다. '알렉산더' 라는 영화를 한번 보시기 바랍니다. 사람들은 알렉산더 대왕이 광활한 영토를 확장하고 헬레니즘문화를 통일시킨 훌륭한 영웅으로 생각합니다. 지금 제3자의 관점으로 보면 영웅이지만 그 당시에 알렉산더 밑에서 전쟁을 따라다니던 사람들은 아주 고생스러운 것입니다. 영화의 내용 중에 알렉산더가 어머니의 집착을 벗어나려고 집으로 안가고 자꾸 동방으로 이동하며 전쟁을 일으킵니다. 어떤 분이 영화를 비평하기를, 알렉산더는 제국을 넓히려고 의도한 것이 아니라 엄마한테 안 가려고 자꾸 벗어나다 보니까 결국 영토가 넓어졌다고 했습니다. 알렉산더의 군대에 소속되어 늘 알렉산더를 따라다니던 사람들은 늘 집이 그립고 가족이 그립고 형제가 그립고 온 가족이 함께 모여 따뜻한 밥 한 끼 못 먹고 즐거운 대화 한 번 못 누렸습니다. 후대 사람들이 영웅이라고 하니 멋있어 보이지만 정작 당사자들은 얼마나 힘든지 모릅니다. 사람들은 겉모습만 생각하는 경향이 있습니다. 문화라는 것도 마찬가지입니다. 고대문물, 예를 들어 피라미드를 보고 많은 사람이 경이로워 합니다. 인류의 문화유산으로 지정하고 어마어마한 규모와 튼튼함과 웅장함을 칭송합니다. 피라미드를 바라보는 사람에게는 멋진 문명의 상징입니다. 그러나 피라미드를 만들던 사람에게는 죽음의 현장이었을 것입니다. 피라미드를 만드는 과정에 깔려 죽은 사람이 몇이고, 노동자로 동원되어 집에 못가본지가 얼마고 자식 못 본지가 몇 년인지 모릅니다. 무엇이 행복이고, 무엇이 문명의 자랑이고, 무엇이 아름다운 것인지에 대한 하나님의 인식과 이스라엘의 백성의 인식이 다른 것입니다.

인간의 관점, 하나님의 관점

이스라엘은 왕에 대하여 오해를 가지고 있었습니다. 왕이 자신들을 위해줄 것이며 왕이 자신을 대신해서 싸워줄 것이라고, 그래서 왕이 있으면 자신들이 행복할 것이라고 기대했습니다. 하나님은 그 기대를 깨시며 정확한 실체를 가르쳐 주십니다. 왕이 백성을 위하여 싸우는 것이 아니라 반대로 왕이 백성의 아들들을 끌고 가 그 아들들이 왕을 위하여 싸우게 만들 것임을 알게 하십니다. 왕이 백성의 딸들을 데려다가 왕을 위하여 음식을 만들게 할 것이며, 왕이 백성의 재물을 가져다가 자신의 신하들에게 나누어 줄 것임도 알게 하십니다. 그래서 왕이 백성을 도와주는 것이 아니라 결국엔 왕이 백성을 종 삼고, 백성은 왕의 종이 될 것이라고 가르쳐 주십니다. 백성의 기대와 하나님의 가르침이 차이가 나는 것은 인간 또는 왕을 바라보는 인간의 관점과 하나님의 관점이 하늘과 땅 차이기 때문입니다. 하나님은 인간이 죄인이라는 것을 알고 계시지만 정작 당사자인 인간은 자신들이 죄인이라는 사실을 모르고 있습니다. 하나님은 인간이 죄인이라는 것을 아시기에 죄인인 인간은 절대로 타인을 위하여 자신을 희생하지 않으며 헌신하지 않으며 섬길 수 없으며 양보가 불가능하다는 것을 알고 계십니다. 인간은 자신들이 죄인이라는 것을 자꾸 잊기에 왕으로 부름 받은 사람이 왕이 되어서 자신들을 위해 줄 것이고 자신들을 도와줄 것이고 자신들을 대신하여 싸워줄 것이라는 불가능한 기대를 합니다. 하나님이 왕의 제도의 실체, 왕이 어떻게 변할 것인가를 아무리 자세하게 가르치고 설명해도 죄인들은 그 판단이 변하지 않습니다. 자신들을 위해주는 선한 왕이 있을 것으로 기대하면서 기어코 왕을 달라고 합니다. 자신들 생각에 가장 영리하고 가장 현명하고 가장 총명한 판단을 내렸다고 생각하여 하나님께 왕을 요구합니다.

하나님은 제도가 문제라고 지적하신 적이 없습니다. 하나님은 언제나 인간의 마음이 문제라고 가르쳐 주십니다. 하나님의 말씀은 '너희가 왕을 달라면 줄 수 있다. 그런데 그 왕이 하나님의 마음, 하나님의 심정을 갖지 않는다면 그는 곧 교만해질 것이다. 처음엔 아마 너희를 도울 것이다. 처음엔 아마 너희의 음성을 들을 것이다. 왜냐하면 아직 힘과 권력이 없으니까. 그러나 잠시 후 힘과 권력이 생기면 그는 곧 너희를 종 삼고 너희를 다스리며 지배 할 것이다. 왜냐하면 죄인 속에 잠겨있는 죄가 그 마음을 충동질 할 때에 죄인은 그 죄를 이길 수 없기 때문이요 그 뻔한 결과를 하지 않을 사람이 없다' 입니다. 백성은 하나님의 권고를 듣지 않고 굳이 왕을 달라고 합니다. 백성이 요구하면 하나님께서는 들어 주십니다.

이스라엘의 지도자

백성은 분명히 왕을 구하고 하나님은 응답하시는데, 왕을 세우는 것이 아니라 지도자를 세웁니다. 사무엘상 9장 16절 "내일 이맘때에 내가 베냐민 땅에서 한 사람을 네게로 보내리니 너는 그에게 기름을 부어 내 백성 이스라엘의 지도자로 삼으라"입니다. 백성은 왕을 요구했는데 하나님이 지도자를 세우라고 말씀하시는 것은 백성의 요구가 맘에 안 들어서 방해하심이 아니요 다른 타협안을 제시하는 것도 아닙니다. 인간들을 향한 하나님의 사랑과 하나님의 심정이 나타나는 구절입니다. 이스라엘 백성은 자신들이 왕을 구하는 결과가 어떻게 나타날지를 모르고 있습니다. 그러나 하나님은 결국 백성이 왕의 종이 될 것을 알고 계시기 때문에 그러한 결과가 임하는 것을 보고 계실 수 없습니다. 이스라엘 백성이 하나님을 배반한다는 것이 문제가 아니라 백성의 요구대로 하나님이 응답해 주시면 결국 백성이 왕의 종이 된다는 것이 하나님의 안타까운 심정입니다. 인간을 사랑하시고 인간을 소중히 여기시는 하나님의 마음에 저들의 그릇된 요구를 들어주어 저들이 종이 되는 것을 하나님은 용납하실 수 없는 것입니다. 그래서 왕을 세워 주지 않습니다. 백성의 요구를 거부하는 것이 아니라 백성이 종이 되는 것을 허락지 않으시고 막아 주시는 것입니다. 인간의 창조자 되시는 하나님은 창조주임에도 인간을 단 한 번도 종 삼으신 적이 없습니다. 인간을 하나님의 사랑의 대상으로 높여주고, 인간의 죄인 됨을 안타까워하시고, 죄인이 되어 괴씸하고 하나님을 배반하고 하나님을 떠날지라도 인간에게 부여하셨던 하나님의 존중을 하나님은 절대로 취소시키지 않고 하나님의 종으로 삼지 않습니다. 하물며 인간을 세워 그 인간이 다른 사람을 종 삼는 것, 그것은 하나님이 허락하실 수 없는 것입니다. 그래서 왕을 요구하는 백성의 기대에 하나님은 지도자를 세워 주시는 것입니다.

하나님의 지도자

사람을 세우는 이유

하나님은 사람을 뽑으시고, 사람을 통해 일하십니다. 하나님은 왜 굳이 사람을 세우실까요? 하나님이 사람을 세우지 않고도 혼자 충분히 다 하실 수 있습니다. 그러나 하나님은 언제나 사람을 뽑으시고 사람을 세우시고 그 사람을 통하여 일하십니다. 그 사람이 있기 때문에 일하는 것은 아닙니다. 그런데 하나님은 그 사람이 없으면 일을 이루시지 않습니다. 하나님이 사람을 세우는 이유는 그 사람 때문이 아니라 하나님을 알게 하시기 위함 입니다. 하나님이 스스로 역사하시고, 하나님이 혼자서 공급하시고, 하나님이 친히 도와주시면 사람들은 하나님의 일하심이라고 생각하지 않고 자연현상이라고 말하며, 하나님의 은혜라고 생각하지 않고 운이 좋았다고 말하기 때문입니다. 그래서 하나님은 사람을 세워서 그 사람이 일하는 과정을 통하여 하나님을 알리십니다.

세상에서 사람들도 다른 사람을 선택할 때 나름대로의 기준이 있고 분별하고 판단하는 근거가 있습니다. 사람들 가운데 통용하는 말 중에 '사람 볼 줄 알아야 된다'는 표현이 있습니다. 자기들이 사람을 분별할 줄 안다고 생각합니다. 그래서 '누구는 쓸 만하다, 누구는 안 될 만하다, 이러이러한 사람은 가능성이 있다, 저러저러한 사람이 싹수가 노랗다'고 자기들끼리 기준과 판단을 가지고 사람을 선택하며 일을 진행합니다. 하나님은 그와 같은 사람들의 판단방식과는 전혀 다르게 하나님의 일을 해나가시는 것입니다. 하나님의 관점과 사람의 관점, 하나님의 방식과 사람의 방식이 다르기 때문에 하나님이 뽑으시는 사람은 대체로 볼품이 없습니다. 아마도 사람들이 선택하면 절대로 안 뽑힐 사람들이 주로 하나님께 선택됩니다. 사람 볼 줄 아는 눈에는 절대로 걸려들지 않는 사람들만 뽑습니다. 그래서 사람들이 '아이고, 저 사람이면 안 돼. 저 사람이 지도자라면 가능성이 없어'라고 생각하는 바로 그 사람을 통해서 하나님을 역사를 이룹니다. 자신들의 예상과 판단과 다른 선택과 결과가 이루어졌을 때 사람들이 모두 놀라는 것입니다.

하나님께 선택받은 아브라함은 당시 유력한 사람이 아니었습니다. 유리하는 아람 사람이었습니다. 모세 또한 당시에 가장 가능성이 많은 사람이 아니었습니다. 어느 날 모세가 자기 민족들 즉, 어떤 히브리 사람들이 다투는 것을 보고 만류하자 모세에게 반항하며 모세의 중재를 거부하였습니다. 모세를 자신들의 지도자로 인정하기는 고사하고 개개인의 분쟁에 조차도 간섭하는 것을 받아들이지 않았습니다. 모세의 인지도는 겨우 그 정도에 불과하였습니다. 그런데 하나님이 그런 사람들을 쓰시는 것입니다. 사람들도 인정하지 않는 사람들을 쓰셔서 하나님이 얻는 결과, 사람들도 수용하지 않는 사람들을 선택하시는 하나님의 뜻이 무엇인지를 분별해야 합니다. 일반적으로는 하나님이 어떤 사람을 선택하여 그 사람을 높여주고 그 사람을 특별하게 해주고 그 사람을 위대하게 만들어 주었다고 생각하는 경향이 있습니다. 그러나 성경은 단 한 번도 그와 같은 표현을 사용하지 않습니다. 성경은 사람위에 사람이 없게 하고 사람 밑에 사람이 없게 하고, 하나님 앞에 모든 인간은 다 같이 동등하게 행복을 누리며 살게 하는 것입니다. 하나님이 아브라함을 부르셔서 약속하시고 아브라함이 이삭을 얻고 하나님의 약속을 진행시켜 나갑니다. 그 결과 아브라함이 얻은 결과가 무엇입니까? 아브라함이 명성을 얻고 아브라함이 높아지고 어떤 특별한 특혜를 받은 적이 없습니다. 아브라함을 통하여 마침내 민족이 이루어졌을 때 그 민족 중의 한 사람이라는 것 외에 아브라함에게 주어진 다른 혜택이 없습니다. 모세를 통하여 출애굽 사건이 이루어졌습니다. 그렇다고 모세가 명예 얻은 것이 없고 상급 얻은 것이 없고 모세가 특별히 죄를 지었을 때 다른 사람보다 면책특권을 갖는 것도 없습니다. 하나님이 모세를 통하여 출애굽하여 이스라엘 백성을 자유하게 했을 때 모세도 그 자유로운 사람 중 하나라는 것이 전부입니다. 여호수아의 경우도 마찬가지입니다. 여호수아가 하나님의 전략으로 여리고 성을 무너뜨리고 가나안 성을 정복합니다. 그 결과 다른 사람은 성 두 개 얻을 때 여호수아는 열 개 얻은 것이 아닙니다. 모든 민족이 적당하게 삶의 터전을 갖는 것처럼 여호수아도 자기 살만한 터전을 갖는 것으로 족합니다. 분명히 하나님은 사람을 쓰십니다. 하나님이 사람을 세우시는 이유는 그를 높이기 위해서가 아닙니다. 하나님이 하시는 일을 나타내기 위함이며 그 결과로 모든 사람이 하나님 앞에 높아져야 어떤 사람만 높아지는 것이 아닙니다. 더 나아가 하나님이 아브라함을 쓰시고 모세를 쓰시고 여호수아를 통하여 하나님이 얻으신 것이 없습니다. 하나님은 아무것도 얻으신 것이 없습니다. 하나님은 주시는 분입니다. 하나님은 일하셨고 수고하셨고 역사하셔서 하나님이 일하시고 모든 결과는 인간들이 받는 것이 하나님의 일하시는 원리입니다. 모든 인간을 인간답게, 인간을 행복하게 하려고 하나님이 사람을 세우시는 것입니다.

사람을 세우시는 하나님

사람에 대한 사람들의 생각과 하나님의 생각의 차이점을 한 가지 예를 들어보겠습니다. 지도자, 영웅, 왕, 장군 등 각 방면에 훌륭한 사람이 있습니다. 어떤 전쟁 영웅은 전쟁에서 늘 승리하는 것으로 유명합니다. 이 장군은 병사들 앞에서 장갑차에 올라선 채로 '돌격 앞으로'를 외칩니다. 그리고는 뒤에서 진군하는 백성을 지켜보고 있습니다. 군사들이 전쟁하는 동안 자신은 여전히 서있을 뿐입니다. 드디어 싸움이 끝나면 보고를 받습니다. 전쟁에서 승리하여 귀국할 때에는 개선장군으로 맨 앞에서 나갑니다. 전쟁을 잘하는 장수, 승리하는 장수 일뿐 훌륭한 장수는 아닙니다. 그에 비하여 훌륭한 장수가 있다고 합니다. 전쟁을 잘하는 장수는 '돌격 앞으로'라고 말하지만 훌륭한 장수는 군사들 앞에 서서 '나를 따르라'고 말합니다. 자기가 앞에 나아가기에 모든 군사들이 그 장군을 믿고 함께 나아가 전쟁에서 승리하여 승리도 얻고 부하 장수들의 마음도 얻고 훈장도 얻고 면류관도 얻습니다. 결국 그는 불멸의 장군이 되고 영웅이 됩니다. 두 사람 모두 전쟁에서 승리하였지만 차원이 다릅니다. 한 사람은 "돌격 앞으로", 한 사람은 "나를 따르라"고 했습니다.

과연 하나님이 우리의 군대장관이 되신다고 한다면 하나님은 어떻게 하실까요? 하나님은 "돌격 앞으로" 또는 "나를 따르라"고 말씀하지 않으십니다. 하나님은 "내가 너로 하여금 저 성을 정복하게 하리라, 내가 너와 함께하리라"고 말씀하십니다. 이 차이점을 분별하셔야 합니다. "돌격 앞으로" 또는 "나를 따르라"고 말하는 장수가 전쟁에서 승리할 경우 모든 영광은 장수에게 돌아갑니다. 하나님은 '내가 너로 하여금 그 성을 정복하게 하리라'고 말씀하신 후 그 사람으로 하여금 성을 정복하게 하십니다. 마침내 그 사람이 성을 정복하면 하나님은 '네가 성을 정복하였다. 그 성을 네가 차지하여라'고 인간에게 상을 주고 인간을 높여주며 인간에게 면류관을 씌워주십니다. 이처럼 하나님은 철저하게 인간을 위해 주시는 분입니다.

이스라엘이 왕을 구하기 전에 사사들이 있었습니다. 사사들을 부르는 다른 표현이 판관 즉, 재판자들입니다. 사사나 판관들에 대하여도 오해를 많이 하고 있습니다. 판관이라는 직책을 맡았다고 생각하기에 신령한 사람들이요, 영적인 사람이요, 거룩하고 훌륭한 사람, 지혜로운 판단을 잘해서 백성에게 늘 본이 되었던 사람으로 생각합니다. 그러나 절대로 그렇지 않습니다. 사사들은 평범한 죄인이요, 전혀 신령한 사람들이 아닙니다. 그들을 판관자라고 부르는 이유는 그들이 옳고 그른 것을 판단해서 백성에게 가르치기 때문이 아닙니다. 대체로 하나님이 평범한 사람들보다 명성이 없는 사람을 판관으로 세우십니다. 그리고 그들 가운데 하나님이 역사하셔서 일을 이루어 내십니다. 바로 그 때 모든 사람들이 그 사사를 보는 것입니다. 사사들을 지켜보면서 '우리가 보았을 때 안 된다고 했던 우리 생각과 하나님이 보시고 이루어 내시는 하나님의 방식 중에서 우리 인식과 방식이 틀렸고 하나님의 인식과 방식이 맞았다'는 것을 확인하게 된다는 의미에서 판관자라는 뜻입니다. 그 사람이 판단해 낼 수 있는 능력과 재주와 거룩과 은사가 있는 자가 아니라 그는 평범한 자입니다. 도리어 평범 이하도 안 될 만한 자들인데 그를 통하여 하나님이 역사를 이루실 때 우리의 인식과 하나님의 인식을 바르게 분별하게 됩니다. 그래서 그 사사들을 보고 사람들은 '도무지 안 될 줄 알았는데 하나님이 하시면 되는구나! 야! 우리 하나님을 의지하자!'고 반응해야 되는데 아무도 그렇게 결론 내리지 않습니다. 사람들은 '아이고, 내가 사람을 잘못 봤네. 아휴! 굼벵이도 구르는 재주가 있다더니 저런 면도 있었네. 쯧쯧쯧 과연 열길 물속은 알아도 한 길 사람 속은 모르는 거야' 라고 반응을 보입니다. 하나님께로 마음이 돌아오지 않습니다.

하나님은 사람을 들어 쓰신 적이 있습니다. 그것은 그 사람을 높이기 위해서가 아니라 그 사람으로 더불어 모든 사람을 높이려는 것입니다. 모든 사람을 하나님의 사랑의 대상으로 올려주는 것이 목적입니다. 하나님과 교제하는 대상이 되려면 인간이 하나님을 알아야 하는데 절대로 배우지 않습니다. 그래서 하나님이 사사 즉, 가능성 없어 보이는 사람을 세웁니다. 하나님의 의도를 모르는 사람들은 하나님이 선택한 사람을 보면서 불안해하고 소망이 없다고 한탄합니다. 하나님이 직접 행하실 것을 인식하지 못하기에 하나님이 세우신 사람에게 어떠한 기대도 할 수 없는 것입니다. 마침내 하나님께 능력 있어 보이는 사람, 재주 있어 보이는 사람, 누가 보아도 믿음직한 사람, 싸움을 잘 할 것 같은 사람, 보기만 해도 신뢰가 갈만한 사람을 왕으로 세워 달라고 요구하는 것입니다. 백성의 상황인식과 요구내용은 하나님의 상황인식과 대응방식과 전혀 차원이 다른 것입니다. 하나님은 모든 것을 다 아시고 백성을 가르치려고 하시는데 인간들은 도무지 배우지 않으려고 하는 것입니다.

징조를 주시는 하나님

이스라엘의 왕을 세워 달라는 요구에 하나님이 응답하셔서 세우시는 것이 지도자입니다. 사무엘상 10장에 기록된 이야기로 왕이든 지도자든 누구든 직함이 문제가 아니라 하나님의 마음을 가지는 것이 중요한 것입니다. 왕을 세우면 왕이 백성을 종으로 삼는다고 말합니다. 이 때 중요한 것은 종들이 마음을 어떻게 먹느냐가 아니라 왕이 마음을 어떻게 먹느냐는 것입니다. 아무리 백성이 '왕이시여! 우리가 당신의 신하가 되겠습니다. 우리가 당신의 종이 되겠습니다' 고 굴복하고 들어와도 그 왕된 자가 '아닙니다. 나는 당신보다 높지 않고 강하지 않습니다. 나는 당신들을 부리지 않을 것이며, 나는 당신들을 억압하지 않을 것이며 착취하지 않을 것입니다' 고 말하면 백성은 종이 되지 않습니다. 하나님은 이스라엘에 왕이 아닌 지도자를 세우면서 그러한 마음을 가르치시는 것입니다.

하나님이 가르치시는 내용은 '너는 잘 난 것이 아니다. 너는 이 백성보다 높지 않다. 너는 너의 수고와 노력으로 왕이 된 것이 아니다. 절대로 자랑하거나 교만하지마라. 너는 백성위에 높아지지 말라' 는 것입니다. 하나님의 기름부음을 받고 세움을 받을 지라도 교만하지 않으면 백성을 억압하지 아니하고 백성은 종이 되지 않을 수 있습니다. 바로 그 과정이 사울을 세우는 과정입니다.

사울을 세우는데 하나님께서 딱 보니까 누가 왕 될 것 같고 마음 속에 왕에 대한 야망과 모든 백성을 지도해 보겠다는 비전이 있는 사람, 지도자 자질과 왕의 문무를 겸비하고 있는 사람을 뽑은 것이 아닙니다. 단지 어떤 덩치가 좋은 사람으로 어느 날 암나귀를 잃어 버려서 사환과 같이 암나귀를 찾으러 나가는 그런 사람입니다. 그 사람을 사무엘이 만나서 그에게 기름을 붓는 것입니다. 왕다운 자가 아니라 전혀 자기는 왕의 꿈도 예상도 못하고 있던 자를 기름 붓습니다. 선택받은 사람이 스스로 말하기를 '우리 집은 베냐민 지파입니다. 제일 작은 지파입니다. 베냐민 지파 중에도 제일 작은 그런 족속입니다' 고 합니다. 하나님이 의도적으로 이런 사람을 선택한 것입니다. 하나님이 그에게 말씀하시려는 의도는 '그렇지. 네 말대로 가장 작은 지파, 족속에 속한 너를 지도자로 삼으니까 왕이라고 백성 보다 높아지면 안 되고 교만하면 안 되고 자랑하면 안 되고 백성을 지배하면 안 된다' 입니다. 그걸 확인 받으시는 것입니다. 왜냐하면 그래야 백성이 왕의 종이 되지 않을 수 있기 때문입니다.

이런 고백을 한 사람이 왕이 되어야 그 마음에 '내가 왕 된 것은 나로 말미암지 않고 하나님의 은혜로다'고 고백할 수 있는 것입니다.

사울을 세우는 과정에서 하나님이 다음으로 하는 일은 사울에게 징조를 주는 것입니다. 사무엘이 사울에게 징조의 과정을 가르치는 이유는 절대로 사울이 교만하거나 높아지거나 자랑하거나 다른 사람과 다르다는 우월 의식이나 배타적 의식을 못 갖게 하기 위한 것입니다. 하나님은 왕으로서 준비된 자를 쓰시는 것이 아니라 그저 나귀 찾으러간 사람을 불러서 기습적으로 세우고 사울은 졸지에 기름 부음을 받습니다. 또 징조를 주는데 한두 가지를 주는 게 아니라 네 가지를 줍니다. 처음에 갈 때 두 사람을 만나리라, 또 가다가 세 사람을 만나리라, 또 가다가 예언자를 만나리라, 또 가다가 하나님의 신이 너에게도 임하여 네가 변하여 새 사람이 되리라는 것입니다. 어떤 징조 하나가 들어맞는다는 것도 쉬운 일이 아닙니다. 그런데 징조가 네 개나 되고 그 징조가 매우 복잡합니다. 첫 번째는 두 사람이 만나리라. 그래서 네가 궁금해 하던 암나귀를 찾았다는 것을 너에게 알려줄 것이다. 몇 사람을 만날지 어디서 만날지 무슨 말을 할지 가르쳐 주고, 두 번째 세 사람을 만날 것이다. 그 세 사람은 또 염소 새끼 셋을 이끌었고 떡 세 덩이를 가졌고 포도주 한 부대를 가졌고 그 중에 누가 너에게 몇 덩이를 줄 것이고 이런 것들이 다 맞아 떨어져야 합니다. 또 다음에 예언자들을 만날 것이다. 그들이 하나는 소고와 하나는 수금과 하나는 예언하며 내려오는 사람을 만날 것입니다. 징조의 예고를 아주 섬세하게 해 놓는 것입니다. 그래서 그걸 다 겪어 가면서 '야! 하나님의 말씀이었구나. 하나님이 하시는 것이었구나. 하나님이 했구나'라고 고백하게 될 것입니다. 그것뿐 아니라 '너에게도 신이 임하여 너도 새 마음을 갖고 너도 새 사람이 되리라'고 하십니다. 사울에게도 여호와의 신이 임하고 그가 예언했습니다. 제일 놀란 사람은 아마도 자기 자신이었을 것이고 그 다음 놀란 사람이 주변사람들이었을 것입니다. 그래서 말하기를 '야! 사울도 예언자 중에 있냐?' 는 말이 나오는 것입니다. 그 말을 듣는 사울이 마음속에 깊이 명심해야 될 것이 '나의 나됨은 나로 말미암지 않고 하나님의 은혜로다' 입니다. 하나님이 왜 자신을 세우셨고 하나님이 왜 자신을 쓰시는지 자신은 백성 앞에 높아질 수 없고 백성 앞에 군림 할 수 없고 백성을 지배할 수 없다는 것을 다양하게 확인시키는 것입니다. 그래야 하나님의 사람과 하나님의 백성이 서로 사랑하며 서로 용납하며 서로 수용하며 행복이 이루어지고 종이 되는 것을 막을 수 있기 때문입니다.

하나님은 사람을 세울 때 절대로 다른 사람 위에 높이지 않습니다. 백성이 왕을 구하는 것이 잘못이었습니다. 왕이 자신들을 어떻게 할 것인지를 모르고 왕을 구했습니다. 그럼에도 하나님은 응답하시되 백성이 종이 안 될 수 있도록, 백성이 절대로 누군가에게 억압 받지 않을 수 있도록 세우십니다. 그래서 왕이라는 이름으로 세우지 않고 단지 지도자로 세우는 것입니다. 그리고 그 지도자에게 지도자의 역할과 위치와 신분과 존재를 절대로 오해하지 말고 넘지 말라고 가르치시는 것입니다. 왕이나 지도자나 이름 차이입니다. 단지 직분의 차이만 봐서는 안 됩니다. 그 역할이 달라야하고 존재가 달라야하고 인식이 달라야 합니다.

지도자의 모델

하나님을 거부하고 하나님을 배반하고 배신하여 왕을 구하는 백성에게 하나님은 응답하지 않을 수도 있습니다. 자신들 스스로 왕을 세우고 왕의 종이 되어 고생하게 방치할 수 있습니다. 그러나 하나님은 하나님의 백성이 왕의 종으로 전락하는 것을 허락하지 않으십니다. 하나님의 인간 사랑의 마음입니다. 사무엘상 9장 16절 '내 백성을 블레셋 사람들의 손에서 구원하리라 내 백성의 부르짖음이 내게 상달되었으므로 내가 그들을 돌보았노라' 고 말씀하십니다. 이스라엘은 하나님께 부르짖지 않았습니다. '하나님 도와주세요. 하나님뿐입니다' 고 말한 적이 없습니다. 대신 '하나님만으로는 안 됩니다. 왕을 세워 주시옵소서' 라고 요구했을 뿐입니다. 이와 같은 요구는 안 들어주셔도 됩니다. 그런데 하나님은 '너희가 네게 부르짖었구나. 내가 그것을 들었노라. 내가 너희를 도와주리라. 내가 한 사람을 세워서 그가 너희를 구원해 내리라' 고 대답하십니다. 이것이 하나님의 심정이고 하나님의 마음입니다. 하나님은 언제나 죄인을 불쌍히 여기시고 백성을 긍휼히 여기시는 분입니다.

모델은 없다

하나님이 지도자를 세우는데 세상에서 비교할 수 있는 지도자의 모델이 없습니다. 역사 중에는 영웅이 있고 스승이 있고 장군이 있고 지도자가 있지만 성경에는 인간 중에 모델이란 없습니다. 성경 어디에도 본받아야할 모델로 제시된 인간은 없습니다. 성경 어디에도 누구를 의지하라는 권면이 없습니다. 성경 어디에도 누가 옳기에 그를 따르라는 내용이 없습니다. 하나님이 세우신 사람이 해야 할 역할은 하나님이 행하시는 것처럼 행동하는 것입니다. 올바른 지도자의 모델은 오직 하나님뿐이십니다. 올바른 왕의 모델은 오직 하나님뿐이십니다. 올바른 리더는 오직 하나님뿐이시고 올바른 우리의 통치자는 오직 하나님 한 분뿐이라고 성경은 가르칩니다. 하나님 한 분만이 지도자이시고 하나님께 세워지는 자, 직분 맡는 자, 백성 앞에 서는 자, 인도하는 자 등 모든 사람은 하나님이 하시는 것처럼 하나님의 원리를 알고 하나님의 방법을 알고 하나님의 마음을 알아 하나님의 방식으로 하나님처럼 하는 것만이 있을 뿐입니다. 하나님의 역할을 대행하는 것이 아니라 하나님이 행하시는 것과 같이 행하는 것입니다.

세상에서는 다양한 주장들이 등장합니다. 한때는 인재 경영이라는 말이 유행했습니다. 한 사람이 한 나라를 먹여 살릴 수 있다고 강조하며 인재를 길러내고 인재를 양육하고 인재를 키우려고 노력합니다. 그러나 이런 주장은 성경에서 말하는 방식과 성경에서 말하는 결과와는 전혀 차원이 다릅니다. 성경은 특정인물이 아니라 하나님을 모델로서 우리에게 보여 줍니다. 하나님은 지도자요 왕으로서 온전히 인간을 도우시는 분입니다. 하나님이 사람을 세우심으로, 하나님이 사람을 도우심으로 하나님이 받으시는 이익은 없습니다. 하나님은 인간을 위하여 친히 수고하시고 하나님의 일하심으로 이루어진 결과는 온전히 인간에게 베풀어 주십니다. 수고는 하나님이 하시고 결과는 인간이 갖게 하는 것이 하나님의 원리입니다. 인간을 한 없이 사랑하시기에 하나님이 우리의 주가 되실 수 있으며 우리의 왕이 되실 수 있는 것입니다. 하나님 밖에는 이런 지도자를 만나볼 수가 없습니다.

하나님은 사람을 쓰시고 사람을 키웁니다. 그런데 하나님은 개인의 실력을 키우는 것이 아니라 인간이 되게 하십니다. 오늘날 사람에 대한 평가는 얼마나 일을 잘 수행하는가에 달려있습니다. 일 중심, 목적 중심의 기능성 인간이 되어버렸습니다. 모든 에너지를 어떤 사람의 기술과 재능과 학식을 익히는데 다 투자해 버립니다. 사람이 중요하다고 말하면서도 결국에는 사람이 아니라 그 사람의 능력이 중요하다고 말하고 있습니다. 성경 어디에서도 하나님은 사람에게 능력을 키워라, 실력을 키워라, 재능을 키워라, 리더십을 갖추어라, 통솔력이 있어야한다, 카리스마가 있어야한다, 권위가 있어야한다고 말하지 않습니다. 하나님 스스로도 인간들에게 권세와 위엄과 능력의 모습으로 나타나지 않습니다. 하나님은 인간을 위해 친히 수고하시고 일하시면서 늘 백성에게 물으시는 것입니다. '나 믿을 만하지? 나 신뢰할 만하지? 나 의지할 만하지?' 만약 인간이 하나님을 배반하면 하나님이 찾아가십니다. 보복이 아니라 인간을 도와주려는 것입니다. 하나님은 인간에게 하나님의 원리를 가르치십니다. 죄인이 의인이 되어야하고, 죄의 가치가 하나님의 가치가 되어야하고, 죄의 원리가 하나님의 원리가 되어야하고, 죄의 마음이 하나님의 마음이 되어야하고, 죄의 방법이 하나님의 방법이 되어야하고, 죄인이 성도가 되어야한다고 말씀하십니다. 하나님의 마음과 심정과 원리로 행동해야 인간이 행복을 누릴 수 있습니다. 인간을 행복하도록 하려고 하나님이 육신을 입고 강림하셔서 인간의 죄를 대신하여 죽으심으로 구원하여 주십니다.

본문의 강조는 백성을 향한 하나님의 마음입니다. 왕을 구할 때 백성이 종 될까봐 왕을 세우시지 않는 하나님, 그리고 지도자를 세우시면서 지도자가 절대로 백성에게 높아지지 않도록 가르치며 교육하며 훈계하시는 하나님, 그리고 그런 모델이 이 땅에 없으니까 하나님이 친히 이스라엘과 동행하시면서 온전한 모델로 우리의 본이 되어주시는 하나님을 소개하는 것입니다. 하나님은 절대로 인간 위에 군림하지 않습니다. 하나님은 인간을 협박하지도 않습니다. 또 하나님은 인간을 포기하지도 않습니다. 내가 아무리 벗어나려 해도 하나님은 나를 떠나지 않고 내가 아무리 부인하려해도 하나님은 나를 놓지 않고 사랑해 주십니다. 하나님의 사랑은 끝이 없고 한이 없습니다. 안타깝게 이 시대에도 사람들은 하나님을 구하지 않고 지도자를 구합니다. 이 시대에도 하나님을 구하지 않고 리더를 구합니다. 이 시대에도 하나님을 구하지 않고 목사를 구합니다. 이 시대에도 하나님을 구하지 않고 능력 있는 사람을 구합니다. 이 시대에도 하나님을 구하지 않고 좋은 제도를 구합니다. 하나님을 믿고 성경을 아는 성도들은 하나님을 알고 하나님을 의지하셔서 하나님의 은혜와 하나님의 축복을 삶 가운데 풍성히 누려 가시기를 주님의 이름으로 축원합니다.

10

내게 대하여 증거하라

사무엘상 11:1~12:5

1 암몬 사람 나하스가 올라와서 길르앗 야베스에 맞서 진치매 야베스 모든 사람들이 나하스에게 이르되 우리와 언약하자 그리하면 우리가 너를 섬기리라 하니 2 암몬 사람 나하스가 그들에게 이르되 내가 너희 오른 눈을 다 빼야 너희와 언약하리라 내가 온 이스라엘을 이같이 모욕하리라 3 야베스 장로들이 그에게 이르되 우리에게 이레 동안 말미를 주어 우리가 이스라엘 온 지역에 전령들을 보내게 하라 만일 우리를 구원할 자가 없으면 네게 나아가리라 하니라 4 이에 전령들이 사울이 사는 기브아에 이르러 이 말을 백성에게 전하매 모든 백성이 소리를 높여 울더니 5 마침 사울이 밭에서 소를 몰고 오다가 이르되 백성이 무슨 일로 우느냐 하니 그들이 야베스 사람의 말을 전하니라 6 사울이 이 말을 들을 때에 하나님의 영에게 크게 감동되매 그의 노가 크게 일어나 7 한 겨리의 소를 잡아 각을 뜨고 전령들의 손으로 그것을 이스라엘 모든 지역에 두로 보내어 이르되 누구든지 나와서 사울과 사무엘을 따르지 아니하면 그의 소들도 이와 같이 하리라 하였더니 여호와의 두려움이 백성에게 임하매 그들이 한 사람 같이 나온지라 8 사울이 베섹에서 그들의 수를 세어보니 이스라엘 자손이 삼십만 명이요 유다 사람이 삼만 명이더라 9 무리가 와 있는 전령들에게 이르되 너희는 길르앗 야베스 사람에게 이같이 이르기를 내일 해가 더울 때에 너희가 구원을 받으리라 하라 전령들이 돌아가서 야베스 사람들에게 전하매 그들이 기뻐하니라 10 야베스 사람들이 이에 이르되 우리가 내일 너희에게 나아가리니 너희 생각에 좋을 대로 우리에게 다 행하라 하니라 11 이튿날 사울이 백성을 삼 대로 나누고 새벽에 적진 한가운데로 들어가서 날이 더울 때까지 암몬 사람들을 치매 남은 자가 다 흩어져서 둘도 함께 한 자가 없었더라 12 백성이 사무엘에게 이르되 사울이 어찌 우리를 다스리겠느냐 한 자가 누구니이까 그들을 끌어내소서 우리가 죽이겠나이다 13 사울이 이르되 이 날에는 사람을 죽이지 못하리니 여호와께서 오늘 이스라엘 중에 구원을 베푸셨음이니라 14 사무엘이 백성에게 이르되 오라 우리가 길갈로 가서 나라를 새롭게 하자 15 모든 백성이 길갈로 가서 거기서 여호와 앞에서 사울을 왕으로 삼고 길갈에서 여호와 앞에 화목제를 드리고 사울과 이스라엘 모든 사람이 거기서 크게 기뻐하니라 12:1 사무엘이 온 이스라엘에게 이르되 보라 너희가 내게 한 말을 내가 다 듣고 너희 위에 왕을 세웠더니 2 이제 왕이 너희 앞

에 출입하느니라 보라 나는 늙어 머리가 희어졌고 내 아들들도 너희와 함께 있느니라 내가 어려서부터 오늘까지 너희 앞에 출입하였거니와 3 내가 여기 있나니 여호와 앞과 그의 기름 부음을 받은 자 앞에서 내게 대하여 증언하라 내가 누구의 소를 빼앗았느냐 누구의 나귀를 빼앗았느냐 누구를 속였느냐 누구를 압제하였느냐 내 눈을 흐리게 하는 뇌물을 누구의 손에서 받았느냐 그리하였으면 내가 그것을 너희에게 갚으리라 하니 4 그들이 이르되 당신이 우리를 속이지 아니하였고 압제하지 아니하였고 누구의 손에서든지 아무것도 빼앗은 것이 없나이다 하니라 5 사무엘이 백성에게 이르되 너희가 내 손에서 아무것도 찾아낸 것이 없음을 여호와께서 너희에게 대하여 증언하시며 그의 기름 부음을 받은 자도 오늘 증언하느니라 하니 그들이 이르되 그가 증언하시나이다 하니라

왕의 만세를 외쳐 부르니라

하나님 만세 or 왕 만세

이스라엘 백성은 하나님께 왕을 구했습니다. 왕을 구하는 행동이 앞으로 어떤 결과를 가져올지 전혀 짐작을 못하고 있었습니다. 하나님께서 백성에게 왕의 제도가 가지는 실체를 알려 주셨지만 전혀 이해하지 못했습니다. 이해하지 못하는 백성을 하나님이 긍휼이 여기셔서 백성의 요구에 응답하시면서도 백성이 왕의 종으로 전락하지 않도록 무던히도 애를 쓰십니다. 왕을 뽑고 그 왕에게 하나님의 말씀과 하나님의 징조를 주어 백성 앞에 높아지지 않도록 하나님이 많은 일들을 행하셨습니다. 이런 하나님의 꾸준한 설득과 가르침에도 죄인들은 하나님의 마음을 모릅니다. 하나님이 그들의 요구를 들어주셨고, 그들은 왕을 요구했지만 하나님은 지도자를 세워주셔서 왕의 종으로 전락하지 않도록 배려해주면 사람들은 하나님께 감사하고 하나님 만세를 불러야 하는 것이 정상입니다. 그런데 사무엘상 10장 23~24절에 보면 '그들이 달려가서 거기서 그를 데려 오매 그가 백성 중에 서니 다른 사람들보다 어깨 위만큼 컸더라. 사무엘이 모든 백성에게 이르되 너희는 여호와께서 택하신 자를 보느냐 모든 백성 중에 짝할 이가 없느니라 하니 모든 백성이 왕의

만세를 외쳐 부르니라'고 되어있습니다. 왜 거기서 왕의 만세가 나와야 합니까? 하나님 만세여야 합니다. 하나님 감사합니다, 하나님 고맙습니다, 하나님 만세!'가 나와야 하는데 하나님 만세는 전혀 없고 오직 왕의 만세뿐입니다. 왕은 지금 한 일이 없습니다. 왕은 아무것도 백성을 위하여 행한 일이 없습니다. 그저 아버지의 잃어버린 나귀를 찾으러 오다가 사무엘에게 택함을 받았고, 왕으로 제비 뽑힘 받을 때에도 행렬 뒤에 숨어 있기에 어디 있는지 모르는 것을 하나님이 가르쳐 주어 하나님이 그를 찾아내게 하시어 왕으로 세웠으니 모든 것이 하나님의 도우심이기에 하나님 만세를 불러야 정상입니다. 그런데 사람들은 '왕 만세! 왕이여 만세!'라고 합니다.

수모를 겪으시는 하나님

하나님께서 백성의 요구를 들어주시고, 백성의 신분이 전락하지 않도록 보호하여 주셨음에도 정작 백성은 하나님 만세가 아니라 왕 만세를 부르는 모습을 바라보시는 하나님의 심정은 어떠셨을까요? 지금 하나님은 백성 앞에서 수모를 당하고 계십니다. 하나님이 구원한 백성이고, 하나님이 온갖 역사를 통하여 가르쳤던 백성이고 또 지금도 그들을 배려해서 인도해 주었는데 하나님에 대해서는 일언반구도 언급하지 않으면서 왕 만세라는 소리를 듣고 계셔야 하는 하나님의 심정은 참으로 모멸감을 느낄 정도일 것입니다. 그런데 하나님은 그 백성을 향하여 울분을 토하지 않고 그 백성을 향하여 진노하지 않고 보복을 계획하시지 않고 모든 것을 수용하십니다. 또 백성을 방치하시거나 버려두시거나 방관 하시지도 않습니다. 그런 백성임에도 모욕과 멸시를 받으면서도 왕을 도우셔서 이스라엘로 하여금 승리하게 하십니다. 왜냐하면 하나님은 인간을 사랑하시기 때문입니다.

야베스 사람들의 행동

성경은 앞과 뒤가 연결되는 책입니다. 10장에 나타난 사건이 있고 그 사건 때문에 11장이 나오고 11장 때문에 12장이라는 사건들이 연계되어 있습니다. 어느 사건들을 느닷없이 단편적으로 여러 자료들을 모아놓은 것이 아닙니다. 사무엘상 10장에서 백성이 왕을 구하고 하나님이 왕을 세워주고 왕이 앞으로 백성을 어떻게 압제할 것인가 가르쳐 주어도 도무지 알아듣지 못하고 자신들에게 왕이 있어야 된다고 매달리기에 이제 왕의 역할과 활동들이 등장하는 것이 11장입니다. 11장부터 왕의 활약상을 보면서 사람들이 기대하는 왕의 모습과 하나님이 염려하셨던 왕의 제도 중에 누구의 생각이 옳았는가 하나 둘씩 점검해 보면서 하나님께로 돌아오도록 하기 위한 하나님의 큰 그림의 역사가 진행 됩니다. 11장 1절에 암몬사람 나하스가 올라왔습니다. 또 이방이 쳐들어 온 것입니다. 이스라엘은 그동안 여러 번 교육을 받았습니다. 이방이 쳐들어 왔을 때 하나님을 찾고 하나님을 의지하면 하나님이 그들을 구원해 주었습니다. 그런데 그런 가르침 속에서도 이스라엘은 도무지 배우지 못하고 오늘 암몬 사람 나하스가 오니까 길르앗 야베스에 있는 사람들이 하는 말이 1절에 '길르앗 야베스에 맞서 진 치매 야베스 모든 사람들이 나하스에게 이르되 우리와 언약하자 그리하면 우리가 너를 섬기리라' 입니다. 일단 적군이 왔으면 하나님을 찾고 부르짖는 등 신앙의 일말의 모습이라도 보여야 하는데 이스라엘은 이방이 쳐들어 왔다는 소리를 듣고 제 발로 찾아가서 언약을 맺자고 제안하고 스스로 섬기겠다고 다짐합니다. 하나님을 향하여는 한 번도 그런 말을 안 하더니 나하스를 향하여는 너무나도 빨리 단호하게 스스로 언약하고 맹세합니다. 나하스는 이스라엘의 제안을 거부하고 오른 눈을 다 뽑은 다음에 언약을 맺고 받아 주겠다고 합니다. 항복이나 저항과 관계없이 일단 무조건 눈을 뽑고 그다음에 언약하자는 것입니다. 인정사정이 없고 아주 두려운 존재로 성경에 등장합니다. 아마도 위협을 주고 기선을 제압하려는 의도인 것 같습니다.

야베스 사람들이 더욱 두려움에 가득 차서 도와줄 사람을 찾습니다. 이스라엘은 하나님의 백성, 하나님의 사람들입니다. 그럼에도 전혀 하나님을 찾거나 하나님의 사람을 찾거나 사무엘을 찾는 모습이 등장하지 않습니다. 이미 하나님은 믿을만한 분이 못된다고 생각했고, 사무엘은 한때는 지도력을 발휘했으나 지금은 매우 늙었고, 그 자녀들은 도무지 신뢰할 수 없고, 이제 의지할 곳이 없다고 생각하기에 나하스가 왔을 때 누구든지 자신들을 도와주고, 자신들을 구해주는 사람이 있으면 그를 섬기겠다는 것입니다. 이스라엘은 무조건 자기들을 도울 자를 찾는 것입니다. 인간이어도 우상이어도 이방인이어도 상관없습니다. 하나님의 백성임에도 하나님을 모르기 때문에 참으로 안타까운 행동을 보이고 있습니다. 누구든지 자신들을 도울 자를 찾지만, 그 사람은 무조건 자신들을 도와줄 리가 없습니다.

인간이 어느 종교든 의지하는 것을 나무랄 의도는 추호도 없습니다. 그런데 기독교의 입장에서 강조하는 것은 사람들이 누군가를 의지하든 어느 신을 의지하던 간에 '과연 의지할 만한 것인가? 의지하고자 하는 그것들이 자신들을 지켜줄 것인가? 자유롭게 하며 평안하게 해주며 행복하게 이루어줄 수 있느냐?' 는 것입니다. 결론은 의지할 수 없다는 것입니다. 하나님 이외에는 절대로 의지할 사람이 없고 하나님 이외에는 어떤 신도 신뢰할 신이 없습니다. 왕도 마찬가지고 어떤 지도자도 인간을 만드시고 인간을 사랑하시고 인간을 책임지시는 하나님 이외에 어느 것도 의지 할 수 있는 것이 없습니다. 야베스 사람들은 하나님의 백성임에도 신앙의 모습이 없습니다. 도움을 청하는 소리가 사울에게 전해지고 사울이 도와주겠다고 하자 야베스 사람들이 고백하는 말이 11장 10절에 '우리가 내일 너희에게 나아가리니 너희 생각에 좋을 대로 우리에게 다 행하라 하니라' 입니다. 자신들을 도와주기만 한다면 하고 싶은 대로 다 하도록 허락합니다. 이미 종이 될 자세와 종이 될 각오, 지배받고 압제받을 생각은 하지 않습니다. 야베스 사람들의 행동 어디에서도 신앙의 모습, 믿음의 모습, 하나님을 아는 백성의 모습이 나타나있지 않습니다.

사울의 행동

하나님의 영에게 감동되매

이스라엘 백성의 구원 요청의 소식이 사울이 머물고 있는 기브아 지방에까지 들렸습니다. 전령이 기브아에 와서 나하스의 잔인한 경고를 전하니까 모든 사람이 그것을 듣고 떨고 있습니다. 그 소식을 사울도 듣고 그들이 기대하고 의지하고자하는 이 왕의 역할이 등장합니다. 사울은 길르앗 야베스에서 온 사자들의 말을 들었습니다. 그 말을 들은 다음에 성경에 보면 이런 표현이 나옵니다. 6절에 "사울이 이 말을 들을 때에 하나님의 신에게 크게 감동되매 그 노가 크게 일어나서"라고 표현되어 있습니다. 성경을 읽을 때에 단지 본문만이 아니라 성경 전체를 봐야하고 성경이 처음부터 끝까지 어떤 맥락으로 흘러가는지 이해해야 합니다. 즉, 하나님의 마음, 하나님의 원리, 하나님의 일하시는 방법을 이해하셔야 합니다. 얼핏 생각하면 사울이 전령의 말을 듣고 하나님의 영에 감동되었으매 이제 하나님으로 인해 이제 큰 감동을 받아서 모든 적군을 싹 쓸어버릴 수 있는 의로운 거룩한 분노가 일어났고 이제 하나님 말씀에 순종하여 나갔다고 단정하기 쉽습니다. 그러나 성경의 의도와 결과는 전혀 그렇지 않습니다.

이방 적군이 이스라엘을 침입 했을 때 하나님이 생각하시는 것은 단순히 이방이 물러가느냐 여전히 남아있느냐는 것이 아닙니다. 이스라엘이 의지하려는 왕이 이스라엘을 구해주는 것과 하나님을 의지해서 하나님이 이스라엘을 구해주는 것 중에 어느 것이 옳으며 어떤 결과가 이스라엘에게 유익한가를 알게 하려는 의도에서 이 사건이 등장하고 있습니다. 본문의 의도는 사울이 옳다는 쪽으로 가는 것이 아닙니다. 그래서 사울이 행한 분노는 하나님이 주신 거룩한 분노가 아닙니다. 하나님은 사울의 마음에 하나님의 영을 강하게 주셨습니다. 즉, 사울이 길르앗 야베스 사람들의 소식을 들을 때에 사울에게 하나님의 마음을 주셨습니다. 사울이 하나님의 마음을 받았으면, 길르앗 야베스 사람들을 불쌍히 여기고 긍휼히 여겨서 도울 길을 모색해야 합니다. 그리고 사울이 할 수 있는 도울 길이란 하나님께 의뢰하는 것입니다. 이방이 쳐들어 왔을 때 길르앗 야베스 사람이 하나님을 찾지 않습니다. 하나님을 모르고 하나님을 신뢰하지 않기 때문입니다. 나하스가 언약을 맺어주지 않는다고 할 때, 이스라엘 백성은 하나님을 더더욱 찾아야 합니다. 그런데 구하지 않습니다. 왜냐하면 하나님을 모르고 하나님을 신뢰하지 않기 때문입니다. 아무도 하나님을 모르기에 하나님을 구하지 않는 그 때, 사울에게 하나님의 영이 임하면 사울은 바로 하나님을 알고 하나님을 찾고 하나님을 구하고 하나님을 의지해야 합니다. 이러한 사울의 모습을 보고 백성은 '우리가 나아갈 길, 이 나라가 나아갈 길은 하나님께 있구나!' 라는 결론이 나와야 합니다.

안타깝게도 사울은 절대로 그렇게 하지 않습니다. 하나님의 의도는 이스라엘에 하나님이 없고 단지 왕만 있어도 왕이 이스라엘을 굳건히 지킬 수 있다는 것을 확인하는 것이 아닙니다. 정반대로 아무리 왕이 있어도 하나님이 도우시지 않으면 소용이 없다는 결론이 나와야 합니다. 이스라엘 백성의 입에서 그와 같이 고백하도록 중간 역할하는 존재가 바로 사울입니다. 사울이 먼저 하나님을 인정해야 합니다. 이스라엘 백성이 사울에게 몰려와서 '사울이여! 당신이 우리를 구해주소서. 당신은 할 수 있습니다'고 추켜세워도 사울은 '나는 안 된다. 나로서는 할 수 없다. 나로서는 방법이 없다. 우리 모두 하나님께로 가자. 하나님께 구하자. 하나님을 찾자. 하나님을 부르짖자. 하나님을 만나자'라고 하나님을 백성에게 드러내는 역할을 해야 합니다. 하나님이 바로 그 고백을 받아내려고 사울에게 하나님의 마음을 주시는 것입니다. 그런데 사울은 정반대로 행동합니다. 하나님이 도우셔야 한다는 고백이 아니라 도리어 자기가 분노하고 자기가 이루고 자기가 해낼 수 있을 것처럼 다음 일들을 진행합니다. 하나님의 마음과 무관하게, 하나님에 대하여 아는 것이 없으니까 사울조차도 백성과 다를 바 없는 엉뚱한 행동을 하는 것입니다.

사울의 행동

사울이 한 겨리의 소를 잡아 각을 뜨고, 각 뜬 소를 사람들의 손을 통하여 온 이스라엘 백성에게 보냅니다. 그리고 7절에 말하기를 "누구든지 나와서 사울과 사무엘을 좇지 아니하면 그 소들도 이와 같이 하리라"고 합니다. 마치 영화 '대부'에서 상대방 조직원을 협박하려고 말머리를 침대에 올려놓은 것과 유사한 행동입니다. 소를 각 떠서 백성에게 보내고 함께 가지 않으면 상대방의 소도 이와 같이 행하겠다는 말을 들은 사람들의 반응을 생각해 보시기 바랍니다. 7절 후반부에 백성의 반응이 기록되어 있습니다. "여호와의 두려움이 백성가운데 임하매 그들이 한 사람 같이 나온지라"입니다. 살벌한 위협을 받고 안 나올 사람이 없습니다. 그런 협박과 공갈을 받고 나온 사람이 베섹이라는 곳에서 숫자를 계수해보니 이스라엘 자손이 삼십 삼 만 명이 나왔습니다. 이스라엘 자손이 삼십 만이요 유다 사람이 삼만 이라 총 삼십 삼만 명입니다. 이 숫자가 얼마나 많은 숫자인지 비교하여 보겠습니다. 사울 왕 다음에 다윗 왕이 등극하여 잃어버린 영토를 되찾고 원래 하나님의 약속의 영토를 다 회복하고 군사들이 많아지고 부국강병하고 튼튼한 나라를 만들고 말년에 인구조사를 합니다. 이스라엘이 태평한 시절에 인구 조사한 결과가 군사 백 십만입니다. 이스라엘이 팔십만 이요, 유다가 삼십만 이라고 나옵니다. 이스라엘이 가장 번성할 때에 군사가 백 십만 명인데 지금은 사사시대를 지나서 왕이 왕 같지도 않은 시대, 소 몰다가 갑자기 기름부음 받고, 이방의 침입의 소식을 듣고 갑작스럽게 군사를 동원했을 때 삼십 삼만이 모였으면 어마어마하게 많이 모인 것입니다. 소의 각을 떠서 보낸 경고를 보고 두려움 속에 다 뛰쳐나온 것입니다.

목적과 방법

사울의 행동으로 인한 결과로 상황이 역전된 것입니다. 이스라엘이 당한 상황, 이스라엘 백성이 느끼는 감정이 모두 비정상으로 바뀐 것입니다. 11장 1절에 근거하면 적군은 암몬 사람 나하스입니다. 나하스가 와서 길르앗 야베스 사람들의 눈을 뽑겠다고 협박합니다. 협박하는 사람이 나하스였고 두려워하던 사람들이 야베스 백성이었습니다. 이방인의 협박에 의한 두려움을 벗어나려는 의도로 도움을 청하였고 다행히도 사울이 도와주기로 자원하였습니다. 그런데 자신들을 도와주려는 사울의 행동은 소를 각 떠서 보내는 것이었고, 만약 사울의 요구에 응하지 않으면 백성의 소도 각 뜬다는 것이었습니다. 백성은 위로를 받고 싶어 도움을 청했는데 도움을 주러온 사람이 도리어 더 큰 위협을 주고 있습니다. 도움을 주러온 사람에게서 위로를 받거나 평안함을 받는 모습이 아닙니다. 이방사람 나하스에 의하여 협박을 받을 때와 다를 바가 없는, 도리어 자기 백성 중의 한 사람인 사울에 의하여 협박을 받고 있는 아주 희한한 장면이 되어버렸습니다. 적군을 두려워하던 백성이 지금은 자기 백성 중의 한 사람을 더 두려워하고 있는 모양새입니다.

사울이 행하는 방식은 하나님이 일하시는 방식과 전혀 다릅니다. 하나님은 선한 목적을 이룬다는 명분으로 악한 방법을 사용하지 않습니다. 하나님에게는 특별히 선한 일이라는 구별된 일이 없기 때문에 그 일을 이루려고 악한 방법을 동원하지 않습니다. 악한 방법을 동원하면 사람이 다치기 때문에, 하나님은 절대로 사람이 다치고 아프게끔 일하지 않으십니다. 일 중심, 목적 중심이 되어서는 안 됩니다. 하나님의 목적에는 사람이 다치고 사람이 두려워하고 사람이 상처받는 방법이 동원되지 않습니다. 사울은 악당을 물리치려고 더 악당 같이 행동하고 있습니다.

사울의 전략

사무엘상 10장의 사건들이 무엇을 위해서 등장하고 있는가를 잘 이해하셔야 합니다. 사울의 행동은 하나님의 마음과 하나님의 방법에 의한 것이 아닙니다. 사울의 행동 어디에도 하나님을 향한 청원, 하나님을 향한 간구, 하나님을 향한 의뢰, 하나님이 아니면 할 수 없다는 고백이 없습니다. 자신의 경고를 듣고 동원된 숫자가 삼십 삼만 명입니다. 그 다음에 하는 말이 9절 "무리가 와 있는 전령들에게 이르되 너희는 길르앗 야베스 사람에게 이같이 이르기를 내일 해가 더울 때에 너희가 구원을 받으리라" 입니다. 상황의 결론이 이미 다 났습니다. 사무엘상 9장에 의하면 사울은 원래부터 담대했던 사람이 아닙니다. 사울이 강건하고 겁 없이 늘 전쟁을 준비하던 장수가 아닙니다. 그저 목동 같은 사람이었고 나귀 찾아다니던 사람이었고 사람들이 자기를 찾으니깐 행렬 뒤에 숨는 사람이었습니다. 그런데 갑자기 돌변했습니다. 갑자기 담대함이 불끈불끈 솟습니다. 겁이 없어지고 세상에 두려울 것이 없어졌습니다. 지금 상황은 하나님이 사울을 통해 백성을 구원하고자 사울에게 하나님의 영을 허락하신 것입니다. 그러면 사울은 하나님을 구하고 하나님을 찾아 하나님으로 말미암아 살게 되었다는 고백을 만들어 내는 일을 해야 합니다. 그런데 사울은 정반대로 본인도 하나님을 찾지 않고 백성에게도 하나님을 의지하도록 만들지 않습니다. 모든 것을 자기가 다 끝내 버립니다. 야베스 사람들에게도 내일 해가 더울 때에 구원받을 것이라고 선언합니다. 이런 담대함이 어디서 나올까요? 소심한 것 같던 사울이 갑자기 이렇게 변화된 것은 어떤 연유일까요?

사울의 변화는 하나님을 의지한 신앙의 결과가 아니라 자신 앞에 모여든 사람들로 말미암은 힘입니다. 바로 숫자의 힘, 사람 수의 힘입니다. 백성 중에 나오지 않는 자가 있으면 그들의 소도 모두 각을 뜨겠다고 위협하자 사울 앞에 모여든 군사의 수가 자그마치 삼십 삼 만 명입니다. 삼십삼만을 보는 순간 자신감이 넘쳐나고 못할 것이 없어 보이는 것입니다. 죄인들에게 숫자의 힘은 하나님만큼이나 중요하고 권력처럼 느껴지는 것입니다. 그래서 사울은 하나님께 간구하는 행동이 없음에도 이미 이긴 전쟁처럼 선포하고 있습니다. 마치 이스라엘이 여리고 성을 정복한 후에 아이 성을 정복할 때와 같습니다. 여리고 성을 정복한 성취감에 빠져 하나님께 의뢰하지 않고 자기들이 이이 성 정복 전략을 계획합니다. 조그만 성이기에 모든 군사가 나갈 필요가 없다고 생각하고 삼천 명만 나가고 이길 수 있다고 생각합니다. 자신들의 전략을 가지고 나아갔을 때 이스라엘은 아이 성에서 참담한 패배를 경험하였습니다.

성경은 매우 심오한 책입니다. 성경의 어느 한 장면을 보고 단순한 결론을 내리면 안 됩니다. 유사한 상황에서 전혀 다른 결론이 등장하는 경우가 많기 때문에 성경 전체의 흐름을 파악하며 해당 본문을 이해해야 합니다. 이스라엘 백성이 하나님을 배제하고 스스로 전략을 마련하여 아이 성을 정복하려고 시도했을 때 실패했습니다. 사무엘상 11장에서 사울이 하나님을 의지하지 않고 자기가 동원한 숫자를 믿고 암몬 사람을 정복하려 출정합니다. 하나님이 없이 나가는 전쟁에서 사울은 어떤 결과를 맞이할까요? 여호수아의 경우와 비교한다면 당연히 전쟁에서 져야 합니다. 그런데 결론은 사울이 전쟁에서 승리합니다. 사울이 전쟁에서 승리하였다는 사실 때문에 모든 내용을 아름답게 미화해서는 안 됩니다. 혹자들은 결론에 근거하여 사울이 하나님의 영에 감동되어 하나님의 의로운 분노, 하나님의 거룩한 분노를 가지고 나가서 싸우니까 하나님이 도우셔서 승리했다고 말하기도 합니다. 그러나 그렇지 않습니다. 본문의 강조점은 전혀 다릅니다. 좀 더 큰 관점에서 본문을 이해해야 합니다. 이 전쟁에서 사울이 패한다면 사울의 불신앙이 드러납니다. 사울이 잘못한 것이 밝혀집니다. 그런데 사울이 패하는 것이 아니라 승리합니다. 만약 사울이 패했다면 혹자들은 사울이 하나님을 의지하지 않고 전쟁에 나갔기에 패했다고 말할 것입니다.

비록 사울이 하나님을 의지하지 않고 전쟁에 나갔어도 하나님은 사울을 도와주시어 사울로 하여금 승리하게 하십니다. 사울의 마음과 전략이 하나님의 의도와 방식과는 전혀 다를 지라도 하나님을 사울을 도와 이스라엘을 구원합니다. 왜냐하면 하나님의 목적은 이스라엘이 왕을 구했다는 사실이 당장에는 옳게 보이지만 결국에는 절대로 옳은 것이 아니었다는 것을 알게 해주기 위해서입니다. 하나님의 목적은 전쟁에서 한 번 이기고 지는 것이 아니라 근본적으로 이스라엘 백성의 마음을 변화시키는 것입니다. 만약 사울이 전쟁에 나가서 패한다면 백성이 생각하기를 '군사가 삼십 삼만 명이 출전해도 패하고, 사울을 왕으로 세워도 패하는구나. 왕을 의지해서는 안 되는구나. 우리가 하나님께로 돌아가자 하나님을 의지하자'라고 말을 할까요? 절대로 이스라엘은 그렇게 생각하지 않을 것입니다. 이 전쟁에서 만약 사울이 패배하면 백성은 하나님을 의지하자고 말하는 것이 아니라 사람을 잘 못 뽑았다고 생각하고, 사울 대신에 사울보다 더 용감하고 강한 사람을 뽑아야 한다고 생각할 것입니다. 왕을 구하던 백성의 마음이 한 번의 패배로 돌아서지 않으며, 사울에 대한 실망감이 왕을 버리고 하나님께로 돌아오지 않습니다. 왕을 구하는 마음은 계속하여 다른 왕을 구하게 될 것입니다.

하나님은 이스라엘 백성의 속마음을 알고 계시기 때문에 자기들이 구한 왕이 자기들을 도와주고 자기들이 의지한 왕이 나아가서 승리하게 하는 것입니다. 그래서 이스라엘 백성이 마음껏 왕을 의지하게 두십니다. 사람들이 왕을 온전히 신뢰하고 왕에게 마음이 사로잡히게 두십니다. 잠시 후에 그렇게 자기들을 위해주고 그렇게 자기들을 도와주었던 왕이 힘이 세지고 권력이 생긴 그 순간부터 도리어 왕이 압제자가 되고 자기들은 왕의 종이 되고, 왕이 자기들을 위해 아무것도 할 수 없다는 것을 인정할 때까지 기다리는 것입니다. 그때 가서야 백성은 자신들의 선택이 미련했으며, 하나님의 가르침이 옳았다는 것을 스스로 인정할 것이기 때문입니다. 자기들 스스로 자신들의 어리석음을 인정해야 하나님께로 돌아올 수 있습니다. 사울이 암몬 사람 나하스와의 전쟁에서 승리하는 것이 중요한 것이 아니고, 하나님이 사울을 이기는 것이 중요한 것이 아닙니다. 하나님은 이스라엘 백성과 경쟁하는 것이 아니고 사울과 경쟁하시는 것은 더더욱 아닙니다. 하나님은 이스라엘 백성이 궁극적으로 깨달아야 할 것이 무엇이며, 어떻게 해야 이스라엘 백성이 궁극적으로 행복해 질 수 있는가를 알게 하시려고 하나님 대신 왕이여 만세라는 모욕을 받으시고 사울이면 된다고 하는 굴욕을 다 당하십니다.

왕 만세

사울이 전쟁에서 승리하였고 사람들은 하나님 만세를 부르지 않고 왕 만세를 부릅니다. 아무도 하나님께 감사하지 않고 왕 만세를 부르고 왕을 기뻐합니다. 당당하게 말하기를 12절 '백성이 사무엘에게 이르되 사울이 어찌 우리를 다스리겠느냐 한 자가 누구니이까 그들을 끌어내소서. 우리가 죽이겠나이다' 고 합니다. 사울에 대한 존경의 표시요, 사울에 대한 충성의 표시요, 사울에 대한 헌신의 표현입니다. 온통 사울에게 사로 잡혀 있을 뿐 어디에도 하나님을 높이고 하나님을 찾는 게 없습니다. 하나님은 이 모든 상황을 그저 바라보고 계십니다. 도리어 사울이 하는 모든 일들을 도와주고 계십니다. 사울은 승승장구합니다. 백성이 믿을만할 때까지 왕으로서 승리합니다. 사람들은 하나님과 함께 기뻐하는 것이 아니라 사람들과 함께 기뻐하는데 점점 왕이 승리하여 가니까 하나님을 멀리합니다.

그런데 얼마 지나지 않아 왕은 미쳐버리고 왕 밑에 다윗이라고 하는 유능한 장군이 생깁니다. 사울은 천천이요 다윗은 만만이라는 칭송을 받는 장군이 등장합니다. 백성 마음에, 다윗 같은 장수가 있어서 얼마나 우리를 도와주고 위안된다고 느낄 때 사울은 미쳐서 백성이 의지하고자 하는 다윗이라는 장수를 잡기위해 자기 아들들을 데리고 군사들과 온 이스라엘을 미친 듯이 휘젓고 다니며 발광하는 모습을 봅니다. 이스라엘 백성은 한 때는 자신들이 의지하던 왕이 이제는 자신들이 새롭게 의지하려는 장수를 죽이려고 쫓아다니는 모습을 보게 됩니다. 그리고 생각하기를 '아! 왕이 우리를 다스리는 게 아니구나. 왕이 우리를 도와주는 게 아니구나. 왕이 우리를 행복하게 해주는 게 아니구나.' 그때서야 깨닫게 될 것입니다. 세상에서 가장 미련한 인생이 고난을 겪으면서 배우는 것입니다. 사무엘상 11장에 나오는 사울의 승리는 사울이 옳아서가 아니라 인간들의 어리석은 방법을 깨닫기 위한 하나님의 과정입니다.

무지한 신앙

신앙생활 할 때 가장 무서운 것이 바로 무지한 것입니다. 하나님에 대하여 무지한 것, 성경에 대하여 무지한 것, 그리고 한 가지 사실에 근거하여 전체를 매도하는 것입니다. 하나님의 뜻이 무엇인지, 하나님의 의도가 무엇인지, 하나님의 마음이 무엇인지, 하나님의 원리가 무엇인지는 전혀 모른 채 하나의 사실, 하나의 본문, 하나의 체험으로 마치 모든 것을 다 아는 것처럼 행동하는 것이 가장 어리석은 신앙의 모습입니다. 10장에서 사울의 승리는 사울을 높이는 것이 아니라 하나님이여야 된다는 큰 진리를 가르치기 위한 하나님의 과정입니다. 왕을 요구하는 백성의 어리석음을 드러내려고 왕을 세워 기름 부어 주시고, 왕을 도와 전쟁에서 승리하게 하십니다. 이제는 왕의 승리와 대조되어 하나님의 의도가 무엇이며 하나님의 뜻이 무엇이며 하나님의 방법이 무엇이며 하나님이 사람을 세웠을 때 그 사람이 해야 할 일이 무엇인가를 바르게 알려주시는 내용이 12장에 등장합니다.

하나님이 세운 사람의 역할

하나님이 왕 되심으로 충분하다고 설명해도 이스라엘이 거부하니까 왕이 있으면 전쟁에서 이기고 승리하고 평안할거라고 생각한 것이 일정 기간 옳았던 것으로 여겨지는 것이 11장입니다. 그러나 더 큰 본질적 하나님의 뜻, 하나님의 마음이 등장하는 것이 12장입니다. 백성이 세운 이스라엘의 왕이 승리해서 모두가 기뻐하고 있을 그 때에 이제 사무엘은 저물어 갑니다. 사무엘이 역사의 현장에서 은퇴하는 마지막 장면이 12장에 나옵니다. 1절과 2절이 "사무엘이 온 이스라엘에게 이르되 보라 너희가 내게 한 말을 내가 다 듣고 너희 왕을 세웠더니 이제 왕이 너희 앞에 출입하느니라. 보라 나는 늙어 머리가 희어졌고 내 아들들도 너희와 함께 있느니라. 내가 어려서부터 오늘까지 너희 앞에 출입하였거니와"라는 인사가 등장합니다. 3절에서 5절까지의 하나님의 사람의 중요한 고백이 등장합니다. 이 장면은 은퇴하는 사무엘을 높이고 공덕을 기리는 것이 아닙니다. 도리어 3절부터 사무엘이 백성에게 질문을 던지는 장면입니다. 세상에는 없는 오직 성경에만 나오는 희한한 장면입니다. 세상은 성경과 정반대로 행동합니다. 사람을 선출하려 검증하고 청문회를 열어 신중하게 신분의 적합성 여부를 확인합니다. 선출되어 일하고 마치면 감사패를 돌리고 기념비를 세웁니다. 성경에서 하나님은 사람을 선택할 때 사람의 기준에 근거하면 가장 적합하지 않은 자, 직분을 감당할 능력이 가장 적은 자, 가장 가능성이 부족한 자를 고르십니다. 그러한 사람을 세우시고 하나님이 그 사람과 동행하여 모든 역사를 이루게 하십니다.

이제 하나님으로 말미암아 모든 사역을 마치게 된 사무엘이 마지막으로 하는 말이 3절 이하입니다. "내가 여기 있나니 여호와 앞과 그의 기름 부음을 받은 자 앞에서 내게 대하여 증언하라. 내가 누구의 소를 빼앗았느냐? 누구의 나귀를 빼앗았느냐? 누구를 속였느냐? 누구를 압제하였느냐? 내 눈을 흐리게 하는 뇌물을 누구의 손에서 받았느냐?" 이 고백이 하나님의 사람이 하는 마지막 말입니다. 하나님은 하나님이 세운 사람에게 공적을 묻지 않습니다. '네가 어떤 일을 이루었느냐? 네가 내 앞에 어떤 역사를 성취하였느냐? 네가 나를 위하여 어떤 놀라운 일들을 이루어 냈느냐?' 고 묻는 게 없습니다. 당연히 하나님의 사람도 자신의 업적을 고백할 것이 없습니다. '제가 이런 일 했습니다. 제가 저런 일 이루었습니다. 제가 이런 역사 이루었습니다. 제가 이런 기적 이루었습니다' 라는 자랑이 단 한마디도 없습니다. 왜냐하면 하나님은 사람을 세울 때 어떠한 과업을 명령한 적이 없고 특별한 역사를 기대한 것이 없기 때문입니다. 하나님은 사람을 세울 때 어떤 일을 위하여 사람을 쓰지 않습니다. 하나님의 사람이 어떤 성과 운운하고 어떤 공적 운운하고 어떤 기념비적 사업 성취 등을 운운 하면 이미 틀린 것입니다. 사무엘은 자신의 업적에 대해서는 단 한마디도 언급하지 않고 도리어 백성에게 질문합니다. "내가 누구의 소를 취하였느냐? 누구를 속였느냐? 누구를 압제하였느냐? 내 눈을 흐리게 하는 뇌물을 누구의 손에서 취하였느냐?"는 것입니다. 사무엘의 질문의 내용은 '내가 너희를 위해서 어떤 역사를 이루었느냐! 백성아 내가 너희를 위해서 얼마나 수고했느냐! 백성아 내가 너희가 모를 때 너희를 위해서 하나님께 기도해주었었지! 너희가 모를 때 내가 너희에게 잘 가르쳐 주었었지!' 라고 말하면서 자기 공적을 들어내거나 자기 역사를 들어내는 것이 아닙니다. 하나님을 향하여도 '하나님! 이만하면 잘했죠. 하나님, 저보다 나은 사람이 어디 있었습니까!' 라고 자랑하는 것이 아닙니다. 사무엘이 하나님을 위해서나 백성을 위해서나 무얼 했는가를 드러내는 게 아니라 자신이 하나님이나 사람들에게 어떤 과오를 범한 것은 없는가를 묻는 것입니다. 사무엘 자신이 백성을 어떻게 행복하게 해주었는가를 말하는 것이 아니라 사무엘이 백성의 삶을 불편하게 하지는 않았는가를 돌아보는 것입니다. 자신이 백성을 얼마나 잘 다스렸는가를 치장하는 것이 아니라 행여 자신이 백성 위에 군림하지는 않았는가를 반성하고 있는 것입니다.

인간은 자신의 행위를 자랑하고 싶어 합니다. '내가 너희를 위해 얼마나 싸웠는지 알아? 내가 얼마나 너희를 위해 죽음의 고비를 무릅썼는지 알아? 너희가 가진 부와 경제적 성장이 어떻게 생겼는지 알아? 다 내가 수고하고 다 내가 싸우고 다 내가 일한 덕분이야. 너희 잘 때 나는 피땀 흘리게 일했었고 너희 졸 때 나는 일했다는 것을 알아주길 바란다' 는 것이 일반적인 사람들의 방식입니다. 하나님의 사람, 하나님이 세우셔서 하나님이 일을 성취하도록 도우심을 받은 사람, 하나님을 드러내는 사람, 사무엘은 자기 자랑은 한마디도 안하고 이렇게 묻는 것입니다. '혹시 내가 여러분의 소를 취한 적이 있습니까? 내가 여러분의 나귀를 뺏은 적이 있습니까? 여러분의 것에 내가 손해를 끼친 적은 없습니까? 절대로 변명하는 것이 아닙니다. 혹시 내가 누구를 속였다면 큰 일 하다보면 그럴 수도 있으니 이해해 달라는 것이 아닙니다. 혹시 나 때문에 고통 받은 사람이 있다면 지도력이라는 게 가끔 그럴 수도 있는 것이고 사람을 끌고 가다보면 그럴 수도 있는 것이니 양해해 달라는 부탁이 아닙니다.

　인간의 행복은 따로 있어서 누군가는 행복을 만들고, 누군가는 행복을 이룰 수 있는 것이 아닙니다. 하나님의 마음이 행복이요, 하나님의 심정이 행복이요, 하나님의 성품이 행복이요, 하나님의 원리가 행복이기에 아무도 하나님의 원리대로 하지 않을 때 하나님의 사람은 하나님의 원리대로 행동하면 하나님의 원리가 적용하기에 하나님의 원리를 누리게 되는 것입니다. 본문은 이스라엘이 백성이 원한 왕의 승승장구와 별다른 업적 없이 조용히 물러가는 사무엘이라고 하는 한 하나님의 사람의 모습을 대조하고 있습니다. 사무엘이 놀라운 행동을 한 게 없습니다. 사람들의 대답이 그것입니다. '당신은 우리를 속이지 않았다. 당신은 우리를 압제하지 않았다. 당신이 누구의 손에서 아무것도 취한 것이 없다. 하나님이 증거하고 하나님의 기름 부음 받은 자가 증거하고 우리가 증거한다.' 하나님의 사람의 역할은 이와 같습니다.

11

기뻐하신 고로

사무엘상 12:6~25

6 사무엘이 백성에게 이르되 모세와 아론을 세우시며 너희 조상들을 애굽에서 인도하여 내신 이는 여호와이시니 7 그런즉 가만히 서 있으라 여호와께서 너희와 너희 조상들에게 행하신 모든 공의로운 일에 대하여 내가 여호와 앞에서 너희와 담론하리라 8 야곱이 애굽에 들어간 후 너희 조상들이 여호와께 부르짖으매 여호와께서 모세와 아론을 보내사 그 두 사람으로 너희 조상들을 애굽에서 인도해 내어 이 곳에 살게 하셨으나 9 그들이 그들의 하나님 여호와를 잊은지라 여호와께서 그들을 하솔 군사령관 시스라의 손과 블레셋 사람들의 손과 모압 왕의 손에 넘기셨더니 그들이 저희를 치매 10 백성이 여호와께 부르짖어 이르되 우리가 여호와를 버리고 바알들과 아스다롯을 섬김으로 범죄하였나이다 그러하오나 이제 우리를 원수들의 손에서 건져내소서 그리하시면 우리가 주를 섬기겠나이다 하매 11 여호와께서 여룹바알과 베단과 입다와 나 사무엘을 보내사 너희를 너희 사방 원수의 손에서 건져내사 너희에게 안전하게 살게 하셨거늘 12 너희가 암몬 자손의 왕 나하스가 너희를 치러 옴을 보고 너희의 하나님 여호와께서는 너희의 왕이 되심에도 너희가 내게 이르기를 아니라 우리를 다스릴 왕이 있어야 하겠다 하였도다 13 이제 너희가 구한 왕, 너희가 택한 왕을 보라 여호와께서 너희 위에 왕을 세우셨느니라 14 너희가 만일 여호와를 경외하여 그를 섬기며 그의 목소리를 듣고 여호와의 명령을 거역하지 아니하며 또 너희와 너희를 다스리는 왕이 너희의 하나님 여호와를 따르면 좋겠지마는 15 너희가 만일 여호와의 목소리를 듣지 아니하고 여호와의 명령을 거역하면 여호와의 손이 너희의 조상들을 치신 것 같이 너희를 치실 것이라 16 너희는 이제 가만히 서서 여호와께서 너희 목전에서 행하시는 이 큰 일을 보라 17 오늘은 밀 베는 때가 아니냐 내가 여호와께 아뢰리니 여호와께서 우레와 비를 보내서 너희가 왕을 구한 일 곧 여호와의 목전에서 범한 죄악이 큼을 너희에게 밝히 알게 하시리라 18 이에 사무엘이 여호와께 아뢰매 여호와께서 그 날에 우레와 비를 보내시니 모든 백성이 여호와와 사무엘을 크게 두려워하니라 19 모든 백성이 사무엘에게 이르되 당신의 종들을 위하여 당신의 하나님 여호와께 기도하여 우리가 죽지 않게 하소서 우리가 우리의 모든 죄에 왕을 구하는 악을 더하였나이다 20 사무엘이 백성에게 이르되 두려워하지 말라 너희가 과연 이 모든 악을 행하였으나 여호와를 따르는

데에서 돌아서지 말고 오직 너희의 마음을 다하여 여호와를 섬기라 21 돌아서서 유익하게
도 못하며 구원하지도 못하는 헛된 것을 따르지 말라 그들은 헛되니라 22 여호와께서는
너희를 자기 백성으로 삼으신 것을 기뻐하셨으므로 여호와께서는 그의 크신 이름을 위해
서라도 자기 백성을 버리지 아니하실 것이요 23 나는 너희를 위하여 기도하기를 쉬는 죄
를 여호와 앞에 결단코 범하지 아니하고 선하고 의로운 길을 너희에게 가르칠 것인즉 24
너희는 여호와께서 너희를 위하여 행하신 그 큰 일을 생각하여 오직 그를 경외하며 너희
의 마음을 다하여 진실히 섬기라 25 만일 너희가 여전히 악을 행하면 너희와 너희 왕이
다 멸망하리라

그리하시며, 하셨거늘, 하였도다

여호와를 잊은 백성

본문은 사무엘이 이스라엘 백성을 모아 놓고 하나님 앞에서 변론하는 이야기입니다. 백성의 생각과 신앙과 행위 속에 옳지 못한 생각과 방식과 원리들이 있습니다. 그것을 사무엘이 바로잡아 주는 과정이 나옵니다. 하나님은 백성에게 왜곡된 것을 바로잡고 하나님의 진실을 알리고자 사무엘을 부르시고 도우시고 가르치셨습니다. 모두가 틀리고 잘못되고 왜곡된 말을 할 때 하나님께 배운 하나님의 사람, 하나님의 말씀을 맡은 하나님의 사람이 진실을 얘기해 주고 참된 것을 얘기하도록 하신 것입니다. 하나님은 이스라엘 백성에게 은혜를 주시는 하나님입니다. 그 은혜가 8절 '야곱이 애굽에 들어간 후 너희 조상들이 여호와께 부르짖으매 여호와께서 모세와 아론을 보내사 그 두 사람으로 너희 조상들을 애굽에서 인도해 내어 이곳에 살게 하셨으나'입니다. 하나님께서 야곱과 함께 칠십 인의 가족이 식량의 기근을 당할 때에 애굽으로 보내셔서 거기서 생육하고 번성하게 하셨습니다. 요셉을 모르는 왕이 나와서 이스라엘 신분이 노예로 전락해 수고와 많은 노동에 힘들어 할 때 하나님이 백성을 돌보며 모세와 아론을 세우시고 애굽에서 구하여 내셨습니다. 이렇게 하나님은 이스라엘 백성에게 은혜를 주셨습니다. 하나님의

은혜를 받은 백성인데 9절 '그들이 그들의 하나님 여호와를 잊은지라'
고 되어 있습니다. 하나님은 은혜를 주셨고 백성은 그 은혜를 잊었습니
다.

　은혜를 잊었다는 것은 매우 독특한 표현입니다. 사람들이 쓰는 말 중
에 배은망덕背恩忘德이라는 표현이 있습니다. 은혜를 배반하고 덕을 입은
것을 잊었다는 말입니다. 흔히들 은혜를 잊었다고 합니다. 하지만 엄밀
하게 따져보면 배은망덕이나 은혜를 잊었다는 표현은 성립될 수 없습니
다. 은혜라는 단어는 배은망덕이나 은혜를 잊는다는 의미를 내포할 수
없습니다. 왜냐하면 의미가 상충되기 때문입니다. 은혜라는 말과 배은
망덕이라는 말이 사용되는 것은 은혜의 개념이 바르게 정립되지 못했기
때문입니다. 은혜란 말 그대로 어떤 대우를 받을만한 자격이 없는 자에
게 주어지는 것, 또는 어떤 결과를 획득할만한 조건을 갖추지 못한 자에
게 주어지는 특혜, 혜택, 선물을 의미합니다. 자격과 조건이 안 되는 자
에게 주어지기에 받은 자가 은혜를 감사하거나 은혜를 갚는다는 것을
생각하지 않는 것이 바로 은혜입니다. 이것을 이해할 수 있어야 은혜를
바르게 이해한 것입니다. 예를 들어 내가 은혜를 주었는데 상대방이 은
혜를 잊었다고 해서 서운하다고 하면 그것은 은혜를 준 것이 아닙니다.
그것은 은혜라는 말을 쓸 수 없습니다. 또 내가 은혜를 주었는데 상대방
이 내가 베푼 은혜에 상응하는 보상을 나에게 행하지 않음으로 내가 상
대방을 괘씸해하면 그것은 은혜가 아닙니다. 은혜라는 말을 하지 말든
가 배은망덕이라는 말을 쓰지 말든가 둘 중에 하나를 쓰지 말아야합니
다.

　하나님은 은혜를 주십니다. 당연하게 하나님은 인간이 은혜를 갚지
않아도 서운해 하지 않으시고 은혜를 갚지 않아도 괘씸하게 여기지 않
습니다. 하나님은 은혜를 기억해 달라고도 하지 않습니다. 그것이 진정
한 은혜입니다. 말 그대로 은혜를 받을 수 없는 자에게 주는 것이 은혜

요, 은혜를 갚지 않아도 서운하지 않는 것이 은혜요, 은혜에 상응하는 행동을 하지 않아도 괘씸하게 여기지 않고 상대를 이해해주는 것이 은혜입니다. 그래서 성경이 강조하는 것은 '은혜를 갚으라'가 아니라 '네가 은혜를 받았다는 것을 알라'는 것입니다. 이 표현은 '내가 너에게 은혜 주었다는 것을 알아달라는 것'이 아닙니다. '내가 너에게 은혜 주었다는 것을 알아주어서 나를 인정하고 나를 높이고 나에게 상응하는 행위를 하라'는 의미가 절대로 아닙니다. 성경이 말하는 '은혜 받았다는 것을 알라'는 강조는 '네가 어떤 은혜를, 어떻게, 얼마나 받았는지를 바르게 알라'는 것입니다. 왜냐하면 자신이 받은 은혜를 알아야 은혜 받은 당사자가 받은 은혜를 누릴 수 있기 때문입니다. 그래서 성경적으로 정확히 표현하면 '은혜를 잊었다'는 것이 아니라 '은혜를 모른다'고 하는 것입니다. 사무엘상 12장 6절에서는 이스라엘 백성이 '여호와를 잊은지라'고 선언합니다. 여호와를 잊었고, 여호와께 받은 은혜를 알지 못한다는 지적입니다.

야곱이 애굽에 들어간 후에 이스라엘 백성이 부르짖었습니다. 부르짖은 이유는 노역 때문이었습니다. 그들이 하나님께 부르짖은 이유는 신분이 노예로 전락해 벽돌을 만들어야 하는 수고 때문에 이 노예 상태를 풀어 달라, 이 수고를 그치게 해달라는 것이었습니다. 하나님은 그들의 부탁을 들어주셨습니다. 그래서 열 가지 기적 사건을 통해 노예의 신분에서 해방되었고 더는 노역을 하지 않아도 되게끔 자유롭게 해주셨습니다. 만약 하나님께서 노예상태가 이스라엘의 문제라고 생각하시고 그 문제를 해결해 주셨다면 출애굽기 15장 이후의 이스라엘 백성은 자유와 해방을 노래하면서 기쁨을 만끽해야 했고 하나님은 더는 도울 일이 없었어야 했습니다. 출애굽기 16장부터 이스라엘 백성이 광야로 들어갑니다. 그런데 광야에 들어가면서 조금 전까지 생각하던 문제하고는 전혀 다른 문제가 생깁니다. 직전까지는 노예라는 신분이 문제거나 많은 수고를 해야 하는 노동이 문제였습니다. 그런데 그것은 해결 되었습니다. 바로 그 순간 새로운 문제, 먹고사는 문제가 발생합니다. 상황이 바뀌자 이스라엘의 말도 바뀝니다. "애굽에 있을 때는 고기도 먹었고 부추도 먹었고 상추도 먹었고 배불렀었다. 광야에 나오니까 주려 굶어 죽는구나"고 불평을 합니다. 스스로 세운 대안은 애굽으로 돌아가는 것입니다.

저는 성경을 읽다가 하나님께서 광야에서 백성이 불평할 때에 만나를 주시지 말고 그냥 백성이 원하는 대로 해주셨으면 어땠을까하고 생각해 보았습니다. 광야에 나오니까 고기도 부추도 상추도 못 먹으니 애굽으로 돌아가자고 할 때 하나님이 그들을 다시 애굽으로 돌려보내는 것입니다. 애굽으로 돌아가면 식량의 문제가 해결될 수 있습니다. 애굽에서는 탈출했던 노예들이 돌아왔다고 며칠간 고기와 부추와 상추가 특식으로 제공될 수 있습니다. 그렇지만 며칠이 지나면 다시 노예의 신분으로 돌아가고, 다시 고된 노동이 시작됩니다. 그러면 백성은 다시 노동의 고통으로 인해 힘들다고 아우성을 칠 것입니다. 하나님께 내보내달라고 부탁하면 하나님이 다시 광야로 인도하시고, 광야에서 이스라엘 백성이 마실 물이 없다는 둥, 매장지가 없어서 데리고 나왔다는 둥 불평을 할 것입니다. 하나님은 만나와 메추라기를 공급하시지만 곧 동일한 음식이 지겹다고 하면 다시 애굽으로 돌아가게 하는 것입니다. 애굽에서 광야를 오가기를 서너 번 한다면 아주 재미있는 상황이 벌어질 것입니다. 애굽에 있을 때에는 노동이 문제이고, 광야에 있을 때에는 음식이 문제이고, 다시 애굽에 돌아오면 노예 신분이 문제이고, 다시 광야에 나가면 전쟁이 문제입니다. 즉, 매번 문제의 본질이 변하는 것입니다. 이것이 문제인 줄 알았는데 그렇지 않고, 저것이 문제인 줄 알았는데 그렇지 않다는 것을 알게 될 것입니다.

이스라엘이 애굽과 광야에서 직면한 상황에 대한 인식은 이스라엘의 문제 인식만이 아니라 대부분의 사람들의 문제 인식입니다. 전부다 당면한 것밖에 모릅니다. 본질이 무엇인지를 모릅니다. 돈이 없는 사람은 돈만 있으면 좋겠다고 말하고, 돈이 있는 사람은 자식이 공부를 잘했으면 좋겠다고 말하고, 자식이 공부를 잘하는 사람은 건강했으면 좋겠다고 말하고, 건강한 사람은 남편이 말 좀 잘 들었으면 좋겠다고 말하고, 남편이 말을 잘 듣는 사람은 시집 식구가 속 썩이지 않았으면 좋겠다고 말합니다. 모두가 문제의 본질을 모른다는 차원에도 동일합니다. 이스라엘 백성이 여호와를 잊은 이유는 하나님이 무슨 문제를 해결해 주었는지를 인식하지 못하고 있다는 것입니다. 하나님의 은혜가 무엇인지를 모른다는 것입니다. 노예인 신분과 노동이 문제가 아니었습니다. 하나님이 출애굽을 시켜주셨지만 그 출애굽은 신분적 자유와 노동의 해방을 주신 것에 국한된 것이 아니었습니다. 그런데 이스라엘은 문제를 노동으로 생각했고 하나님의 은혜를 단지 출애굽으로 생각했습니다. 그래서 애굽에서 나와 광야에서 살다가, 가나안 땅에 정착하니까 이제 하나님의 은혜를 잊은 것이 아니라 하나님이 더는 필요 없어진 것입니다. 가나안에 정착해서 이제는 농사를 짓고 살아야 하고 먹고 사는 것이 필요합니다. 먹고 사는 문제를 해결하고자 농사를 지어야 하는데 가나안에서는 바람과 풍요와 다산을 책임지는 존재가 바알이라고 알려져 있습니다. 그러니까 이스라엘은 자연스럽게 이제부터는 바알을 섬겨야겠다고 바알에게로 넘어가는 것입니다. 왜냐하면 문제가 무엇인지 모르고 해결이 무엇인지 모르고 하나님이 그들을 도우신 게 무엇이고 하나님이 가르쳐 주신 것이 무엇인지를 분별하지 못했기 때문입니다.

혼동하는 백성

이스라엘 백성이 여호와를 잊었습니다. 9절 "여호와께서 그들을 하솔 군사령관과 시스라의 손과 블레셋 사람들의 손과 모압 왕의 손에 넘기셨으니 그들이 저희를 치매"입니다. 가나안 땅은 하나님의 약속의 땅입니다. 하나님이 책임지시고 하나님이 공급해 주시는 땅입니다. 그 땅에서 이스라엘 백성이 하나님의 원리대로 살면 이방은 침입할 수 없는 곳입니다. 그런데 이방이 침입하여 이스라엘이 압제를 받습니다. 바로 그 때 이스라엘은 알았어야 합니다. 왜 이방이 쳐들어오고, 하나님의 백성인 자신이 왜 압제를 받는지 그 이유를 생각했어야 합니다. 자신들이 하나님의 백성이 되었다는 것이 무슨 의미인지, 만약 노예에서 해방이 중요한 문제였으면 광야의 사십년은 무슨 의미가 있었는지, 이제 자유로운 자가 되었는데 왜 하나님은 율법이라는 것을 주셨는지, 자신들이 누구며, 자신들을 인도하신 하나님이 누구며, 하나님이 자신들에게 행하신 일들이 무슨 의미였는지를 분별하고 이해했으면 이방이 쳐들어 왔을 때 이들이 왜 쳐들어 왔고 자신들이 왜 압제를 받는가를 알 수 있었을 것입니다. 그런데 그들은 그것을 알지 못했습니다. 알지 못하니까 동일한 사건이 계속적으로 반복됩니다.

이방이 쳐들어 왔을 때 이스라엘 백성이 하는 말이 10절 "백성이 여호와께 부르짖어 이르되 우리가 여호와를 버리고 바알들과 아스다롯을 섬김으로 범죄하였나이다" 입니다. 이스라엘이 범죄했던 진실을 고백하고 자기가 잘못한 것을 알았으면 이제 우상숭배를 하지 않으면 됩니다. 우상을 버리고 하나님만 섬기면 됩니다. 그런데 이스라엘은 죄를 고백하였음에도 여전히 바알과 아스다롯을 섬깁니다. 그러면서 하는 말이 10절 후반부에 '그러하오나 이제 우리를 원수들의 손에서 건져내소서. 그리하시면 우리가 주를 섬기겠나이다' 입니다. 이스라엘의 행동은 앞뒤가 맞지 않습니다. 자신들의 고백과 자신들의 요구가 맞지 않습니다. 자신의 범죄를 고백하면서도 여전히 우상을 섬기고, 우상을 섬기면서도 하나님께 자신들을 원수들의 손에서 건져달라고 합니다. 만약 하나님이 건져내 주시면 그때 하나님을 섬기겠다고 말합니다. 그런데 하나님은 이스라엘의 말도 안 되는 요구를 들어주십니다. 왜냐하면 하나님의 목적은 이스라엘을 도우셔서 이스라엘로 하여금 하나님을 알게 하는 것이기 때문입니다. 이스라엘 백성이 앞뒤가 맞지 않고, 자신들의 말과 행동이 맞지 않게 행동하는 이유는 은혜를 잊었거나 배은망덕하기 때문이 아니라 문제의 본질을 모르기 때문이요 하나님을 모르기 때문입니다. 그것을 하나님은 알고 계시는 것입니다. 그러니까 하나님은 모르는 이스라엘 백성에게 알게 하시는 것입니다.

이스라엘 백성이 바알과 아스다롯을 섬길 때에 이방 민족이 쳐들어오면 자신들이 섬기는 바알이나 아스다롯에게 구해달라고 요청해야 합니다. 바알과 아스다롯을 섬기면서 문제가 발생하면 여호와께 부르짖습니다. 이스라엘 백성이 여호와께 부르짖는 것은 하나님만이 이방을 물리칠 있다고 믿음을 고백하는 것이 아닙니다. 하나님이든 여호와든 엘로힘이든 무슨 신이든지 자신들을 구해 주기만 하면 그를 섬기겠다는 의미입니다. 그와 같은 엉터리 신앙으로 하나님께 부르짖어도 하나님이 그 요구를 들어 주십니다. 백성의 어떠한 요구든지 응답하여 주심으로 이스라엘 백성이 '하나님이 우리를 구하시는구나. 하나님이 우리를 도우시는구나. 하나님이 우리를 책임지시는구나' 라는 사실을 알게 하시는 것이 하나님의 목적입니다. 그것이 바로 11절 "여호와께서 여룹바알과 베단과 입다와 나 사무엘을 보내사 너희를 너희 사방 원수의 손에서 건져내사 너희에게 안전하게 살게 하셨거늘" 입니다.

반복하는 백성

하나님은 사사기에서 살펴보듯이 많은 하나님의 사람들을 세우셔서 패역한 백성을 건져 내주시고 구원해 주십니다. 저들이 하나님을 시험했습니다. 죄를 지었으면 잘못했다고 고백하고 돌아서야 함에도 도리어 하나님을 시험하고 도리어 하나님께 요구하는 행동을 하나님은 다 받아주셨습니다. 오늘날 많은 사람들이 하나님에 대하여 왜곡하는 것 중에 하나가 바로 이것입니다. 하나님은 인간이 하나님을 시험하는 것을 막지 않으신다는 것입니다. 인간이 하나님을 시험하는 것을 하나님이 책망하거나 꾸짖지 않으신다는 것입니다. 인간이 하나님을 따르지 않는 것을 하나님이 진노하지 않으신다는 것입니다. 왜냐하면 죄인이 할 수 없다는 것을 아시기 때문입니다. 저들이 하나님을 모르기 때문에 그렇다는 것을 하나님은 아신단 말입니다. 몰라서 잘못하는 자들을 때려서 될 일이 아닙니다. 몰라서 하지 못하는 자들을 책망해 본들 소용이 없습니다. 몰라서 하지 못하는 자들을 꾸짖어 본들 의미가 없습니다. 몰라서 하지 못하는 자들을 진노 해봤자 아무 소용이 없습니다. 몰라서 못하는 자들에게 해야 할 유일한 반응은 알게 하는 것입니다. 모르는 자에게는 알게 하는 것이 필요합니다. 그래서 하나님은 백성이 몰라서 하나님을 시험하면 그 시험을 받으십니다. 그 시험을 받으셔서 하나님이 인간에게 검증을 받으십니다. 하나님이 신뢰할 만 하다는 것을 백성에게 검증 받으십니다. 어떤 사람이 하나님을 의심하면 하나님은 그 의심을 받으시면서 그 의심이 풀리도록 도와주십니다. 왜냐하면 알아야 믿을 수 있기 때문입니다. 그래서 하나님은 자신을 인간에게 알리시는 것입니다. 이것이 기독교의 방식이요 이게 하나님의 방식입니다.

오해와 진실

기독교의 내용이 성경과 반대로 왜곡되어 있는 경우가 종종 있습니다. 인간은 절대로 하나님을 시험해서는 안 되는 것으로 되어있고 반대로 하나님이 인간을 시험하신다고 되어 있는 것이 오해입니다. 도리어 하나님은 인간을 알려고 시험하시지 않습니다. 자주 듣는 내용이지만 성경의 가르침과 맞지 않는 예를 들어 보겠습니다. 첫 번째, "하나님은 성도들을 사랑하셔서 하늘의 천국 창고를 활짝 열어 놓으시고 무궁무진한 복들을 다 주시려고 막 쏟아 놓으시려고 준비하고 계십니다. 그런데 인간 중에 그 복을 받을 만한 사람이 누구인지 이 사람이 받을 만한지 못 받을 만한지를 지금 시험하셔서 그 시험만 통과 되면 하나님이 무지하게 복을 주십니다. 하나님이 물질의 복을 주시려고 물질을 싸 놓고 주시려고 하는데 이 물질을 주었을 때 이 사람이 물질을 하나님의 뜻대로 하나님의 기쁨을 위해서 쓸 수 있나 없나를 확신해 보시는데 그 방법이 십일조요 감사 헌금입니다. 그러니까 물질의 복을 받고 싶은 사람은 하나님의 시험을 통과하려고 풍성한 감사헌금을 바치는 것입니다." 이런 것은 기독교에 없습니다.

두 번째, "하나님은 건강의 복을 주시려고 준비를 하고 계시는데 건강을 주면 이 건강 가지고 흥청망청 쓸지 이 건강 가지고 주를 위해 쓸지 확인해 보길 원하십니다. 그러니까 지금 그나마 가지고 있는 건강을 가지고 교회 일에 충성을 하면 하나님께서 이 사람에게는 건강을 줘도 되겠다고 생각하시고 시험을 통과하신 줄 아시고 건강을 부어 주실 것입니다." 이런 것은 기독교에 없습니다.

세 번째, "하나님은 합당한 자를 쓰시고 하나님은 준비된 자를 쓰십니다. 자신이 하나님 앞에 쓰임 받을 수 있도록 준비하고, 연단을 쌓아야 합니다. 하나님이 마음 놓고 쓰실 수 있도록 내 모든 것을 내려놓고 오직 주님이 원하시는 대로 사용하도록 대기해야 합니다." 그런 사람이란 존재하지 않고, 이런 하나님도 존재하지 않습니다. 이런 유형은 기독교에 없습니다.

하나님이 인간을 알아보시려고 인간을 시험하시는 것은 없습니다. 반대로 인간이 하나님을 알아보려고 시험할 뿐입니다. 그리고 인간의 시험을 하나님이 받아 주시고 시험에 하나님이 응답해 주십니다. 왜냐하면 인간이 하나님을 시험해 보고 하나님을 알아야 인간이 하나님을 따르고 사람이 하나님의 은혜를 누릴 수 있기 때문입니다. 인간이 하나님을 알아보려고 시험하는 것이 정상이요 시험을 하나님이 받아 주십니다. 받아 주셔서 사람에게 하나님 알게 하시면 모든 것이 해결 되는 것입니다. 하나님은 의심 받으시는 걸 좋아 하십니다. 왜냐하면 하나님을 인간에게 알릴 수 있기 때문입니다. 신앙생활 하실 때에 의심이 나면 하나님을 의심하시면 됩니다. 그리고 하나님께 못 믿겠으니 믿을 수 있도록, 의심을 풀어달라고 요청하시면 됩니다. 하나님이 들어 주십니다. 의심한다고 책망하시지 않습니다. 하나님은 죄인이 하나님을 의심하는 것을 책망하거나 꾸짖는 것이 아니라 알려 주시고 또 알려 주셨는데 이제 알만도 한데 그래도 여전히 모르는 것을 안타까워하시는 것이지 진노하거나 책망하거나 꾸짖지 않으십니다.

변하지 않는 백성

12장 11절에 하나님께서 이스라엘을 구해 주신 사건이 나왔습니다. 12장 12절 '너희가 암몬 자손의 왕 나하스가 너희를 치러 옴을 보고 너희의 하나님 여호와께서는 너희의 왕이 되심에도 불구하고 너희가 내게 이르기를 아니라 우리를 다스릴 왕이 있어야 하겠다 하였도다' 입니다. 또 배반입니다. 이스라엘 백성이 자신들을 구해 주면 주를 섬기겠다고 요구해서 하나님이 구해주셨습니다. 나하스 사람 하나 나왔다고 금세 돌아서서 하나님 가지고는 안 되겠고 왕이 있어야 되겠다고 합니다. 또 배반입니다. 하나님은 여전히 이스라엘 백성의 요구를 들어주십니다. 이 장면은 하나님께서 마음 좋은 시골 할아버지처럼 단순하게 마냥 들어 주시는 모습이 아닙니다. 백성이 불평하고 요구하는 장면 하나 하나에 하나님이 모욕과 굴욕과 멸시를 당하시는 내용이 담겨있는 것입니다. 하나님이 응답하시는 장면 하나하나에 하나님이 인내와 자비와 긍휼을 베푸시는 내용이 담겨 있는 것입니다. 기껏 백성의 엉뚱한 요구를 들어 주셨더니 아멘 할렐루야를 하는 것이 아니라 차라리 열방처럼 되고 싶다고 왕을 구합니다. 그 요구를 들어 주셔야 하는 하나님의 심정,

하나님의 모욕감, 하나님의 굴욕감을 느끼셔야 합니다. 그런데 하나님은 그걸 억울해 하지 않으시고 또 들어 주십니다. 왕을 세워 달라는 요구에 하나님은 응답해 주십니다. 왕을 세워 주는 것이 목적이 아니라 왕을 세워 주는 과정을 통하여 하나님을 알게 하는 일을 또 이루십니다.

언제나 하나님의 목적은 인간이 행복하고 인간이 자유롭고 인간이 평안하게끔 돕기를 원하시는 것입니다. 그래서 그런 과정을 하시면서 본문에서 하나를 알려 주십니다. 사무엘상 12장 17절로 18절 "오늘은 밀 베는 때가 아니냐. 내가 여호와께 아뢰리니 여호와께서 우레와 비를 보내사 너희가 왕을 구한 일 곧 여호와의 목전에서 범한 죄악이 큼을 너희에게 밝히 알게 하시리라. 이에 사무엘이 여호와께 아뢰매 여호와께서 그 날에 우레와 비를 보내시니 모든 백성이 여호와와 사무엘을 크게 두려워하니라"입니다. 밀 베는 때는 날씨 좋은 날, 비가 오지 않는 때입니다. 밀을 베려고 할 때, 비가 오지 않는 시기라 아무도 비가 오지 않는다고 생각하는 그때에 하나님 우레와 비를 내리시겠다는 것입니다. 당시의 사람들은 바알이 곡식을 풍성하게 하며, 바알이 비를 주며, 바알이 풍요를 준다고 생각합니다. 바알 덕분에 밀을 벨 때가 되었다고 생각을 합니다. 사람들이 모두 바알만 알고, 모두 바알의 능력으로 알고 있을 때에 하나님이 진실을 알게 하여 주시는 것입니다. 비와 바람을 주장하는 것은 바알이 아니라 하나님인 것을 알게 하십니다. 하나님께서 우레와 비를 내리실 때에 바알은 막지도 못하고 아무런 반응을 행하지 못하는 것을 경험하게 하사 하늘과 땅과 비와 바람을 주관하시는 분이 오직 하나님이신 것을 알게 하는 것입니다.

하나님께서 우레와 비를 내리시면 백성은 하나님을 깨달아 바알을 버리고 하나님을 섬기겠다고 반응해야 합니다. 안타깝게도 이스라엘의 반응은 기대와 전혀 다르게 나타납니다. 하나님께서 우레와 비를 보내시니 18절 '모든 백성이 여호와와 사무엘을 두려워하니라' 입니다. 죄인이 하나님께 대하여 긍정적 반응을 한다는 것이 불가능 합니다. 죄인이 하나님을 깨닫고 이해한다는 것이 불가능합니다. 하나님은 은혜를 주시는데 죄인은 공포로 느끼고, 하나님은 사랑을 베푸시는데 죄인은 징계를 받는 것처럼 느끼고 맙니다. 이것이 죄인의 한계입니다.

배우지 않는 신앙

우리를 위해 기도해 달라

하나님을 향하여 자신들의 태도를 변화시키는 대신 백성이 나타내는 모습이 19절 '모든 백성이 사무엘에게 이르되 당신의 종들을 위하여 당신의 하나님 여호와께 기도하여 우리가 죽지 않게 하소서 우리가 우리의 모든 죄에 왕을 구하는 악을 더하였나이다' 입니다. 이러한 요청은 이미 사무엘상 7장 8절에서 나왔던 방식입니다. 그때에도 그들은 '이스라엘 자손이 사무엘에게 이르되 당신은 우리를 위하여 우리 하나님 여호와께 쉬지 말고 부르짖어 우리를 블레셋 사람들의 손에서 구원하시게 하소서' 라고 말했습니다. 7장과 12장에 똑같이 반복하는 내용은 이스라엘이 우상을 섬겨서 자신들이 죄를 지었다는 것입니다. 자신들이 죄를 지었다고 생각하니까 사무엘에게 달려가서 기도를 해달라고 요청합니다. 백성의 기도요청 속에 담긴 생각은 '우리는 죄를 지어서 하나님 앞에 설 만한 자격이 없습니다. 죄인들의 기도를 누가 들어 주시겠습니까? 우리는 못합니다. 그러니까 사무엘이여, 당신은 선하고 의로우신 하나님의 사람이라고 알고 있습니다. 당신이 우리를 위해서 기도 좀 해주세요' 입니다. 얼핏 생각하면 꽤나 양심적인 것 같고 꽤나 공정한 것 같지만 가장 비 성서적인 생각입니다. 죄인은 하나님 앞에 설 수 없고, 사람 중에서 하나님께 순종하는 사람이 더 빠르게 응답이 잘 된다는 생각이 전적으로 비 성경적 사고방식입니다.

하나님 앞에 나와야 하는 자는 죄를 안 지은 자가 아니라 죄 지은 자입니다. 죄를 지어서 못 나오는 것이 아니라 죄를 지었기 때문에 하나님 앞에 나와야 하는 것입니다. 기도도 마찬가지입니다. 늘 기도하는 사람과 가끔 기도하는 사람 중에 대체로 기도 응답이 가끔 기도하는 사람에게 훨씬 더 많이 옵니다. 왜냐하면 가끔 기도하는 사람에게 응답을 해줘야 또 기도할 것이기 때문입니다. 하나님의 원리를 이해하셔야 합니다. 하나님의 목적은 기도 잘하는 사람에게 복을 주는 것이 아니라 기도하지 않는 사람에게 하나님을 알고 하나님을 믿고 하나님을 의지하게 하는 것입니다. 하나님의 목적을 오해하면 신앙의 모습이 왜곡됩니다. 하나님의 의도와 정반대로 행동하는 경우가 많습니다. 본인이 신실하면 기도 응답이 더 잘 될 줄로 압니다. 누군가의 기도 부탁을 받으면 온갖 교만을 다 떱니다. 자기는 선하고 의롭고 바르게 산 것처럼, 자기 기도는 역사하는 능력이 있는 것처럼 거드름을 피웁니다. 사무엘상 7장 이후에 여러 가지 사건이 등장했었습니다. 7장, 8장, 9장, 10장, 11장 그리고 12장까지 오는 동안 백성은 하나도 변하지 않고 도리어 더 나빠졌습니다. 7장에서는 '우리 하나님께' 기도 해달라고 부탁했습니다. 그런데 12장에서는 '사무엘이여 당신의 하나님께' 기도해달라고 합니다. 변화되기는커녕 더 멀어진 것입니다.

오늘날의 예를 들면 죄 지은 자가 더 자주 교회에 나와야 합니다. 그런데 죄 지은 자가 교회를 멀리 합니다. 믿음 생활 소홀히 했던 사람이 '이제 좀 제가 정신 차리고 이제 잘 할께요' 라고 말하면서 나와야 되는데 '제가 요즘 하나님을 멀리 떠나 있었습니다. 이제 완전히 떠나 있다가 정신 차리면 그때 돌아오겠습니다' 고 말하고 교회를 멀리합니다. 현재도 교회를 떠나 있는데 더 멀리 가면 도무지 정신을 차릴 수 없고 돌아올 수 있는 길이 멀어지는 것 뿐입니다. 이스라엘 백성도 두려움 때문에 도리어 하나님 앞에 나오지도 못하고 사무엘에게 나아와 기도를 부탁합니다. 그때 사무엘이 하는 말이 20절 '사무엘이 백성에게 이르되 두려워하지 말라. 너희가 과연 이 모든 악을 행하였으나 여호와를 따르는 데에서 돌아서지 말고 오직 너희의 마음을 다하여 여호와를 섬기라' 입니다.

해결해 주는 종교

세상의 방식과 성경의 방식을 비교해 보겠습니다. 사람의 행위 중에 가장 어리석은 것이 말입니다. 예를 들어 한 남자와 여자가 교제합니다. 길을 가다가 어두운 골목에 이르면 여자가 불안함을 느낍니다. 그때 남자가 목소리를 깔면서 '아무 걱정 하지마' 라고 하는 말이 아무 소용이 없습니다. 남자가 여자로 하여금 걱정하지 않을 만큼 평상시 듬직한 모습을 보여줬으면 조금 으쓱한 골목을 가도 전혀 걱정을 안 할 것입니다. 남자가 체격도 당당하고 운동도 많이 하고 늘 자신감이 있는 모습을 보여 주었으면 어느 곳을 가도 여자는 평안함을 느낄 것입니다. 여자가 불안함을 느끼는 것은 남자에게서 평상시에 담대함을 보지 못했기 때문입니다. 이렇게 두려워하는 여자에게 '두려워하지마, 나를 믿어' 라는 말은 아무런 의미가 없습니다. 다른 예로, 어떤 사람이 물질적 필요가 있습니다. 급히 돈이 필요한데 없습니다. 이때 그 사람에게 '돈 걱정 하지마' 라는 말은 소용이 없습니다. 돈 걱정 하지 말라는 소리를 하지 말고 돈을 주면 저절로 걱정을 하지 않습니다. 두려워하지 마라, 걱정 하지 말라고 말하는 것처럼 무익한 것이 없습니다. 세상 어느 누구도 재미로 두려워 하는 사람 없고, 할 일이 없어서 걱정 하는 사람이 없습니다. 두려우니까 두려워하고 걱정이 되니까 걱정을 하는 것입니다.

두려워하지 말라고 말하려면 두려워하지 않을 수 있는 해법을 주면 저절로 두려워하지 않습니다. 그것이 하나님의 방식입니다. 하나님은 두려워하지 말라고 말씀하시지 않고 두려움을 해소시켜 주시는 분입니다. 예수님은 제자들에게 오셔서 '평안하뇨?' 라고 말씀하시고 부활하신 후에 다시 제자들에게 나타나시어 '평안할 지어다' 라고 말씀하십니다. 예수님은 십자가 사역을 통하여 제자들이 평안할 수 있도록 만들어 주셨습니다. 평안을 깨는 원인이 죄였기 때문에 죄의 문제를 해결하셨습니다. 그러므로 제자들은 평안할 수 있기에 제자들에게 '평안할 지어다' 라고 선포하시는 것입니다. 하나님은 원인을 해결해 주시는 분입니다. 문제는 해결하지 않은 채 단지 마음을 편히 먹으라고 하면 마음이 편해지지 않습니다. 속 좁게 굴지 말고 넓게 쓰라고 해도 속이 넓어지지 않습니다. 이스라엘 백성이 두려워하고 있습니다. 하나님은 깨닫게 하고, 알게 하고자 계시를 주셨는데 백성은 그것을 보고 두려워합니다. 그때에 '두려워하지 말라' 고 말씀하신다면 그 다음 장면이 등장해야 합니다. 왜 두려워하지 않아도 되는지, 어떻게 두려워하지 않을 수 있는지를 설명해 주어야 합니다.

하나님의 성품

신앙은 두려움에 기인해서는 절대로 안 됩니다. 신앙은 두려움 때문에가 아니라 하나님을 아는 것 때문에 담대함과 자신감으로 나올 수 있는 것이어야 합니다. 불순종하면 하나님이 징계 하실까봐, 하나님을 믿지 않으면 하나님이 심판 하실까봐, 하나님의 뜻대로 하지 않으면 인생이 꼬일까봐 믿어주는 것은 신앙이 아닙니다. 하나님이 이스라엘 백성을 향해 두려워하지 말라고 선포하신 이후에 두려워하지 않을 수 있는 근거를 설명해 주십니다. 22절 "여호와께서는 너희를 자기 백성으로 삼으신 것을 기뻐하셨으므로 여호와께서는 그의 크신 이름을 위해서라도 자기 백성을 버리지 아니하실 것이요"입니다. 두려워하지 않을 수 있는 이유는 내가 얼마나 죄를 덜 지었으며 내가 얼마나 하나님 앞에 합당하게 행했으며 나의 행위와 나의 선함에 기초한 것이 아니라 하나님이 나를 하나님 백성 삼으신 것을 기뻐하였고, 하나님은 기뻐하셨기 때문에 절대로 나를 버리지 않을 것이라는 사실에 기초하는 것입니다. 하나님의 신실하심 때문에 내가 기뻐할 수 있고, 하나님의 성실하심 때문에 내가 담대할 수 있고, 하나님의 자비로우심 때문에 내가 평안할 수 있고, 하나님의 온유하심 때문에 내가 두려워하지 않을 수 있는 것입니다.

사무엘은 백성을 책망하는 것이 아닙니다. 자신과 백성을 비교하여 백성은 하나님 앞에 죄를 지어 두려워한다고 조롱하고 자신은 하나님 앞에 바르게 살았기에 두렵지 않다고 비교하는 것이 아닙니다. 사무엘은 자신과 이스라엘은 동일한 이스라엘 백성이지만 자신이 두려워하지 않을 수 있는 이유는 하나님을 알고, 하나님의 뜻을 알고, 하나님의 목적을 알고, 하나님의 일하심을 알기 때문입니다. 그 동안 하나님이 자신을 다루어 오신 것과 이스라엘 백성을 다루어 오신 것을 근거로 제시하는 것입니다. 이스라엘 백성이 하나님을 부인했었음에도 하나님은 한번도 이스라엘에게 진노하지 않으셨고 이스라엘을 버리지 않으셨고 이스라엘을 포기하지 않으셨다는 것입니다. 하나님을 알면 이스라엘 백성이 하나님을 두려워할 이유가 없습니다. 여호수아서 1장에서 하나님은 여호수아에게도 똑같은 말씀을 하셨습니다. 여호수아에게 두려워말고 강하고 담대하라고 강조하셨습니다. 그 이유는 하나님이 여호수아와 함께 하시기 때문입니다. 하나님이 자신과 함께 하심을 알면 두려움 대신에 기뻐하고 즐거워 할 것입니다.

사역자의 역할

사무엘상 12장 23절 "나는 너희를 위하여 기도하기를 쉬는 죄를 여호와 앞에 결단코 범하지 않고 선하고 의로운 길을 너희에게 가르칠 것인즉"입니다. 사무엘은 자신의 역할을 얘기하고 있습니다. 사무엘이 기도하기를 쉬는 죄를 범하지 않겠다고 약속합니다. 이것은 자신이 기도하면 하나님이 들어 주신다고 하는 자신감이나 자기의 교만이 아닙니다. 도리어 하나님은 하나님의 백성의 간구를 버리지 않으신다는 하나님에 대한 확신 가운데 하나님 앞에 기도하겠다는 것입니다. 자신의 의를 드러내거나 자신의 선함을 드러내는 것이 아니라 하나님은 자기 백성의 부르짖음을 외면치 않으신다는 것을 아는 신앙의 고백입니다. 또 사무엘은 기도뿐만 아니라 선하고 의로운 길을 가르치겠다고 약속합니다. 사무엘 자신이 하나님께 의롭고 선한 길을 배웠는데 그 길대로 행하니까 이런 담대함과 평안함과 자유함이 있더라는 것입니다. 그러므로 백성도 하나님의 진리, 하나님의 선하심, 하나님의 의로우심을 알아야 바로 설 수 있다고 선언하고 있는 것입니다.

성도의 삶

하나님이 신실하게 행하시고 하나님의 사역자가 기도와 가르침을 행할 때에 성도의 모습이 24절에 등장합니다. "너희는 여호와께서 너희를 위하여 행하신 그 큰일을 생각하여 오직 그를 경외하며 너희의 마음을 다하여 진실히 섬기라"입니다. 하나님은 백성을 부르셔서 기뻐하시고, 그 백성을 버리지 않으십니다. 하나님의 백성을 인도하는 사역자로 세움 받은 사람은 하나님 앞에 기도하고 선하고 의로운 길로 가르치고 그 성도는 그 하나님을 알아 기뻐하며 즐거워하며 하나님을 섬기는 것이 신앙의 아름다운 조화입니다. 성도는 우리를 사랑하시고 도우시고, 축복하시는 그 하나님의 사랑과 은혜를 알아 참으로 자유로움과 기쁨과 평안과 담대함 속에 즐거이 하나님을 찾으며 즐거이 하나님을 따르며 즐거이 하나님과 동행하는 것입니다.

12
망령되이 행하였도다

사무엘상 13:1~15

1 사울이 왕이 될 때에 사십 세라 그가 이스라엘을 다스린지 이 년에 2 이스라엘 사람 삼천 명을 택하여 그 중에서 이천 명은 자기와 함께 믹마스와 벧엘 산에 있게 하고 일천 명은 요나단과 함께 베냐민 기브아에 있게 하고 남은 백성은 각기 장막으로 보내니라 3 요나단이 게바에 있는 블레셋 사람의 수비대를 치매 블레셋 사람이 이를 들은지라 사울이 온 땅에 나팔을 불어 이르되 히브리 사람들은 들으라 하니 4 온 이스라엘이 사울이 블레셋 사람들의 수비대를 친 것과 이스라엘이 블레셋 사람들의 미움을 받게 되었다 함을 듣고 그 백성이 길갈로 모여 사울을 따르니라 5 블레셋 사람들이 이스라엘과 싸우려고 모였는데 병거가 삼만이요 마병이 육천 명이요 백성은 해변의 모래 같이 많더라 그들이 올라와 벧아웬 동쪽 믹마스에 진 치매 이스라엘 사람들이 위급함을 보고 절박하여 굴과 수풀과 바위 틈과 은밀한 곳과 웅덩이에 숨으며 7 어떤 히브리 사람들은 요단을 건너 갓과 길르앗 땅으로 가되 사울은 아직 길갈에 있고 그를 따른 모든 백성은 떨더라 8 사울은 사무엘이 정한 기한대로 이레 동안을 기다렸으나 사무엘이 길갈로 오지 아니하매 백성이 사울에게서 흩어지는지라 9 사울이 이르되 번제와 화목제물을 이리로 가져오라 하여 번제를 드렸더니 10 번제 드리기를 마치자 사무엘이 온 지라 사울이 나가 맞으며 문안하매 11 사무엘이 이르되 왕이 행하신 것이 무엇이냐 하니 사울이 이르되 백성은 내게서 흩어지고 당신은 정한 날 안에 오지 아니하고 블레셋 사람은 믹마스에 모였음을 내가 보았으므로 12 이에 내가 이르기를 블레셋 사람들이 나를 치러 길갈로 내려오겠거늘 내가 여호와께 은혜를 간구하지 못하였다 하고 부득이하여 번제를 드렸나이다 하니라 13 사무엘이 사울에게 이르되 왕이 망령되이 행하였도다 왕이 왕의 하나님 여호와께서 왕에게 내리신 명령을 지키지 아니하였도다 그리하였더라면 여호와께서 이스라엘 위에 왕의 나라를 영원히 세우셨을 것이어늘 14 지금은 왕의 나라가 길지 못할 것이라 여호와께서 왕에게 명령하신 바를 왕이 지키지 아니하였으므로 여호와께서 그의 마음에 맞는 사람을 구하여 여호와께서 그를 그의 백성의 지도자로 삼으셨느니라 하고 15 사무엘이 일어나 길갈에서 떠나 베냐민 기브아로 올라가니라 사울이 자기와 함께 한 백성의 수를 세어 보니 육백 명 가량이라 16 사울과 그의 아들 요나단과 그들과 함께 한 백성은 베냐민 게바에 있고 블레셋 사

람들은 믹마스에 진 쳤더니 17 노략꾼들이 세 대로 블레셋 사람들의 진영에서 나와서 한 대는 오브라 길을 따라서 수알 땅에 이르렀고 18 한 대는 벧호론 길로 향하였고 한 대는 광야쪽으로 스보임 골짜기가 내려다 보이는 지역 길로 향하였더라 19 그 때에 이스라엘 온 땅에 철공이 없었으니 이는 블레셋 사람들이 말하기를 히브리 사람이 칼이나 창을 만들까 두렵다 하였음이라 20 온 이스라엘 사람들이 각기 보습이나 삽이나 도끼나 괭이를 벼리려면 블레셋 사람들에게로 내려갔었는데 21 곧 그들이 괭이나 삽이나 쇠스랑이나 도끼나 쇠채찍이 무딜 때에 그리하였으므로 22 싸우는 날에 사울과 요나단과 함께 한 백성의 손에는 칼이나 창이 없고 오직 사울과 그의 아들 요나단에게만 있었더라 23 블레셋 사람들의 부대가 나와서 믹마스 어귀에 이르렀더라

사울의 전투

사울의 전쟁

　이스라엘 백성이 왕을 구하는 과정과 결과 가운데 하나님이 어떻게 이스라엘을 가르치시는가를 살펴보고 있습니다. 11장 1절에서 암몬 사람 나하스가 와서 협박을 하고 사울은 군대를 소집하여 전쟁에 나가 싸웁니다. 그 싸움이 11장 11절에 "이튿날 사울이 백성을 삼 대로 나누고 새벽에 적진 한가운데로 들어가서 날이 더울 때까지 암몬 사람들을 치매 남은 자가 다 흩어져서 둘도 함께 한 자가 없었더라"고 나옵니다. 사울은 전쟁에서 승리했습니다. 그러나 이 승리는 사울의 승리가 아니었습니다. 하나님이 사울을 통해 백성에게 배우게 하려고 승리하게 하신 것입니다. 그것은 사건의 정황을 살펴보면 알 수 있습니다. 적군은 군사 훈련을 받은 군인들입니다. 군인들이 나와서 진을 쳤고 이스라엘에서는 사울이 평상시 무술을 연마하고 있다가 나가는 것이 아닙니다. 11장 5절에 "마침 사울이 밭에서 소를 몰고 오다가 이르되"입니다. 적군은 군사들이 오는데 이쪽에서는 소를 몰던 사람이 나가서 전쟁을 합니다. 그럼에도, 사울이 전쟁에서 이기는 것입니다. 밭에서 소 몰던 사람이 전쟁에 나가서 훈련받은 군인을 이긴다는 것은 너무나 예상 밖의 일이지만 성

경에는 그렇게 나오는 것입니다. 이 전쟁은 사울의 승리가 아니라 하나님의 승리라는 것을 알려주는 것이었습니다.

혹자는 전쟁의 승리를 숫자의 힘으로 설명할 수도 있습니다. 상대는 군인이고 사울은 말 그대로 소로 밭을 갈던 사람이지만 사울의 무리도 삼십 삼만 명이나 모여 어마어마한 인원으로 전쟁에서 이겼다고 할 수 있습니다. 그러나 전쟁은 단순한 숫자놀이가 아니라 숫자를 강조하려면 정예화 된 숫자가 강조되어야 합니다. 전쟁에 나가는데 전혀 군사 훈련을 받지 않고 전쟁에 대하여 아무것도 모르는 사람들이 모여 있는 군대를 흔히 오합지졸이라고 합니다. 군대에서 오합지졸은 많으면 많을수록 유리한 것이 아니라 많으면 많을수록 분리합니다. 오합지졸을 갖느니 차라리 소수의 특공대를 갖는 게 낫습니다. 삼십삼만이 모였지만 이것은 전쟁하기에 더 쉬운 게 아니라 더 어렵고 복잡해지는 것입니다. 밭에서 소 갈던 장수와 갑자기 나타난 오합지졸의 삼십삼만 명으로는 도무지 전쟁이 되지 않는데 그 전쟁에서 이깁니다. 성경이 강조하려는 것은 이 전쟁은 사울의 전쟁이 아니라 하나님의 전쟁이라는 것입니다.

본문이 강조하려는 초점을 절대로 오해하시면 안 됩니다. 본문은 하나님을 강조하는 것이지 사람을 강조하는 것이 아닙니다. 만약 '장수 한 명이 매우 중요하다. 삼십삼만이 비록 오합지졸일지라도 그들을 데리고 한 사람의 지혜 있고 준비되고 유능한 리더가 있으면 무엇이든 할 수 있다. 그 한 사람 리더가 나라를 살리고, 그 한 사람의 지도자가 국가를 멸망의 위기에서 건져낸다. 한 사람은 이렇게 중요한 것이다. 우리도 준비된 지도자가 되어야 하고 예비된 일군이 되어야 한다. 본문에서 확인할 수 있듯이 지도자의 책임, 지도자의 역할, 지도자의 능력이 모든 것을 결정한다' 고 말하는 것은 성경의 의도를 왜곡하는 것입니다. 성경은 유능한 한 사람의 중요성을 강조하는 것이 아니라 하나님을 의지해야 한다고 말하려는 것입니다. 안타깝게도 이스라엘은 성경이 가르치려는 의

도와 정반대로 나아갔습니다. 하나님의 의도는 하나님이 함께 하시면 소를 이끌고 밭을 갈던 사람을 통해서도 전쟁을 이기게 하실 수 있다는 깨달음을 주려는 것입니다. 사람들의 입에서 '하나님이 하시면 무엇이든 가능하구나!' 라는 고백이 나오게 하려는 것입니다. 그런데 이스라엘은 정 반대로 '사울이면 되는구나!' 라는 결론을 냅니다. 11장 12절 "백성이 사무엘에게 이르되 사울이 어찌 우리를 다스리겠느냐 한 자가 누구니이까 그들을 끌어내소서 우리가 죽이겠나이다"입니다. 하나님에 대한 감사가 없고 하나님께 대한 아무런 고백이나 찬양이 없습니다. 오직 사울에 대한 칭송만이 있을 뿐입니다.

사무엘의 가르침

성경에는 어떤 사람을 세워서 특정한 일을 감당하게 한 후에 그 사람을 칭찬하는 경우가 없습니다. 하나님이 모세를 불러서 출애굽을 하게 하셨습니다. 열 가지 이적 사건을 거쳐 모세가 출애굽을 잘했습니다. 하나님이 어느 날 모세를 격려하고 칭찬하고 상급을 주시는 장면이 없습니다. 하나님이 여호수아를 세우셔서 가나안 정복을 하도록 명하셨습니다. 여러 번의 전투를 거쳐 드디어 여호수아가 가나안을 잘 정복했습니다. 그때 하나님이 여호수아를 불러서 전략의 뛰어남을 칭찬하고 담대함과 용감함을 치하하고 하나님이 별도의 후원이나 축복을 주는 장면이 없습니다. 왜냐하면 출애굽이나 가나안 입성이나 어떤 것도 모세가 행한 것이 아니고 여호수아가 행한 것이 아니기 때문입니다. 비록 모세와 여호수아가 현장에 있었을지라도 모든 것을 완성하신 분은 하나님이시기 때문입니다. 하나님이 행하시지 않았다면 모세와 여호수아는 아무것도 이루어 낼 수 없었던 것입니다.

사울의 경우도 동일합니다. 사울이 밭에서 소를 몰다가 갑자기 달려나가서 전쟁에서 승리하였습니다. 전쟁에서 승리한 후 하나님께서 사울과 백성을 다 모아놓고 '사울아 수고했다. 느닷없이 나가느라 애썼지! 칼도 없는데 소뼈 들고 나가서 싸우느라고 애썼다'고 칭찬하고 격려하는 장면이 성경에 등장하지 않습니다. 왜냐하면 하나님이 감동을 주셔서 이루신 일이지 사울이 이긴 것이 아니기 때문에, 하나님의 승리이기 때문에 사울을 칭찬하지 않습니다. 사무엘이 백성을 모아놓고 가르치는 내용이 바로 이것입니다. 11장 15절 "모든 백성이 길갈로 가서 거기서 여호와 앞에서 사울을 왕으로 삼고 길갈에서 여호와 앞에 화목제를 드리고 사울과 이스라엘 모든 사람이 거기서 크게 기뻐하니라"입니다. 그렇게 모두가 기뻐하는 순간에 사무엘은 사울의 수고를 칭찬하고 백성 노고를 격려하는 것이 아니라 12장의 내용을 들어서 이스라엘을 가르칩니다. 12장의 내용은 '이스라엘아, 너희가 여러 가지 죄를 지었다. 너희가 하나님을 불순종했고 너희가 하나님을 시험했다. 그 시험을 하나님이 다 받아 주었다. 그런데도 너희는 하나님을 믿지 아니하였고 왕을 구하는 죄까지 지었다'는 것입니다. 지금 승리의 기쁨을 나누면서 서로 격려하며 서로 칭찬하는 것이 아니라 그 기쁨의 자리에서 그들이 어떤 잘못을 저질렀었던가를 밝혀 주고 있습니다. 사울이라는 사람을 전쟁의 장수로 잘 골라서 전쟁에서 승리했다고 축하연을 여는 것이 아니라 왕을 구하는 것이 죄이었다고 가르치고 있습니다.

성경에는 말하는 죄의 개념을 잘 이해하셔야 합니다. 성경에서는 엄청난 도덕적이거나 윤리적인 잘못을 언급하는 것이 아닙니다. 하나님을 믿지 않는 것을 죄라고 합니다. 전쟁에서 수고한 사울의 수고와 사울의 공로는 단 한마디도 언급이 없습니다. 이스라엘이 하나님 대신에 왕을 구했습니다. 성경은 그것을 죄라고 합니다. 이스라엘이 그렇게 죄를 범했는데 하나님이 이스라엘에게 죄를 행한 것에 대하여 진노하거나 심판하거나 벌을 내리지 않습니다. 진노를 내리지 않고 벌을 주지도 않으면서 이스라엘의 죄를 지적하는 이유를 알아야 합니다. 사람들이 상호 간의 관계에서 정죄하는 이유는 그 죄를 지적하고 상응하는 대가를 받게 하는 것이지만, 하나님은 사람들이 행하는 것과 같이 행하시지 않습니다. 하나님은 진노나 형벌은 내리시지 않으면서도 백성의 행동에 대하여 죄라고 지적하십니다. 하나님의 목적은 정죄 자체가 아니라 백성을 가르치는 것입니다. 굳이 백성의 행위가 죄라고 말씀하신 이유는 죄책감을 들게 하고자 하는 것이 아니라 하나님을 믿지 않은 결과가 무엇인가를 알게 하려는 것입니다. 이스라엘이 하나님 대신에 왕을 택했고, 그 결과 평안하고 즐겁고 기쁘고 행복했어야 되는데 도리어 두려워하였다고 말하는 것입니다. 하나님을 믿지 않으므로 그들에게 당한 결과가 하나님은 속상하고 안타까운 것입니다. 하나님을 떠나서 고생하는 것을 보고 고소해 하는 것이 아니라 스스로 하나님을 떠났음에도 평안을 누리지 못하는 것을 안타까워하시는 것입니다. 하나님을 버린 사람들을 괘씸하게 여기는 것이 아니라 민망해 하시는 것이 하나님의 마음이요 심정입니다.

하나님은 또 이스라엘을 도우시고 진실을 알리십니다. 밀 베는 때에 우레와 비를 내리셔서 천지를 주관하시는 분이 하나님이시오 모든 것을 공급하시는 분이 하나님이시라는 걸 알려 주시려고 우레와 비를 내렸던 것입니다. 하나님의 가르침을 받은 백성은 하나님의 자비하심을 알고 감사하며 평안을 누려야 합니다. 그런데 하나님의 가르침이 우레와 비를 통하여 가르침을 주시자 백성은 도리어 두려워합니다. 하나님의 가르침을 전혀 인식하지 못한 채 마른하늘에 날벼락이라고 놀랍니다. 하나님은 마른하늘에 날벼락을 내리게도 할 수 있다는 것을 알려 주시는 것입니다. 하지만 사람들은 누가 이러한 역사를 행하고 있는가 관심이 없고 마른하늘에 날벼락이 치는 현상만 보고 두려워합니다. 하나님이 이적을 통하여 깨닫게 하시고자 하여도 하나님을 모르는 백성은 그것을 은혜로 받아들이는 것이 아니라 두려움으로 받아들이는 것입니다.

백성을 모아놓고 연설을 하고 있는 사무엘과 그 자리에 있는 백성의 마음 중 누가 더 비장하고 누가 더 침통할 것 같습니까? 사무엘은 나이가 많아 늙어 곧 물러갈 때가 됩니다. 자기 아들들은 자신을 대신할 자들이 아니라 아주 엉망이 되어 버렸습니다. 그래서 '이스라엘이 어떻게 될까, 앞으로 이 나라는 어떻게 되고 앞으로 이 백성은 어떻게 살 수 있단 말인가, 내가 죽으면 이 나라는 어찌 한단 말인가' 라고 걱정하고 염려하며 불안해하고 비장해하고 침통해하는 당사자가 사무엘일 것입니다. 그런데 정작 사무엘은 그런 마음이 하나도 없습니다. 사무엘은 염려도 걱정도 비장함도 침통함도 없습니다. 왜냐하면 사무엘은 그 동안 자신이 이스라엘 나라를 지켜온 것이 아니었기 때문입니다. 자신이 이스라엘을 지키지 않았고 자신이 이스라엘을 보호하지 않았고 자신이 이스라엘을 다스린 것이 아니었기 때문입니다. 자신은 하나님에 의하여 부름 받았고 자신은 하나님에 의하여 세움 받았고 자신은 하나님에 의하여 가르침 받았고 자신은 하나님에 의하여 맡겨진 일을 감당했습니다. 하나님이 사랑하셔서 자신을 그렇게 도우신 이유는 자신을 위해서가 아니라 이스라엘을 더 사랑 하시기 때문입니다. 하나님이 이스라엘을 자기 백성 삼으신 것을 기뻐하셨고 그 사랑을 유지하고자 사무엘로 하여금 이스라엘을 도우셨고, 하나님은 결단코 이스라엘을 버리지 않으신다는 하나님의 심정과 의지를 알기에 사무엘은 이스라엘이 걱정되지 않습니다. 사무엘은 이스라엘을 염려하지 않고 불안해하지 않습니다.

사무엘이 담대할 수 있는 근거는 자기 대신에 탁월한 지도자를 세워 놨기 때문이 아니라 하나님의 이스라엘을 향한 심정과 하나님의 이스라엘을 향한 계획을 알고 있기 때문입니다. 그래서 두려워 떠는 이스라엘 백성에게 같은 것을 가르쳐 줍니다. 하나님은 너희를 백성 삼으셨다. 그것을 하나님이 기뻐 하셨다. 하나님은 절대로 너희를 버리지 아니하실 것이기에 너희는 두려워하지 마라. 너희는 염려하지 마라. 너희는 걱정하지 마라. 사사기 시대 이후에 이스라엘이 각자 제 소견에 옳은 대로 행하여 엉망이 되었을 때에 하나님은 너희를 백성 삼으셨고 너희를 기뻐하셨고 너희를 버리지 않으시려고 나를 불러서 너희를 돕게 하지 않으셨느냐. 내가 죽어도 블레셋이 쳐들어와도 암몬이 쳐들어와도 그 누가 쳐들어 와도 하나님은 너희를 백성 삼으셨고 그걸 기뻐하셨고 그것을 지키실 것이기에 나와 또 다른 나와 또 다른 누구를 들어서라도 너희를 지키고 보호하실 것이다. 왜 두려워하며 왜 염려하느냐.' 그리고 동시에 하나님은 그렇게 하실 것이며 지금 자신이 나이 들어가고 있지만 모든 날 동안에 너희를 위하여 기도하기를 쉬는 죄를 범하지 않기를 위하여 기도할 것이며 또 하나님의 선하고 의로운 도로 너희를 가르칠 것이니 걱정하지 말고 염려하지 말고 두려워하지 말라는 것입니다. 사무엘은 배짱이 좋거나 담대함이거나 노인이 되어서 어차피 죽을 날이 가까워서 겁을 상실한 것이 아니라 하나님의 뜻을 알고 하나님의 마음을 알고 하나님의 심정을 알기 때문에 드러나는 자연스런 담대함입니다. 12장 내내 그것을 가르쳤습니다. 그런데 이스라엘은 배우지 않습니다. 사무엘의 가르침을 배우지 않고 '하나님 고맙습니다. 하나님 감사합니다' 라는 것이 없습니다.

사울의 행동

사역자의 역할

하나님의 의하여 세움 받은 사사인 사무엘이나 하나님의 의하여 세움 받은 왕인 사울의 역할은 하나님을 인정하는 것입니다. 아무도 하나님을 인정하지 않고 아무도 하나님을 믿지 않을 때 하나님의 사람은 하나님을 믿는 것입니다. 오늘날 교회에서 목회자의 역할은 오직 하나 '하나님을 믿는 것' 입니다. 성도들이 교회가 안정이 되고 튼튼해지고 성장을 하려면 이것도 있어야 하고, 저것도 있어야 하고, 이 사람도 있어야 하고, 저 사람도 있어야 하고, 이 프로그램과 저 프로그램을 갖추면 더 나을 것이고, 그것을 할 만한 사람이 들어오면 다 좋아하고, 할 만한 사람이 나가면 슬퍼하고, 그런 여러 생각들이 있을 때 목사는 한 가지를 생각해야 합니다. 오직 하나님을 믿으며 '나는 하나님을 믿는다. 하나님이 교회의 힘이고, 하나님이 교회의 능력이고, 하나님이 교회의 방법이고, 하나님이 교회의 대안이다. 나는 하나님을 믿는다' 는 신앙을 지키고 있는 것입니다. 사무엘은 어떤 탁월한 업적을 이룬 것이 없음에도 하나님의 사역자로서의 역할이 백점이고 사울은 전쟁에서 승리하여 백성을 구출하였음에도 하나님의 사역자로서의 역할이 빵점인 것입니다. 하나님은 백성을 깨우치려고 왕을 세우시는 것입니다. 그래서 세움 받은 그 사람은 하나님을 드러내고 하나님을 증거하는 자가 되어야 하는데 사울은 빵점입니다.

분명히 지난 번 전투에서 이겼습니다. 지난 번 전투에서 자기 스스로의 힘으로 승리한 것이 아니라는 것을 가장 잘 아는 사람이 바로 사울 자신입니다. 밭에서 소를 몰다가 갑자기 나갔습니다. 전쟁터에 나가기 전에 하나님의 신에게 크게 감동 되었습니다. 하나님이 도우셔서 나가서 이기게 되었다는 사실을 다른 사람은 몰라도 사울은 알고 있습니다. 그렇다면 많은 사람의 이목이 자기에게로 집중되고 자기를 의지하고자 할 때에 자신에게가 아니라 하나님께로 가자고 백성의 마음을 하나님께로 돌려야하는 장본인이 바로 사울입니다. 그런데 사울은 그렇게 하지 않았습니다.

하나님께 쓰임 받는 사람들이 자신의 역할을 오해하여 하나님의 의도와 다르게 행동하는 모습이 자주 등장합니다. 사사기에서 기드온은 삼백 명의 군사를 가지고 미디안의 침공을 막아냅니다. 전쟁이 끝난 후에 이스라엘 백성이 기드온에게 나아와 자신들의 왕이 되어 달라고 요청합니다. 그때 기드온은 왕이 되기를 거부합니다. 기드온이 왕이 되기를 거부한 것은 겸손해서가 아니라 당연한 것입니다. 왜냐하면 자신의 승리가 자신의 지혜와 전략에 의한 승리가 아니라는 것을 자기가 가장 잘 알기 때문입니다. 하나님이 부르셨을 때에 못 간다고 발뺌한 게 한두 번이 아니고, 정말로 하나님이 나를 보내시냐고 하나님을 시험한 게 한두 번이 아니고, 꿈에 나타나 적군을 다 이기게 해주시겠다는 환상까지 다 보고난 후에야 겨우 나갔던 자기 스스로의 행적을 잘 알기 때문입니다. 당연이 앞으로 어떤 적이 오면 자기가 거뜬히 나가서 이길 수 있다는 자신감이 전혀 없다는 자기의 정체를 너무나 잘 알기 때문에 그는 왕이 될 수 없었던 것입니다. 그건 겸손이 아니라 사실일 뿐입니다. 사울의 경우도 기브온과 같이 모든 관심을 하나님께로 돌려야 합니다. 자신 때문에 이긴 것이 아니라 하나님이 이스라엘을 도운 것임을 말해야 합니다. 하나님을 믿으면 자신 같은 인간뿐만 아니라 누구라도 들어서 이스라엘을 구원할 것이니 하나님을 믿자고 호소해야 하는 사람이 사울입니다. 지금 사무엘은 그렇게 하고 있습니다. '나는 나이 들어 죽는다. 내가 죽어도 아무 상관없다. 하나님은 너희를 지키실 것이다' 고 말하고 있습니다. 사무엘은 하나님의 사역자의 역할을 잘 감당하고 있는데 사울은 전혀 반대로 하는 것입니다.

사울의 준비

사울은 하나님을 믿는 신앙인, 하나님을 증거하는 사역자로서가 아니라 전쟁에서 한 번 이기고 나더니 정말로 장수가 되고 진짜로 왕이 되는 것처럼 자신의 위치를 세워갑니다. 그래서 이스라엘에 없던 상비군 제도를 만듭니다. 그것이 본문의 13장 2절 "이스라엘 사람 삼천 명을 택하여 그 중에서 이천 명은 자기와 함께 믹마스와 벧엘 산에 있게 하고 일천 명은 요나단과 함께 베냐민 기브아에 있게 하고 남은 백성은 각기 장막으로 보내니라"입니다. 하나님을 의지하는 이스라엘이 아니라 군대를 의지하는 이스라엘로 바뀌어 가고, 하나님의 보냄을 받은 이스라엘 왕 사울이 아니라 군대를 의지하는 장군 사울이 되어 버리는 것입니다. 이스라엘 주변에 블레셋이란 나라가 있습니다. 국가가 있으니까 상호간에 충돌이 있습니다. 요나단이라고 하는 사울의 아들 겸 장수하고 블레셋 간에 접경 지역에서 국지전이 벌어졌습니다. 그 결과 블레셋 사람이 이스라엘 사람들을 미워하고 이제 저들을 한 번 혼내 주어야 하겠다는 소문이 이스라엘 사람들에게 들립니다. 사울이 블레셋이 이스라엘에 대하여 적개심을 가졌다는 것을 알고 이스라엘 백성을 소집하여 사울을 의지하고 사울 중심으로 뭉칩니다. 불신앙의 궁합이 잘 맞고 있습니다. 왕은 왕대로 백성은 백성대로 하나님은 존재가 없고 하나님의 말씀은 아무런 영향력이 없습니다.

망령되어 행하였도다

도망가는 백성

왕은 군대를 믿고 백성은 왕을 믿는 것까지는 좋았습니다. 이스라엘 백성이 사울을 믿고 사울을 중심으로 인하여 뭉쳤습니다. 블레셋이 쳐들어온다는 소식을 듣고 백성이 모였는데 블레셋의 군사가 이스라엘의 예상을 넘어선다는 보고가 전해옵니다. 사무엘상 13장 5절 "블레셋 사람들이 이스라엘과 싸우려고 모였는데 병거가 삼만 명이요 마병이 육천 명이요 백성은 해변의 모래 같이 많더라"입니다. 이스라엘 사람들의 반응이 6절 '이스라엘 사람들이 위급함을 보고 절박하여 굴과 수풀과 바위틈과 은밀한 곳과 웅덩이에 숨으며 어떤 히브리 사람들은 요단을 건너 갓과 길르앗 땅으로 가되 사울은 아직 길갈에 있고 그를 따른 모든 백성은 떨더라' 입니다. 사울 왕 만세를 불렀고, 사울만 있으면 두려운 상대가 없다고 생각했던 이스라엘 백성이 모두 도망을 갑니다. 사울 왕이 지켜주실 것으로 믿고 의지하던 백성이 모두 줄행랑을 쳤습니다. 남은 사람들은 사울 왕을 신뢰하기 때문에 남은 것이 아니라 미처 도망을 가지 못해서 남아 있을 뿐입니다. 남은 자들이 사울을 중심으로 똘똘 뭉친 것이 아닙니다. 일반적으로 생각하면 이스라엘은 이전보다 더욱 담대했어야 합니다. 이전에는 전쟁에 나가 본 경험이 없었고, 자신들을 인도해 줄 왕도 없었습니다. 그러나 이제는 전쟁에서 승리한 경험도 있고, 상비군이 예비해 있고, 전쟁 영웅 사울도 있습니다. 사기가 충천해야 하고 천하에 두려울 상대가 없고 백성의 담대함이 하늘을 찌를 듯해야 하지만 실상은 이스라엘은 다 도망가고, 남은 사람은 다 떨고 있을 뿐입니다.

하나님은 인간에게 실체를 질문 하는 것입니다. 하나님 이외의 것을 사람들이 의지하려고 할 때에 하나님께서 왜 하나님 대신 엉뚱한 것을 사랑하느냐고 시기하시고 질투하시는 것이 아닙니다. 도리어 인간들이 의지하려고 하는 대상들이 얼마나 소용없는 것인가를 알고 있느냐고 질문하십니다. 인간의 의지하려는 대상이 얼마나 헛되며, 헛된 것을 의지하려는 마음이 얼마나 어리석은 것인가를 알고 있느냐는 것입니다. 하나님의 질문은 '너희가 왕이면 된다고 했었다. 사울이면 된다고 너희들이 뽑았었다. 하나님이 너희를 택하신 것을 너희가 기뻐하고 하나님이 너희를 버리지 않을 것을 의지하라고 했어도 너희가 그 가르침을 배우는 대신 하나님을 믿는 대신 사울을 의지했었다. 그렇다면 지금 평안해야 한다. 사울이 죽은 것도 아니요, 병들은 것도 아닌데 사울이 옆에 있음에도 불안해하는 것은 너희의 행동의 모순이다. 한때는 사울이면 충분하다고 사울을 믿더니 지금은 왜 안 믿느냐?'는 것입니다. 하나님이 우상숭배를 금지하는 이유는 한가지입니다. 하나님이 우상을 시기하시거나, 백성에게 실망하시기 때문이 아니라 오직 한 가지, 우상숭배는 아무 유익이 없는 쓸모없는 행동이기 때문입니다.

사울의 제사

위태로운 상황 속에서 백성이 도망을 가니까 사울이 백성을 모아 제사를 드렸습니다. 사울이 제사를 드린 것이 결국은 "왕이 망령되이 행하였도다"라는 선언을 듣습니다. 사울은 자신이 제사 드린 이유를 설명합니다. 13장 11절 "사무엘이 이르되 왕이 행하신 것이 무엇인가 하니 사울이 이르되 백성은 내게서 흩어지고 당신은 정한 날 안에 오지 않고 블레셋 사람은 믹마스에 모였음을 내가 보았으므로 이에 내가 이르기를 블레셋 사람들이 나를 치러 길갈로 내려오겠거늘 내가 여호와께 은혜를 간구하지 못하였다하고 부득이하여 번제를 드렸나이다 하니라"입니다. 백성은 하나님을 신뢰하지 않고 왕을 신뢰했었는데 적군이 너무 많은 것을 보더니 생각이 확 달라졌습니다. 조금 전까지는 하나님을 대신할 왕으로 여겼는데 금세 바뀐 것입니다. 백성이 불안해서 도망을 가니까 사울이 백성을 위해서 제사를 드린 것처럼 나옵니다. 그러나 그렇지 않습니다. 정확하게 말하면 백성이 불안해 하니까 백성을 위로하려고 제사를 드린 것이 아니라 사울 자신이 불안했던 것입니다. 사울도 하나님을 의지하지 않는 사람으로서 자신이 전쟁에 이길 수 있는 장군 같았고 자신 곁에 있는 군사들이 자신에게 힘이 되었었습니다. 그런데 군사들은 도망가고 블레셋은 쳐들어 올 것 같고 점점 더 자신이 불안해 지는 것입니다.

만약 지금까지 사울이 하던 행태라고 하면 백성이 떠나가도 불안해 해서는 안 됩니다. 왜냐하면 사울이 자신감이 있기 때문입니다. 밭에서 소 몰다가 나와서도 전쟁에서 이겨 버리는 사람이었습니다. 그 동안 군대의 숫자 의지하고 전쟁하던 사울이 아닙니다. 그러기에 오합지졸 같은 백성 중 일부가 도망한 것이 걱정거리가 되지 않아야 됩니다. 그런데 사울은 자신이 자신을 믿을 수 없다는 사실 앞에, 자신이 적군을 감당할 수 없다는 사실 앞에 두렵고 떨리는 것입니다. 전쟁에서 이겼고 백성이 추앙해줘서 한껏 높아졌는데 그래서 군대도 만들고 준비를 했는데 너무 강한 적이 나타나니까 어쩔 수 없어하는 것입니다. 사울이 드린 제사를 보고 사무엘이 망령되이 행하였다고 말합니다. 여러분, 불안해 떠는 어떤 사람이 불안한 마음 때문에 하나님께 제사를 드린 것이 망령된 행위입니까? 백성이 불안해하고 하나 둘 떠나가기에 그들을 붙잡아 두려고 제사를 드린 것을 망령되다고 할 수 있겠습니까? 제사는 제사장이 드려야 하는데 제사장도 아닌 사람이 제사를 드린 것이기에 하나님의 율법을 어긴 것으로 망령된 행위라고 말할 수 있을까요?

만약 사울이 제사장이 아님에도 제사를 드렸기에 망령되다는 판단을 받았다면 망령된 행위를 행한 대가로 받은 결과가 무엇일까요? 본문에는 사울이 망령되게 행하여 진노를 받고 심판을 받은 적은 내용이 전혀 등장하지 않습니다. 혹자는 사울이 왕에서 폐위된 것이 형벌이라고 주장할 수 있습니다. 그러나 13장 1절에 의하면 사울이 왕위에 오른 지 이 년이라고 나옵니다. 사울이 왕위에 재직한 기간은 총 사십 년입니다. 망령되다 일컬음을 받은 제사를 드린 이후에도, 왕위가 끊어지리라는 선언을 받은 이후에도 자그만치 삼십 팔년을 더 왕위에 머물러 있습니다. 사울이 사십 년 동안 왕위를 머물고 나서 물러나는 것은 진노의 결과로 형벌을 받아 폐위가 된 것이 아니라 이제 나이가 들었고, 힘이 없었기 때문에 죽은 것에 불과합니다. 또한 사울은 망령된 제사를 드린 이후에 전쟁에 나가 진노의 결과로 패하기만 한 것이 아니라 대부분의 전쟁에서 승리를 거둡니다. 또 사울은 전쟁에서 부하 장수의 도움없이 혼자서 고군분투하는 것이 아니라 훌륭한 많은 장수들을 거느립니다. 대표적으로 다윗이라는 장수와 요나단이라는 자기 아들입니다. 특히 다윗은 사울의 수하에 있는 장수로서 전장에 나갈 때마다 승리를 얻어 사울의 왕위를 확고히 하고 이스라엘 나라를 견고하게 합니다. 사울이 망령된 제사를 드렸음에도 어디에도 형벌을 받고 심판을 받은 모습이 등장하지 않습니다. 도리어 싸우는 전쟁마다 승리하고, 훌륭한 장수들을 수하에 두고, 자신은 계속하여 왕위에 머물러 태평성대를 누리고 있습니다.

망령된 행동

사울이 망령된 행동을 했다는 것은 율법을 어겼다거나, 제사장도 아닌 사람이 제사를 드림으로 율법을 어겼다는 특정 행동에 관한 것이 아닙니다. 사울이 망령되이 행했다는 것은 하나님을 불신했다는 의미입니다. 백성이 불안해 하니까 제사를 드린 것이 아니라 사실은 자기 자신이 불안해서 하나님께 제사를 행한 것입니다. 자기 자신도 불안했고 하나님을 신뢰하지도 않았습니다. 사울이 사무엘의 가르침을 통해 하나님을 알았다면 사울은 두려워 할 것이 없습니다. 하나님을 신뢰하고 의지한다면 블레셋의 병거 삼만 명이 오면 어떻고 마병 육천 명이 오면 어떻습니까? 백성이 많고 적음은 아무 상관이 없습니다. 사울은 하나님을 믿지 않고 있기에 불안하고 두려운 것입니다. 하나님으로 인한 평화와 하나님으로 인한 담대함과 하나님으로 인한 안식이 없습니다.

사울이 하나님을 의지하지 않으니까 두려움이 생겼습니다. 사울이 하나님을 의지하지 않았다면 제사는 왜 드렸을까요? 비록 하나님을 믿지는 않을지라도 하나님께 제사를 드림으로 하나님을 감동시켜서 전쟁에서 승리라는 보상을 받고 싶은 의도일까요? 성경에서 말하는 '망령되다' 는 것은 특정한 행동 하나가 잘못 되었고 그 행동 하나가 얼마나 큰 죄악인지를 지적하는 의미가 아닙니다. 망령되다는 것은 하나님을 불신하며 행하는 행위는 아무런 효험이 없는 행위요, 무익한 일이요 헛된 일이요 소용없는 일이요 쓸데없이 행한 행위라는 의미입니다. 하나님에 대하여 아는 내용이 없고 하나님에 대한 신뢰가 없이 하나님을 주술적으로, 하나님을 기계적으로 작동하게 하려고 하는 행동을 망령된 행동이라고 하는 것입니다.

하나님은 인격적인 분이십니다. 인격적인 분에게 인격적 상호 교제는 전혀 없는 제사를 드립니다. 사울의 제사가 망령된 행위요 아무 효과 없는 행위가 되는 이유는 하나님과 상관이 없는 제사이기 때문입니다. 사울이 하나님을 믿지 않았고, 하나님을 믿지 않았기에 하나님으로 인한 평화가 없었고, 하나님으로 인한 평화가 없기에 두려움이 엄습했고, 두려움이 왔기에 제사를 드렸을 뿐입니다. 사울이 하나님을 모르고 믿지 않고 신뢰하지 않기에 하나님의 뜻대로 행하지 않았고, 하나님의 뜻과 무관하지만 제사를 드리니까 자동적으로 담대함이 느껴지고 병거와 마병의 숫자에 대해서도 두려움이 없어지는 결과가 임하지 않습니다. 사울이 하나님을 알았으면 제사 드리기 이전에 평화가 왔고, 하나님을 모르면 제사를 드려 놓고도 아무 효험이 없는 것입니다. 사울이 드린 제사는 아무 소용이 없는, 아무 효과가 없는, 아무 쓸데없이 망령되게 행한 것입니다. 사울의 망령된 행위에 따른 하나님의 징계, 하나님의 심판, 하나님의 저주가 없습니다. 사울이 제사를 드렸음에도 평안함이 오지 않은 것, 쓸데없는 것을 했으니까 아무런 효과가 없는 것이 사울이 맞이한 결과입니다. 인간이 망령된 행위를 하였다고 하여 하나님이 망령되이 일컬어지고 하나님의 존엄성에 상처를 입는 것이 문제가 아닙니다. 인간이 하나님을 모르고, 하나님의 원리대로가 아니고, 하나님과 교통하는 것이 아니면 모든 행위가 명령된 행위가 되고 자신에게 아무 효용이 없다는 것이 문제의 핵심입니다.

신앙의 행위, 망령된 행위

아브라함은 백세에 얻은 아들, 금이야 옥이야 키운 그 아들을 하나님이 바치라는 요구를 받았습니다. 절박하기로야 사울보다 더 절박할 것입니다. 그런데 아브라함은 기꺼이 아들 이삭을 바칩니다. 아브라함이 이삭을 바친 사건을 비록 자식일지라도 하나님이 요구하시면 기꺼이 바친다는 방식으로 소개하면 안 됩니다. 하나님과 아들 중에 하나님을 선택하는 것으로 소개하면 안 됩니다. 아브라함의 행동이 신앙의 행동으로 소개되는 이유는 아브라함은 자신의 아들이 살 것이라는 것 즉 하나님이 이 아들을 향한 약속을 주셨기에 하나님이 그 약속을 지키실 것이기에 이 아들은 죽지 않을 것이라는 것을 알았다는 것입니다. 하나님이 아브라함에게 자식을 빼앗아 가려고 요구하는 것이 아니요, 아들을 죽이려고 달라는 것이 아니요, 하나님이 아들을 주셨으며, 하나님이 아들을 통하여 민족을 이루어 주실 것이기에 아들은 절대로 죽지 않을 것을 알고 있기에 자연스럽게 나오는 당연함과 담대함입니다. 아브라함이 이삭을 드리는 사건에서 성경이 강조하려는 것은 아브라함이 자신의 가장 귀한 것을 하나님께 드렸다는 것이 아니라 아브라함이 하나님의 뜻을 알았다는 것입니다. 하나님을 알고 하나님의 뜻을 알고 하나님의 목적을 알고 있기에 비록 외형상 매우 절박해 보이는 상황 가운데에서도 절박함이 아니라 도리어 태평함으로 나올 수 있다는 것입니다.

이삭도 경우도 마찬가지입니다. 이삭의 주변의 족장들이 이삭에게 다가와서 생명의 근원되는 우물을 빼앗아 갑니다. 사막에서 우물은 생명의 젖줄인데 주변 사람들이 무력으로 우물을 요구하자 이삭은 저항도 하지 않고 저들의 요구를 다 들어주고 다른 곳으로 이동하여 우물을 팝니다. 사막에서 어느 곳을 팠을 때 물이 나올 확률보다는 물이 나오지 않을 확률이 더 높음에도 이삭은 태평스럽게 우물을 양보합니다. 두 번 쫓아오고 두 번 물러나고, 세 번 쫓아오면 세 번 물러납니다. 단 한 번도 저항하거나 싸우지 않고 다 양보합니다. 이삭이 사막의 상황을 모르는 것이 아니요, 저항할 힘이 없는 것이 아니요, 단지 마음 씀씀이가 온유한 것이 아닙니다. 이삭의 우물 사건의 강조점은 이삭이 하나님을 알고 있다는 것입니다. 이삭은 자기 아버지 아브라함에게 하나님이 나타나셔서 행하셨던 약속을 알고 있고, 자신에게도 나타나셔서 다시 한 번 확인 하셨던 하나님의 약속을 알고 있습니다. 하나님께서 이삭 자신을 통하여 민족을 이루신다고 약속하셨고, 만약 이삭이 죽으면 하나님의 약속이 파기되는 것이기에 하나님은 결단코 자기를 죽도록 방관하지 않으실 것이며 도리어 자신을 책임지시고 지키시고 공급하실 것을 아는 것입니다. 이렇게 하나님을 알고, 하나님의 약속을 알고 있기에 이삭은 아주 자연스럽고 태평하게 사막에서 우물을 내줄 수 있는 것입니다.

만약 아브라함이 하나님을 모르고, 하나님의 약속을 모르고 단지 신의 명령이요 요구이기에 아들이라도 죽여서 바치려고 했다면 그것이 바로 망령된 제사인 것입니다. 사울이 제사 드린 행위는 율법을 어긴 것이기 때문에 망령된 행위가 아니라, 하나님을 믿지도 않으면서 소용없는 일, 쓸 데 없는 일, 무익한 일을 행하였기에 망령된 행위라고 지적을 받는 것입니다. 하나님을 모르면 당연히 망령된 행위들이 나올 수밖에 없습니다. 결국 하나님을 알지 못한 채 행하는 종교행위는 모두 망령된 행위인 것입니다. 하나님을 모르면 인간의 삶은 망령된 삶이고, 하나님을 알 때에 인간의 삶은 바른 삶, 신앙의 삶이 될 수 있는 것입니다. 인간이 망령된 행동을 끊을 수 있는 유일한 길은 하나님을 아는 것입니다. 하나님이 누구인지, 하나님의 뜻이 무엇인지, 하나님의 계획이 무엇인지를 알아야만 합니다. 하나님을 아서서 성도의 삶이 망령된 삶이 아니라 신실한 신앙이 삶이 되어야 합니다.

13
여호와의 구원은

사무엘상 14:1~42

1 하루는 사울의 아들 요나단이 자기의 무기를 든 소년에게 우리가 건너편 블레셋 사람들의 부대로 건너가자 하고 그의 아버지에게는 아뢰지 아니하였더라 2 사울이 기브아 변두리 미그론에 있는 석류나무 아래에 머물렀고 함께 한 백성은 육백 명 가량이며 3 아히야는 에봇을 입고 거기 있었으니 그는 이가봇의 형제 아히둡의 아들이요 비느하스의 손자요 실로에서 여호와의 제사장이 되었던 엘리의 증손이었더라 백성은 요나단이 간 줄을 알지 못하니라 4 요나단이 블레셋 사람들에게로 건너가려 하는 어귀 사이 이쪽에는 험한 바위가 있고 저쪽에도 험한 바위가 있는데 하나의 이름은 보세스요 하나의 이름은 세네라 5 한 바위는 북쪽에서 믹마스 앞에 일어섰고 하나는 남쪽에서 게바 앞에 일어섰더라 6 요나단이 자기의 무기를 든 소년에게 이르되 우리가 이 할례 받지 않은 자들에게로 건너가자 여호와께서 우리를 위하여 일하실까 하노라 여호와의 구원은 사람이 많고 적음에 달리지 아니하였느니라 7 무기를 든 자가 그에게 이르되 당신의 마음에 있는 대로 다 행하여 앞서 가로서 내가 당신과 마음을 같이 하여 따르리이다 8 요나단이 이르되 보라 우리가 그 사람들에게로 건너가서 그들에게 보이리니 9 그들이 만일 우리에게 이르기를 우리가 너희에게로 가기를 기다리라 하면 우리는 우리가 있는 곳에 가만히 서서 그들에게로 올라가지 말 것이요 10 그들이 만일 이르기를 우리에게로 올라오라 하면 우리가 올라갈 것은 여호와께서 그들을 우리 손에 넘기셨음이니 이것이 우리에게 표징이 되리라 하고 11 둘이 다 블레셋 사람들에게 보이매 블레셋 사람이 이르되 보라 히브리 사람이 그들이 숨었던 구멍에서 나온다 하고 12 그 부대 사람들이 요나단과 그의 무기를 든 자에게 이르되 우리에게로 올라오라 너희에게 보여 줄 것이 있느니라 한지라 요나단이 자기의 무기를 든 자에게 이르되 나를 따라 올라오라 여호와께서 그들을 이스라엘의 손에 넘기셨느니라 하고 13 요나단이 손 발로 기어 올라갔고 그 무기를 든 자도 따랐더라 블레셋 사람들이 요나단 앞에서 엎드러지매 무기를 든 자가 따라가며 죽였으니 14 요나단과 그 무기를 든 자가 반나절 갈이 땅 안에서 처음으로 쳐죽인 자가 이십 명 가량이라 15 들에 있는 진영과 모든 백성이 공포에 떨었고 부대와 노략꾼들도 떨었으며 땅도 진동하였으니 이는 큰 떨림이었더라 16 베냐민 그브아에 있는 사울의 파수꾼이 바라본즉 허다한 블레셋 사람들이 무너져 이리

저리 흩어지더라 17 사울이 자기와 함께 한 백성에게 이르되 우리에게서 누가 나갔는지 점호하여 보라 하여 점호한즉 요나단과 그의 무기를 든 자가 없어졌더라 18 사울이 아히야에게 이르되 하나님의 궤를 이리로 가져오라 하니 그 때에 하나님의 궤가 이스라엘 자손과 함께 있음이니라 19 사울이 제사장에게 말할 때에 블레셋 사람들의 진영에 소동이 점점 더한지라 사울이 제사장에게 이르되 네 손을 거두라 하고 20 사울과 그와 함께 한 모든 백성이 모여 전장에 가서 본즉 블레셋 사람들이 각각 칼로 자기의 동무들을 치므로 크게 혼란하였더라 21 전에 블레셋 사람들과 함께 하던 히브리 사람이 사방에서 블레셋 사람들과 함께 진영에 들어왔더니 그들이 돌이켜 사울과 요나단과 함께 한 이스라엘 사람들과 합하였고 22 에브라임 산지에 숨었던 이스라엘 모든 사람도 블레셋 사람들이 도망함을 듣고 싸우러 나와서 그들을 추격하였더라 23 여호와께서 그 날에 이스라엘을 구원하시므로 전쟁이 벧아웬을 지나니라 24 이 날에 이스라엘 백성이 피곤하였으니 이는 사울이 백성에게 맹세시켜 경계하여 이르기를 저녁 곧 내가 내 원수에게 보복하는 때까지 아무 음식물이든지 먹는 사람은 저주를 받을지어다 하였음이라 그러므로 모든 백성이 음식물을 맛보지 못하고 25 그들이 다 수풀에 들어간즉 땅에 꿀이 있더라 26 백성이 수풀로 들어갈 때에 꿀이 흐르는 것을 보고도 그들이 맹세를 두려워하여 손을 그 입에 대는 자가 없었으나 27 요나단은 그의 아버지가 백성에게 맹세하여 명령할 때에 듣지 못하였으므로 손에 가진 지팡이 끝을 내밀어 벌집의 꿀을 찍고 그의 손을 돌려 입에 대매 눈이 밝아졌더라 28 그 때에 백성 중 한 사람이 말하여 이르되 당신의 부친이 백성에게 맹세하여 엄히 말씀하시기를 오늘 음식물을 먹는 사람은 저주를 받을지어다 하셨나이다 그러므로 백성이 피곤하였나이다 하니 29 요나단이 이르되 내 아버지께서 이 땅을 곤란하게 하셨도다 보라 내가 이 꿀 조금을 맛보고도 내 눈이 이렇게 밝아졌거든 30 하물며 백성이 오늘 그 대적에게서 탈취하여 얻은 것을 임의로 먹었더라면 블레셋 사람을 살육함이 더욱 많지 아니하였겠느냐 31 그 날에 백성이 믹마스에서부터 아얄론에 이르기까지 블레셋 사람들을 쳤으므로 그들이 심히 피곤한지라 32 백성이 이에 탈취한 물건에 달려가서 양과 소와 송아지들을 끌어다가 그것을 땅에서 잡아 피째 먹었더니 33 무리가 사울에게 전하여 이르되 보소서 백성이 고기를 피째 먹어 여호와께 범죄하였나이다 사울이 이르되 너희가 믿음 없이 행하였도다 이제 큰 돌을 내게로 굴려 오라 하고 34 또 사울이 이르되 너희는 백성 중에 흩어져 다니며 그들에게 이르기를 사람은 각기 소와 양을 이리로 끌어다가 여기서 잡아 먹되 피째로 먹어 여호와께 범죄하지 말라 하라 하매 그 밤에 모든 백성이 각각 자기의 소를 끌어다가 거기서 잡으니라 35 사울이 여호와를 위하여 제단을 쌓았으니 이는 그가 여호와를 위하여 처음 쌓은 제단이었더라 36 사울이 이르되 우리가 밤에 블레셋 사람들을 추격하여 동틀 때까지 그들 중에서 탈취하고 한 사람도 남기지 말자 무리가 이르되 왕의 생각에 좋은 대로 하소서 할 때에 제사장이 이르되 이리로 와서 하나님께로 나아가사이다 하매 37 사울이 하나님께 묻자오되 내가 블레셋 사람들을 추격하리이까 주께서 그들을 이스라엘의 손에 넘기시겠나이까 하되 그 날에 대답하지 아니하시는지라 38 사울이 이르되 너희 군대의 지휘관들아 다 이리로 오라 오늘 이 죄가 누구에게 있나 알아보자 39

이스라엘을 구원하신 여호와께서 살아계심을 두고 맹세하노니 내 아들 요나단에게 있다 할지라도 반드시 죽으리라 하되 모든 백성 중 한 사람도 대답하지 아니하매 40 이에 그가 온 이스라엘에게 이르되 너희는 저쪽에 있으라 나와 내 아들 요나단은 이쪽에 있으리라 백성이 사울에게 말하되 왕의 생각에 좋은 대로 하소서 하니라 41 이에 사울이 이스라엘의 하나님 여호와께 아뢰되 원하건대 실상을 보이소서 하였더니 요나단과 사울이 뽑히고 백성은 면한지라 42 사울이 이르되 나와 내 아들 요나단 사이에 뽑으라 하였더니 요나단이 뽑히니라

사울과 요나단

성경은 세상에 있는 어떤 책들과 전혀 다른 책입니다. 왜냐하면 성경은 하나님을 강조하기 때문입니다. 성경은 인간을 다루는 위인전이나 영웅전이 아닙니다. 성경은 어떤 뛰어난 사람의 모험과 도전, 어떤 탁월한 사람의 창조적 행동이나 적극적인 행동 또는 불굴의 투지 등을 강조하는 책이 아닙니다. 또 성경은 역경을 이겨낸 인간 승리나 불가능은 없다는 신화 창조의 법칙을 이야기하는 책도 아닙니다. 성경은 성공하는 사람의 일곱 가지 비밀을 말하지도 않고 리더의 열 가지 특성을 언급하지도 않습니다. 성경은 오직 하나님에 대해서 말하고 있습니다. 성경을 읽고 난 후에 결론은 '아! 하나님은 이런 분이시구나' 라고 하나님에 대한 이해가 나와야 합니다. 만약 성경을 읽었는데 결론이 '무엇이든지 하면 되는구나' 라는 도전적 가능성 이거나 또는 '나도 할 수 있다' 는 흥분과 자신감이 생기면 그것은 성경을 잘못 이해한 것입니다. 성경을 읽고 나서는 하나님이 깨달아 지고 하나님에 대한 이해가 넓어져야 합니다.

일반적으로 사람들은 성경을 오해하고, 성경을 일반서적들을 읽었을 때의 반응과 유사하게 생각합니다. 사람들이 성경을 오해하고 잘못 이해하는 구절 중에 아마 본문도 대표적인 사례가 될 것입니다. 이스라엘은 전쟁이라는 특별한 상황에 처해 있습니다. 전쟁의 문제를 해결해가

는 두 사람의 태도 중에 신앙의 모습과 불신앙의 모습을 비교하는 예로서 자주 사용되는 구절이 본문입니다. 특별히 사무엘상 13장에서 사울이 하나님께 자신이 제사할 수 있는 제사장이 아님에도 자기 주제를 넘어 제사를 드린 망령된 행동과 대조하여 14장에서는 요나단이 하나님을 믿으며 하나님의 뜻대로 행동했다고 강조하여 불신앙과 신앙의 모습을 대조할 때에 13장과 14장이 자주 나옵니다. 그래서 14장에 나타난 요나단의 행동을 보고, 믿음의 사람은 믿음을 가지고 모험하는 것이며 믿음의 사람은 결단하는 것이며 믿음의 사람은 도전하는 것이라고 말하기도 합니다. 과연 본문의 내용이 그런 의도인지를 확인해 보겠습니다.

사람들이 하는 말은 조금만 생각하면 앞뒤가 맞지 않는 경우가 있습니다. 만약 요나단을 믿음의 사람이라고 칭찬한다면 본문에서 요나단이 하나님을 시험하는 장면은 나와서는 안 됩니다. 믿음 좋은 사람은 하나님을 의심하지 않고 시험하지 않는다고 배워왔습니다. 성경의 인물이 하나님을 시험하면 신중한 사람이라고 평가하고 우리 중 누가 하나님을 시험하면 의심이 많은 사람이 평가하면 안 됩니다. 사무엘상 14장 6절에 사람들이 좋아하고 감탄할 만한 멋진 말이 나옵니다. 요나단이 '여호와의 구원은 사람이 많고 적음에 달리지 아니하였느니라' 고 말합니다. 만약 여호와의 구원은 사람의 많고 적음에 달린 것이 아니라고 믿는다면 여호와의 구원은 또한 어떤 사람의 순종과 어떤 사람의 불순종에 달려있는 것이 아니라고 말할 수 있어야 됩니다. 그런데 사울의 불신앙 때문에 구원이 오지 않고 요나단의 신앙 때문에 구원이 온다고 말하면 여호와의 구원은 사람의 신앙과 불신앙과 무관한 것이 아니라 절대적으로 사람에게 달려있는 것이 되어버립니다. 본문은 요나단이나 요나단의 믿음을 이야기하려고 하는 것이 아닙니다.

여호와의 구원은

하나님 시험하기

블레셋이 막강한 군사력을 동원하여 쳐들어 왔을 때 사울의 군사는 단지 육백 명 가량 이었고 군사들 중에 칼을 가진 사람은 단 두 사람뿐이었습니다. 도무지 전쟁이 되지 않을 상황에 처했을 때 본문의 요나단의 행동이 나옵니다. 요나단은 절대로 신앙의 모습으로 담대하게 나오는 것이 아닙니다. 요나단은 하나님을 잘 모릅니다. 6절 '요나단이 자기의 무기를 든 소년에게 이르되 우리가 이 할례 받지 않은 자들에게로 건너가자 여호와께서 우리를 위하여 일하실까 하노라' 고 나옵니다. 요나단은 하나님과 이스라엘의 관계, 하나님의 이스라엘을 향하신 일하심에 대하여 잘 모르는 것입니다. 그런데 바로 다음에 요나단의 유명한 '여호와의 구원은 사람이 많고 적음에 달리지 아니하였느니라' 라는 말이 등장합니다. 과연 요나단의 말이 신앙의 고백인지의 여부를 잘 분별해야 합니다.

요나단의 행동을 분별할 수 있는 유사한 사건이 사사기에 등장합니다. 사사기에 6장에 보면 미디안이라는 이방 족속이 이스라엘을 침입합니다. 그 때 하나님께서 기드온이라는 사람을 불러서 나아가 물리치라고 말씀을 하십니다. 하나님의 부름을 받은 기드온이 쉽사리 나아가지를 않습니다. 하나님이 함께 하셨다면 이런 일이 있을 수 있는지, 하나님이 진정 이스라엘을 돕고 계시는지, 하나님이 자신을 보내시는지 확신하지 못하여 좀처럼 순종하지 않고 나아가지 않습니다. 하나님을 일하심을 잘 모르겠고, 하나님이 신뢰되지 않으니까 하나님을 시험하는 장면이 나옵니다. 기드온이 '하나님! 하나님이 정말로 나를 보내신다면 제가 한 가지 시험 해봐도 되겠습니까? 라고 묻고 하나님이 기드온의 시험을 받아 주십니다.

기도온이 하나님에게 행하는 첫 번째 시험은 다음날 아침에 기드온이 준비한 양털에만 이슬이 내려 젖고 주변은 전혀 젖지 않게 하는 것입니다. 기드온의 시험대로 이루어지면 하나님이 함께 하심을 알겠다고 말하였고 하나님은 기드온의 요구대로 다 이루어주십니다. 다음 날 아침 기드온의 결과를 확인한 후에도 순종하지 않고 두 번째 시험을 행합니다. 두 번째는 첫 번째와 정 반대로 주변에는 이슬이 내려 젖고 양털은 바싹 마른 채로 있게 하는 것입니다. 하나님은 여전히 기드온의 시험을 받으시고 기드온의 요구대로 행하여 주십니다. 기드온이 하나님과 나누고 있는 대화는 기드온이 얼마나 믿음이 좋은지를 보여주는 믿음의 표본이 아니라 불신앙의 표본입니다. 이슬 시험을 두 번씩이나 해보고도 하나님의 명령에 순종하지 않고 나아가지 않습니다. 그 후에도 여러 가지로 하나님을 거부하고 불순종합니다. 그 때마다 계속 하나님이 도우셔서 도무지 더는 벗어날 수 없고 핑계할 수 없는 정도까지 하나님이 확고하게 보여 주고 난 후에야 겨우 나가서 전쟁에서 승리합니다. 기드온의 행동은 믿음의 모험이나 결단이 아닙니다. 믿음 없는 모습의 전형적인 모습이고 이 사건들은 믿음 없는 자를 받아 주시는 사랑의 하나님의 표본이요 믿음 없는 자를 도우시는 은혜의 하나님의 표본입니다.

본문에 나타나는 요나단의 모습은 신앙의 모습이 아니라 불신앙의 모습입니다. 요나단이 하나님이 어떻게 이스라엘을 세웠는지를 안다면, 하나님이 이스라엘을 통하여 무엇을 행하고자 하시는지를 안다면, 하나님이 이스라엘을 통해 열방 가운데 어떻게 하나님을 나타내시는지를 안다면 '여호와가 우리를 위하여 일하실까 하노라' 는 말은 안하는 것입니다. 전쟁에서도 요나단은 어떻게 하면 전쟁에서 이기는지, 어떻게 하면 전쟁에서 지는지를 다 알고 있었어야 합니다. 출애굽을 겪었었고 광야를 지났었고 가나안 정복이라고 하는 사건들을 통하여 전쟁은 절대적으로 이스라엘이 아니라 하나님께 달린 것임을 수도 없이 하나님은 가르쳤고 이스라엘은 배웠습니다. 그러면 블레셋과의 싸움인 이번 전쟁에서도 어떻게 하면 이기는지 어떻게 하면 패하는지 너무나 명쾌하게 답은 나와 있습니다. 요나단처럼 '하나님이 우리를 위하여 일하실까 하노라'고 말할 필요가 없습니다. 하나님의 뜻대로 행하면 이기는 것이고 불순종하면 지는 것인데 요나단을 그것을 모르고 있습니다. 그래서 하나님을 시험하는 장면이 등장합니다. 인간이 하나님을 시험하는 과정과 내용은 거의 유사합니다. 기드온의 시험과 요나단의 시험이 유사합니다. 기준도 자신들이 다 정하고 판단하는 것도 자신들이 다 정해 버립니다. 그리하여 요나단과 요나단의 병기든 군사는 적군을 향하여 나아갑니다. 두 사람이 믿음의 결단으로 나가는 것이 아니라 하나님을 모르는 자, 하나님을 시험하는 행동으로 나아갑니다. 요나단이 말하기를 '우리의 모습을 보여줄 때 만약 적군에게서 올라오라 하면 우리가 올라갈 것은 여호와께서 그들을 우리 손에 넘기셨음이니 이것이 우리에게 표징이 되리라' 입니다. 이것은 절대로 믿음 있는 자의 용기 있고 담대한 신앙의 모습이 아닙니다.

하나님의 구원을 보여주기

만약 요나단의 행동이 믿음의 모습으로 보이려면 사무엘상 16장 이후에 등장하는 다윗처럼 등장해야 합니다. 다윗이 블레셋 군대와 골리앗을 상대하러 나갑니다. 다윗이 돌멩이 다섯 개를 들고 나가는데 나가면서 "만약 내가 돌멩이를 들고 나가는데 골리앗이 나를 보고 말하기를, '야! 이게 무슨 동네 골목 싸움인 줄 아느냐 조그만 놈이 나오게' 라고 말을 하면 하나님의 뜻이 아니고, 만약 네가 나를 개로 여기고 막대기를 가지고 내게로 나아 왔느냐 라고 하면 하나님이 나를 승리하게 하는 증표다. 그러니까 나는 그 반응을 보고 움직이리라"라고 말하지 않습니다. 만약 다윗이 위와 같이 말했다면 다윗의 모습 또한 요나단의 모습과 동일한 것입니다. 사무엘상은 사람이 세운 왕과 하나님의 세운 왕의 모습의 다른 모습을 대조하고 있습니다. 본문에 사울과 요나단이 등장하는 이유는 둘 다 불신앙의 모습으로 등장하는 것입니다.

요나단은 자기가 시험하기로 한 방식대로 전쟁에 나갑니다. 적군들이 '네가 우리에게로 올라오라' 고 말하고 요나단은 그것을 하나님의 증표로 인식하고 올라가서 첫 번 싸움에서 반 일경 안에 있는 적군 이십 명 가량을 죽입니다. 그런데 성경은 요나단에 대하여 단 한마디도 칭찬하거나 요나단의 믿음을 자랑스럽게 강조하지 않습니다. 본문에서 강조하는 것은 하나님입니다. 여호와의 구원은 사람의 많고 적음에 달려 있는 것이 아니라 하나님께 달렸다는 것을 보여 주려는 것입니다. 이 목적을 위해서라면 승리는 요나단이라는 한 사람의 순종여하에 따라서 결정되면 안 되는 것입니다. 한 사람 사울의 불신앙 때문에 이스라엘이 약해지고 한 사람 요나단의 신앙 때문에 이스라엘이 강해지는 모습이 아니라 구원은 여호와께 달려있고 이스라엘의 삶은 하나님께 달려있는 것을 알려 주려고 하는 것입니다. 요나단의 돌출적 행동은 결과적으로 자신의 의도대로 되었습니다. 그래서 반 일경 안에 있는 적군을 이십 명이나 물리쳤습니다. 그리고 그 싸움을 보고 양쪽 진영이 다 요동했고 이스라엘 진영이 돌진하여서 블레셋 진영은 서로 칼로 자기를 죽이고 또 예전에 이스라엘에서 도망하여 블레셋에 합세하였던 이스라엘 군들이 블레셋을 물리치므로 상황은 이스라엘에게 아주 좋게 이스라엘의 승리로 끝이납니다. 전쟁에서 승리했음에도 성경에는 '요나단이 대단하다, 요나단이 수고했다, 요나단의 믿음 때문에 승리했다' 는 말을 한마디도 하지 않습니다. 이 사건의 결론은 23절 "여호와께서 그 날에 이스라엘을 구원하시므로 전쟁이 벧아웬을 지나니라"입니다. 요나단 때문에 구원이 이루어진 것이 아니라 여호와가 이스라엘을 구원하신 것입니다.

혹자들은 물론 하나님께서 구원하셨다는 것을 인정하면서도 동시에 하나님이 이스라엘을 방관하시다가 구원하시기로 마음을 바꾸게 된 동기가 바로 요나단의 믿음 때문이라고 강조하곤 합니다. 전쟁에서의 구원에 대하여 요나단의 믿음을 강조하게 되면 하나님의 은혜는 전혀 언급할 수 없습니다. 요나단이라는 사람의 믿음의 행위에 따라서 이루어진 결과이기에 구원은 요나단의 행위에 대한 상급이요 인간 행위의 대가이기 때문에 하나님의 은혜는 어느 곳에서도 말하여 질 수 없습니다. 인간의 행위가 강조되고 하나님의 은혜가 언급될 수 없는 것은 본문의 의도와 정 반대로 이해되는 것입니다. 요나단 때문에 이스라엘이 구원받은 것이 아니라 하나님이 요나단을 도와서 이스라엘을 구원했다고 말하는 것입니다.

하나님을 믿는 것

믿음은 도전이 아니다

혹자들은 요나단이 믿음이 있었고 여호와를 알았다고 말할 것입니다. 요나단이 하나님을 몰랐기 때문에 그런 행동을 한 것이 아니라 하나님을 잘 알았지만, 블레셋이 쳐들어온 이 상황, 이 사건에 담겨 있는 하나님의 뜻이 무엇인지를 분명하게 알고 싶어서 올라가야 할지 안 올라가야 할지 질문했다고 말할 수 있습니다. 과연 하나님의 뜻이 그 때 그 때 다를까요? 이 상황에 담긴 하나님의 뜻이 다르고, 저 상황에서 적용하는 하나님의 뜻이 다를까요? 그래서 매 사건마다 매 상황마다 어떻게 해야 하는지, 하나님의 의도가 무엇인지 일일이 물어보고 여쭤보고 확인해야 할까요? 믿음에 대한 오해 중 하나는 '믿음은 도전이다' 라고 생각하는 것입니다. 믿음은 절대로 도전이 아닙니다. 예를 들어, 다윗이 골리앗 앞에 선 행동은 결코 도전이 아닙니다. '보라, 다윗이 믿음이 있으니까 믿음을 가지고, 돌멩이 하나 가지고 작은 소년이 장군 앞에 나가는 것이 아니냐. 믿음은 도전이요 믿음은 모험이요 믿음은 결단이다' 라고 말해서는 안 됩니다. 성경은 절대로 그렇게 말하지 않습니다. 믿음은 도전이요 결단이라는 것을 강조하려고 자주 예를 드는 장면이 성경 후반부에 나오는 에스더 사건입니다. 이스라엘이 민족적으로 하만이라고 하는 사람에 의하여 멸절 될 만한 위험에 처했을 때 에스더가 왕에게로 나갑니다. 당시는 왕이 부르지 않으면 왕 앞에 나갈 수 없었음에도 나아가면서 고백하는 말이 '죽으면 죽으리이다' 입니다. 마치 결사항전인 것 같고 죽기를 각오하는 다짐으로 '죽으면 죽으리이다' 라고 말하는 것 같습니다. 그래서 신앙인들이 이 고백을 신앙의 결단으로, 위대한 신앙의 도전 정신으로 높이 사곤 합니다. 그러나 성경은 그와 같은 행동을 믿음이라고 말하지 않습니다.

아브라함의 경우 '만약 이삭이 죽으면 주님이 이삭을 버리는 것이요, 이삭이 살면 주님이 우리를 도우시는 것이다' 라고 생각한 것이 아니었습니다. 아브라함은 이삭을 제물로 바치기 전에 이미 이삭이 죽지 않는다는 것을 정확하고 분명하게 알고 있었습니다. 전혀 도박성이 없었고 하나님을 시험하는 측면이 하나도 없었습니다. 죽기를 각오하는 결단도 없고 헌신도 없고 모험도 없습니다. 아브라함은 하나님의 뜻을 알고 있고 하나님의 계획을 알고 있고, 이삭은 죽지 않는다는 것을 너무나 분명하게 알고 있었기에 모험과 도전과 결단을 하는 것이 아니었습니다. 그러나 에스더의 경우는 아무것도 모르고 있습니다. 하나님이 이 나라를 어떻게 생각하고 계시는지, 하나님이 이 나라를 어떻게 구원하시려고 하는 것인지도 모릅니다. 포로로 잡혀있는 상황에서 하나님이 이 나라를 돕기는 하시는 것인지, 하나님이 이스라엘을 기억은 하고 계시는지, 하만이 저렇게 이스라엘을 죽이고자 활개 치는데 하나님이 어떻게 하시려는 것인지, 이스라엘을 살려 내시기는 하시려는 것인지를 모르고 있습니다. 에스더는 아무 것도 모르기에, 얼핏 듣기에는 위대한 결단 같은 이야기 즉 '죽으면 죽으리이다' 라는 말을 할 뿐입니다. 에스더의 말은 멋있는 표현이 아니라 무지한 것입니다. 에스더의 행동은 대단한 신앙적 모범이 아니라 절대로 본받아서는 안 되는 신앙의 모습에 불과합니다. 신앙은 도전이 아닙니다.

믿음은 확인이 아니다

믿음의 대한 오해 중의 또 다른 하나는 '믿음은 확인이다' 라고 생각하는 것입니다. 믿음이라는 명분아래 무모한 행동을 하는 것을 방지하고자 '믿음은 도전이 아니다' 라고 말하면 정반대의 부작용이 나타납니다. 무모하게 행동하지 않으려고 하나하나 따져보고 확인하고 점검하고 분명히 확인해 보고 행동하려는 것입니다. 기드온이 행한 행동, 본문의 요나단이 취하는 모습입니다. 구약 성경에 나오는 이러한 방식들을 오늘날에도 사람들이 지혜로운 방식으로 이해하여 믿음을 확인하고 점검하는 방식으로 많이 사용하려고 합니다. 자신의 행동을 결정하려고 특정한 반응을 하나님의 응답으로 간주하겠다고 스스로 정하고, 반응에 따라 행동하려는 것은 올바른 믿음의 모습이 아닙니다. 배우자를 결정할 때, 집을 사고 팔 때, 직장을 옮길 때 등 각양의 경우에 하나님의 뜻을 알고 싶고, 특정한 행동이 이루어지면 하나님의 응답으로 간주하겠다는 것은 신앙의 모습이 아니라 다분히 미신적 행동에 불과한 것입니다. 성경은 믿음을 그런 식으로 설명해 주지 않습니다.

예표와 실체

성경에는 구약과 신약이 있습니다. 구약과 신약의 의미를 잘 이해하셔야 합니다. 구약과 신약이 있다는 것은 구약은 옛날 것이고 신약은 새 것이라는 의미가 아닙니다. 구약의 하나님의 뜻과 신약의 하나님의 뜻이 다르다는 의미도 아닙니다. 구약의 방식과 신약의 방식이 다르다는 내용도 아닙니다. 성경에 구약과 신약이 구별되는 것은 구약과 신약에서 하나님이 다른 것이 아니라 인간이 다르다는 것을 의미합니다. 구약의 인간이 신약의 인간으로 변화되었습니다. 구약의 죄인이 하나님과 맺고 있는 관계성과 신약의 성도들이 하나님과 맺고 있는 관계성이 달라졌다는 것입니다. 구약에서는 시험을 통하여 하나님의 응답여부를 확인하고, 하나님의 뜻을 분별하는 방법이 사용되었습니다. 기드온 처럼, 요나단 처럼 인간들의 요구에 하나님이 응답하셨습니다. 하나님이 사람들의 시험에 응답하신 이유는 사람들이 사용한 방법이 옳기 때문이 아닙니다. 분명히 인간들이 하나님을 시험하는 것은 하나님을 향한 옳은 태도가 아닙니다. 그럼에도, 하나님은 사람들의 방법을 수용하셨고, 사람들의 요구를 들어주셨습니다. 왜냐하면 구약시대의 사람들은 이런 방법이 아니고는 하나님을 알 수 있는 방법이 없었기 때문입니다.

하나님은 사람들이 하나님의 뜻을 묻기 전에, 하나님을 시험하기 전에 이미 하나님의 뜻에 대해서 자세히 알려 주었습니다. 율법을 통해서, 하나님의 역사를 통해서, 하나님의 이적을 통해서 분명하게 알려 주셨습니다. 그런데도 구약 시대의 사람들이 아직 죄를 벗어나진 못한 죄인이었기에 하나님의 뜻을 깨닫는 힘이 없었습니다. 그래서 계속하여 하나님께 질문하고 하나님을 뜻을 분별하는 어리석은 방법을 쓰는 것이며, 하나님은 죄인들의 연약함과 한계를 너무나 잘 알고 계시기에 그 어리석은 죄인들의 방법을 수용하여 주신 것입니다. 왜냐하면 아직 구약이요, 인간이 죄를 벗어나지 못한 상태이기 때문입니다.

성도는 신약시대를 살고 있는 사람입니다. 죄에서 구원받은 자들입니다. 하나님의 성령을 받은 자들이요, 하나님의 말씀을 분별할 수 있는 사람들입니다. 성도가 구약의 방법을 적용하려고 행동한다는 것은 내가 누구인지, 내가 어떻게 변화되었는지를 전혀 모른다는 것입니다. 성도는 구약의 방법을 이 시대에도 적용할 수 있느냐 없느냐를 따지는 것이 아니라 내가 성도며 내가 하나님의 사람이 되었다는 사실이 무슨 의미인가를 먼저 분별해야 한다는 것입니다. 성도는 하나님의 뜻을 알고 싶고 하나님의 뜻을 배우고 싶다고 해서 하나님에게 둘 중의 하나에 반응이 나타나는 것을 하나님의 뜻으로 받아들이겠다고 해서는 안 됩니다. 성도는 그와 같은 방식을 사용하는 것이 아니라 성경을 통해 하나님을 배워야 합니다. 성경을 통해 하나님을 배우고, 성경을 통해 하나님의 원리를 배워야 합니다.

구약은 예표입니다. 구약은 죄에 대한 문제를 설명하려고 하는데 사람들이 죄를 알아듣지 못하니까 죄를 알아듣게 하는 예로서 이런 유형의 사건이 등장하는 것입니다. 신약에서는 본질적인 죄에 대한 이해를 바로하고 죄와의 싸움에서 어떻게 이기는가에 초점을 맞추어야 하는 것입니다. 공부하는 것, 장사하는 것, 돈 버는 것, 결혼하는 것 등은 하나님이 각자에게 주시는 공통의 은혜, 공통의 지혜, 공통의 분별력에 근거하여 판단하는 것입니다. 학생 중에 공부 많이 한 사람과 기도 많이 한 사람 중에 공부는 공부 많이 한 사람이 잘합니다. 직장에서 일을 잘 하는 사람과 기도 많이 하는 사람 중에 일 잘하는 사람이 승진합니다. 만약 두 사람이 일을 똑 같이 잘하는데 한 사람은 기도하고 다른 한 사람은 기도를 안 하는 경우 누가 승진하냐면 상사의 마음에 드는 사람이 승진하는 것입니다. 신앙을 그와 같이 일반적인 일에 적용하는 것이 아닙니다. 기독교 신앙은 본질적으로 죄와의 관계에 적용되는 것입니다. 구약은 예표로 나온 것이고 그 예표를 통해서 성경이 말하고자 하는 죄의 본질을 깨달아야 합니다. 하나님은 나라 중에서 이스라엘만 사랑하시는 하나님이 절대로 아닙니다. 오늘날도 하나님은 사람 중에 불신자를 돕지 않고 신자들만 도우시는 신자들만의 하나님이 절대로 아니십니다. 하나님은 성도가 죄와의 싸움에서 죄를 이길 수 있느냐, 죄를 극복할 수 있느냐, 죄를 넘어 설 수 있느냐, 죄와의 싸움에 성도를 도우시는 것입니다. 하나님이 이스라엘을 통해 역사를 진행하시고 이스라엘을 통해 가르침을 주시는 것은 이스라엘만을 위한 것이 아니라 온 인류를 위한 것이고, 전쟁을 위한 것이 아니라 인간의 근본 된 행복과 자유와 평안에 대해 말씀 하시는 것입니다. 본문에서는 전쟁을 예로 든 것입니다.

사울의 행동, 요나단의 행동, 백성의 행동

요나단의 전쟁 사건에서 요나단 때문에 이기는 것이 아니라 여호와가 도와서 이스라엘을 구원하시고 그 구원 사건이 일어난 후에 24절이 이어집니다. 요나단을 통해 전쟁에서 이기는 것 같으니까 사울의 반응이 달라졌습니다. 사울이 '이 날에 이스라엘 백성이 피곤하였으니 이는 사울이 백성에게 맹세시켜 경계하여 이르기를 저녁 곧 내가 내 원수에게 보복하는 때까지 아무 음식물이든지 먹는 사람은 저주를 받을지어다' 고 말합니다. 사울은 왜 이런 전쟁이 일어났는지, 어떻게 전쟁에서 이겨야 하는지, 왜 하나님이 요나단을 도와서 이기게 하는지에 대하여 도무지 생각이 없습니다. 단지 전쟁에서 이기는 것 같으니까 계속 밀어붙여서 원수를 갚아보자는 생각뿐입니다. 어쨌거나 전쟁에서 패하는 것보다는 승리하는 것이 좋은 것 아니냐고 말하려는 것이 아닙니다. 승리해서 나라가 영토가 넓어져서 좋고, 하나님께 더 큰 영광을 돌릴 수 있으니까 좋다는 사고방식을 적용하는 것이 아닙니다. 하나님은 사울을 전쟁에서 이기라고 장군으로 뽑아 놓은 게 아닙니다. 하나님을 안 믿는 백성 가운데 하나님을 인정하고 하나님을 알도록, 하나님을 드러내게 하도록 사울을 사용하고 계신데 사울은 전혀 엉뚱한 목표를 가지고 있기에 엉뚱한 행동들을 벌이고 있습니다.

하나님이 사울을 세우신 목적이 하나님을 믿고 신뢰하는 모습을 드러내는 것이기 때문에 요나단을 통해 전쟁에서 이기게 되었을 때 사울은 '전쟁은 하나님께 달려있다. 적군이 병거가 삼만 이고 마병이 육천이고 병사가 아무리 많게 올지라도 염려할 것 없다. 보아라. 하나님이 요나단을 통해서, 하나님이 하시니까 이길 수 있다. 우리 하나님께로 가자. 하나님의 백성답게 살자. 하나님을 의지하며 살자' 라고 말해야 합니다. 이것이 하나님이 세운 사람의 역할입니다. 사울은 자신이 세움 받은 목적을 모른 채 단지 장수로서 전쟁에서 승리가 목적이고 부국강병이 목적이고 자신의 원수 갚음이 목적이 되니까 백성을 몰아붙이는 것입니다. 적군을 계속 추격하며 원수를 갚을 때가지 아무도 아무것도 먹지 말 것이며, 만약 자신의 명령을 어기고 먹는 사람은 저주를 받을 것이라고 선언을 합니다. 하나님께서는 백성을 위로하고, 백성을 도우라고 왕을 세우셨는데 그 입에서 한다는 말이 백성을 향하여 저주를 퍼붓고 있습니다. 하나님의 의도와 전혀 다른 것입니다.

또 36절 '사울이 이르되 우리가 밤에 블레셋 사람들을 추격하여 동틀 때까지 그들 중에서 탈취하고 한 사람도 남기지 말자 무리가 이르되 왕의 생각에 좋은 대로 하소서 할 때에 제사장이 이르되 이리로 와서 하나님께서 나아가사이다' 고 말합니다. 적군을 추격하기 전에 하나님께 물었는데 하나님이 아무 응답을 하시지 않자 누군가에게 죄가 있다고 생각하고 자신의 아들 요나단일지라도 죽으리라고 선언합니다. 이런 것을 적반하장賊反荷杖이라고 합니다. 이스라엘이 전쟁에 출전할 것에 대하여 본질적으로 가장 큰 죄를 지은 자, 망령되게 행한 자가 바로 사울 자신입니다. 자신이 가장 큰 죄를 지은 장본임에도 자신이 다른 사람의 죄를 찾아내어 죽이겠다고 선언하는 모양새입니다. 나중에 죄 지은 자로 뽑히는 사람인 요나단은 겨우 꿀 한 모금 발라서 맛 본 것에 불과합니다. 사울의 망령된 행동에 비하면 너무나 미미한 것입니다. 이러한 행동들은 불신앙의 전형적인 모습입니다.

본문에 보면 백성이 심히 피곤하였다고 묘사되어 있습니다. 성경이 강조하는 것은 '백성아 너희들 스스로 판단해 보라'는 것입니다. 하나님을 의지할 때와 자신들이 세운 왕을 의지할 때를 비교하게 만드는 것입니다. 하나님이 도우실 때는 전쟁에서 이겼습니다. 자신들이 세운 왕 사울은 요나단을 통해 전쟁에서 일시적으로 승리하자 원수를 갚을 때까지 추격하라고 명령합니다. 또한 추격하는 동안은 아무 것도 먹지 말라고 합니다. 자신들이 세운 왕 때문에 자신들이 편안해 지는 것이 아니라 곤고해 집니다. 전쟁에서 이겼고 배고파서 다 같이 동물을 잡아서 산채로 잡아서 피 채 먹은 결과 온 백성이 여호와께 범죄하게 되었습니다. 자신들이 세운 왕의 말을 들은 최종 결과는 곤비해지고 모두가 죄인이 되어 버린 것입니다. 왕으로 인하여 도움을 받은 것이 아니라 도리어 힘들어 졌습니다. 이제 요나단의 승리를 보면서 이스라엘 백성은 하나님이 도우셨다고 고백해야 됩니다. 하나님이 도우셔서 요나단이 승리하고 이스라엘이 승리할 수 있었다고 하나님을 높여야 합니다. 안타깝게도 이스라엘은 요나단이 용기있게 행동했기 때문에 하나님이 도우셨다고 말함으로 요나단이 칭송을 받을 뿐 하나님은 칭송하지 않습니다.

 본문에서는 사울이 죄인의 전형적인 모습으로 등장하고 백성 또한 죄인의 전형적인 모습으로 등장합니다. 요나단의 경우도 본문에는 칭찬과 격려와 상급이 단 한마디도 없습니다. 이스라엘 백성을 다 모아놓고 누구의 죄 때문인가 찾아보자 해서 제비뽑기를 계속하니까 결국 요나단이 걸려서 요나단이 죽을 자가 되는 것입니다. 사울이 죄인의 모습으로 등장하고, 백성이 동물을 피 채 먹어서 온 백성이 하나님 앞에 죄인으로 등장하고, 제비뽑기에서 하나님 앞에 죄인으로 뽑히는 게 요나단입니다. 이스라엘 중에 어떤 한 사람도 옳은 사람이 없고 다 죄인입니다. 이것이 하나님의 기가 막힌 교육입니다.

 사울이 망령된 행동을 했기에 사울이 죽고 사울이 함께 하는 백성이 죽어야 함에도 사울이 전쟁에서 승리합니다. 오직 하나님이 도와주셨기 때문입니다. 사울이 범죄했는데 사울을 책망하시는 것이 아니라 하나님이 요나단을 들어서 사울을 살려냅니다. 백성이 사울을 의지했는데 사울을 의지한 것 때문에 모든 백성이 다 죄인이 되어버립니다. 요나단은 특별히 죄 지은 자를 뽑을 때 제비뽑기에서 죄인으로 뽑힙니다. 그런데 백성이 다 들고 일어나서 요나단은 죽으면 안 된다고 호소하여 백성이 요나단을 살려 냅니다. 사울이 자기 죄로 죽어야 하고, 백성이 자기 죄로 죽어야 하고, 요나단 자기 죄로 죽어야 합니다. 그런데 사울이 죄 지으니까 요나단 통해서 사울을 살려내고, 백성이 죄 지으니까 사울 통해서 백성을 살려내고, 요나단이 죽을 것 같으니까 백성을 들어서 요나단 살려냅니다. 모두가 죽어야할 사람인데 모두가 살아납니다. 하나님이 서로를 세우고 모두를 살려내시는, 하나님의 기막힌 인간구원의 드라마입니다. 로마서의 구절을 인용하며, 본 가지가 꺾이게 되었을 때 돌 감람나무를 접붙임하고, 돌 감람나무를 통하여 본 가지를 나게 하여 결국 본 가지도 회복하시고 결국 모든 나무를 온전하게 만들어 내시는 하나님의 지혜의 오묘함인 것입니다.

　본문은 '하나님을 알라. 어떻게 하나님이 너희를 도우시며, 어떻게 하나님이 너희와 함께 하시는지, 하나님이 어떻게 너희와 동행하시며, 하나님이 어떻게 너희를 축복하시는지를 알라' 고 강조합니다. 모두가 죄인입니다. 그런데 한 사람도 죽지 않고 서로를 통해서 모두가 살아납니다. 이것이 하나님의 은혜입니다. 그러니까 이들 모두는 하나님의 은혜로 살았다는 것을 알고 하나님을 의지해야 합니다. 성경은 이렇게 모든 사람을 살려내며 모든 사람에게 하나님을 가르치고 있습니다. 성경을 통해 하나님을 배우시고 성경을 통해 하나님의 원리를 배우셔서 삶 가운데 하나님의 은혜를 누리시며 자유롭고 평안하게 살아가시기를 주님의 이름으로 축원합니다.

14
순종이 제사보다 낫고

사무엘상 15:1~35

1 사무엘이 사울에게 이르되 여호와께서 나를 보내어 왕에게 기름을 부어 그의 백성 이스라엘 위에 왕으로 삼으셨은즉 이제 왕은 여호와의 말씀을 들으소서 2 만군의 여호와께서 이같이 말씀하시기를 아말렉이 이스라엘에 행한 일 곧 애굽에서 나올 때에 길에서 대적한 일로 내가 그들을 벌하노니 3 지금 가서 아말렉을 쳐서 그들의 모든 소유를 남기지 말고 진멸하되 남녀와 소아와 젖 먹는 아이와 우양과 낙타와 나귀를 죽이라 하셨나이다 하니 4 사울이 백성을 소집하고 그들을 들라임에서 세어 보니 보병이 이십만 명이요 유다 사람이 만 명이라 5 사울이 아말렉 성에 이르러 골짜기에 복병시키니라 6 사울이 겐 사람에게 이르되 아말렉 사람 중에서 떠나 가라 그들과 함께 너희를 멸하게 될까 하노라 이스라엘 모든 자손이 애굽에서 올라올 때에 너희가 그들을 선대하였느니라 이에 겐 사람이 아말렉 사람 중에서 떠나니라 7 사울이 하윌라에서부터 애굽 앞 술에 이르기까지 아말렉 사람을 치고 8 아말렉 사람의 왕 아각을 사로잡고 칼날로 그의 모든 백성을 진멸하였으되 9 사울과 백성이 아각과 그의 양과 소의 가장 좋은 것 또는 기름진 것과 어린 양과 모든 좋은 것을 남기고 진멸하기를 즐겨 아니하고 가치 없고 하찮은 것은 진멸하니라 10 여호와의 말씀이 사무엘에게 임하니라 이르시되 11 내가 사울을 왕으로 세운 것을 후회하노니 그가 돌이켜서 나를 따르지 아니하며 내 명령을 향하지 아니하였음이니라 하신지라 사무엘이 근심하여 온 밤을 여호와께 부르짖으니라 12 사무엘이 사울을 만나려고 아침에 일찍이 일어났더니 어떤 사람이 사무엘에게 말하여 이르되 사울이 갈멜에 이르러 자기를 위하여 기념비를 세우고 발길을 돌려 길갈로 내려갔다 하는지라 13 사무엘이 사울에게 이른즉 사울이 그에게 이르되 원하건대 당신은 여호와께 복을 받으소서 내가 여호와의 명령을 행하였나이다 하니 14 사무엘이 이르되 그러면 내 귀에 들려오는 이 양의 소리와 내게 들리는 소의 소리는 어찌 됨이니이까 하니라 15 사울이 이르되 그것은 무리가 아말렉 사람에게서 끌어 온 것인데 백성이 당신의 하나님 여호와께 제사하려 하여 양들과 소들 중에서 가장 좋은 것을 남김이요 그 외의 것은 우리가 진멸하였나이다 하는지라 16 사무엘이 사울에게 이르되 가만히 계시옵소서 간 밤에 여호와께서 내게 이르신 것을 왕에게 말하리이다 하니 그가 이르되 말씀하소서 17 사무엘이 이르되 왕이 스스로 작게 여길 그 때에 이스라엘 지

파의 머리가 되지 아니하셨나이까 여호와께서 왕에게 기름을 부어 이스라엘 왕을 삼으시고 18 또 여호와께서 왕을 길로 보내시며 이르시기를 가서 죄인 아말렉 사람을 진멸하되 다 없어지기까지 치라 하셨거늘 19 어찌하여 왕이 여호와의 목소리를 청종하지 아니하고 탈취하기에만 급하여 여호와께서 악하게 여기시는 일을 행하였나이까 20 사울이 사무엘에게 이르되 나는 실로 여호와의 목소리를 청종하여 여호와께서 보내신 길로 가서 아말렉 왕 아각을 끌어 왔고 아말렉 사람들을 진멸하였으나 21 다만 백성이 그 마땅히 멸할 것 중에서 가장 좋은 것으로 길갈에서 당신의 하나님 여호와께 제사하려고 양과 소를 끌어 왔나이다 하는지라 22 사무엘이 이르되 여호와께서 번제와 다른 제사를 그의 목소리를 청종하는 것을 좋아하심 같이 좋아하시겠나이까 순종이 제사보다 낫고 듣는 것이 숫양의 기름보다 나으니 23 이는 거역하는 것은 점치는 죄와 같고 완고한 것은 사신 우상에게 절하는 죄와 같음이라 왕이 여호와의 말씀을 버렸음으로 여호와께서 왕을 버려 왕이 되지 못하게 하셨나이다 하니 24 사울이 사무엘에게 이르되 내가 범죄하였나이다 내가 여호와의 명령과 당신의 말씀을 어긴 것은 내가 백성을 두려워하여 그들의 말을 청종하였음이니이다 25 청하오니 지금 내 죄를 사하고 나와 함께 돌아가서 나로 하여금 여호와께 경배하게 하소서 하니 26 사무엘이 사울에게 이르되 나는 왕과 함께 돌아가지 아니하리니 이는 왕이 여호와의 말씀을 버렸으므로 여호와께서 왕을 버려 이스라엘 왕이 되지 못하게 하셨음이니이다 하고 27 사무엘이 가려고 돌아설 때에 사울이 그의 겉옷자락을 붙잡으매 찢어진지라 28 사무엘이 그에게 이르되 여호와께서 오늘 이스라엘 나라를 왕에게서 떼어 왕보다 나은 왕의 이웃에게 주셨나이다 29 이스라엘 지존자는 거짓이나 변개함이 없으시니 그는 사람이 아니시므로 결코 변개하지 않으심이니이다 하니 30 사울이 이르되 내가 범죄하였을지라도 이제 청하옵나니 내 백성의 장로들 앞과 이스라엘 앞에 나를 높이사 나와 함께 돌아가서 내가 당신의 하나님 여호와께 경배하게 하소서 하더라 31 이에 사무엘이 돌이켜 사울을 따라 가매 사울이 여호와께 경배하니라 32 사무엘이 이르되 너희는 아말렉 사람의 왕 아각을 내게로 끌어 오라 하였더니 아각이 즐거이 오며 이르되 진실로 사망의 괴로움이 지났도다 하니라 33 사무엘이 이르되 네 칼이 여인들에게 자식이 없게 한 것 같이 여인 중 네 어미에게 자식이 없으리라 하고 그가 길갈에서 여호와 앞에서 아각을 찍어 쪼개니라 34 이에 사무엘은 라마로 가고 사울은 사울 기브아 자기의 집으로 올라가니라 35 사무엘이 죽는 날까지 사울을 다시 가서 보지 아니하였으니 이는 그가 사울을 위하여 슬퍼함이었고 여호와께서는 사울을 이스라엘 왕으로 삼으신 것을 후회하셨더라

이스라엘의 부국강성

하나님은 인간을 사랑하시는 은혜의 하나님, 축복의 하나님이십니다. 하나님은 인간을 도우시고 어떻게든 인간을 이롭게 하시는 분입니다. 지난 본문 속에서 사울이 범죄하여 전쟁에서 패할 수밖에 없는 상황에 처했음에도 하나님은 요나단을 통해 사울의 군대로 하여금 승리하게 하시고 그 과정에서 사울의 망령된 명령에 모든 백성이 다 죄를 지어 죽어야 할 때에 대신 요나단이 뽑히게 했고 또 요나단이 죄인으로 뽑혀 죽을 수밖에 없는 처지에 죄인들이었던 백성 모두가 탄원하므로 요나단을 살리게 하는 하나님의 지혜를 살펴보았습니다. 세상에는 물귀신 작전이라는 것이 있습니다. 서로 물고 물려서 결국 모두가 죽는 것으로 일종의 악순환을 의미합니다. 그런데 하나님은 물고 물려서 서로 좋은 것, 하나를 근거로 해서 다른 쪽을 살려 내는 방식으로 선용하시는 하나님이십니다. 하나님의 선순환으로 말미암아 이스라엘이 패망치 않고 강건하여지고 부국이 되었습니다. 사무엘상 14장 47절 이하에 의하면 사울의 군대가 강성하여 가는 곳마다 이기었고 모든 약탈자의 손에서 이스라엘을 건졌으며 이스라엘이 군대가 이십 만 명이나 모였습니다. 사무엘상 14장에서는 군사가 불과 육백 명 가량이 모였는데 15장에서는 이십 만 명이 모일 정도로 하나님께서 그들을 도우시고 강건하게 해 주셨습니다. 이스라엘이 군대를 형성해도 됩니다. 성벽을 쌓아도 되고 군사훈련을 해도 되고, 강한 무기로 무장해도 됩니다. 나라를 지키는 모든 준비를 다 구비하여도 되지만 나라의 안전이 자신들이 준비한 것에 달려있는 것이 아니라 언제나 하나님의 도우심을 고백하고 하나님을 의지해야 하는 본분을 잊지 말아야 합니다. 군대가 강성하므로 전쟁에서 이기는 것이 아니고 군대의 약함으로 전쟁에서 패하는 것이 아닌 것이 증거입니다. 그렇게 이스라엘을 강성하게 도우시고 하나님은 여전히 이스라엘의 방패시며 이스라엘의 장수이십니다.

하나님의 말씀

명령이 아닌 약속

본문 사무엘상 15장에서 하나님은 강건한 이스라엘 군대에게 말씀하십니다. 하나님의 명령 또는 하나님의 말씀은 언제나 단지 말만 하는 지시가 절대로 아닙니다. 그러기에 하나님의 명령은 '말'이 아니라 하나님의 '일하심'입니다. 여호수아를 보내실 때나 기드온을 보내실 때 군대가 강하였기 때문에 강한 군대를 의지하고 나아가서 승리하라고 명령한 것이 아니라 군대가 약할지라도 하나님이 함께 가시겠다고, 하나님께서 도우시겠다고 약속하시면서 나아가라고 말씀하십니다. 그러기에 언제나 하나님의 명령은 명령이 아니라 약속이고 하나님의 명령을 받는 것은 무거운 짐이 아니라 하나님의 은혜를 경험할 놀라운 기회입니다. 또 본문처럼 군사가 강성해졌을 때 명령하는 것은 '이제 너희가 강성해졌으니까 너희들이 한 번 내 원수를 갚아다오'라고 부탁하는 것이 아니라 이번에도 여전히 하나님이 계획하시고 하나님이 일하시고 하나님이 싸우실 것을 약속하시고 선언하시는 것입니다.

사울의 기념비

블레셋이나 아말렉과 행하는 이스라엘의 전쟁은 이스라엘 장수의 전쟁이 아니라 하나님의 전쟁입니다. 하나님의 전쟁에 사울이 보냄을 받아 블레셋으로 나아갑니다. 사울이 전쟁에 나가 크게 승리합니다. 이 전쟁은 사울의 승리가 아니라 여호와의 승리, 여호와의 전쟁입니다. 그런데 전쟁을 하고 돌아온 사울이 사무엘상 15장 12절 "자기를 위하여 기념비를 세우고 발길을 돌려 길갈로 내려갔다"고 되어있습니다. 혹자들은 사울이 기념비를 세운 것을 비난합니다. 전쟁은 여호와께 속한 것이고 승리는 여호와가 이기게 하신 것인데 사울이 자기를 위하여 자기의 기념비를 세운 것이 하나님 앞에 큰 죄라고 지적하기도 합니다. 성경을 읽어보면 사울이 기념비를 세운 행동에 대하여 하나님이 사울을 책망하거나 꾸짖거나 벌주는 장면이 등장하지 않습니다. 사울의 기념비에 대하여 하나님은 한 마디도 하지 않으십니다. 전쟁은 하나님께 속한 것이지만 정작 전쟁터에 칼을 들고 나가는 것은 하나님이 아니라 사울입니다. 하나님은 전쟁에 직접 참가하여 싸움을 행한 사울의 수고를 인정해 주십니다. 하나님의 전쟁이지만 전쟁터에 사울이 나가 싸웁니다. 사울이 나가 싸우지만 전쟁은 하나님이 이기게 하십니다. 하나님의 전쟁이라는 의미와 사울의 참가의 관계를 잘 분별하셔야 합니다. 하나님의 전쟁이지만 전쟁에 사울과 군대를 동원하셨기에 하나님은 군대와 사울의 싸움의 공로를 인정해 주십니다. 분명히 사울 때문에 승리한 것이 아닙니다. 그러나 하나님은 사울의 수고를 인정해 주고 사울의 공로를 높여 줍니다. 사울이 기념비 세운 것을 보시고 하나님께서 '감히 네가 내 영광을 가로챘구나' 라고 책망하거나 꾸짖지 않으십니다. 사울이 기념비를 세웠더니 하나님께서 질투가 나셔서 기념비를 무너뜨리지 않습니다. 사울의 기념비에 대하여 아무런 책망이나 꾸짖음이 없고 그냥 그대로 있습니다.

교육의 실패

성경에 나타난 사건들을 이해할 때 성경이 강조하려는 핵심 또는 성경이 지적하려는 요점과 일치해야 합니다. 사울의 잘못을 지적할 때 성도들이 발견하는 사울의 행동과 성경이 지적하는 사울의 행위도 다를 때가 있습니다. 성경은 사울의 어떤 행위, 사울의 어떤 태도를 잘못으로 지적하는지를 분별해야 합니다. 분명히 사울은 전쟁에 나가서 열심히 싸웠고 승리를 하였습니다. 이스라엘의 승리와 자신의 승리를 기념하려고 기념비를 세웠습니다. 성경은 사울이 기념비를 세운 행동을 죄라고 지적하지 않습니다. 사울이 기념비를 세운 게 잘못이 아니라 성경이 죄라고 지적하는 것은 하나님이 사울을 왕으로 세웠을 때 왕이 해야 할 역할 즉, 하나님을 드러내고 하나님을 가르쳐야 하는 교육의 실패입니다. 사울은 비록 자기가 나가서 싸웠지만 전쟁은 하나님이 승리하게 하신다는 것을 가르쳐 주어 백성으로 하여금 하나님을 의지하게 해야 합니다. 그런데 자기를 위하여 기념비를 세우게 하므로 하나님 대신 자기를 의지하게 만든 것, 결과적으로 하나님의 은혜를 더 많이 누리게 하는 대신 이스라엘로 불신앙에 빠지도록 인도한 것, 바로 백성에게 하나님을 가르쳐야 하는 교육에 실패한 것이 사울의 잘못입니다. 전쟁에서 이기는 것은 특별히 중요하지 않습니다. 하나님이 도우시면 어느 때, 어떤 상황, 어떤 전쟁에서도 쉽게 이길 수 있습니다. 사울은 전쟁에서 승리하는 것이 목적이 아니라, 하나님이 전쟁에서 이스라엘을 도와주고 계시다는 사실을 백성에게 알게 했어야 합니다. 온 이스라엘이 하나님을 믿고 의지하면 언제나 승리할 수 있다고 백성으로 하여금 하나님께로 마음이 향하도록 만들었어야 하는 역할을 하지 못합니다.

사울의 오해

사울의 행동에는 하나님의 원리, 하나님의 방식, 하나님의 뜻에 대한 오해가 있었던 것입니다. 이것은 사울만의 오해가 아니라 모든 죄인들의 오해요 오늘날 우리도 흔히 범하는 오해입니다. 사울은 전쟁에서 승리했고 전리품도 풍성하게 얻었고 자기 기념비도 세웠습니다. 그렇게 의기양양하고 승승장구 하여 사무엘과 만나는 때에 사울의 태도는 담대함과 의기충천함과 행복 자체인 것 같습니다. 사울이 사무엘에게 말하는 장면이 15장 13 '사무엘이 사울에게 이른즉 사울이 그에게 이르되 원하건대 당신은 여호와께 복을 받으소서. 내가 여호와의 명령을 행하였나이다' 입니다. 사울이 하는 말의 의도를 잘 파악해야 합니다. 사울의 말을 의도를 중심으로 표현을 바꾸어보면 '사무엘이여! 내가 여호와의 명령을 행하였나이다. 그래서 이렇게 승리하고 전리품도 얻고 영광도 얻고 기념비도 세울 만큼 명성도 얻었습니다. 저는 이렇게 잘 됐으니까 좋고 원컨대 사무엘 당신도 여호와께 복을 받기를 원하나이다' 입니다. 사울의 사고방식에는 전쟁에서 승리한 원인이 자신에게 있는 것입니다. 은혜의 개념 대신에 상급의 개념이 가득합니다. 사울의 사고방식은 '여호와께 순종해서 복 받자, 여호와를 감동시켜 은혜를 받자, 여호와께 충성하고 상급을 받자'는 원리입니다. 하나님의 은혜, 하나님의 복과는 상관없는 죄의 상급의 원리가 가득 차 있습니다. 자신이 여호와의 명령대로 행하여서 복을 받았으니 사무엘도 여호와의 명령대로 행하여 복을 받기를 바란다는 의미입니다.

조심스러운 표현인데 여호와의 명령대로 행하면 복을 받는다, 하나님의 말씀에 순종하면 은혜를 받는다, 하나님께 충성하면 복락을 받는다는 개념과 방식이 성경에는 없습니다. 물론 성경에는 하나님의 말씀에 대한 순종과 하나님의 축복이 연결되어 있는 구절들이 많이 등장합니다. 그렇지만 성경이 말하려는 순종과 축복의 관계를 잘 이해하셔야 합니다. 아브라함을 예로 들어보겠습니다. 아브라함이 하나님의 복을 받았습니다. 아브라함이 하나님의 복을 받은 사실은 분명하지만 어떻게 복을 받았느냐는 방법은 사람들의 생각과 성경의 가르침은 조금 차이가 있습니다. 흔히들 아브라함이 백세에 얻은 귀한 아들, 자신의 소유 중에 가장 귀한 아들을 바쳐서 하나님이 그 헌신을 보고 축복하셨다고 말하곤 합니다. 아브라함이 아들을 바친 사건 이후에 아브라함이 달라진 것이 없습니다. 이 사건을 통하여 하나님께로 받은 축복으로 말미암아 아브라함의 삶에 변화된 것이 없습니다. 창세기에서 아브라함에 관한 기록은 창세기 11장 후반부터 25장까지에 등장합니다. 아브라함의 생애 중에 거의 마지막 즉, 12장에 아브라함이 등장하고 25장에서 아브라함이 사라지는데 22장에 아들 이삭을 바치는 사건이 나옵니다. 22장 이후에는 아브라함에 대한 얘기는 거의 나오지 않습니다. 이삭을 바쳤다는 행위로 아브라함이 변화되고 복을 받고 달라진 것이 성경에 거의 등장하지 않습니다. 아브라함은 이삭을 받치는 사건 이후에 복을 받은 것이 아니라 도리어 아들을 얻은 것이 복이었습니다. 아브라함이 받은 복은 아들을 얻었다는 것 자체가 복입니다. 부인 사라가 자식을 생산치 못하다가 하나님이 생각하시고 하나님이 은혜를 주심으로 아브라함이 아들을 얻은 것이 복이지, 그 낳은 아들을 바쳐서 물질적 축복을 받았다는 것이 복이 아니라는 것입니다. 아브라함이 아들을 바치는 순종으로 얻은 복이 없습니다.

성경은 정반대로 말합니다. 순종하면 복을 받는다고 말하지 않고 아브라함이 복을 받아 하나님께 순종 할 수 있었다고 강조합니다. 성경은 아브라함이 어디로 가야할지 모를 때에 하나님이 가라고 말씀하니까 그저 모험정신과 도전정신으로 하나님만 믿고 나아가는 순종의 모습을 보이니 하나님이 아브라함의 순종을 기뻐하사 하나님께서 땅을 주셨다고 말하지 않습니다. 도리어 성경은 하나님이 아브라함을 부르셨고, 하나님이 아브라함에게 하나님의 계획을 말씀하여 주셨고, 하나님이 아브라함과 동행하셨기에 하나님으로 말미암아 아브라함이 본토친척 아비 집을 떠날 수 있었고, 하나님이 아브라함에게 땅을 주시기에 아브라함이 땅을 차지할 수 있었다고 말합니다. 성경은 아브라함의 순종을 강조하는 것이 아니라 하나님의 은혜를 강조합니다. 성경은 순종하면 복 받는다는 방법을 가르치는 것이 아니라 은혜 주시는 하나님을 강조합니다.

요셉의 경우를 예로 들어 보겠습니다. 흔히들 요셉이 하나님께 순종하여 보디발 장군의 아내에 유혹을 뿌리치고 복을 받아 총리가 되었고,

요셉은 거룩하고 순결하게 살라는 하나님의 말씀을 순종했더니 하나님께서 복 주셔서 총리가 되었다고 말합니다. 만약 여자의 유혹을 이김으로 복을 받아 총리가 된다면 성도님 대부분은 대통령쯤 해야 됩니다. 요셉이 억울하게 감옥에 갔는데 감옥에 가서도 억울함을 무릎 쓰고 잘 참고 견디었더니 하나님이 그 인내심을 보고 크게 들어 쓰셨다고 말하기도 합니다. 만약 그렇다면 우리나라 장관 뽑을 때 교도소 만기 출소자 중에서 뽑아야 할 것입니다. 성경은 위에서 말한 바와 정반대로 말하는 것입니다. 요셉이 순종했더니 복 주셨다가 아니라 하나님이 요셉을 지켜 주셔서 미혹에 넘어가지 않게 하셨고, 하나님이 요셉과 함께 하심으로 요셉이 전옥에게 은혜를 입었다는 것입니다. 성경은 요셉을 강조하는 것이 아니라 하나님을 강조합니다.

하나님의 은혜

성경은 인간의 행위를 강조하는 것이 아니라 하나님의 은혜를 강조하는 것입니다. 인간이 먼저 선한 행실로, 순종해서, 행위로, 제사로 여호와를 기쁘게 하여 하나님께 복을 받아낸다는 사고방식은 성경에 없는 방식이요 하나님과는 무관한 방식입니다. 하나님께 드림으로, 하나님 앞에 헌신함으로, 하나님 앞에 좋은 것을 행한 결과 복을 받을 수 있다는 방식은 성경에 없습니다. 모세의 경우를 살펴보아도 출애굽기부터 신명기 전체까지 모세가 여호와께 무엇을 해 드리는 내용이 없습니다. 여호수아서에서도 여호수아가 하나님께 선물을 바치고 희생을 하는 내용이 없습니다. 성경에는 인간이 하나님을 감동시켜서 복을 받았다는 기록이 없습니다. 사무엘서에 등장하는 사무엘의 경우도 마찬가지입니다. 사무엘이 하나님을 위하여, 하나님께 해 드린 것이 없습니다. 사무엘이 하나님께 성전을 지어드린 적도 없고, 하나님께 금은보화를 드린 적도 없고, 하나님께 나라를 바친 적도 없습니다. 반대로 하나님이 한나에게 은혜를 주셔서 사무엘이 출생하였고, 사무엘이 어릴 적에 부모 곁을 떠나 성전에 머물면서 하나님의 은혜를 받으며 자랐던 것입니다. 예수님의 제자 중에서 베드로가 예수님께 선한 일을 행한 결과 복을 받아 제자로 선발된 것이 아니고, 바울이 예수님의 영광을 위하여 의로운 일을 행한 결과 복을 받아 사도로 발탁된 것이 아닙니다. 인간이 하나님의 은혜를 받아 내는 방법이 성경에는 없습니다. 하나님이 은혜로 인간을 복주시고, 인간은 하나님의 은혜를 받고 복을 받았다는 것이 선포되고 있을 뿐입니다.

본문에서 사울의 생각은 하나님의 생각과 전혀 다른 것입니다. 사울은 마치 자신의 수고와 공로의 결과로 승리를 얻었고 명예를 얻었다고 생각하고 사무엘에게도 자신과 같이 행동하여 복을 받으라고 권면하고 있습니다. 사울을 향하여 하나님은 15장 11절에서 "내가 사울을 왕으로 세운 것을 후회하노니 그가 돌이켜서 나를 따르지 아니하며 내 명령을 행하지 아니 하였음이니라"고 말씀하십니다. 사울 자신은 여호와의 명령을 행하였다고 자랑하고 있지만 여호와께서는 사울이 여호와를 좇지 아니하며 여호와의 명령을 이루지 아니하였다고 지적하십니다. 사울의 생각과 여호와의 생각이 정반대입니다. 사울은 자신이 여호와의 명령을 행하여 복을 받았다고 생각하지만 하나님은 전혀 그렇게 생각하지 않고 있습니다.

하나님의 복

일반적으로 생각하기에 사울의 상황은 복 받은 상황처럼 보이지만, 사울이 복을 받았다고 생각하는 내용과 하나님이 복을 주셨다고 내용이 서로 전혀 다릅니다. 사울은 복 받았다고 기뻐하고 즐거워하고 있지만, 하나님은 사울이 하나님께서 주신 복을 알지 못하고 누리지 못하고 있다고 안타까워하십니다. 사울의 관점에서 살펴보면 사울은 전쟁에 나가 승리했고, 전리품도 얻었고, 명성도 얻었고, 많은 사람에게서 영광도 받았고, 존귀도 받았기에 대단한 축복을 받은 것 같습니다. 하지만 성경은 인간이 살아갈 때 삶을 살아가고자 가져야 하는 조건들을 갖추는 것을 복이라고 말하지 않습니다. 성경은 하나님을 알고 하나님이 주신 은혜를 알고 그 은혜를 삶 가운데 누리는 것 것을 복이라고 하고 그 복은 자유와 평화와 안식과 기쁨과 행복이라고 가르쳐줍니다.

사울은 밭에서 소를 몰던 평범한 사람인 상태에서 하나님의 은혜로 왕이 되었습니다. 그런데 사울은 왕이 되어서 평안한 삶을 누린 것이 아니라 늘 불안에 떨고 있었습니다. 사울이 전쟁에서 승리하고 국가를 튼튼히 하고 좋은 부하 장수를 거느리게 되었고 부하 장수 중의 하나가 다윗입니다. 조그마하고 왜소한 부하 장수가 전쟁에 나갈 때마다 승리하면 왕은 자신의 수중에 좋은 장수가 있다는 사실 때문에 든든하고 평안해야 합니다. 그런데 사울 왕은 자신의 유능한 부하 장수 다윗 때문에 늘 번민하며 고뇌합니다. 혹시 자신이 고양이를 키우는 게 아니라 호랑이를 키우고 있는 것은 아닌지 걱정을 하며 불안함 때문에 잠을 못자고 늘 조마조마해 합니다. 사울이 부귀영화를 얻었고 좋은 장수를 얻은 것은 사실입니다. 하지만 사울은 기쁘고 즐겁고 평안하기 보다는 늘 염려하고 불안하고 걱정했으며 결국은 미치고 말았으며 누군가가 와서 수금을 타줘야 했고 누군가가 도와줘야 겨우 진정이 되었고 누군가가 옆에 서있어야 잠이 들곤 했습니다. 사울은 외형상 복의 조건을 모두 갖추었지만 실상은 매우 불행한 삶을 살았습니다. 왜냐하면 여호와의 복이 무엇인지 몰랐기 때문입니다.

사울은 또 건강했습니다. 사울은 건강하였기에 전쟁에 나가면 승리하고, 평화로울 때는 이스라엘의 화려강산을 돌아다니며 즐기며 향유하며 누리며 살 수 있었습니다. 그러나 사울은 자신의 건강으로 자기 부하요 심복인 다윗 잡으러 온 이스라엘을 샅샅이 뒤지며 산을 헤매고 다녔을 뿐입니다. 외형상 복을 받은 것 같고 왕이 되었고 부귀영화를 가졌고 건강했지만 행복하지 못했고 평안하지 못했습니다. 왜냐하면 여호와의 복을 몰랐고, 여호와의 복을 누릴 줄 몰랐기 때문입니다. 본문에서는 사무엘이 사울을 권면하고 있는 게 아니라 사울이 사무엘을 권면하고 있습니다. 사람들은 대부분 사울이 되고 싶어 하지 사무엘이 되고 싶어 하지 않습니다. 마치 사울은 복 받는 방법을 아는 자요, 직접 복 받은 것처럼 말하고 있습니다. 그런데 성경은 사울은 아무것도 모르는 자요 사무엘은 다 아는 자로서 사무엘이 도리어 사울을 가르치며 훈계하고 있는 것입니다.

순종이 제사보다 낫고

하나님의 요구

사울이 가지고 있는 복을 받는 방식에 대한 오해, 그 다음 또 하나의 오해는 하나님을 위하는 것, 하나님께 순종하는 것, 하나님을 높이는 것에 대한 오해입니다. 사울을 마중 나온 사무엘이 전쟁에서 모든 것이 진멸했어야 하는데 왜 양의 울음소리와 소의 울음소리가 들리냐고 묻습니다. 그때 사울의 대답이 특별히 여호와께 제사하려고 좋은 것으로 남겼다는 것입니다. 사울은 아마도 정성을 쏟고 간절한 마음으로 행했을 것입니다. 하나님의 의도와 사울의 의도가 전혀 다르다는 것을 분별하시기 바랍니다. 하나님의 요구는 언제나 간단하고 쉽습니다. 전쟁에 나갈 때도 마찬가지입니다. 하나님이 사울에게 전쟁에 나가서 아말렉을 진멸하라고 했습니다. 하나님은 명령만 하시고 뒷짐 지고 계시고 사울이 나가서 전쟁에 승리하고 돌아오는 소식만을 앉아서 기다리는 하나님이 아닙니다. 어차피 전쟁을 계획하신 분이 하나님이고 이기기로 약속을 하신 분이 하나님이십니다. 하나님이 하시는 싸움에 도리어 사울이 동참

된 것이고 그 결과 사울이 승리를 얻고 사울이 영광을 얻고 사울이 장수로 명성을 얻는 것이지 사울 덕분에 하나님이 나아지는 것이 아닙니다. 또 하나님이 하시는 전쟁에 사울이 요청된 것이었고 하나님의 명령에는 요구가 없다는 사실입니다.

세상에서 왕은 전쟁에 장수를 내 보냅니다. 그러면 장수는 전쟁에 나가 일단 승리를 해야 합니다. 그리고 돌아 올 때에 그냥 오면 안 되고 반드시 자신을 보내준 왕에게 감사의 표현을 자신이 전쟁에서 얻은 것 중에 가장 귀하고 값진 것으로 진상해야 합니다. 그럼 왕은 실질적으로 손 하나 움직이지 않고도 전쟁에서 이기고 승리를 챙깁니다. 하나님은 이와같은 세상의 왕들과는 전혀 성품과 원리가 다른 분이십니다. 한번 하나님의 명령을 왕들이 하는 것처럼 바꾸어보겠습니다. 즉 하나님이 사울을 향하여 명령하시기를 '사울은 전쟁에 나가라. 그리고 꼭 승리하라. 승리한 후 가장 좋은 진상품을 챙겨 오거라. 내가 듣자하니 아말렉에게는 좋은 양들과 기름진 소들이 있다고 하더라. 너는 양들을 절대로 죽여서는 안 되고 흠도 티가 없이 핏 방울 하나도 묻히지 말고 칼자국 하나 없이 정결하게 데리고 와라' 고 하신다면 이것은 매우 어려운 명령입니다. 하지만 본문에서 확인할 수 있는 것과 같이 하나님은 세상의 왕들과 같은 유형의 명령을 내리시지 않으셨습니다. 전쟁도 하나님이 하시고 사울에게 아무것도 요구하시는 것이 없습니다.

TV나 영화를 보면 전쟁이 일어날 경우에 영화 전반부에는 항상 악당이 강합니다. 악당이 강해서 주인공 진영이 어떻게 할 방법이 없고 자꾸 수세에 몰립니다. 그럴 때 아주 나약해 보이는 한 사람이 전장에 나가기를 자원하고 지도자들이 회의를 하며 보내기에는 약해 보이지만 달리 대안이 없기에 결국 출전을 시킵니다. 자원자를 전장에 보내면서 지도자가 말하기를 '우리는 자네를 보내기로 했네. 자네는 그 놈을 꼭 생포해오게. 내 손으로 그 놈을 죽일 것이야' 라고 합니다. 장수는 생명을 무륭 쓰고 전장에 나가는데 지도자는 장수의 목숨을 고려하지 않은 채 자신의 원수 갚는 생각만 하고 있습니다. 진정으로 부하를 아끼는 장수는 '우리가 자네를 보내기로 결심했네. 불리한 상황에 자네를 보내게 된 것을 상당히 유감으로 생각하네. 반드시 살아서 돌아오게. 혹시 적군이 너무 강해서 못 이길 것 같으면 도망가게. 도망쳐서라도 살아야 하네. 적군은 다음에 더 나은 기회를 살펴볼 수도 있지만 자네는 우리에게 소중하네. 절대로 살아서 돌아와야 하네'라고 말해야 합니다. 대부분 경우 장수들은 전자와 같이 말할 뿐 후자와 같이 말하는 사람이 많지 않습니다. 본인의 욕심을 채우려고 옆 사람을 매우 힘들게 만들곤 합니다.

하나님은 사람과 다르십니다. 하나님은 죄인과 생각이 다르고, 인식이 다르고, 원리가 다르고, 방법이 다르십니다. 하나님은 인간을 어렵게 하시는 분이 아니라 인간을 도우시며 인간을 축복하시며 인간을 후원하시며 인간을 행복하게 만들어 주시는 분입니다. 하나님은 하나님이 수고하시고 하나님이 일하셔서 인간이 헛수고 하지 않도록 인간이 헛고생 하지 않도록 도우십니다. 그러나 죄인들은 언제나 엉뚱하게 자신들이 행동해놓고 자신이 얼마나 수고와 노력과 애를 썼는지 아느냐고 자신의 수고를 강조하고 자랑합니다. 하나님은 인간의 수고를 덜어 주려고 인간을 도우시는데, 인간은 자신의 수고와 애씀을 자랑할 뿐입니다.

하나님의 선언

사울은 자신이 하나님을 위해서 수고하고, 자신이 하나님을 위해 애쓰고, 자신이 하나님을 위하여 모든 것을 준비했다고 생각하고 있습니다. 사울의 주장에 대한 하나님의 대답이 사무엘상 15장 22절 "사무엘이 이르되 여호와께서 번제와 다른 제사를 그의 목소리를 청종하는 것을 좋아하심 같이 좋아하시겠나이까? 순종이 제사보다 낫고 듣는 것이 숫양의 기름보다 나으니"입니다. 본문의 의도는 순종과 제사 둘 중의 하나를 선택한다면 순종이 낫다는 의미가 아닙니다. 하나님의 말씀에 순종하면 제사할 일이 애당초 없어지는 것입니다. 이스라엘 백성이 해야 할 일은 두 가지 중의 하나를 선택하는 것이 아니라 원래부터 한 가지 즉, 순종뿐입니다. 제사는 원래 하나님을 위한 경배 제도로 생겨난 것이 아닙니다. 제사는 죄 지은 자가 죄를 사함 받을 수 있도록 사죄의 길을 열어주신 인간을 위한 하나님의 사랑의 제도입니다. 제사를 드림으로 혜택을 받는 대상은 하나님이 아니라 제사 드린 당사자이기에 제사는 하나님을 위한 것이 아니라 사람을 위한 것입니다. 제사는 인간이 하나님을 위해서 드리는 수고나 하나님을 위해서 행하는 헌신이 아닙니다. 엄밀하게 생각하면 인간이 하나님을 위해 해드릴 것이란 원래부터 존재할 수 없습니다. 하나님이 인간에게 제사를 허락하신 것은 인간이 사죄함 받을 수 있도록, 죄의 결과를 당하여 받는 고난에서 벗어날 수 있도록 도와주신 것입니다. 그럼으로 범죄한 후 제사를 드리는 것보다, 범죄하지 않아 제사 드릴 필요가 없는 것이 훨씬 좋은 것입니다.

본문의 의도는 범죄한 후 제사를 드리는 것 보다 도리어 순종하는 것이 낫다고 강조하는 것입니다. 제사와 순종 중에 선택을 권면하는 것이 아니라 제사가 필요 없도록 처음부터 순종하는 것이 좋다고 가르치는 것입니다. 인간이 하나님의 말씀에 순종함으로 하나님이 좋아질 것은 하나도 없습니다. 인간이 하나님의 말씀에 순종하면 인간이 좋아지는 것이고 인간이 평안해지는 것이고 인간이 자유로워지는 것이고 인간이 행복해지는 것입니다. 같은 표현이 "듣는 것이 숫양의 기름보다 낫다"는 것입니다. 인간의 삶의 근원이 하나님인 것을 알고 고백해 내는 것이지 인간이 인간의 것을 하나님께 드리는 것이 아닙니다. 하나님이 인간에게 바라시는 것은 오직하나 하나님의 말씀을 듣고 하나님의 말씀을 배우고 하나님의 원리대로 사는 것입니다. 왜냐하면 그래야 인간이 행복하기 때문입니다.

순종과 불순종

사울의 고백

　사무엘을 통해 하나님의 참된 뜻이 무엇인지 들은 후에 사울이 그제야 진심을 토로합니다. 사울은 여호와를 위하여 제사 드림이 아니요 백성이 다 진멸하기를 아까워하며 말하면서 좋은 것을 남기고 싶어 하는 것을 꺾을 수가 없었다고 말하는 것입니다. 결국 사울은 백성을 두려워하여 하나님의 명령을 어겼다고 고백하는 것입니다. 사울이 백성에게 하나님의 은혜를 누리게 하여야 하는 더 큰 사명을 깨닫지 못하니까, 몇 가지 물질적 소유를 갖고자 하는 백성의 요청을 꺾어내지 못하고, 더 좋은 것을 제시하지 못하니까 더 못한 것을 막아낼 수 있는 방법이 없어서 결국은 본인도 죄를 짓고 백성도 죄를 짓게 하는 결과를 낳고 맙니다. 이스라엘에게 안 좋은 것을 못하게 하는 방법이 아니라 하나님의 참되고 옳고 풍성한 하나님의 복을 알게 하는 것이 하나님의 원리입니다.

　하나님의 기대, 하나님의 바람, 하나님의 의도를 사울은 몰랐고, 하나님이 세운 사람의 역할을 감당하는데 실패한 것입니다. 사울의 잘못에 대해 하나님은 징계하지 않으십니다. 이 사건 이후에 사울이 왕위에서 쫓겨나지 않고 삼십 여년을 왕위에서 거뜬히 건제합니다. 사울이 통치하는 이스라엘이 쇠락하거나 전쟁에서 패배만 하는 것도 아닙니다. 여전히 나라가 견고하여 더욱 강성하여져서 다윗 시대의 강력한 군대로 형성되어가는 튼튼한 기반을 다져갑니다. 사울이 하나님께 혼나지 않고 책망 듣지 않고 벌 받지 않았음에도 사울은 평안하지 않고 행복하지 않고 기쁘지 않고 도리어 마음이 불안해지고 두려워집니다. 사울이 두려워한 것은 백성 앞에 자신의 위신이 떨어지고 백성 앞에 자신의 명예가 실추하는 것입니다. 15장 25절 '청하오니 지금 내 죄를 사하고 나와 함께 돌아가서 나로 하여금 여호와께 경배하게 하소서'라고 말합니다. 회개의 고백 같지만 실상은 전혀 그렇지 않습니다. 15장 30절 '사울이 이르되 내가 범죄하였을지라도 이제 청하옵나니 내 백성의 장로들 앞과 이스라엘 앞에서 나를 높이 사 나와 함께 돌아가서 내가 당신의 하나님 여호와께 경배하게 하소서'라고 말합니다. 아직도 무엇이 복이며 무엇이 실체이며 무엇이 중요하며 사울이 해야 할 역할이 무엇인지를 전혀 혼동 하고 있습니다. 하나님의 기대와 하나님의 방식과는 무관하게 여호와를 경배하겠다고 호들갑을 떠는 것입니다.

하나님의 수용

사울의 교활한 태도를 못 마땅히 여긴 사무엘이 사울과 함께 가기를 싫어하여 돌아가려 할 때 사울이 붙잡아 옷이 찢어지매 어쩔 수 없이 갑니다. 15장 31절 "이에 사무엘이 돌이켜 사울을 따라가매 사울이 여호와께 경배하니라"입니다. 사울의 이기적인 욕심이 가득한 행동에도, 죄의 방식으로, 망령된 방식으로 경배를 드릴지라도 하나님이 받아 주십니다. 사울이 세운 기념비도 받아주시고, 사울의 어리석은 제사도 받아 주십니다. 비록 하나님이 받아 주셔도 사울의 행동과 같은 하나님의 원리와 무관한, 하나님의 뜻과 무관한 행위를 성경에서는 망령된 행위라고 말합니다. 망령된 행위에 결과는 망령된 행위가 자기에게 아무 유익이 없고 아무 소용이 없다는 것입니다. 그래서 엉뚱한 마음으로 자기 속셈, 자기 계획, 자기 목적을 가지고 하나님과 무관한 행동을 해도 하나님이 그냥 허락하시는 것입니다. 왜냐하면 그 행함이 아무 효용이 없는 것 자체가 그가 받을 결과이기 때문입니다. 성경은 순종이 제사보다 낫고 듣는 것이 수양의 기름보다 낫다고 가르쳐 주십니다. 하나님을 아시고 하나님의 복을 아시고 하나님의 원리를 아셔서 세상을 살아 갈 때에 하나님의 마음, 하나님의 심정, 하나님의 뜻으로 사셔서 하나님의 은혜와 복락을 풍성히 누리시기를 주님의 이름으로 축원합니다.

15

평강을 위하여 오시나이까

사무엘상 16:1~5

1 여호와께서 사무엘에게 이르시되 내가 이미 사울을 버려 이스라엘 왕이 되지 못하게 하였거늘 네가 그를 위하여 언제까지 슬퍼하겠느냐 너는 뿔에 기름을 채워 가지고 가라 내가 너를 베들레헴 사람 이새에게로 보내리니 이는 내가 그의 아들 중에서 한 왕을 보았느니라 하시는지라 2 사무엘이 이르되 내가 어찌 갈 수 있으리이까 사울이 들으면 나를 죽이리이다 하니 여호와께서 이르시되 너는 암송아지를 끌고 가서 말하기를 내가 여호와께 제사를 드리러 왔다 하고 3 이새를 제사에 청하라 내가 네게 행할 일을 가르치니 내가 네게 알게 하는 자에게 나를 위하여 기름을 부을지니라 4 사무엘이 여호와의 말씀대로 행하여 베들레헴에 이르매 성읍 장로들이 떨며 그를 영접하여 이르되 평강을 위하여 오시나이까 5 이르되 평강을 위함이니라 내가 여호와께 제사하러 왔으니 스스로 성결하게 하고 와서 나와 함께 제사하자 하고 이새와 그의 아들들을 성결하게 하고 제사에 청하니라

왕을 요구한 이유

평강을 위해서

이스라엘은 사울이라고 하는 왕이 나라를 다스리고 있습니다. 이스라엘 백성은 왕이라는 제도가 자신들의 생각과 처지와 상황에 가장 적절한 대안인 것 같고, 자신들에게 가장 도움이 될 만한 제도 같아서 하나님께 요청하여 선택한 제도입니다. 자신들의 평안을 위해서, 자신들의 행복을 위해서, 자신들의 자유와 안위를 위해서 스스로 지혜를 내어 선택한 것입니다. 사무엘상 8장에서 왕을 선택한 후 본문 16장까지 왔습

니다. 자신들의 행복과 안위를 위하여 왕을 선택했는데, 왕을 선택함으로 말미암아 이스라엘 백성이 실제로 삶이 평안해지고 행복해졌는지는 확인해봐야 합니다. 성경을 살펴보면 이스라엘이 왕으로 인하여 그다지 행복해 진 것 같지 않습니다. 여러 차례 전쟁이 있었고 그때마다 전쟁에서 승리했습니다. 그러나 자신들이 세운 왕 사울로 인한 승리가 아니었습니다. 그렇다고 백성에게 승리가 돌아간 것도 아닙니다.

나하스, 블레셋 전투

이미 살펴보았듯이 암몬 사람 나아스가 올라 왔을 때 이스라엘은 전쟁에 나가기 이전에 이미 자신들이 세운 왕 사울 때문에 엄청나게 두려운 일을 경험하게 됩니다. 한 겨리 소를 각을 떠서 이스라엘 모든 지경에 두루 보내면서 하는 말이 전쟁에 나오지 않으면 이와 같이 되리라는 것입니다. 이스라엘 백성은 전쟁에 나가 적군을 보고 두려워 떨기 이전에 이미 자기 팀 장수가 하는 말에 덜덜 떱니다. 가장 무서운 존재는 적장이 아니라 자신들의 장군입니다. 전쟁에 나가서 싸우다가 죽기 이전에 자기 팀 장군의 말을 안 들었다가 장군한테 죽을 지경입니다. 적군에 대한 불안이나 염려 또는 근심 대신에 아군의 장수가 가장 무섭습니다. 이것은 실질적으로 상당히 심각한 것입니다. 적군하고는 아직 싸움도 안 해 봤고, 적군은 얼굴도 못 봤는데 우리에게 내 말을 듣지 아니하면 각을 뜨겠다는 사람은 우리 주위에 있고 인상을 쓰고, 감시하고, 훨씬 더 어려운 상황에 처하게 됩니다. 물론 그 전쟁에서 하나님의 도우심으로 이스라엘이 승리했습니다. 이스라엘이 승리했음에도 기쁨과 평안이 넘치지 않습니다.

만약 하나님의 도우심으로 전쟁에서 승리하고 백성이 평안해지고 자신들의 왕 사울 때문에 담대한 마음이 생겼다고 한다면 다음에 블레셋이 전쟁을 걸어 왔을 때 백성은 두려워하는 대신 사울을 믿고 사울을 중심으로 다시 한 번 뭉치면 되었을 것입니다. 그런데 적군의 수가 조금 많은 것을 보고 모두가 기겁을 하고 다 도망갔습니다. 자신들의 영웅 사울 장군이 군사를 소집해도 모인 군사가 수 백 명에 불과합니다. 적군이 나와서 야유와 조롱을 해도 사울은 나가서 싸우지 않고 그저 움츠리고 있을 뿐입니다. 그때 또 하나님이 도우십니다. 하나님이 도우셔서 요나단을 통해 전세를 역전시켜 이스라엘이 승리하도록 도우십니다. 결국은 승리합니다. 하지만 이번에도 승리의 결과로 이스라엘이 평화를 누리지 못합니다. 그 와중에 사울이 어리석게 아무것도 입에 대지 말라는 명령을 내리고 전쟁하며 지쳐 힘들고 몹시 피곤한 가운데서 백성은 아무것도 먹지 못합니다. 전쟁에서 승리했기에 먹을 것이 눈앞에 있고 전리품이 눈앞에 널려 있어도 허기진 채 사울을 두려워하여 아무것도 먹지 못한 채 있습니다. 먹다가 걸리면 사울한테 죽는다고 불안해하고 떨고 있습니다. 블레셋 때문에 두려워 한 것과 전혀 다를 바 없는 두려움과 떨림이 그들 가운데 있습니다.

아말렉 전투

아말렉과의 전투에서 하나님의 도우심으로 사울과 백성이 쉽게 이겼습니다. 쉽게 이김으로 말미암아 모두가 승리의 기쁨을 누리고 평안해야 하지만 실상은 그렇지 못합니다. 이스라엘 백성이 여호와께서 모든 것을 진멸하라는 명령을 어기고 범죄했습니다. 이스라엘 백성이 범죄했을 때 자신들이 뽑은 왕이 있습니다. 그래서 그 왕이 자신들을 보호해주고, 돌봐주고, 책임져주고 자신들을 위기에서 극복해주기를 한편으로 바랐을지도 모릅니다. 왜냐하면 이스라엘이 왕을 요구한 이유가 왕이 자신들을 도와주기를 바랬었기 때문입니다. 왕은 백성의 책임자요 백성의 지도자이기에 왕으로서 자기가 책임을 지고 백성을 위하는 모습이 있었어야 합니다. 자신이 잘못 가르치고 자신이 잘못 인도하고 자신이 잘못했다고 백성 앞에서 그리고 하나님 앞에서 백성을 보호할 줄 알아야 합니다. 그런데 사울 왕은 전혀 그렇게 행동을 하지 않습니다. 백성을 무사하게 하고 백성을 평안하게 하는 것이 백성 위에 있는 자요, 백성을 대표하는 자인데 사울은 백성을 전혀 보호하지 않고 대변하지 않고 막아주지도 않습니다. 사무엘상 15장 21절 '다만 백성이 그 마땅히 멸할 것 중에서 가장 좋은 것으로 길갈에서 당신의 하나님 여호와께 제사하려고 양과 소를 끌고 왔나이다 하는지라' 고 말할 뿐 그들의 어떤 대변이나, 사무엘에 지적함에 대하여 보호해 주지 않습니다. 백성을 보호해 주지 않을 뿐만 아니라 백성의 죄를 대표자로서 대신 짊어지지도 않습니다. 그뿐만 아니라 자신의 잘못까지도 백성의 잘못이라고 뒤집어씌웁니다. 사무엘이 사울에게 하나님의 명령을 어겼다고 말하자 사울이 하는 말이 24절에 '사울이 사무엘에게 이르되 내가 범죄하였나이다. 내가 여호와의 명령과 당신의 말씀을 어긴 것은 내가 백성을 두려워하여 그들의 말을 청종하였음이니이다' 라고 말합니다. 사울 자신의 죄가 아니라 백성이 원해서, 백성을 막을 수 없고 백성을 꺾을 수 없었다고 모든 책임을 백성 탓으로 돌립니다. 사울은 절대로 왕다운 모습을 보이지 않았고 이스라엘은 왕이 있음으로 인한 평안함을 맛보지 못했습니다.

백성의 마음

이스라엘 백성은 왜 모든 것을 진멸하라는 하나님의 명령을 어기고 굳이 불순종하면서까지 가축들을 살려 놓았을까요? 백성이 이렇게 행한 이유는 삶이 불안하고 마음이 불편하고 두렵기 때문입니다. 연이어 전쟁이 터지고, 자신들의 왕 사울이 믿음직스럽고 사울 때문에 자신들이 평안해지는 것이 아니라 도리어 사울이 무섭고 두려우며 전쟁에 나가서도 사울 때문에 이기는 것이 아니라는 것을 압니다. 승리한다는 보장이 없고 삶이 안정될 것이라는 보장이 없으니까 자신의 삶을 자신이 책임져야 한다는 생각 속에 전리품을 진멸할 수 없고 자기가 챙겨두어야만 하는 것입니다. 이 사건은 광야에서 이스라엘의 만나 사건과 똑같은 것입니다. 하나님이 내일도 만나를 공급 하신다는 것을 알면 절대 다음날 아침까지 만나를 남겨둘 이유가 없습니다. 그러나 반대로 하나님이 내일도 만나를 내려 주신다는 것을 모르면 만나를 남기기 않을 수가 없습니다. 백성은 사울이 믿음직스럽지 못하기 때문에, 불안하기 때문에 자신의 삶을 책임 질만한 것들을 마련하고 따로 챙겨 두어야 하고 대비를 해야 합니다. 자신들을 전쟁에서 승리하도록 도왔던 요나단마저도 사울이 자신의 명령에 불순종해서 죽여야 한다고 말하는 태도에 백성은 언제 자신들도 죽을지 모른다는 두려움 속에 빠지는 것입니다.

사람들의 행동은 어이없는 경우가 많이 있습니다. 사울이 전쟁에서 적군을 추격할 때 군사들에게 아무 것도 먹지 말라고 명령합니다. 아무 것도 먹지 말라는 자기 명령이었기에 요나단이라도 죽어야 한다고 말합니다. 그런데 정작 자신은 하나님 말씀을 어겼음에도 전혀 아무런 결과를 예상하지 못하고 있습니다. 백성이 왕의 말을 어긴 것보다 더 엄중하게 왕이 하나님의 말씀을 어겼음에도 자신은 백성을 용서하지 않으면서, 자신은 하나님께 용서를 빌고 있는 이율배반적인 행동을 자연스럽게 하고 있습니다. 사무엘에게 자신을 하나님 앞에 용서받게 해달라고 할 뿐만 아니라 백성 앞에서 위신이 떨어지지 않게 해달라는 부탁까지 합니다. 자신은 하나님 말씀을 어기는 것을 쉽게 여기면서 백성 중 하나는 자기 말을 어기면 결단코 살지 못하리라고 하는 논리가 전형적인 죄인들의 자기중심적 논리입니다.

평강을 위하여 오시나이까

이스라엘은 자신들이 도움을 받으려고 왕을 뽑았습니다. 백성이 왕을 요구할 때 분명히 하나님께서 왕으로 인하여 백성이 당할 결과를 가르쳐 주셨습니다. 왕으로 인하여 백성이 보호를 받는 것이 아니라 결국은 백성이 왕의 종이 될 것이며 왕으로 인한 많은 폐해가 있을 것을 경고하셨습니다. 그러나 아무도 하나님의 가르침을 배우지 않았습니다. 모든 것은 하나님의 말씀대로 이루어졌습니다. 왕이 있음에도 백성에게는 평안이 없고 안식이 없고 근심과 걱정이 물러가지 않고 오직 두려움뿐입니다. 왕이 없었을 때에는 두려움이 저 멀리 있었는데 지금은 두려움이 눈앞에 있는 것처럼 도리어 가까워 졌습니다.

성경을 보면 백성이 세운 왕 사울 때문에 이스라엘 백성만 두려워 한 것이 아니라 사무엘도 두려움에 빠져있는 것을 봅니다. 이스라엘이 안타까운 처지에 빠져 있자 하나님께서 이스라엘을 버려두지 아니하시고 새로운 왕을 세워 그들을 돕고자 사무엘을 보내려고 합니다. 하나님이 사무엘을 불러 사울에게 가라고 말씀하시는데 도무지 사무엘도 가려고 하질 않습니다. 얼마나 사울이 두렵고 얼마나 사울이 무서운지 16장 2절 "사무엘이 이르되 내가 어찌 갈 수 있으리이까? 사울이 들으면 나를 죽이리이다"고 말합니다. 사무엘의 심정이 이 정도니 백성의 마음이 상상이 됩니다. 사무엘이 베들레헴에 도착을 합니다. 사무엘이 온다는 소식을 듣고 백성이 안도감을 가지고 기쁨과 환희로 나아가 사무엘을 맞이하는 게 아니라 사람들이 다 두려워하며 떨며 근심 걱정합니다. 이제 누가 오기만 해도 무슨 일일까 염려하고, 무슨 일이 생기기만 해도 어떤 결과가 임할까 두려워하며 가슴이 덜컥 내려앉는 것입니다. 사무엘이 온다는 소식을 듣고 장로들이 나와서 묻는 말이 '평안을 위하여 오시나이까?' 입니다.

하나님의 제안을 거부한 채 자신들의 생각대로 행한 결과는 바로 불안이었습니다. 이것이 죄인의 한계입니다. 죄인들의 원리는 결국 죄의 결과만을 낳게 되어있습니다. 물론 혹자들은 '의도는 좋았다, 제도는 좋았다, 생각은 좋았다, 왕이라고 하는 방식은 정말 좋은 것이었는데 문제는 사람을 잘못 뽑은 것이었다. 다른 사람을 뽑으면 즉 적절한 사람, 합당한 사람을 뽑으면 될 것이다'라고 말할 수 있습니다. 그러나 그와 같은 주장들이 인식하지 못하고 있는 가장 중요한 사실은 '그 사람이 그 사람'이라는 사실입니다. 죄인은 죄인일 수밖에 없고 이 사람과 저 사람이 다를 바가 하나도 없는 똑같은 죄인이라는 사실을 놓치고 있습니다. 다른 사람, 합당한 사람, 적당한 사람, 그런 사람은 없습니다. 그래서 하나님을 믿어야 하는 이유가 나오는 것입니다. 그렇게 두려움에 떠는 이스라엘 가운데 하나님이 사무엘을 보내십니다.

하나님의 은혜

하나님과의 대화

전쟁이 끝나고 나서 평상시에도 온 이스라엘과 사무엘이 사울을 두려워합니다. 얼마나 두려워 하냐면 사무엘도 하나님의 말씀을 차마 순종하기 벅찰 정도로 두려워하고 있습니다. 사무엘의 입장에서는 하나님의 말씀대로 행하면 사울이 죽일 것 같고, 그렇다고 하나님의 말씀을 불순종할 수도 없고 아주 애먹었을 것입니다. 바로 그때 사무엘이 하나님께 사정을 합니다. 일반적으로 생각하면 사정이나 협상은 사람끼리 하는 것이고, 하나님을 향하여는 무조건 순종만이 있다고 할 수 있습니다. 하지만 실제로는 정반대입니다. 타협이나 협상은 사람과 하는 것이 아니라 하나님과 하는 것입니다. 왜냐하면 타협이나 협상은 가능한 상대와 해야 하기 때문입니다. 죄인들은 자신의 목적과 맞지 않으면 어떠한 타협이나 협상을 하지 않습니다. 그러나 하나님은 인간의 말을 들어주시고, 인간의 사정을 고려해 주시고, 인간을 위해주시는 분이기 때문에 하나님과 대화와 협상을 할 수 있습니다. 사울이 하나님께 용서를 구할 때 하나님이 용서해 주셨습니다. 하나님은 전적으로 인간의 편에 서셔서, 인간의 유익을 위하여, 인간을 도우시는 방향으로 역사하시는 분입니다. 사무엘은 사울에게 사정하는 것이 아니라 하나님께 사정하는 것입니다.

하나님의 배려

만약 사무엘이 하나님은 겁나는 분이시고 하나님은 불순종하면 죽여 버리는 분이고, 죄를 지으면 반드시 갚는 분이고, 명령하신 후에는 재고의 여지가 없으시며 일단 입에서 나온 말은 어떤 사정에도 몰아붙이는 분으로 알고 있다면 하나님께 사정하지 않을 것입니다. 사무엘은 하나님의 명령에 무조건 복종해야 하기 때문에 사울에게 죽임을 당할지도 모르는 불안한 마음을 가진 채로 억지로 사울에게 나가야 하는 것이 아닙니다. 혹시 사무엘이 부모님을 떠나 성전에서 자라는 과정에 부모의 교육을 제대로 못 받아서 아주 유약하다고, 사무엘이 믿음이 적고 하나님에 대한 신뢰가 부족해서 감히 하나님의 사람임에도, 창피하게 사울이 겁나니까 가지도 못하면서 하나님께 생떼 쓰는 것처럼 유약한 모습이라고 생각하시면 안 됩니다. 믿음의 사람의 모습이 이 정도밖에 안 되냐고 조롱해서도 안 됩니다. 에스더처럼 죽으면 죽으리라는 각오로 갔어야 한다고 채근해서도 안 됩니다.

사무엘이 선뜻 나서지 않고 하나님께 이런 저런 사정을 하는 것은 아주 잘하는 것입니다. 하나님은 대화가 가능한 분입니다. 인간에게 할 수 없는 것을 무조건 행하라고 윽박지르거나 협박하지 않으시는 분입니다. 사무엘이 만약 하나님의 말씀대로 행하면 사울에게 죽을 수도 있다고 상황을 호소할 때 하나님은 사무엘의 호소를 받아주십니다. 사무엘상 16장 1절부터 5절까지의 짧은 본문에서도 아주 재미있는 현상이 나타납니다. 만약 사무엘이 하나님을 무서운 분으로 생각하고 하나님 말씀을 안 들으면 죽는다고 생각해서 가야만 하는 상황이라면 하나님 말씀대로 갈 경우에는 사울에게 죽고 하나님의 말씀을 따르지 않을 경우에는 하나님에게 죽어야 하는 처지입니다. 이런 경우 대부분의 사람은 일단 하나님의 말씀대로 행동하면서 사울에게 죽지 않을 수 있는 방법을 모색하려고 노력할 것입니다. 그런데 성경은 정 반대로 나온다는 것입니다. 사무엘은 사울에게서 살 방법을 모색하는 것이 아니라 하나님께 살려달라고 구하는 것입니다. 이때 하나님은 사무엘을 책망하시지 않고 도리어 하나님이 사울에게서 사무엘이 살아날 수 있는 묘책을 마련해 주십니다. 16장 2절과 3절이 하나님이 사무엘에게 제안하는 방법입니다. '사무엘이 이르되 내가 어찌 갈 수 있으리이까 사울이 들으면 나를 죽이리이다 하니 여호와께서 이르시되 너는 암송아지를 끌고 가서 말하기를 내가 여호와께 제사를 드리러 왔다 하고 이새를 제사에 청하라 내가 네게 행할 일을 가르치니 내가 네게 알게 하는 자에게 나를 위하여 기름을 부을지니라' 입니다. 이 내용은 사무엘이 생각해낸 방식이 아니라 하나님이 사무엘에게 묘책을 알려주시는 것입니다. 하나님의 입장에서, 하나님의 말씀대로 순종한 사무엘이 사울에게 맞아 죽을 것 같아 사울을 피하려고, 사울에게 죽임을 당하지 않으려고 제사 드리러 왔다고 말하라는 것입니다. 자기 목숨을 구하고자 제사를 이용하고, 하나님을 이용해서라도 사무엘의 목숨을 살려내려는 것이 하나님의 마음이요, 하나님의 심정이요, 하나님의 뜻이요, 하나님의 배려입니다. 하나님은 강직하신 분이지 경직되신 분이 아닙니다. 하나님은 융통성이 있으시고 지혜가 있으십니다. 이런 하나님의 오묘한 지혜를 보고 바울이 로마서에서 이렇게 표현합니다. '깊도다! 하나님의 지혜와 지식의 풍성함이여, 그의 판단은 헤아리지 못할 것이며 그의 길은 찾지 못할 것이로다.' 로마서 11장 33절

하나님의 요구

사람들의 오해

신앙, 기독교, 하나님에 대한 사람들의 많은 오해가 있습니다. 그중에 하나는 하나님이 사람들에게 무엇인가를 요구한다는 것입니다. 하나님이 인간에게 무엇인가를 요구하니까 인간은 하나님을 위해 무엇인가를 해야 한다고 생각합니다. 하나님을 위해 무엇인가를 해야 하니까 사람들은 자신의 삶을 살기도 힘든데, 삶이 더 힘들고 어려워진다고 생각을 합니다. 절대로 그렇지 않습니다. 하나님은 인간에게 요구하시는 것이 없습니다. 하나님이 인간에게 요구하시는 것이 없기에 인간이 하나님을 위해 해야 할 일이 없습니다. 그렇기 때문에 신앙 때문에, 기독교 때문에, 교회 때문에 힘들고 어려워지는 일이 있어서는 안 됩니다. 성경에서 분명히 확인할 수 있습니다. 하나님이 아브라함을 부르셨습니다. 아브라함을 부르시고 하나님이 요구하시는 것이 없습니다. 하나님이 아브라함에게 "백 년이라는 기한을 줄 테니 백 년 동안 자식을 낳아서 하늘의 별 만큼, 바다의 모래만큼 민족을 형성하라"고 말씀하신 적이 없습니다. 또 "땅을 헤브론에다가 열 평 줄 테니까 재테크를 잘 해서 사백 년 안에 가나안까지 영역을 확장하라"고 요구하지 않았습니다. 하나님이 아브라함에게 요구하는 것이 나오지 않고 하나님이 아브라함에게 약속하시는 것이 나옵니다. 이삭의 경우와 야곱의 경우도 마찬가지입니다. 하나님이 야곱을 불러놓고 '야곱! 내년까지 하얀 양과 염소를 아롱지게 만들어 놓아라' 고 요구하지 않습니다. 도리어 야곱이 외삼촌 말 듣다가는 빈손 들고 나갈 것 같을 때 하나님이 야곱을 도와주셔서 두 떼의 재산을 형성하도록 도와주십니다. 하나님이 모세를 부르셔서 모세에게 요구한 것이 한 가지도 없습니다. 하나님이 모세에게 '내가 너로 하여금 내 백성을 애굽에서 나오게 하리라' 고 약속하십니다. 하나님이 하시겠다고 말씀하십니다. 사람들은 하나님의 말씀을 잘못 알아듣고 잘못 이해합니다. 모세도 하나님의 말씀을 듣고 '내가 누구관대 가오리이까?'라고 주저했습니다. 하나님은 모세에게 누구인지 묻지 않았고, 능력이 있는지 점검하지 않으셨고, 백성을 탈출시키라고 명령하지 않으셨습니다. 하나님이 하시겠다고, 하나님이 모세로 하여금 이스라엘 백성을 인도해 낼 수 있도록 하시겠다고 선언하신 것입니다. 하나님은 여호수아에게도, 사무엘에게도, 사울 왕에게도 하나님을 위하여 어떤 일을 행하라고 요구하신 적이 없습니다. 복음서에서 예수님이 제자를 뽑으실 때도 제자들에게 요구한 것 없습니다. 하나님은 인간에게 무엇을 요구하시는 분이 아니라 인간을 위하여 하나님이 일하시고, 수고하시고, 역사하시는 분이십니다.

하나님의 명령

하나님의 약속을 하나님의 요구로 오해하는 사람들은 하나님의 명령 또는 하나님의 계명, 하나님의 율법에 대하여도 심각하게 오해합니다. 분명히 성경에 하나님의 명령, 계명, 율법이 등장합니다. 이때 중요한 것은 하나님이 왜 그것들을 말씀하시냐는 것입니다. 하나님의 의도, 하나님의 목적을 이해해야 하나님의 말씀의 뜻을 바르게 이해하는 것입니다. 하나님의 계명 또는 율법은 언제나 인간을 위한 것입니다. 율법을 지키므로 인간이 살고, 율법을 준수하므로 인간이 은혜를 받고, 율법을 준수하므로 인간이 평안을 누리고, 하나님의 뜻대로 행하므로 인간이 자유를 누리는 것입니다. 계명이나 율법이라고 표현하지만 결단코 인간을 제한하거나 강요하는 것이 아니라 도리어 인간을 향한 하나님의 축복입니다. 하나님께서 계명을 주실 때 인간은 하나님의 계명을 순종하는 것과 불순종 하는 것 중에 하고 싶은 것, 좋은 것을 하시면 됩니다. 계명을 순종하는 것이 좋다고 생각하시는 분은 순종하시고 율법대로는 못

살겠고 자신의 마음대로 살겠다고 생각하시면 그렇게 하시면 됩니다.

　예를 들어 보겠습니다. 하나님은 원수를 사랑하라고 말씀하십니다. 만약 원수를 사랑하라는 하나님의 말씀이 싫으시면 사랑하지 않으시면 됩니다. 매일 원수를 생각하고, 원수를 생각할 때마다 이를 갈며 분해하셔도 됩니다. 그렇게 해서 분이 풀리시면 그렇게 하시기 바랍니다. 그런데 원수를 미워하는 것으로 나의 분이 풀리지 않습니다. 원수는 갚지 못하고 원수를 생각할 때마다 흥분하는 자신이 더 망가질 뿐인 경우가 허다합니다. 하나님께서 원수를 사랑하라고 말씀하시는 이유는 원수를 사랑해야 나 자신의 마음이 편안하고 몸의 건강을 유지하고 편한 잠을 잘 수 있기 때문입니다. 하나님이 인간에게 계명을 주시고 지키라고 말씀하시는 이유는 하나님의 말씀대로 행해야 인간이 자유와 평화와 안식과 행복을 누릴 수 있기 때문입니다. 결코 하나님의 유익을 위해서, 인간을 힘들게 하려고 말씀하시는 것이 아닙니다.

　우상숭배에 관한 율법도 동일한 원리입니다. 혹시 우상숭배하고 싶은 계시면 자유롭게 하시기 바랍니다. 여러 신을 섬기면 좋다고 생각하시는 분은 가능한 많은 신을 섬기셔도 됩니다. 그런데 하나님이 아닌 우상을 섬기고, 하나가 아닌 많은 다른 신을 섬기면 결코 인간의 삶이 평안하고 행복할 수 없습니다. 하나님이 아닌 우상을 섬기면 결국 인간이 신의 노예가 되고, 신에게 종속되어 버리고 맙니다. 이사를 가야 할 때도 신이 점지해주는 길일을 따라야 하고, 결혼을 하려해도 신이 허락하는지 궁합을 보아야 하고 어떤 행동, 어떤 결정을 할 때마다 인간의 의지를 상실되고 오직 신에게 종속되어 버리게 됩니다. 죄의 원리, 우상의 원리는 인간이 살 수 없게 되어 있습니다. 그러나 하나님의 원리, 하나님의 계명은 인간이 살 수 있게 되어있습니다.

하나님의 평화

성경에서 말하는 안식, 평화, 자유, 누림 등의 의미를 종종 오해하곤 합니다. 안식에 무엇이냐는 질문에 쉬는 것, 노는 것, 일 안 하는 것이라고 대답하면 적절한 대답이 아닙니다. 일하지 않는 것은 쉬는 것이 아닙니다. 성경적 사고방식에는 노는 것이란 있을 수 없습니다. 시간도 하나님이 창조하여 인간에게 주신 것입니다. 하나님이 주신 시간을 소홀히 하여 아무것도 안하고 노는 것은 허비요, 낭비요, 하나님의 창조질서와 다른 것입니다. 일하지 않는 것을 노는 것이라고 말하지 않고 '노는 것을 하는 것'이라는 표현이 성경적 표현양식입니다. 사람들은 일 중심적 사고가 강하기 때문에 일은 중요하게 생각하고 기타의 것은 소홀히 여기는 경향이 있습니다. 일에 대하여는 '일 하자'고 표현하고, 잠에 대하여는 '잠이나 자자'고 표현합니다. 잠을 자는 행위는 인간의 생활리듬에 매우 중요한 요소에도 잠은 '잠이나 자자'는 표현에 담긴 것과 같이 허접한 행위로 취급을 받습니다. 하나님이 주신 것을 가장 소중하게 사용하는 것이 누림이고 안식이고 평화입니다. 누림은 무사 안일, 무위도식, 아무것도 안하기, 퍼지기, 늘어지기 등이 절대로 아닙니다. 누림은 역동적인 활동이요, 적극적 실천입니다. 누림의 활동은 현재는 아무것도 없는데 이 활동을 통해서 어떤 결과를 창출해 내고 그 결과 때문에 더는 어떤 일을 안 해도 되는 유형의 활동이 아니라, 이미 하나님이 행하신 결과가 있기에 하나님의 은혜가 있기에 하나님의 축복이 있기에 그 결과를 내 삶속에 적용하고 구체적으로 체험해 내고 내 삶속에 누리려는 행동입니다.

하나님께서 이스라엘 백성에게 무엇인가를 요구하시는 것이 아니라 도리어 하나님의 바람과 소원은 하나님으로 말미암은 백성의 평화와 안식입니다. 하나님은 이스라엘에게 또는 인간에게 일을 맡기고 수고로운 행위를 요청하신 적이 없습니다. 하나님 때문에 힘들어 지면 안 됩니다.

교회 때문에 힘들어 지면 안 됩니다. 목사 때문에 힘들어 지면 절대로 안 됩니다. 하나님은 죄의 생각을 하나님의 생각으로, 죄의 원리를 하나님의 원리로, 죄의 가치를 하나님의 가치로 바꾸라고 권고하십니다. 하나님은 인간을 두렵게 하는 것이 아니라 하나님으로 말미암아 평화와 자비가 오고, 하나님으로 말미암아 인간의 평안이 오도록 도우시고 묘책을 동원해서라도 위로하시고 축복하시고 배려하시고 인도해주십니다. 그럴 때 성도가 느끼는 평화와 안식과 기쁨은 무사안일이 아니라 하나님의 은혜를 알고 은혜를 구현하는 능동적이고 역동적인 행동입니다. 이런 과정을 죄와 성경의 갈등을 겪으면서 하나님의 뜻 하나님의 마음 하나님의 원리를 이해하시면 그때부터는 마음이 편안해 지시는 것입니다. 하나님을 더욱 많이 알아 하나님의 은혜를 삶속에서 풍성히 누리시기를 주님의 이름으로 축원합니다.

16
중심을 보느니라

사무엘상 16:6~13

6 그들이 오매 사무엘이 엘리압을 보고 마음에 이르기를 여호와의 기름 부으실 자가 과연 주님 앞에 있도다 하였더니 7 여호와께서 사무엘에게 이르시되 그의 용모와 키를 보지 말라 내가 이미 그를 버렸노라 내가 보는 것은 사람과 같지 아니하니 사람은 외모를 보거니와 나 여호와는 중심을 보느니라 하시더라 8 이새가 아비나답을 불러 사무엘 앞을 지나가게 하매 사무엘이 이르되 이도 여호와께서 택하지 아니하셨느니라 하니 9 이새가 삼마로 지나게 하매 사무엘이 이르되 이도 여호와께서 택하지 아니하셨느니라 하니라 10 이새가 그의 아들 일곱을 다 사무엘 앞으로 지나가게 하나 사무엘이 이새에게 이르되 여호와께서 이들을 택하지 아니하셨느니라 하고 11 또 사무엘이 이새에게 이르되 네 아들들이 다 여기 있느냐 이새가 이르되 아직 막내가 남았는데 그는 양을 지키나이다 사무엘이 이새에게 이르되 사람을 보내어 그를 데려오라 그가 여기 오기까지는 우리가 식사 자리에 앉지 아니하겠노라 12 이에 사람을 보내어 그를 데려오매 그의 빛이 붉고 눈이 빼어나고 얼굴이 아름답더라 여호와께서 이르시되 이가 그니 일어나 기름을 부으라 하시는지라 13 사무엘이 기름 뿔병을 가져다가 그의 형제 중에서 그에게 부었더니 이 날 이후로 다윗이 여호와의 영에게 크게 감동되니라 사무엘이 떠나서 라마로 가니라

사람을 뽑는가? 하나님을 뽑는가?

더 나은 사람

어디에든 사람이 둘 이상 모이면 모임이 되고 조직체가 됩니다. 자연스럽게 모임을 운영하고 이끌어가고자 조직과 질서가 생겨나고 돈이 사용이 됩니다. 그때부터 그 모임의 성패는 인사와 재정의 운영에 달려있

게 됩니다. 그 중에서도 특별히 조직 인사가 중요한 사안이 됩니다. 조직을 운영하는 방침으로 두 가지가 언제나 서로 교차적으로 강조됩니다. 그중에 하나는 '인사가 만사다'는 말과 같이 사람 쓰는 방식이고 또 하나는 시스템 또는 제도화라는 방식입니다. 이스라엘도 국가가 되어서 국가 경영에 심각한 위기에 처해 있을 때 백성이 하나님 앞에 새로운 제도를 요청했습니다. 이방인과 같이, 주변에 있는 열방과 같이 왕이라는 제도를 달라고 했습니다. 그래서 이스라엘에 왕정제도가 도입되었고, 첫 번째 왕이 사울입니다. 그런데 사울 때문에 백성의 마음이 평화롭기보다는 또 다른 두려움을 갖게 되었습니다. 왕이 있기 전에 가졌던 불안과 더불어 이제는 왕에 대한 불안까지 겹쳐지게 된 것입니다. 이쯤 되면 사람들의 생각은 '제도는 좋았는데 사람을 잘못 뽑았다'는 결론에 도달합니다. 그래서 좋은 사람, 적당한 사람을 뽑으면 더 나아질 수 있을 거라고 기대를 합니다.

근래에 대한민국에는 공직에 취임하기 전 청문회를 통한 검증절차를 마련합니다. 몇몇 고위 공직 후보에 올랐던 사람들의 면면을 살펴보면서 분명히 확인하고 기억해야 하는 것이 있습니다. 그것은 바로 '사람은 다 같다'는 것입니다. 몇 년 전에 우리나라 최초로 여성 총리로 지명을 받았던 한 종교인이요 신학자가 있었습니다. 종교인이요 신학자이었음에도 불구하고 그에게도 부정과 비리가 있었습니다. 또 총리로 지명 받았던 사람 중에 국민들을 선도하고 계도하는 언론을 담당하던 언론인이 있었습니다. 그러나 그도 부정과 비리가 있어서 제 역할을 감당하지 못했습니다. 또 교육계의 수장으로서 미래를 책임지기로 인정했던 교육 책임자도 부정과 비리로 며칠 만에 사퇴했고, 한 나라의 경제를 책임지고 행복한 나라를 만들어 가야할 경제인도 부정과 비리로 낙마하고, 국민들의 인권을 담당하고자 선출되었던 시민단체 출신의 시민 대변인도 부정과 비리로 사퇴하였고 근로자들의 권익을 대변해야 할 노동자들의 대표도 바로 그 노동자들을 착취하고 부정과 비리로 낙마하고 말았습니다. 정치인과 법조인 모두가 다 마찬가지입니다. 이런 내용들은 전혀 새로운 것도 아닙니다. 동시에 우리가 분명히 인식해야 할 사실입니다. 특별히 부패한 곳이 있는 것이 아니고 특별히 부도덕 한 사람이 있는 것이 아니고 특별히 부정한 방식이 있는 것이 아니라 죄인이 모두 똑같고, 죄의 방식이 모두 똑같고, 죄인의 수준이 모두 똑같다는 것입니다.

더 나은 제도

더 나은 사람이 없다는 결론에 도달하면 사람들이 대안으로 제시하는 것이 시스템 또는 제도입니다. 유능한 한 사람에게 너무 의존했다가 실망할 경우 또는 적절한 담당자를 선출할 수 없어서 문제가 좌절될 경우에 사람에 따라 달라지는 것이 아니라 아예 제도를 강화하여 어떤 사람이 직분을 맡아도 이미 정책과 제도와 방법이 다 정해져 제도를 따를 때에 일들이 원활하게 이루어지도록 만드는 것입니다. 사람 탓을 하거나, 사람에 의존하는 성향을 줄이자는 의도로서 더 좋은 제도, 더 치밀한 제도, 더 투명한 경영을 강조하는 것입니다. 하지만 제도를 강화하는 방안도 어이없는 발상에 불과합니다. 왜냐하면 시스템을 만들고 제도화하는 사람들이 바로 죄인이기 때문입니다. 이스라엘 백성이 왕을 요구하자 하나님은 왕을 허락하셨습니다. 하나님이 왕을 허락하셨기 때문에 하나님이 왕의 제도를 옳은 것으로 인정하시는 것인가에 대하여 사람들이 궁금해 합니다. 하나님이 사무엘을 이새의 집에 보내 왕을 뽑으려하기 때문입니다. 혹자는 '하나님이 왕의 제도를 인정하는 것이 분명하다. 하나님이 뽑아준 다음에 왕이 나라를 잘 다스렸지 않느냐? 문제는 어떤 사람이 선출되느냐이다. 만약 제도가 옳지 않았다면 하나님이 제도를 인정하지 않았을 것이요 하나님이 왕을 뽑아주지 않았을 것이다'고 주장하기도 합니다. 그런데 그렇지 않습니다.

하나님의 원리

성경의 대답, 하나님의 대답은 사람이 문제라는 것입니다. '사람이 문제다'고 말할 때의 '사람'은 '이 사람은 되고 저 사람은 안 된다'는 누구를 뽑느냐의 문제가 아니라 모든 사람이 죄에 잡혀 죄인이라는 사실이 문제라고 가르쳐 주고 있습니다. 어떤 사람이 선출되든 사람이 죄인이기 때문에, 어떤 제도든 사람이 죄인이기 때문에 해결방법이 없다는 것입니다. 인간의 정치제도 중에 한편으로는 독재가 낫다고 주장합니다. 왜냐하면 한 사람만 악하기 때문입니다. 다른 한편으로는 민주주의가 낫다고 주장합니다. 혼자 심하게 부패하기 보다는 여럿이 조금씩 부패하기 때문입니다. 결국 어떤 인물의 문제가 아니고, 어떤 제도의 문제가 아닙니다. 하나님이 이스라엘에게 내리시는 처방은 지도자를 바꾸어 주는 것도 아니고 제도를 바꾸어 주는 것도 아닙니다. 하나님의 처방은 사람을 고쳐주어 사람이 죄의 원리 대신 하나님의 원리로 살아가게 하시는 것입니다. 하나님의 마음을 가진 사람이라면 제도가 독재의 방식이든 민주주의 방식이든 사람을 소중히 여기고 사람을 배려하고 사람을 감싸 안아 줄 것이기 때문입니다.

하나님의 원리를 어떤 사람들은 '하나님은 독재다'고 말하기도 합니다. 하나님이 인간의 의견을 물어보거나, 인간에게 투표로 선택하게 하시는 경우가 없기 때문입니다. 하나님이 정하시면 백성은 순종할 뿐이기 때문에 독재라는 것입니다. 한편으론 말이 맞는 것 같지만 하나님을 전혀 모르는 태도입니다. 하나님의 방식이 일방적인 것, 오직 하나님만이 결정하시고 오직 하나님만이 뜻을 세우시는 것은 맞습니다. 그렇게 하나님만이 뜻을 세우셨기에 또한 철저하게 일하시는 분이 하나님 한 분 뿐이시고 그 일에 책임을 지시는 것도 하나님 한 분 뿐이십니다. 하나님은 하나님이 정하고 하나님이 계획 세우고, 하나님이 뜻을 세우기에 그 뜻을 이루고자 수고하고 애쓰고 일하시는 분이시고, 그 일의 잘함과 못함에 책임을 지시는 것도 하나님이시라는 것입니다. 백성이 하나님 말씀을 안 듣고 불순종한 결과로 백성이 어려움에 처해 있을 때 하나님은 모든 책임을 감당하시고 친히 고치시고 친히 회복해 주십니다. 하나님이 독재라는 표현은 결정권자로서의 독단뿐만 아니라 모든 일을 친히 감당하고 결과를 책임진다고 하는 것이 수반되어야만 합니다. 세상에서 말하는 독재라는 의미를 하나님에게는 똑같이 사용할 수 없는 것입니다.

하나님의 원리에 대하여 어떤 사람들은 '하나님은 민주주의다'고 말하기도 합니다. 하나님이 일방적으로 백성을 끌고 가지 않고, 백성의 수준과 백성의 모습을 보면서 그 때 그 때 맞게 행하셨다고 말합니다. 그래서 하나님은 민주주의요, 대화와 타협과 협상이 가능하다고 말합니다. 한편으로는 맞는 말입니다. 그러나 하나님은 원리와 기준과 방법을 인간과 타협한 적이 없습니다. 어느 누구도 하나님이 지적해 주는 것처럼 문제를 정확하게 파악한 사람이 없고 어느 누구도 하나님이 제시하는 것처럼 정확한 해답을 제시하는 사람이 없기에 하나님은 원리와 기준면에서는 절대로 인간과 타협한 적이 없습니다. 그러나 하나님의 기준과 원리와 방식을 하나님이 정했을 지라도 모든 것은 백성을 위한 것이기에 백성이 못 알아들으면 하나님이 기다리시고, 백성이 수준이 안 되면 하나님이 내려가시고, 백성이 능력이 안 되면 하나님이 함께하시는 의미에서는 하나님은 타협과 협상을 하셨습니다. 그것이 하나님의 민주주의입니다. 하나님이 기준과 원칙을 타협하는 민주주의는 없습니다. 그러나 하나님이 인간을 배려하고 기다리고 인내하는 민주주의는 있습니다. 특정 제도를 하나님께 적용할 때에는 의미와 개념을 잘 분별하여 사용해야 합니다.

하나님 드러내기

사람을 뽑는 이유

어떤 조직 또는 공동체에 문제가 있을 때 하나님의 해결은 좋은 사람을 택하거나 좋은 제도를 설립하는 것이 아니라 죄를 이기는 것이어야 한다고 말씀하십니다. 하나님의 마음이 담긴 하나님의 율법 속에는 인재를 등용하는 방법이나 좋은 사람을 골라 쓰는 법이 없습니다. 또한 하나님은 어떤 제도도 만들어 주신 적이 없습니다. 하나님에게는 사람이 단지 그 뜻을 준행하면 생명을 얻을 수 있는 하나님의 원리만이 있습니다. 엄밀하게 말하면 어떤 제도나 어떤 사람이 필요한 것이 아니라 하나님의 마음과 하나님의 원리와 하나님의 심정으로 행하면 모든 문제가 해결되는 것입니다. 하나님은 죄를 이기고 행복하게 사는 방법을 알려주신 것입니다. 백성이 하나님의 교훈과 가르침을 감당하지 못했기 때문에 하나님이 잠시 그들에게 지도자로 세운 사람이 모세와 여호수아입니다. 그런데 하나님의 모든 말씀이 완성되고, 하나님의 약속의 성취인 가나안에 정착한 후에는 여호수아 다음 후계자를 세우지 않습니다. 왜냐하면 모든 것이 다 이루었기 때문입니다. 백성이 하나님의 뜻대로 살면 가장 행복할 것이기 때문입니다. 안타깝게도 가나안에서 이스라엘 백성은 하나님의 원리대로 살지 못했고, 평화와 안식의 삶을 누리지 못했습니다. 도리어 이방민족의 침입으로 고난을 받았고, 직면한 문제를 해결할 방안으로 왕 제도를 요구했고 사울을 왕으로 뽑은 것은 백성이었습니다. 하나님은 본문에서 사울 대신 다른 사람을 뽑으려고 합니다. 이유는 사람들이 뽑으니까 잘못된 사람, 엉뚱한 사람을 뽑아서 나라가 어지러우니 하나님이 뽑으면 가장 잘 뽑고 실수가 없기 때문이 아닙니다. 하나님이 사람을 뽑아주시는 이유는 다시 한 번 이스라엘을 교육하기 위해서입니다. 사람으로 되는 것이 아니라 제도로 되는 것이 아니라 하나님으로 된다는 것을 교육하기 위해서입니다. 그래서 사람을 뽑는 방식과 기준이 인간의 기준과 전혀 다르게 등장합니다.

사무엘의 기준

지난 본문에서 사무엘이 하나님의 보냄을 받아 가야 하는데 두려워하니까 하나님께서 지혜를 알려주셔서 제사 드리러 왔다고 말하며 이새의 집에 도착을 합니다. 하나님이 이새에 집에 도착한 사무엘에게 16장 3절 '내가 네게 알게 하는 자에게 나를 위하여 기름을 부을지니라' 고 말씀하십니다. 사무엘은 새롭게 이스라엘의 왕이 될 사람을 선출해야 합니다. 백성을 두렵게 했던 왕 대신에, 또 자기도 어디 한 번 은신하기에 겁나게 만들었던 왕 대신에, 백성을 위할 사람, 평안을 이루어 줄 사람, 한 나라의 안녕을 이루어 줄 지도자를 뽑아야 합니다. 매우 신중하게 모든 관심을 집중하고, 할 수 있는 점검 시스템을 총동원해서 잘 뽑으려고 마음먹을 것입니다.

첫 번째, 엘리압이라는 이새의 맏아들이 등장합니다. 엘리압이 등장하는 순간, 엘리압을 보는 순간 사무엘은 완전히 감동했습니다. 사무엘은 '역시 하나님이구나! 과연 하나님은 백성을 사랑하는구나! 과연 하나님은 나 사무엘을 도우시는구나!' 고 감탄했습니다. 왜냐하면 엘리압을 보는 순간 '여호와의 기름 부을 자가 과연 그 앞에 있도다' 고 말할 만큼 엘리압이 준수했기 때문입니다. 역시 하나님이 고르시니까 사무엘로 하여금 여러 사람 중에 선택해야 하는 고민을 하지 않아도 될 수 있도록 첫 번째 사람을 적임자로 보내셨다고 생각하는 것입니다. 만약 사무엘이 왕을 뽑으러 다닌다는 소문이 퍼져나가고 이 사람 저 사람을 점검하고 있다는 소문이 사울의 귀에까지 들려지면 자신이 죽는 것은 당연할 결과일진대 하나님은 도우셔서 첫 번째 방문한 집에서, 첫 번째 만난 사람을 적임자로 만나게 하셔서 모든 위험에서 구원해 주신다고 생각하는 것입니다. 엘리압을 보는 순간 신장과 용모가 완전히 왕의 풍채로서 전형적인 모습처럼 보인 것입니다. 사무엘의 기준, 사무엘의 관점, 사무엘의 인식에는 엘리압이 너무도 준수한 청년으로, 왕의 자질을 갖춘 인재로 보였습니다.

그러나 엘리압에 대한 평가는 사무엘의 오해였습니다. 하나님의 사람인 사무엘도 아직 하나님의 심정, 하나님의 의도, 하나님의 기준, 하나님의 관점을 헤아릴 줄 모르는 것입니다. 엘리압에 대한 사무엘의 만족감과는 다르게 하나님은 엘리압을 왕으로 선발하지 않습니다. 도리어 사무엘의 인선 기준을 하나님이 지적하십니다. 사무엘상 16장 7절 '그의 용모와 키를 보지 말라. 내가 이미 그를 버렸노라. 내가 보는 것은 사람과 같지 아니하니 사람은 외모를 보거니와 나 여호와는 중심을 보느니라' 고 말씀하십니다. 하나님이 하신 말씀의 의미를 절대로 오해해서는 안 됩니다. 사무엘에게 하신 하나님의 말씀을 '사람은 외모를 본다. 하지만 하나님은 중심을 본다' 라는 의미로 이해하시면 안 됩니다. 사람들은 외형, 조건, 학력, 경력 등을 살피지만 하나님은 인격, 성품, 자질, 됨됨이를 중요시 여긴다는 의미가 절대로 아닙니다. 왜냐하면 하나님에게 사람은 모두가 죄인이기 때문입니다. 죄인인 사람들 가운데 마음 중심에 죄 말고 다른 마음을 가진 사람이란 존재하지 않습니다. 사울은 죄의 마음을 가졌고, 하나님이 뽑으려는 사람은 선한 마음을 가진 것이 아닙니다. 사울은 죄인이었고, 새로이 왕이 될 사람은 의인인 것이 아닙니다. 사울은 하나님을 몰랐고, 새로이 왕이 될 사람은 하나님에 대하여 온전히 알고 있는 사람이 아닙니다. 하나님 앞에 사람은 '그 사람이 그 사람' 입니다.

하나님의 기준

이새의 맏아들 엘리압이 지나가도 하나님이 뽑지 않습니다. 둘째 아들 아미나답이 지나가도 하나님이 뽑지 않습니다. 셋째 아들 삼마가 지나가도 하나님이 뽑지 않습니다. 이새의 아들 일곱이 모두 지나가도 하나님은 아무도 고르지 않습니다. 하나님은 이스라엘 백성이 뽑으려는 기준과 다르고, 사무엘이 뽑으려는 기준과 전혀 다른 기준을 가지고 계십니다. 하나님은 전혀 다른 사람을 고르고 있기 때문입니다. 하나님은 가능한 한 왕의 자질을 충분히 구비한 사람을 뽑는 것이 아니라 가능한 한 왕의 자질이 거의 보이지 않는 사람을 고르고 계십니다. 가능한 한 모든 백성에게 왕의 기대에 충족할 만한 사람이 아니라 가능한 한 모든 백성에게 도무지 왕으로서 의지하거나 기대할 수 없는 사람, 실망감을 안겨줄 사람을 고르고 있습니다. 가능한 한 이스라엘 백성의 존경과 칭송을 받을 사람을 뽑는 것이 아니라 가능한 한 이스라엘 백성이 충격 받을 사람을 고르고 계십니다.

하나님께서 사람을 선택하실 때에 어떤 사람을 선택하느냐보다 중요한 것이 하나님이 왜 사람을 선택하고, 왜 사람을 세우시는가를 이해하는 것이 중요합니다. 하나님의 의도, 하나님의 이유, 하나님의 목적을 우선 바르게 이해해야 하나님의 인선기준을 이해할 수 있습니다. 하나님은 하나님을 대신해서 백성을 인도할 지도자를 뽑고 있는 것이 절대로 아닙니다. 하나님의 권세와 위엄을 다 주어서 하나님의 위임자를 뽑는 것도 아닙니다. 하나님의 대리자를 세우고 쉬려는 것이 아닙니다. 세상에서 가장 탁월한 인물을 선출하는 것이 아니며, 백성을 가장 잘 이끌어줄 리더를 선출하는 것이 아니며, 공평과 정의를 실현할 수 있는 강직한 사람을 뽑는 것이 아니며, 전쟁의 두려움에서 극복할 장수를 뽑는 것이 아닙니다. 하나님은 오직 하나님이 해답이며 하나님의 원리만이 인간의 살길이라는 것을 깨닫게 해줄, 하나님이 친히 하나님의 증거자로 제시할 인물을 고르고 계시는 것입니다. 이제 이후로 이스라엘 백성은 하나님이 뽑은 사람이 얼마나 승승장구하며 하나님이 뽑은 사람이 얼마나 위대한 일을 감당하느냐는 영웅의 활약상을 보는 것이 아닙니다. 정반대로 자격 없고, 능력 없고, 준비되지 않은 사람을 뽑아 놓고 그 사람을 통하여 하나님이 얼마나 수고하시는가, 그 사람 세워 놓고 하나님이 얼마나 애쓰시는가 즉 하나님의 일하심을 보게 될 것입니다.

하나님의 조크 joke

사무엘이 왕을 뽑으려고 찾아간 집주인 이새의 입장을 생각해 보겠습니다. 이새라는 사람은 아마도 장남부터, 가장 될 성 싶은 아들부터 사무엘에게 보였을 것입니다. 그 동안 집안과 이웃에게 칭찬 듣던, 자랑스러운 맏아들 엘리압을 자신있게 데리고 갔는데 하나님이 뽑지 않으셨습니다. 아마 이새는 매우 놀라고 당황하고 조금은 실망했을 것입니다. 그래도 기대를 버리지 않고 둘째 아들 아비나답, 셋째 아들 삼마 등을 차례로 사무엘에게 보였지만 하나님은 계속 뽑지 않으셨습니다. 점점 자포자기하는 마음으로 넷째부터 일곱째까지를 보였지만 결국 아무도 선택받지 못했습니다. 이새는 절망하여 엘리압부터 시작하여 일곱을 보여주었는데도 뽑히지 않는다면 모든 것이 끝났다고 생각했을 것입니다.

사무엘이 이새의 아픈 심정도 모른 채 아들들이 다 여기 있느냐고 묻습니다. 이새는 아직 막내가 남았는데 그는 양을 지키고 있다고 말합니다. 이새가 한 말의 의미는 지금까지 만난 본 일곱 아들이 자격이 부족하여 선발되지 않았다면 막내는 만나보아야 소용이 없다는 것입니다. 이새의 생각에는 나이로 보나 연륜으로 보나 자질로 보나 모든 면에서 형들이 우수하기 때문에 일곱 형들이 뽑히지 않았다면 막내는 선발될 가능성이 전혀 없다는 것입니다. 이새의 생각, 이새의 기준, 이새의 관점, 이새의 사고방식에는 막내가 선발될 가능성이 없습니다. 막내를 만나보는 것은 시간낭비일 뿐입니다. 그런데 사무엘은 기어코 막내를 불러 오라고 합니다. 이새는 마지못해 다윗을 불러왔습니다. 이때 성경은 다윗을 아주 재미있게 묘사합니다. 이 장면의 의미를 잘 이해하셔야 합니다. 성경을 종교의 경전으로 거룩하게만 보아서는 안 됩니다. 하나님은 전능하신 분으로서 엄격하고 근엄한 모습으로만 이해하시면 안 됩니다. 성경의 표현을 직설적으로만, 문자적으로 표현된 대로만, 표면적 의미로만 이해하시면 안 됩니다. 성경은 정말로 재미있고, 하나님은 매우 유머러우시며 위트가 많으시며 지혜로우시며 약간은 장난기 있고 짓궂으신 면도 있다는 것을 보여주는 장면입니다.

엘리압이 사무엘에게 나아왔을 때 사무엘의 보기에는 너무 훌륭한 청년이었습니다. 사무엘이 "여호와의 기름 부으실 자가 과연 주님 앞에 있도다"고 말할 정도 였습니다. 사무엘의 이러한 말을 들으신 하나님께서 사무엘의 예상과 다르게 엘리압을 선택하지 않으시며 사무엘의 생각을 책망하시는 투로 하신 말씀이 "그의 용모와 키를 보지 말라. 내가 보는 것은 사람과 같지 아니하니 사람은 외모를 보거니와 나 여호와는 중심을 보느니라"입니다. 분명히 하나님의 기준은 사람들의 기준, 사무엘의 기준과 다르다는 것을 강조하셨습니다. 사람은 외모를 보거니와 하나님은 중심을 보신다고 선언하셨습니다. 이새의 막내아들 다윗이 사무엘에게 왔습니다. 하나님은 외모를 보는 사무엘과 기준이 다르시기에 엘리압을 선택하지 않으셨습니다. 그렇다면 막내아들 다윗, 결국 하나님께 선택을 받는 다윗에 대하여 성경은 외모가 보잘 것이 없다고 묘사해야 합니다. 하나님은 외모를 보시지 않고 중심을 보시기 때문에 다윗의 외모는 볼품이 없어야 합니다. 그런데 다윗에 대한 성경의 묘사는 12절 '이에 사람을 보내어 그를 데려오매 그의 빛이 붉고 눈이 빼어나고 얼굴이 아름답더라' 입니다. 중심을 보시는 하나님의 인선기준에 근거하면 다윗에 대한 묘사는 '양을 치다 불려온 다윗의 모습은 영락없는 양치기 같더라' 고 해야 문맥이 맞습니다. '철부지 소년이요 총명한 기가 없고 어리석어 보이더라' 고 해야 의미가 일치합니다. 누가 보아도, 누가 들어도, 누가 읽어도 자격이 없고 재질이 없고 볼품이 없는 소년으로 묘사해야 사람들이 '과연 하나님은 외모를 보시지 않고 중심을 보시는구나!' 고 인정을 할 것입니다. 하나님은 분명이 사람들의 기준과 대조하면서 까지 중심을 보신다고 강조하셨습니다. 그런데 다윗에 대한 묘사는 그 누구보다도 외모에 대한 묘사로 가득합니다. 다른 어떤 사람에게도 하지 않았던 표현 '그의 빛이 붉고 눈이 빼어나고 아름답더라' 고 외모에 관심을 집중하고 있습니다. 마치 하나님이 스스로 하신 말씀과 전혀 상반되게 행동하시는 것처럼 보입니다.

이것이 성경의 문학적 풍성함이며, 하나님의 일하심의 기묘함, 하나님의 일하심의 신묘막측함, 하나님의 이중 삼중에 걸친 복선임을 이해해야 합니다. 본문은 표현상의 오류가 아니며, 하나님의 이율배반적인 행동이 아닙니다. 모두가 치밀하게 의도된 하나님의 섬세하신 가르침입니다. 만약 다윗이 들어왔는데 정말로 볼품이 없고 전형적인 양치기요 많이 부족해 보이는 소년이 들어왔다고 가정을 해 보겠습니다. 이러한 다윗은 본 이새와 이스라엘 백성은 이 소년이 선택되리라고 아무도 예상하지 않을 것입니다. 이때 다윗이 선택된다면 사람들은 '아이고 진짜 못 생겼네. 외모는 전혀 볼품이 없네. 그런데 심중은 고운가봐. 하나님은 중심을 보신다더니 우리는 잘 모르겠지만 다윗의 마음은 순수하고 깨끗하고 헌신적이고 믿음 있는 소년인가보네' 라고 말할 것입니다. 하나님은 분명히 중심을 보신다고 강조하지만 정작 하나님이 뽑은 사람은 외모가 출중한 사람, 빛이 붉고 눈이 빼어나고 얼굴이 아름다운 사람입니다. 마치 외모를 보고 뽑은 것처럼 보입니다. 이것은 하나님의 의도적인 행동입니다. 이것이 하나님의 오묘함, 하나님의 기막힌 전략 전술, 하나님의 방식입니다.

여호와의 영에게 감동되니라

　새로운 왕을 선발하는 장면에서 중요한 것은 누가 왕으로 선발되느냐가 아니라 하나님이 왜 왕을 뽑으시느냐가 중요한 것입니다. 하나님이 왜 중심을 보신다고 말씀하시고 하나님이 왜 외모가 빼어난 사람을 뽑으시는지 하나님의 의도, 하나님의 목적을 이해해야 합니다. 하나님은 사람들의 생각, 사람들의 인식, 사람들의 기준, 사람의 가치를 변화시키려고 하십니다. 왜냐하면 지금 사람들은 모두 죄의 기준, 죄의 생각, 죄의 인식, 죄의 가치만을 가지고 있기 때문입니다. 이스라엘 백성의 마음에 하나님의 기준, 하나님의 생각, 하나님의 인식, 하나님의 가치가 자리하지 않습니다. 그래서 하나님은 새로운 왕을 선발하는 과정을 통해 죄의 인식과 하나님의 인식을 대조하고, 죄의 가치와 하나님의 가치를 대조하고, 죄의 기준과 하나님의 기준을 대조하려는 것입니다. 사무엘을 비롯하여 이스라엘 백성은 하나님의 말씀을 하나님의 의미로 이해하지 못하고 자신들의 의미, 죄의 의미로만 이해하고 있을 뿐입니다. 그래서 하나님은 이와 같은 말씀과 행동을 통해 이스라엘 백성의 오해된 생각을 바로잡고, 하나님의 생각과 의미와 가치와 기준과 원리와 개념을 가르치시는 것입니다.

　하나님이 중심을 보신다는 말 때문에 이스라엘 백성은 선발된 사람이, 다윗이 중심이 깨끗하고 거룩하고 순결할 것이라고 생각하는 죄인들의 어리석은 마음을 뒤집어 놓으시는 것입니다. 하나님은 중심을 보신다고 말씀하시고, 정작 뽑은 사람은 빛이 붉고 눈이 빼어나고 얼굴이 아름다운 사람입니다. 과연 하나님은 다윗을 외모로 보고 뽑으셨을까요? 중심을 보고 뽑으셨을까요? 성경의 대답은 '외모를 보고 뽑았다 또는 중심을 보고 뽑았다'가 아니라 전혀 다르게 등장합니다. 성경의 대답이 13절 후반부 '다윗이 여호와의 영에게 크게 감동되니라' 입니다. 이것이 하나님의 선출방식에 대한 대답입니다. 외모가 출중하든 볼품없든 누구라도 여호와의 영에 감동되면 됩니다. 중심이 바로서든 치우치든 누구라도 여호와의 영에 감동되면 됩니다. 사람이 자격이 있든 없든, 사람이 능력이 있든 없든, 사람이 리더십이 있든 없든, 사람이 경험이 있든 없든, 사람의 조건과 관계없이 여호와의 영에 감동하면 됩니다. 하나님이 함께 하시면 된다는 것이 성경의 대답, 하나님의 대답입니다.

사울을 왕으로 뽑을 때도 똑같은 선언이 등장했었습니다. 사무엘상 10장 10절에 사울이 뽑혔을 때 "하나님의 영이 사울에게 크게 임하므로"라고 하고, 11장 6절에 사울이 전쟁에 나갈 때도 "사울이 이 말을 들을 때에 하나님의 영에게 크게 감동되매"라고 합니다. 또한 삼손의 경우에도 사사기 13장 25절, 14장 6절, 15장 14절에 삼손이 놀라운 힘을 발휘 할 때마다 "여호와의 영이 삼손에게 임하시매"라고 기록합니다. 성경은 삼손으로 되는 것이 아니요 사울로 되는 것이 아니요, 다윗으로 되는 것이 아니요, 심지어 사무엘로 되는 것이 아니라 오직 하나님으로 된다는 것을 가르치고 있는 것입니다. 다윗이 왕으로 세움 받고 나서 성경은 다윗의 일거수일투족 영웅적 행위를 보여주는 것이 아니라 다윗을 만들어 가시는 하나님을 보여주는 것입니다.

중심을 보느니라

외모와 중심의 의미

하나님이 말씀하신 "사람은 외모를 보거니와 나 여호와는 중심을 보느니라"는 표현의 의미를 상고해 보겠습니다. 안타깝게도 하나님이 말씀하신 의도가 바로 이해되지 못하고 단지 표면적인 의미로 오해 또는 왜곡되고 있습니다. 오늘날 교회에서 사역을 위하여 사람을 뽑는 경우가 많이 있습니다. 이때 교회들은 하나님의 인선원칙을 따르려고 합니다. 하나님의 인선원칙의 대표적인 예가 '사람을 외모를 보거니와 하나님은 중심을 보시느니라' 입니다. 하나님의 인선원칙을 따르고자 외모를 보지 않고 중심을 보고 뽑으려고 노력합니다. 세상의 재력이나 지위나 신분에 영향을 받아 교회 직분자를 뽑아서 안 되고, 대신에 중심 즉 그가 얼마나 진실하고 신실하고 믿음이 있고 성경을 잘 알고 교회를 사랑하는 여부를 기준으로 뽑아야 한다고 말합니다. 이러한 방법은 하나님의 말씀을 상당히 오해한 것입니다.

하나님이 말씀하시는 '외모'와 '중심'은 사람들이 생각하는 의미와 다릅니다. 하나님이 말씀하시는 외모는 세상의 지위나 재력, 경력, 신분, 신체적 특성, 개인의 상태가 아닙니다. 또한 하나님이 말씀하시는 중심은 인간의 내면, 성품, 기질 또는 신앙심 등을 의미하지 않습니다. 하나님 앞에 사람이 '그 사람이 그 사람' 즉 모든 인간이 같은 수준이요 같은 차원이라면 외모 또는 외형적 조건 즉, 세상의 재력이나 지위도 비슷하고 중심 또는 내면적 상태 즉, 신앙심이나 심성 또한 거의 유사하고 별 차이가 나지 않습니다. 모든 성도가 오직 하나님의 은혜로 구원받았고, 하나님의 은혜로 성령을 받았습니다. 만약 실제로 하나님이 인간의 중심만 보신다면 인간은 하나님 앞에 설 수 없고 살 수 없습니다. 예배에 외모 즉, 몸이 참석하였어도 중심이 예배를 떠나있는 경우를 하나님이 예배에 참석하지 않은 것으로 판단하시면 인간은 단 한 번도 하나님 앞에 예배드렸다고 말할 수 없을 것입니다.

하나님이 말씀하시는 외모는 인간의 한 부분을 의미하는 것이 아니라 '인간' 자체를 의미합니다. 인간의 조건, 상태, 수준, 자격 등이 아니라 '인간으로 하는 것'을 의미합니다. 외모를 보지 않는다는 표현은 '인간으로 할 수 있는 것이 아니다' 라는 뜻입니다. 하나님이 말씀하시는 중심은 '하나님이 하신다'는 의미입니다. 풀어서 설명하면 '사람은 외모를 보거니와 사람은 중심을 보시느니라'는 표현의 의미는 '인간은 인간이 하면 된다고 생각하거니와 하나님은 하나님이 하신다고 하시느니라'

입니다. 하나님의 선언이요 하나님이 일 하실 것에 대한 약속이요 하나님의 맹세입니다. '외모를 보느냐? 중심을 보느냐?'는 표현은 사람을 대상으로 설정하고 사람의 외모나 조건이나 자격을 보느냐 혹은 사람의 중심, 내면, 성품을 보느냐를 구분하는 것이 아닙니다. 사람에 대하여 외모냐 중심이냐가 아니라 '사람이 행하느냐? 하나님이 행하느냐?'를 구분하는 것입니다. 하나님을 모르는 사람은 하나님이 일하신다는 것을 모릅니다. 하나님을 모르기에 하나님의 계획이 있으시고 하나님의 도움이 있으시고 하나님이 감찰하시고 하나님이 역사하시고 하나님이 섭리하신다는 생각이 없습니다. 하나님이 일하신다는 것을 모르는 사람이 아는 것은 오직 사람이 일하는 것뿐입니다. 그러나 하나님이 일하신다는 것을 아는 사람은 사람의 일을 기대하는 것이 아니라 하나님의 일하심을 기대하는 것입니다.

제비뽑기

하나님을 알지 못하는 사람들은 오직 사람에게만 의존합니다. 당연히 사람들은 능력 있는 사람을 뽑고, 재주 있는 사람을 뽑고, 일 잘하는 사람을 뽑아야 한다고 생각합니다. 그러나 하나님이 일하신다는 것을 아는 사람은 사람의 능력에 의존하기 보다는 하나님의 일하심을 기대하는 것입니다. 하나님의 일하심을 기대하는 사람은 특별히 능력 있는 사람, 재주 있는 사람을 뽑으려고 노력하는 것이 아니라 아무나 뽑아도 되는 것입니다. 기독교에서 종종 제비뽑기가 하나님의 방식이라고 말을 합니다. 기도하고 준비하면서 하나님이 가장 적절한 사람을 뽑아 주시기를 기대하면서 제비뽑기를 하면 정말로 하나님이 그 일에 가장 적합한 자를 뽑아 주신다고 간증하는 경우들을 종종 봅니다. 제비뽑기가 하나님 방식인 이유는 하나님이 제비를 통하여 가장 적합한 사람을 뽑아 주시기 때문이 아닙니다. 제비뽑기는 표현대로 생각하면 제비가 뽑는 것이요 새가 뽑는 것입니다. 제비는 새에 불과하며 지능지수가 매주 낮습니다. 새의 지능으로 어떤 일에 가장 적합한 사람을 선출할 능력이 전혀 없습니다. 하나님은 새의 낮은 지능에도 특별히 간섭하셔서 뽑는 순간 가장 탁월한 선택을 하도록 기적적으로 역사하신다는 의미가 절대로 아닙니다.

제비가 사람을 선택한다면 말 그대로 제비의 수준에서, 우연히, 무작위로 뽑는 것에 불과합니다. 제비가 일의 성격을 알 수 없고, 뽑히는 대상자의 성격을 전혀 알 수 없습니다. 일과 인물의 상관성은 전혀 고려되지 않고 단순히 새의 부리로 아무나 뽑는 것일 뿐입니다. 제비뽑기는 가장 적절한 인물을 뽑는 것이 아니라 아무나 뽑는 것입니다. 마치 제비가 뽑듯, 마치 아무 것도 고려하지 않고 무작위로 뽑듯, 앞뒤 분별하지 않고 아무나 뽑는 것을 제비뽑기라고 하고 그것을 하나님 방식이라고 말하는 것입니다. 왜냐하면 아무나 뽑혀도 하나님이 하시면 다 가능하기 때문입니다. 제비뽑기를 해서 뽑힌 사람을 의지하는 것이 아니라 비록 제비가 뽑을지라도, 일과의 연관성이나 뽑히는 사람의 능력 등을 전혀 고려하지 않고 뽑을 지라도 하나님이 뽑힌 사람에게 감동을 주시고, 하나님이 뽑힌 사람과 동행하시며, 하나님이 뽑힌 사람과 함께 친히 역사하시는 하나님을 기대하기 때문에 제비뽑기를 하나님 방식이라고 말할 수 있는 것입니다. 하나님이 사람을 세우시는 이유는 탁월한 인재를 발탁하는 것이 아니라 일반적인 사람들의 기대와 다른 사람을 세우심으로, 사람들이 기대하지 않았던 사람을 통해 하나님이 일하심으로, 사람들로 하여금 '하나님이 함께 하시면 무엇이든 가능하다'는 것을 알게 하는 것입니다. 어떤 일이든지, 어떤 상황이든지, 어떤 인물이든지에 관계없이 오직 하나님을 의지하게 하려는 것이 하나님의 목적인 것입니다.

하나님이면 된다

　이스라엘의 초대 왕으로 사울이 뽑혔습니다. 백성이 사울을 뽑으려고 했던 이유, 백성이 사울을 왕으로 세우려고 했던 이유는 왕을 세워 놓아서 왕의 도움을 받자는 것이었습니다. 어떤 사람을 뽑아서 그 사람의 도움을 받고 그 사람의 덕을 보려는 생각은 곧 공동체를 망치는 생각입니다. 내가 누군가의 덕을 보고자 한다면, 상대방도 나로 인한 덕을 보려고 의도하고 있다는 것을 알아야 합니다. 그를 세워서 내가 덕을 보기를 원할 때에 나의 기대에 맞게 나를 위해 덕을 베풀고만 있을 사람은 없습니다. 오늘날 교회에서 어떤 직분을 위해 직분자를 세운다면 이 직분을 그 사람에게 주어서 그 사람에게 보탬이 될 것 사람을 세우는 것입니다. 교회는 그 사람이 직분을 맡아서 다른 사람에게 도움이 될 것 같은 사람이 아니라 그 직분이 바로 그 사람 당사자에게 도움이 되는 사람을 뽑아야 합니다.

　만약 사람이 교회에 보탬이 되고 다른 사람에게 보탬이 된다면 그것은 딱 한 가지 경우입니다. 언제나 그 사람을 보는 순간 '와! 하나님은 살아계시는구나! 하나님은 분명히 역사하시는구나!' 라는 사실을 실감나게 하는 것입니다. 전혀 자격도 없고, 일을 맡아서는 안 될 것 같은 사람에게 직분을 맡겼을 때 하나님이 도우셔서 사람들의 예상과는 달리 일이 이루어지는 것입니다. 그때 모두가 그 사람으로서는 그 일을 해낼 수 없다는 것을 이미 알고 있었기에, 그 일이 이루어진 것은 그 사람의 능력이 아니라는 것을 알고 있기에, 하나님이 도우셨고 하나님이 역사하셨다는 것을 알게 되는 것입니다. 하나님이 도우시면 어떤 사람이라도 일을 해낼 수 있다는 사실을 알게 만드는 것입니다. 하나님께 선택받은 사람, 하나님에 의해 세움 받은 사람이 할 수 있는 유일한 역할이 바로 사람들로 하나님을 알게 하는 것입니다.

　다윗을 선출하시는 장면에서 하나님의 지혜의 풍성하심을 발견하셔야 합니다. 하나님의 일하심의 오묘하심과 신묘막측 하심과 짓궂으심과 이중 삼중의 복선과 하나님의 궁극적 목적이 무엇인지 그래서 다윗이라고 하는 아무도 인정하지 않는 자를 하나님이 세우시고 그에게 신의 감동을 허락하시고 이제 하나님이 하면 된다는 것을 보여주려고 하신다는 것을 이해하셔야 합니다. 하나님을 아시고 하나님의 심정을 아시고 하나님의 원리를 아셔서 삶 가운데 하나님의 뜻대로 적용하여 하나님의 평화, 하나님의 안식, 하나님의 자유, 하나님의 행복을 풍성히 누리시기를 주님의 이름으로 축원합니다.

17

이 무리로 알게 하리라

사무엘상 17:31~49(16:14~17:58)

31 어떤 사람이 다윗이 한 말을 듣고 그것을 사울에게 전하였으므로 사울이 다윗을 부른지라 32 다윗이 사울에게 말하되 그로 말미암아 사람이 낙담하지 말 것이라 주의 종이 가서 저 블레셋 사람과 싸우리이다 하니 33 사울이 다윗에게 이르되 네가 가서 저 블레셋 사람과 싸울 수 없으리니 너는 소년이요 그는 어려서부터 용사임이니라 34 다윗이 사울에게 말하되 주의 종이 아버지의 양을 지킬 때에 사자나 곰이 와서 양 떼에서 새끼를 물어 가면 35 내가 따라가서 그것을 치고 그 입에서 새끼를 건져내었고 그것이 일어나 나를 해하고자 하면 내가 그 수염을 잡고 그것을 쳐죽였나이다 36 주의 종이 사자와 곰도 쳤은즉 살아 계시는 하나님의 군대를 모욕한 이 할례 받지 않은 블레셋 사람이리이까 그가 그 짐승의 하나와 같이 되리이다 37 또 다윗이 이르되 여호와께서 나를 사자의 발톱과 곰의 발톱에서 건져내셨은즉 나를 이 블레셋 사람의 손에서도 건져내시리이다 사울이 다윗에게 이르되 가라 여호와께서 너와 함께 계시기를 원하노라 38 이에 사울이 자기 군복을 다윗에게 입히고 놋 투구를 그의 머리에 씌우고 또 그에게 갑옷을 입히매 39 다윗이 칼을 군복 위에 차고 익숙하지 못하므로 시험적으로 걸어보다가 사울에게 말하되 익숙하지 못하니 이것을 입고 가지 못하겠나이다 하고 곧 벗고 40 손에 막대기를 가지고 시내에서 매끄러운 돌 다섯을 골라서 자기 목자의 제구 곧 주머니에 넣고 손에 물매를 가지고 블레셋 사람에게로 나아가니라 41 블레셋 사람이 방패 든 사람을 앞세우고 다윗에게로 점점 가까이 나아가니라 42 그 블레셋 사람이 둘러보다가 다윗을 보고 업신여기니 이는 그가 젊고 붉고 용모가 아름다움이라 43 블레셋 사람이 다윗에게 이르되 네가 나를 개로 여기고 막대기를 가지고 내게 나아왔느냐 하고 그의 신들의 이름으로 다윗을 저주하고 44 그 블레셋 사람이 또 다윗에게 이르되 내게로 오라 내가 네 살을 공중의 새들과 들짐승들에게 주리라 하는지라 45 다윗이 블레셋 사람에게 이르되 너는 칼과 창과 단창으로 내게 나아오거니와 나는 만군의 여호와의 이름 곧 네가 모욕하는 이스라엘 군대의 하나님의 이름으로 네게 나아가노라 46 오늘 여호와께서 너를 내 손에 넘기시리니 내가 너를 쳐서 네 목을 베고 블레셋 군대의 시체를 오늘 공중의 새와 땅의 들짐승에게 주어 온 땅으로 이스라엘에 하나님이 계신 줄 알게 하겠고 47 또 여호와의 구원하심이 칼과 창에 있지 아니함을

이 무리에게 알게 하리라 전쟁은 여호와께 속한 것인즉 그가 너희를 우리 손에 넘기시리라 48 블레셋 사람이 일어나 다윗에게로 마주 가까이 올 때에 다윗이 블레셋 사람을 향하여 빨리 달리며 49 손을 주머니에 넣어 돌을 가지고 물매로 던져 블레셋 사람의 이마를 치매 돌이 그의 이마에 박히니 땅에 엎드러지니라

하나님의 목적

하나님을 알게 하는 것

　하나님은 사울을 대신하여 다윗을 이스라엘의 새로운 왕으로 기름 부으셨습니다. 이 사건은 구舊 시대의 사람 대신에 새 시대의 사람으로 사람을 갈아 치운 것이 아닙니다. 새로운 혁신적인 인물이나 합당한 인물로 인사 조치를 한 것도 아닙니다. 어차피 하나님 앞에 모든 사람은 죄인이라는 차원에서 똑같습니다. 하나님을 대신할 사람이란 존재하지 않고 하나님 앞에 사람 간의 차이점은 없습니다. 새로운 더 나은 사람을 내세우면 하나님의 일이 더 쉬워지거나 더 빨라지거나 더 효과적인 것이란 없습니다. 다만 현재 이스라엘이 하나님이 왕 되시고, 하나님이 책임자 되시고, 하나님이 공급자 되시고, 보호자 되신다는 사실을 기뻐해야 함에도 도리어 부담으로 여기고 왕을 자신들의 수단으로 삼고 왕을 자신들의 시종으로 삼고 왕을 자신들의 대리인으로 세우려고 하는 이스라엘에게 어리석은 행동을 깨우치려는 하나님의 방법이십니다.

　사울이 왕이 되었다고 해서 특별히 나아진 것이 없고 사울이 왕이 되었다고 해서 특별히 달라진 것도 나빠진 것도 없습니다. 사울이 왕이 되어 나름대로 전쟁에서 이기기도 했습니다. 사울의 억압에 눌리기도 했지만 좋은 장수 하나 얻어서 자신들이 혜택을 보려면 그만한 대가를 치르는 것 또한 어찌 보면 정당합니다. 하나님은 이제 쓸 만한 다른 사람 다윗을 왕으로 세우는 것이 아닙니다. 이스라엘의 왕정 제도를 좋은 제도로 보아 이제 선한 왕을 옹립하여 나라를 평안하고 안정되게 다스리

시는 것도 아닙니다. 하나님의 목적은 언제나 한 가지 하나님을 알게 하는 것입니다. 그 이유 또한 언제나 한 가지 즉 인간의 문제는 정치와 경제와 문화와 환경과 국방이 아니라 죄이기 때문입니다. 어떠한 상황에서도 죄를 이기지 않는 한 인간은 평화와 행복이 없고 죄를 이기기 위해서는 하나님을 알아야 하기 때문입니다.

사울과 다윗

혹자들은 사울과 다윗이 꽤 다른 사람인줄 압니다. 그러나 사울과 다윗은 똑같습니다. 사울이 왕이 되는 장면과 다윗이 왕이 되는 장면이 같습니다. 사울의 경우에도 비록 사람이 선출했다 해도 하나님이 사울에게 기름을 부으셨습니다. 여호와의 영이 임하시매 사울도 예언을 했고 사울도 전쟁에 나가서 놀라운 승리를 합니다. 다윗도 마찬가지입니다. 혹시 다윗은 본디 사울과 품성이 다르고 출신이 다르고 기본이 다르고 성품이 다르고 천성이 다르다고 생각하시면 안 됩니다. 다윗도 하나님이 뽑으셔서 기름을 부으십니다. 그러기에 다윗이 기름부음을 받으면서 등장하는 첫 번째 표현이 16장 13절 "사무엘이 기름 뿔병을 가져다가 그의 형제 중에서 그에게 부었더니 이 날 이후로 다윗이 여호와의 영에게 크게 감동되니라"입니다. 여호와의 영이 임하지 않으면 다윗도 다른 사람들과 전혀 다를 것이 없습니다.

만약 여호와께서 마음을 주장하지 않으시고, 심령을 바로 잡아 주시지 않으면 모든 인간은 여전히 죄인 같아서 죄의 마음과 죄의 생각과 죄의 원리를 쫓아가게 됩니다. 그것을 보여 주는 것이 사울입니다. 하나님이 마음을 다스려 주시지 않으면 누구라고 결국은 하나님을 배반하고 죄의 원리를 따라 백성을 이용하고 하나님을 부인할 것입니다. 다윗의 경우도 마찬가지입니다. 다윗이 전적인 믿음의 사람인 듯 오해하시면 안 됩니다. 앞으로 다윗도 똑같은 실수를 범하는 것을 살펴볼 수 있을 것입니다. 그래서 저와 여러분은 이 과정 속에서 사울과 다윗을 보면서 '아! 사울은 다르구나!' 또는 '아! 다윗은 다르구나!'는 감탄이 아니라 '사울이든 다윗이든 하나님이여야 하는구나!' 라는 것을 인식해야 합니다. 성경을 읽을 때마다 위인을 만나는 것이 아니라 영웅을 만나는 것이 아니라 지도자를 만나를 것이 아니라 하나님을 만나야 하고 하나님을 발견해야 하고 하나님을 알아가야 합니다.

하나님의 신, 하나님의 악신

여호와의 영이 임한 인간과 여호와의 영이 떠난 인간, 여호와를 거부한 인간의 모습이 어떤가를 가장 적나라하게 보여주는 것이 사울이고 그 예가 사무엘상 16장 14절부터 23절까지입니다. 평범했던 사울이 이스라엘의 왕이 되고 전쟁에서 이길 수 있었던 것은 사울의 용맹함이 아니라 하나님의 영의 도움이 있었기 때문이었습니다. 사울은 평상시 전쟁을 준비하던 장수가 아니었습니다. 성경에 나와 있는 대로 아버지의 나귀를 찾아 헤매던 젊은이였을 뿐입니다. 그러다가 사무엘을 만났고 그 자리에서 기름부음을 받아 적군에게 나가 전쟁에서 승리하는 것입니다. 이것은 예측할 수 없던 일입니다. 사울 개인의 능력으로 가능한 것이 아니라 전적인 하나님의 도우심으로 가능했던 일입니다. 바로 그때 다른 사람들은 사울이 왕이 되고 전쟁에 승리하는 내막을 모르고, 다른 사람들은 속사정을 모를 지라도 사울 자신은 사건의 내막을 인정하고 고백했어야 합니다. 남들이 뭐라고 하든지, 백성이 자신을 얼마나 존경하고 추앙하든지 사울은 자신의 힘으로 된 것이 아니라 하나님의 영의 도움으로 되었다고 고백하고 하나님께 순종했어야 했습니다. 그러나 사울은 그렇게 하지 않았습니다. 자신을 도우시는 하나님 대신 자신을 높여주는 백성, 자신의 말에 순종하는 백성을 더 좋아했습니다. 결국 하나님을 거부했습니다.

16장 14절 "여호와의 영이 사울에게서 떠나고 여호와께서 부리시는 악령이 그를 번뇌하게 한지라"입니다. 정확히 표현하면 하나님의 영이 떠나가는 것이 아니요 인간 사울이 하나님을 거부하는 것이고, 악신이 따로 임하는 것이 아니라 사울이 죄인이었던 원래의 모습으로 돌아가는 것입니다. 하나님의 도우심이 없으면 사울이나 다윗이나 저나 여러분이나 똑같은 죄인입니다. 죄인에게 하나님의 영이 임하여 사울이 다른 모습을 보였던 것이고 사울이 하나님을 거부하매 그는 죄인의 모습으로 돌아오는 것입니다. 사울은 죄의 지배를 받으며 죄의 다스림을 받으며 죄의 인도함을 받는 사람인 것입니다. 그 결과는 죄의 결과로 불안과 염려와 걱정과 근심과 초조와 의심 또는 성경에 기록된 번뇌에 쌓이게 되는 것입니다. 본문은 특별히 악신이 임하거나 하나님이 괘씸해서 악신을 벌로 내리는 이야기가 아니라 하나님을 거부한 인간의 일반적인 모습을 보여주고 있습니다.

다행스럽게도 사울의 주변에는 좋은 참모들이 있었던 것 같습니다. 사울의 번뇌가 커지자 신하 중에 한 사람이 지혜를 냅니다. 수금을 타서 번뇌를 갈아 앉히자는 묘책입니다. 요즘 식으로 말하면 음악치료입니다. 순간적인 효과는 있겠지만 본질적인 치료가 절대로 아닙니다. 나중에 다윗이 전쟁에 나가 수차에 걸쳐 승리를 합니다. 자기 부하가 전쟁에서 승리하면 기뻐해야 하는데 사울은 점점 더 심기가 불편해 집니다. 악령의 영향을 받는 경우가 많았고, 여전히 다윗이 나가 수금을 탑니다. 수금을 듣고 번뇌가 가라앉아야 되는데 성경 표현에 보면 수금 타는 다윗에게 창을 던졌다고 나옵니다. 사울이 치료되지 않는 것은 단지 감정과 육체적인 질병이 아니라 본질적인 문제가 죄이기 때문입니다. 사울이 하나님을 거부하매 죄에 잡힌 자의 모습이 나타나고 다윗도 마찬가지입니다. 성경은 다윗을 영웅으로 높여 치켜세우려는 의도를 가지고 있지 않습니다. 다윗은 영성으로 준비되어 있었다. 또 다윗은 감성으로도 준비되어 있었다. 양을 치면서 조용히 수금을 타고 노래를 부르고 있었고 시를 지으면서 차분한 마음 냉정한 마음 깨끗한 마음을 가지고서 지도자로서 모든 준비를 잘 갖춘 사람이었다' 고 말하면 안 됩니다. 이후에 다윗도 사울의 경우와 똑같이 사단에게 요동되어 실수하는 장면을 만나게 될 것입니다.

사울이나 다윗 둘 다 똑같은 사람입니다. 성경에서는 순서상 사울이 먼저 등장하고 후에 다윗이 등장할 뿐입니다. 성경은 사울과 다윗의 차이점을 부각시키는 것이 아니라 사울이든 다윗이든 하나님의 영이 임하는 것과 하나님을 거부하는 것에 모습을 비교해주는 것입니다. 사울과 다윗 둘 다 평범한 사람이요 둘 다 죄인입니다. 하나님의 영이 임하니까 사울이 예언하고 하나님을 거부하니까 사울이 악령에게 번뇌하는 사람이 되었습니다. 다윗도 평범한 죄인인데 하나님의 영이 임하니까 악한 영의 역사를 쫓아낼 사람이 되는 것입니다. 본문의 결론은 사람이 누구이든지 간에 하나님을 의지해야 하고, 하나님의 도움이 있어야 하고, 하나님을 믿어야 하는 것을 알게 해주는 것입니다.

하나님의 선용

왕의 무용성

다윗은 기름부음을 받았지만 곧바로 왕위에 등극한 것이 아닙니다. 다윗은 여전히 양을 치고 있고 사울은 여전히 왕위에 있습니다. 본문 17장에 블레셋 군대가 이스라엘에 쳐들어와서 특별히 골리앗이라는 아주 덩치가 큰 장수가 등장하여 이스라엘 군대를 모독합니다. 이스라엘은 아무도 나아가서 대항하지 못합니다. 블레셋의 군대가 쳐들어 왔을 때 이스라엘의 왕, 이스라엘의 장군, 이스라엘의 대장이 사울입니다. 백성은 사울을 의지하고 있습니다. 애당초 백성이 왕을 요구한 명분이 자신들을 대신해서 싸워줄 왕을 찾는 것이었습니다. 백성은 자신들의 왕 사울이 백성을 위해서 전쟁에 나가 싸워주고 승리하기를 바라고 있습니다. 그런데 백성이 의지하는 왕이, 백성을 위해서 대신 싸워줘야 하는 왕이 17장 25절에서 '이스라엘 사람들이 이르되 너희가 이 올라 온 사람을 보았느냐 참으로 이스라엘을 모욕하러 왔도다. 그를 죽이는 사람은 왕이 많은 재물로 부하게 하고 그의 딸을 그에게 주고 그 아버지의 집을 이스라엘 중에서 세금을 면제하게 하시리라' 라고 말합니다. 백성은 왕을 믿고 있는데 왕은 도리어 왕을 대신하여 싸워줄 사람을 백성 중에서 찾고 있습니다. 왕이 왕의 역할을 전혀 도외시한 채 자신의 재물과 딸과 세금 면제를 경품으로 걸고 백성 중에서 자신을 대신할 사람을 구하고 있다는 것은 정말로 어처구니 없는 장면입니다. 다윗이 나가 싸우려고 하니까 사울이 자기 군복을 벗어 주지만 맞지 않아 다윗이 군복을 벗고 전장에 나가려고 합니다. 이때 사울이 17장 37절 후반부에 "사울이 다윗에게 이르되 가라 여호와께서 너와 함께 계시기를 원하노라"라고 행운을 빌어줍니다. 사울의 말은 아무 쓸모없는, 가치 없는, 의미 없는 말에 불과합니다. 여호와께서 함께 하심을 믿는다면 사울 자신이 나갔어야 합니다. 자신은 전혀 움직이지 않으면서 다윗을 전쟁에 보내며 말뿐인 격려를 하고 있습니다. 만약 부하 장수인 다윗이 전쟁이 나가고 승리를 한다면 승리의 영광은 다윗이 아닌 왕인 사울이 차지할 것입니다. 이러한 세상의 방식은 불의한 방식이요, 죄의 방식입니다. 죄의 원리로는 인간이 행복할 수 없습니다.

여호와의 일하심

블레셋의 장수 골리앗이 이스라엘 군대를 모욕하지만 아무도 나가서 대응하지 않습니다. 그때 부모님의 심부름으로 전쟁에 나가있는 형들의 안부를 물어보기 위하여 다윗이 전쟁터에 도착합니다. 절대로 전쟁하려고 전쟁터에 온 것이 아니라 단지 형들 안부를 물어보러 왔을 뿐입니다. 전쟁터에서 골리앗이 나와서 큰소리치는 것을 보고 다윗이 골리앗을 향하여 담대하게 원수를 무찌를 것이라는 선포를 합니다. 다윗이 이렇게 담대하게 선포하는 근거는 다윗에게 여호와의 영이 임한 결과입니다. 절대로 다윗 자체의 담대함이거나 다윗 자체의 자신 만만함이거나 다윗 자체의 잘 훈련된 모습이 아닙니다. 다윗이 담대한 이유는 오직하나 하나님의 영이 임하였기 때문입니다. 다윗은 원래부터 믿음이 좋은 자가 아닙니다. 당시 이스라엘의 상황을 살펴보면 사사시대 이후 성경에 이스라엘이 하나님을 순종하는 모습이 등장하지 않습니다. 이스라엘은 언제나 하나님을 배반했습니다. 아무도 하나님을 모르기에 하나님이 사무엘을 들어서 이스라엘에게 하나님을 알려주었습니다. 그러나 사무엘이 나이 들어가매 아무도 사무엘을 듣지 않고 하나님을 듣지 않고 도리어 왕을 구하고 왕은 하나님을 의지하지 않았었던 상황입니다. 그런 상황 가운데 다윗이 어떤 비밀한 장소에서 은밀하게 여호와의 신앙 교육을 받은 것이 아닙니다. 세상의 악한 모습을 떠나 초야에 묻혀 심성을 다스리고 영성을 길렀던 것도 아닙니다. 다윗은 평범한 양치기 소년입니다. 그런데 여호와의 영이 임하였기에 다윗이 담대하게 나올 수 있는 것입니다.

물론 여호와의 영이 임하면 무조건 담대해지는 것이 아닙니다. 사울이 만류함에도 다윗이 골리앗을 상대하러 나갑니다. 다윗이 자신감이 충만할 때에 자신만만한 근거와 이유를 잘 이해하셔야 됩니다. 다윗의 말과 행동은 '나에게 여호와의 영이 임했다. 나는 절대로 안 진다. 하나님이 도우시면 무조건 이긴다. 믿는 자에게는 능치 못함이 없느니라' 고 당장 뛰어나가는 장면이 아닙니다. 하나님이 도우시고 하나님이 역사하신다는 것을 무조건 강조하는 것이 하나님을 칭송하는 방식이 아닙니다. 하나님은 말이 되시게 역사를 하십니다. 사울이라는 사람은 덩치가 컸습니다. 주변에 있던 사람보다 어깨 위에 머리가 하나 더 있는 것처럼 키와 기골이 장대한 사람이었습니다. 그런 덩치가 큰 사울을 부르셨기에 사울은 칼을 들고 전쟁에 나가서 여러 적군을 물리칩니다. 하지만 상대적으로 다윗은 덩치가 작은 사람입니다. 사울과 달리 다윗은 작은 돌멩이를 들고 나가 한 사람을 물리치고 승리합니다. 사울의 경우 하나님이 일하시는 방식과 다윗의 경우 하나님이 일하시는 방식을 잘 분별해야 합니다. 하나님을 높이겠다고 멋있게 드라마를 만들면 안 됩니다.

제가 한 번 왜곡된 드라마를 만들어 보겠습니다. '다윗은 하나님의 영이 임하여 능력의 장군이 되었습니다. 다윗은 불과 신장이 150cm요 체중이 55kg도 안 나가는 작은 사람입니다. 그런데 다윗이 자기 몸무게의 절반이나 되는 양막검을 들고 나와 휘두르고 있습니다. 양막검이란 양을 칠 때 짐승을 막는 용도로 사용되는 검입니다. 자기 체중의 절반이나 되는 양막검을 마치 바늘 다루듯이 가볍게 다루고 있습니다. 눈앞에 수없이 몰려오는 적군을 마치 볏짚을 베듯 다 물리치면서 적군을 몰살하고 있습니다. 보십시요! 다윗의 늠름한 모습을! 하나님의 영에 감동된 소년 다윗 장군의 능력을!' 이렇게 설명하면 한편의 블랙 코미디가 됩니다. 이러한 방식은 하나님을 높이고, 하나님을 영화롭게 하는, 하나님의 역사를 강조하는 방식이 아닙니다. 그건 하나님을 능멸하는 것입니다. 하나님은 그렇게 일 하시지 않습니다. 무조건 하나님이 했다고, 하나님이 해서 엄청나고 놀랍고 사람이 하지 못할 신기한 일이 일어났다고 말하는 것이 하나님을 찬양하는 것이 아닙니다. 하나님은 말이 안 되게 일 하시는 것이 아니라 말이 되게 이치에 합당하게 행하십니다.

칼을 들고 나가 적군을 물리치는 것은 사울입니다. 왜냐하면 사울은 그 정도 신체적 조건을 갖추었기 때문입니다. 그래서 칼을 들고 나가 여러 사람을 물리치는 것입니다. 만약 거대한 체구의 사울이 돌멩이를 들고 나가 돌팔매질로 승리를 거둔다고 말하면 그것 또한 코미디입니다.

사울은 칼을 들고 나가고 다윗은 돌맹이를 들고 나가는 것이 적당한 것입니다. 다윗은 작은 사람이었기에 작은 돌맹이를 들고 나가고 수십 명을 물리치는 게 아니라 단지 골리앗 한 사람을 물리치는 것입니다. 한 사람을 물리치는 것이 곧 전부를 이기는 것입니다. 이것이 하나님의 일하심의 적절성이요, 하나님의 인격성이요, 하나님의 말씀입니다. 그냥 무조건 다윗이 조그마한 자인데 능력 받아가지고 힘이 빵빵해져가지고 무거운 칼도 전혀 무겁게 느끼지 않으면서 수십 명을 물리쳤다고 말하는 것이 하나님을 나타내는 게 아닙니다.

다윗의 마음

이 전쟁에서 다윗은 이미 자신이 승리할 것을 알고 전제하고 있습니다. 골리앗 같은 거구의 장수를 만났을 때 다윗의 심정이 어땠을까요? 두려웠을까요? 자신만만했을까요? 다윗은 자신만만했습니다. 이때 다윗이 자신감이 충만했던 이유를 잘 분별하셔야 됩니다. 단순히 '다윗은 믿음으로 나아갔기 때문에 자신 만만했었다'고 말하면 안 됩니다. 17장 45절 '다윗이 블레셋 사람에게 이르되 너는 칼과 창과 단창으로 내게 나아오거니와 나는 만군의 여호와의 이름 곧 네가 모욕하는 이스라엘 군대 하나님의 이름으로 네게 나가노라' 입니다. 이 말은 '나는 믿음으로 간다. 하나님이 나에게 기름 부었으니까 내 앞길은 탄탄대로다' 는 의미가 아닙니다. 17장 45절처럼 외치는 다윗의 고백이 나오려면 엄밀하게 말해 17장 34절부터 37까지의 고백이 수반되어야만 합니다. 34절 '다윗이 사울에게 말하되 주의 종이 아버지의 양을 지킬 때에 사자나 곰이 와서 양 떼에서 새끼를 물어 가면 내가 따라가서 그것을 치고 그 입에서 새끼를 건져내었고 그것이 일어나 나를 해하고자 하면 내가 그 수염을 잡고 그것을 쳐 죽였나이다. 주의 종이 사자와 곰도 쳤은즉 살아 계시는 하나님의 군대를 모욕한 이 할례 받지 않은 블레셋 사람이리이까 그가 그 짐승의 하나와 같이 되리이다. 또 다윗이 이르되 여호와께서 나를 사자의 발톱과 곰의 발톱에서 건져내셨은즉 나를 이 블레셋 사람의 손에서도 건져내시리이다' 는 고백이 있어야 17장 45절이 성립될 수 있는 것입니다.

다윗은 자기표현대로 양을 칠 때 사자와 곰을 쫓아냈던 경험이 있습니다. 다윗이 양을 치던 장면을 상상해 보시기 바랍니다. 사자는 코끼리에 비하면 덩치가 작은 편입니다. 또한 사자는 자기가 목표로 정한 사냥감을 잡으려고 할 때 아주 빠르고 민첩하게 행동합니다. 그동안 다윗이 양을 치면서 상대했던 적은 사자나 곰 즉 자기 양을 빼앗으려고 했던 작은 동물이요 민첩한 동물이었습니다. 자신의 무기는 막대기이거나 혹은 돌멩이였습니다. 상대가 아주 작은 덩치이었을 때는 막대기로 처리 했을 것이고 제법 덩치가 큰 것은 가까이 가지 못하고 멀리선채로 돌멩이를 던지는 방식으로 몰아내었을 것입니다. 돌을 던질 때 가끔은 사자를 맞추는 것이 아니라 실수로 자기 양을 맞추기도 했을 것입니다. 그렇게 행동한 것이 수차례, 아니 수십 차례였을 것입니다. 어떤 때는 적당한 크기의 사자인 것 같으니까 직접 맞붙어볼만 하다고 생각해서 사자와 대면하여 때리고 그 입에 물린 양 새끼를 꺼내기도 하고, 자기를 물으려고 하면 수염을 잡아 댕기고 치기도 하는 경험을 했던 것입니다. 그렇게 작고 민첩하고 요리조리 왔다 갔다 하고 순간적으로 도망가는 곰과 사자를 돌멩이로 상대해보던 다윗입니다. 그런 상대를 해보았었기 때문에 이제 어지간한 상대는 다 맞출 수 있는 돌팔매질의 고수가 된 것입니다.

다윗은 양을 치면서 다양한 경험을 했는데 지금 다윗 앞에 나와 있는 골리앗은 그 동안 상대해온 적들과는 아주 상황이 다릅니다. 골리앗은 덩치가 매우 큰 사람입니다. 동시에 움직임이 느리고 둔한 사람입니다. 본문에서 다윗이 곰과 사자를 다루어보았다는 고백과 현재 다윗의 앞에 선 골리앗을 대조하는 의도를 이해해야 합니다. 다윗의 경험에 비추어

볼 때, 덩치가 작으면서 매우 민첩하게 움직이는 동물들을 상대하던 때와는 전혀 다르게, 지금 다윗 앞에 서 있는 적을 처리하는 것은 너무나 식은 죽 먹기처럼 쉬워 보입니다. 하나님의 영이 임하셔서, 하나님의 영으로 그동안 자기가 겪어왔던 그리고 이 자리에 나와 있는 상황을 이해하고 나니까 다윗에게 이런 맘이 드는 것입니다. "아! 여호와께서 나를 사자의 발톱에서 건지셨고 여호와께서 나를 곰의 발톱에서 건져 내셨은 즉 이자의 손에서도 나를 건지시리라. 나는 여호와의 이름으로 나가리라"입니다. 다윗은 골리앗 장군을 보는 순간 이미 이겼다는 마음이 드는 것입니다. 그동안 작고 민첩한 놈을 잡기위해 돌멩이를 던질 때 매우 예리하고 정확하고 섬세하게 했을 것입니다. 마치 권총 사격 선수가 15m 뒤에 있는 움직이는 표적의 지름 1cm 원 안에 총을 쏘아야 되는 세밀함을 연습했던 다윗인데 지금 골리앗은 덩치가 크면서 매우 느린 장수입니다. 마치 권총 선수 앞에 양궁 과녁판을 세워 놓은 것 같습니다. 그때 다윗의 심정은 "이것은 너무나 쉽다. 이것은 아무렇게나 던져도 맞는다. 저렇게 크고 느린 놈은 눈감도 맞출 수 있고 왼손으로 해도 맞춘다"입니다. 왜냐하면 그동안 하나님과 자기와의 교통함을 통해서 하나님이 자기를 어떻게 다루어 오시고 준비하셨는가를 알기 때문입니다. 하나님을 알고 자신을 알고 하나님의 목적을 알고 있기에 담대하게 나갈 수 있었던 것입니다.

하나님은 인격적인 분이십니다. 하나님은 절대로 마술사가 아닙니다. 하나님은 불가사의 한 분이 아니십니다. 하나님은 적절하게 일하시는 분입니다. 하나님은 앞뒤 없이 아무것도 안 하고 계시다가 어느 날 골리앗이 나오니까 느닷없이 한 사람 골라내서 무조건 하나님의 능력의 영을 부으셔서 갑자기 그 사람이 닥치는 대로 이기게 하시고 '보라! 내가 하면 승리한다. 내가 하면 이긴다' 는 식으로 행동하시는 분이 아닙니다. 느닷없이 분별없이 무조건 이기게만 하시고 말씀하기를 '보라! 어쨌든 성공이다' 라고 하시는 분이 절대로 아닙니다. 많은 적군을 물리칠 때는 칼을 든 사울을 사용하시고, 한 사람의 느린 적장을 물리칠 때는 돌을 든 다윗을 사용하시는 하나님의 전략이 너무나도 절묘합니다. 하나님은 가장 적절하게 일하십니다. 다윗을 내보낼 때에도 갑자기 손목을 감화 감동하사 아무렇게나 던져도 맞도록 역사하시는 것이 아닙니다. 그동안 무수히도 돌을 던져 보았던 소년을 골라내시는 것이 하나님의 일하심입니다. 이때에도 강조점을 분명하게 해야 합니다. '그와 같이 준비된 사람 다윗이 있었기 때문에 승리했구나' 고 다윗을 강조하면 안 됩니다. 대신에 '하나님이 그런 소년을 준비시키시고 소년을 선용하시는구나 하나님이 일하시는구나' 고 하나님을 강조해야 옳은 것입니다.

다윗의 목적

다윗이 골리앗을 만나서 외치는 말이 정말 멋있습니다. 17장 46절 "오늘 여호와께서 너를 내손에 넘기시리니 내가 너를 쳐서 네 목을 베고 블레셋 군대의 시체를 오늘 공중의 새와 땅의 들짐승에게 주어 온 땅으로 이스라엘의 하나님이 계신 줄 알게 하겠고 또 여호와의 구원하심이 칼과 창에 있지 아니함을 이 무리에게 알게 하리라 전쟁은 여호와께 속한 것인즉 그가 너희를 우리 손에 넘기시리라" 입니다. 다윗의 목적은 전쟁에서의 승리가 아닙니다. 다윗의 목적은 백성 위에 자기의 지명도를 높이는 것이 아닙니다. 다윗의 목적은 왕위에 등극하는 것이 아닙니다. 다윗의 목적은 이스라엘을 강대국이 되게 하는 것이 아닙니다. 하나님이 다윗을 세운 목적, 다윗이 하나님의 부름을 받아 행해야 할 일은 오직 하나 하나님을 온 땅에 알게 하고 만백성으로 하여금 하나님을 알게 하는 것입니다. 이 사건을 통해 하나님을 알아야 하는 대상은 모든 사람입니다. 현재 이스라엘도 하나님을 모르고, 블레셋도 하나님을 모르고 있습니다. 그때에 다윗의 승리를 통하여 양쪽 다 하나님을 배워야 합니다. 전쟁에서 승리한 이스라엘은 '전쟁은 여호와께 속했구나, 숫자로 하는 게 아니구나, 장수로 하는 게 아니구나, 다윗 같은 사람으로도 이길 수 있구나, 하나님이 하시면 이긴다' 는 사실을 깨달아야 합니다. 블레셋도 마찬가지입니다. '전쟁은 숫자에 있는 것이 아니구나, 전쟁은 장수로 하는 것이 아니구나, 골리앗 같은 장수를 가지고도 지는 것을 보니까 전쟁은 장수에게 달린 게 아니라 하나님에게는 상대할 수 없다' 는 것을 깨달아야 합니다. 전쟁에서 이긴 이스라엘도 패한 블레셋도 모두가 전쟁은 하나님께 속한 것이라는 것을 깨달아야 합니다. 다윗의 목적은 절대로 승리나 자기를 알리는 것이나 왕의 등극이나 이스라엘의 강대국이 되는 것이 아닙니다. 하나님을 알리는 것이 하나님의 목적이요 하나님의 사람들의 목적입니다.

하나님의 사역

하나님의 일

성도 중에 하나님을 잘 믿는다고, 믿음 좋다고 하는 사람들이 주의 일을 하겠다는 마음이 늘 간절합니다. 그래서 어떻게든 주의 일을 해보겠다고 주의 일을 찾아다니곤 합니다. 본문의 다윗은 특별히 의도된 주의 일을 행한 것이 아니라 자기 앞에 펼쳐진 전쟁을 했을 뿐입니다. 특별히 이번 전쟁은 주의 일이기 때문에 자신의 양치는 일, 사소한 개인적 일을 뿌리치고 나라를 구하는 일, 이스라엘을 위한 일, 하나님을 위한 일을 하러 나가야겠다고 생각한 적이 없습니다. 단지 양을 치던 중 아버지 이새가 형제들을 걱정해서 위문 다녀오라는 말씀에 따랐을 뿐입니다. 전쟁터에 왔는데 적의 장수가 나와서 이스라엘을 조롱해도 이스라엘 군사 중에 아무도 안 나가기에 나간 것뿐입니다. 다윗은 절대로 주의 일을 해야겠다고 행동한 것이 아닙니다. 눈앞에 닥친 일을 했을 뿐입니다. 그런데 결과적으로 그것이 주의 일이 되었습니다. 왜냐하면 주의 일을 행했기 때문이 아니라 그가 행한 일이 주의 영으로 행하였고 주의 마음으로 행하였고 주를 나타내는 일이었기 때문입니다. 구별되어있는 주의 일이라는 것은 없습니다. 성별 된, 구별 된, 거룩한 주의 일이라는 것은 없습니다. 저와 여러분 앞에 있는 그 일을 하시면 됩니다. 어떤 일을 하시든지 그 일을 하나님의 마음으로, 하나님의 심정으로, 하나님의 원리로 행하면 그것이 바로 주의 일입니다. 다윗은 따로 주의 일을 행한 적이 없습니다. 이 사건 후에도 다윗은 평범한 자신의 삶을 살아가는데 그때마다 하나님이 도우셔서 놀라운 역사를 일으켜 냅니다. 그랬더니 사람들은 마치 다윗이 주를 위해 산 것처럼 마치 다윗이 주를 위해 모든 것을 헌신하고 희생한 것처럼 생각합니다. 그렇지 않습니다. 다윗은 그냥 자신의 삶을 살았을 뿐입니다. 그러던 어느 날 다윗이 갑자기 '하나님의 은혜로 나는 이렇게 태평하게 사는데 주를 위해서 무엇인가를 해야 하지 않을까?'라는 괘씸한 생각이 들었습니다. 그 어리석은 생각이 성전 건축이었습니다. 그 성전 건축이 이스라엘의 신앙을 흥왕케 한 것이 아니라 이스라엘 신앙을 타락케 만든 본질적 사건이 되고 맙니다. 인간은 주를 위한다는 생각을 갖는 것이 아닙니다. 주의 은혜로, 주의 도우심으로 산다는 것을 알고 고백하는 것입니다.

하나님의 준비

주의 일이 따로 없으니 주를 위해 따로 준비할 것도 없습니다. 다윗이 주의 일을 할 의도가 없었기 때문에 주를 위하여 준비한 적도 없습니다. 다윗이 양을 치면서 사자나 곰을 쫓으면서 돌 던지는 일이 후에 하나님 앞에 크게 쓰임 받을 것으로 예상하지 않았습니다. 돌을 던져 사자나 곰을 맞추는 연습을 많이 해두면 후에 덩치가 큰 적군을 맞출 날이 올 것이라고 기대하지도 않았습니다. 양을 치는 것이 후일에 큰 상을 받을 날을 준비하는 것이라고 상상 하면서 목적을 가지고 훈련한 적이 없습니다. 그저 양을 지키는 목동으로서 양을 뺏기면 아버지한테 혼날 것 같으니까 열심히 양을 보호했을 뿐입니다. 따로 준비한 것이 아니라 자신의 삶을 그저 성실히 살았을 뿐입니다. 그때 하나님이 그의 행한 일들, 그의 경험들, 그의 배움들, 그의 능력들을 하나님의 일에 적절하게 사용하셨던 것입니다. 다윗은 그저 자신의 삶을 삽니다. 그 과정 하나하나, 그 일들 하나하나를 하나님께서 헛되이 쓰시지 않고 좋은 일을 맺도록 하나님이 역사하십니다.

저와 여러분도 마찬가지입니다. 우리가 주를 위해 산다는 생각을 할 것이 없고, 하나님 앞에 쓰임 받기 위하여 준비할 것이 없습니다. 저와 여러분의 삶을 하나님이 지혜로 인도하십니다. 저와 여러분은 다윗을 넘어 구약을 넘어 신약에 와 있습니다. 이미 성도가 되어 있습니다. 하나님의 영이 다 임하신 분들입니다. 이제 우리는 '영성을 추구하자, 지성을 추구하자, 감성을 추구하자, 하나님의 사람으로 준비하고 자신을 갈고 닦자'는 유형의 말과 행동을 하는 사람들이 아닙니다. '하나님이 우리를 크게 들어 쓰실 때를 준비하고 그날에 나를 마음 놓고 쓰시도록 예비하자'는 것도 아닙니다. 저와 여러분은 이미 하나님의 사람이고 하나님의 성령이 임했고 이미 하나님께 쓰임 받고 계신 분들입니다. 지금 저와 여러분의 삶이 이미 사역입니다. 다만 한 가지 어떤 과정을 거쳐 오늘의 내가 되었으며, 하나님께로 받은 은혜가 무엇이며, 하나님께로 받은 사명이 무엇이며, 하나님의 원리대로 한다는 것이 무엇이며, 하나님의 뜻대로 한다는 것이 어떻게 하는 것인가를 알아야 합니다. 오늘 성경을 통해 하나님을 배우고, 하나님의 일을 배우고, 하나님의 지혜를 배우고, 하나님의 역사하심을 배워 이미 저와 여러분을 들어 쓰시고 저와 여러분 속에 모든 것을 인도하실 하나님을 기대하면서 하나님의 은혜를 누리시는 것입니다. 그런 삶 되시기를 주님의 이름으로 축원합니다.

18

지혜롭게 행하니라

사무엘상 18:1~30

1 다윗이 사울에게 말하기를 마치매 요나단의 마음이 다윗의 마음과 하나가 되어 요나단이 그를 자기 생명 같이 사랑하니라 2 그 날에 사울은 다윗을 머무르게 하고 그의 아버지의 집으로 다시 돌아가기를 허락하지 아니하였고 3 요나단은 다윗을 자기 생명 같이 사랑하여 더불어 언약을 맺었으며 4 요나단이 자기가 입었던 겉옷을 벗어 다윗에게 주었고 자기의 군복과 칼과 활과 띠도 그리하였더라 5 다윗은 사울이 보내는 곳마다 가서 지혜롭게 행하매 사울이 그를 군대의 장으로 삼았더니 온 백성이 합당히 여겼고 사울의 신하들도 합당히 여겼더라 6 무리가 돌아올 때 곧 다윗이 블레셋 사람을 죽이고 돌아올 때에 여인들이 이스라엘 모든 성읍에서 나와서 노래하며 춤추고 소고와 경쇠를 가지고 왕 사울을 환영하는데 7 여인들이 뛰놀며 노래하여 이르되 사울이 죽인 자는 천천이요 다윗은 만만이로다 한지라 8 사울이 그 말에 불쾌하여 심히 노하여 이르되 다윗에게는 만만을 돌리고 내게는 천천만 돌리니 그가 더 얻을 것이 나라 말고 무엇이냐 하고 9 그 날 후로 사울이 다윗을 주목하였더라 10 그 이튿날 하나님께서 부리시는 악령이 사울에게 힘 있게 내리매 그가 집 안에서 정신 없이 떠들어대므로 다윗이 평일과 같이 손으로 수금을 타는데 그 때에 사울의 손에 창이 있는지라 11 그가 스스로 이르기를 내가 다윗을 벽에 박으리라 하고 사울이 그 창을 던졌으나 다윗이 그의 앞에서 두 번 피하였더라 12 여호와께서 사울을 떠나 다윗과 함께 계시므로 사울이 그를 두려워한지라 13 그러므로 사울이 그를 자기 곁에서 떠나게 하고 그를 천부장으로 삼으매 그가 백성 앞에 출입하며 14 다윗이 그의 모든 일을 지혜롭게 행하니라 여호와께서 그와 함께 계시니라 15 사울은 다윗이 크게 지혜롭게 행함을 보고 그를 두려워하였으나 16 온 이스라엘과 유다는 다윗을 사랑하였으니 그가 자기들 앞에 출입하기 때문이었더라 17 사울이 다윗에게 이르되 내 맏딸 메랍을 네게 아내로 주리니 오직 너는 나를 위하여 용기를 내어 여호와의 싸움을 싸우라 하니 이는 그가 생각하기를 내 손을 그에게 대지 않고 블레셋 사람들의 손을 그에게 대게 하리라 함이라 18 다윗이 사울에게 이르되 내가 누구며 이스라엘 중에 내 친속이나 내 아버지의 집이 무엇이기에 내가 왕의 사위가 되리이까 하였더니 19 사울의 딸 메랍을 다윗에게 줄 시기에 므홀랏 사람 아드리엘에게 아내로 주었더라 20 사울의 딸 미갈이 다윗을 사랑하매 어떤

사람이 사울에게 알린지라 사울이 그 일을 좋게 여겨 21 스스로 이르되 내가 딸을 그에게 주어서 올무가 되게 하고 블레셋 사람들의 손으로 그를 치게 하리라 하고 이에 사울이 다윗에게 이르되 네가 오늘 다시 내 사위가 되리라 하니라 22 사울이 그의 신하들에게 명령하되 너희는 다윗에게 비밀히 말하여 이르기를 보라 왕이 너를 기뻐하시고 모든 신하도 너를 사랑하니 그런즉 네가 왕의 사위가 되는 것이 가하니라 하라 23 사울의 신하들이 이 말을 다윗의 귀에 전하매 다윗이 이르되 왕의 사위 되는 것을 너희는 작은 일로 보느냐 나는 가난하고 천한 사람이라 한지라 24 사울의 신하들이 사울에게 말하여 이르되 다윗이 이러이러하게 말하더이다 하니 25 사울이 이르되 너희는 다윗에게 이같이 말하기를 왕이 아무 것도 원하지 않고 다만 왕의 원수의 보복으로 블레셋 사람들의 포피 백 개를 원하신다 하라 하였으니 이는 사울의 생각에 다윗을 블레셋 사람들의 손에 죽게 하리라 함이라 26 사울의 신하들이 이 말을 다윗에게 아뢰매 다윗이 왕의 사위 되는 것을 좋게 여기므로 결혼할 날이 차기 전에 27 다윗이 일어나서 그의 부하들과 함께 가서 블레셋 사람 이백 명을 죽이고 그들의 포피를 가져다가 수대로 왕께 드려 왕의 사위가 되고자 하니 사울이 그의 딸 미갈을 다윗에게 아내로 주었더라 28 여호와께서 다윗과 함께 계심을 사울이 보고 알았고 사울의 딸 미갈도 그를 사랑하므로 29 사울이 다윗을 더욱더욱 두려워하여 평생에 다윗의 대적이 되니라 30 블레셋 사람들의 방백들이 싸우러 나오면 그들이 나올 때마다 다윗이 사울의 모든 신하보다 더 지혜롭게 행하매 이에 그의 이름이 심히 귀하게 되니라

하나님의 적절함

아무나

하나님은 사람을 쓰실 때에 아무나 사용하십니다. 하나님이 아무나 사용하신다는 말씀의 의미는 하나님이 하시는 일은 하나님의 일이라는 것입니다. 하나님은 세상 중에 있는 어떤 일, 인간들이 행하는 일 중에 어떤 일을 하려고 하는 것이 아니라 하나님의 일, 하나님이 하실 일 정확히 말해 '인간에게 하나님을 알리시는 일'을 하시려는 것입니다. 하나님의 일은 하나님의 일이기 때문에 하나님이 하십니다. 내용은 하나님을 인간에게 알리시는 것입니다. 다만 하나님을 알리시는 과정과 방법 중에 인간에게 없는 신비하거나 미스터리한 일로서가 아니라 인간 중에 일어나는 일들을 사용하여 하나님을 알리고자 함이 목적입니다. 하나님

을 나타내는 일이기에 인간 중에 적합한 인물이 있거나 준비된 사람이 있거나 더 효과적인 사람이 있는 것은 아닙니다. 왜냐하면 모두가 죄인이라고 하는 사실은 똑같기 때문에 더 낫고 더 못한 것이 없기 때문입니다.

만약 하나님이 사람을 쓰는 목적 중에 하나님을 나타내는 일 말고 다른 일 즉 어떤 과업의 완수, 국가를 건설하거나 영토를 확장하거나 경제를 성장 시키는 어떤 일이라고 하면 사람을 아무나 써서는 절대로 안 됩니다. 그때에는 적절한 사람, 합당한 사람을 골라야 합니다. 그런데 하나님의 일은 죄인들에게 하나님을 나타내고 알려주는 일이기에, 죄인 중에 의인을 골라야 하는데 의인이란 없기 때문에, 어느 누구를 써도, 아무나 써도 똑같은 것입니다. 그래서 우리는 '하나님이 어떤 사람을 쓰시느냐?' 는 것에 초점을 맞추는 것이 아니라 하나님이 하시는 일이 무엇이며, 하나님이 사람을 쓰시는 목적을 바르게 분별하신다면 하나님이 아무나 쓰신다는 말을 잘 이해하실 수 있을 것입니다.

예를 들어 사무엘상 17장에 하나님이 다윗을 사용하시어 골리앗을 물리치는 사건이 길게 기록되어있습니다. 이 사건에서 이스라엘 백성의 목적은 골리앗을 이기고 전쟁에서 이기는 것입니다. 그러나 하나님의 목적은 골리앗을 이기는 것이 아닙니다. 하나님의 목적은 이스라엘 백성이 하나님을 알게 하시는 것입니다. 이기는 것이 목적이라면 골리앗을 이길 때에 다윗 같이 작고 외소하고 날렵한 젊은이가 나와서 돌멩이를 가지고 이길 수도 있습니다. 그러나 또한 골리앗만큼 덩치가 큰 어떤 젊은이가 나와서 서로 여러 차례 칼싸움을 하다가 이길 수도 있습니다. 이기는 것만이 목적이라고 하면 이스라엘은 다윗이 나오든지 어떤 장비 같은 장수가 나오든지 상관이 없고 이기기만 하면 됩니다. 그러나 하나님의 목적은 단지 이기는 것이 아니라 이스라엘이 하나님을 아는 것입니다. 그래서 사람들의 기대와 예상과 전문가들의 전망과는 전혀 다른 방식이 등장하는 것입니다.

이기기는 이기는데, 먼저 질 수밖에 없다는 사실을 부각 시킵니다. 모두가 전혀 가능성이 없다는 것을 확인시켜 준 후에 이깁니다. 그래서 '이 승리는 이 사람의 승리가 아니라 하나님이 이기게 한 것이다' 는 것을 알게 하는 것이 목적입니다. 하나님은 골리앗을 이기려고 다윗이라고 하는 특정한 사람, 돌팔매질을 잘하는 사람, 아주 훈련된 사람을 고른 것이 아닙니다. 하나님은 아무나 세운 것입니다. 만약 다윗이 없었다면 어떻게 되었을까요? 만약 다윗이 없었다면 하나님은 지나가던 아줌마라도 골라서 골리앗을 이기게 하셨을 것입니다. 다윗이 없었더라도 하나님이 골리앗을 이기게 하는데는 아무런 어려움이 없습니다. 그래서 하나님은 사람을 아무나 쓰신다고 말할 수 있는 것입니다.

적절하게

'하나님이 아무나 쓰신다' 는 표현은 하나님이 사람을 아무렇게나 쓰신다는 의미는 아닙니다. 하나님은 다윗을 세우셨습니다. 다윗이 준비되었기 때문이 아니요, 다윗이 가장 합당한 자이었기 때문이 아닙니다. 하나님은 어떤 사람을 세우셨는데, 그 어떤 사람이 다윗이었을 뿐입니다. 누가 뽑혀도 하나님이 도우시면 모든 것이 가능합니다. 이때 하나님은 뽑힌 사람에게 가장 적절한 방법으로 사용하십니다. 아무나 뽑은 것이 다윗인데 다윗은 돌팔매질을 잘하기에 돌팔매질을 통하여 장수를 무찌릅니다. '하나님이 아무나 쓰신다' 는 의미와 '하나님이 적절하게 사용하신다' 는 표현을 잘 이해하셔야 됩니다.

하나님의 일하시는 방법을 하나 예로 들어보겠습니다. 만약 다윗이 없었다면 하나님은 지나가던 아줌마라도 세워서 이기게 했을 것이라고 했습니다. 아줌마는 아마 전쟁터에서 군사들의 옷을 빨던가 아니면 전쟁터 근처에 살던 사람이었을 것입니다. 아줌마가 빨래를 하러 양동이에 몇 가지 빨래거리를 들고 빨래 방망이를 가지고 지나가고 있었습니다. 그렇게 전쟁터 근처를 지나가는데 골리앗이 나와서 큰소리를 지르니까 엉겁결에 전쟁에 나가게 될 것입니다. 싸움에 나가 골리앗과 대결할 때 골리앗이 칼을 휘두르니까 아줌마가 잽싸게 피하더니 골리앗 장군 뒤로 돌아가서 골리앗 장군의 뒤통수를 빨래 방망이로 때려서 이겼을 것입니다. 지나가던 아줌마가 어떻게 골리앗의 칼을 피하느냐 알고 보면 이런 결과가 나옵니다. 아줌마는 늘 집안에서 가정 폭력에 시달리던 분이었습니다. 남편이 포악하고 술까지 마시면 집에 들어와서 빗자루를 들고 막 휘두르고 폭력을 가했던 적이 있습니다. 아줌마가 처음엔 많이 맞았습니다. 그런데 그런 일이 여러 번 있다 보니까 이제 남편이 다짜고짜 휘두르는 빗자루나 몽둥이, 구두주걱 또는 우산대 같은 것을 피하는데 도사가 되었습니다. 피하는 도중에 남편 뒤로 돌아가서 술 취한 남편의 뒤통수를 한 대 때려서 넘어뜨리고 잠을 재웁니다. 그것에 이골이 난 아줌마였습니다. 그래서 골리앗이 휘두르는 칼을 잘 피할 수 있었고 남편 뒤통수를 때리듯 골리앗의 뒤통수를 때려서 잠깐 재우는 것이 아니라 영원히 재울 수 있었던 것입니다.

하나님의 선용하심

하나님이 아무나 쓰시지만 적절하게 쓰신다는 균형을 잘 이해하셔야 됩니다. 분명히 하나님은 아무나 쓰십니다. 백성 가운데 특별히 돌멩이를 잘 던지는 사람, 남편의 몽둥이를 잘 피할 수 있는 사람을 뽑는 것이 아닙니다. 양치는 목동이어도 되고 빨래하는 아줌마여도 하나님이 하시면 됩니다. 그러기에 하나님은 쓰실만한 특별한 사람을 선발하는 것이 아니라 아무나 쓰시는 것입니다. 그런데 하나님은 적절하게 쓰십니다. 아무렇게 뽑힌 소년이 돌팔매질을 잘하기에 돌팔매로 승리하게 하시고, 아무렇게 뽑힌 아줌마가 빨래 방망이를 잘 사용하기에 빨래 방망이로 이기게 하신 것입니다. 이것을 강조하는 이유는 사람들이 하나님의 일 하심을 전혀 반대로 인식하고 있기 때문입니다. 하나님을 강조하지 않고 도리어 사람을 강조할 뿐이기 때문입니다. 사람들은 하나님이 아무나 쓰시지 않고 준비되어 있고 능력이 있고 자질이 있고 합당한 사람을 쓰신다고 말합니다. 만약 그렇게 되면 모든 역사는 하나님의 일하심이 아니라 사람의 일이 되어버립니다. 그 일로 인하여 그 사람이 드러나고 그 사람이 영광을 받을 뿐 아무도 하나님을 배우지 않습니다. 하나님의 목적은 어떤 일이 성사되는 것이 아니라 하나님을 알게 하는 것임을 잊으시면 안 됩니다.

하나님이 행하시면 모든 것이 가능하지만 무질서하고 막무가내로 이루어지는 것이 아닙니다. '하나님이면 다 된다, 하나님이 하시면 뭐든지 된다' 고 생각해 버리면 각 사람에게 가장 적절하게 역사하신다는 사실이 사라지고, 인격적인 하나님은 온데간데없어지고 무질서하고 비인격적 행동이 만연하게 됩니다. 실제로 교회 역사에 그렇게 해왔던 일들이 부지기수입니다. 중세 시대에 이슬람이 흥해서 예루살렘을 빼앗았던 일이 있습니다. 예루살렘을 회복하고자 십자군 운동이 펼쳐집니다. 일차에 약간의 성공을 거두나 결국 실패하고 이차, 삼차 십자군 운동을 벌이지만 결국에 다 실패합니다. 중세 교회가 내세운 제 사차 십자군 전쟁의 군사들이 소년 십자군입니다. 성인 군사들도 나가서 성공하지 못하고 지는 전쟁에 소년들을 뽑아서 보내는 것입니다. 그러면서 하는 말이 '하나님이 다윗을 들어 골리앗을 이긴 것처럼 이번에도 소년들을 쓰셔서 이슬람을 이기게 하실 것이다' 입니다. 결국 패배하고 말았습니다. 이것은 믿음이 아니요 신앙이 아닙니다. 하나님은 아무나 쓰십니다. 그러나 하나님은 적절하게 하십니다. '아무나' 라는 말의 의미 그러나 '적절하게' 라는 의미 잘 이해하셔야 합니다. 적절하게 하신다는 것이 타협한다는 말이 아닙니다. 그 사람이기 때문이란 말이 아닙니다. 그 사람이 능력이 있기 때문이란 말도 아닙니다. 하나님이 하신다는 것이며 하나님이 그 사람을 선용한다는 의미입니다.

다윗이 전쟁에 나갈 때 '믿는 자에게는 능치 못함이 없다'고 말하면서 달려 나간 것이 아닙니다. 전쟁에 나가려고 할 때 사울이 자신의 갑옷을 입혀본 후 만류하였습니다. 이때 다윗이 '사울 왕이시여! 왜 그렇게 믿음이 없습니까! 나는 하나님을 믿습니다'고 말한 후 달려 나간 것이 아닙니다. 골리앗 앞에서 다윗이 갑자기 무릎 꿇고 '하나님 저는 하나님이 골리앗이 저에게 손도 못 대게 하실 줄을 믿으며 저놈이 자기 칼을 놓쳐서 자기 칼에 제 발등을 찍어 스스로 죽게 만들 줄로 믿습니다. 주여 역사하소서' 라고 기도하는 것도 없습니다. 전쟁에 장수가 나가는 것이 아니라 목동이 나가고, 목동이 나가면서 막대기와 돌멩이를 가지고 나가고, 돌멩이 던지기를 수십 번 수백 번 했던 자신감 있는 목동이 나가는 상황을 잘 분별하셔야 합니다. 하나님은 전쟁의 승리가 목적이 아니고, 다윗이라고 하는 젊은이를 띄우려는 것이 아니고 다윗이 표현하는 대로 '온 땅으로 이스라엘의 하나님이 계신 줄 알게 하겠고 또 여호와의 구원하심이 칼과 창에 있지 아니함을 이 무리로 알게 하리라'는 것이 목적입니다.

지혜롭게 행하니라

지혜롭게

흔히들 17장에 다윗이 골리앗을 이긴 사건을 강조하면서 많은 사람이 믿음의 사람 다윗, 성경 속 영웅 다윗이라고들 말합니다. 그러나 성경은 그렇게 말하지 않습니다. 성경은 다윗이 이긴 것이 아니라 하나님이 이기게 하셨다고 말합니다. 사람들은 자꾸 다윗을 강조하지만 성경은 하나님을 강조합니다. 사무엘상 18장에 자주 반복되는 단어는 믿음이 아니라 지혜라는 말입니다. 성경에 '다윗이 믿음으로 행하니라'는 표현은 한 군데도 없습니다. 도리어 다윗의 행동을 성경이 강조하는 것은 18장 5절 '다윗은 사울이 보내는 곳마다 가서 지혜롭게 행하매', 14절 '다윗이 그의 모든 일을 지혜롭게 행하니라. 여호와께서 그와 함께 계시니라', 15절 '사울은 다윗이 크게 지혜롭게 행함을 보고 그를 두려워하였으나', 30절 후반부 '다윗이 사울의 모든 신하보다 더 지혜롭게 행하매 이에 그의 이름이 심히 귀하게 되니라'고 반복됩니다. 오늘날 많은 사람이 신앙생활에 대한 용어 중에 '믿음으로'를 상당히 강조하는데 성경은 '지혜롭게'를 강조합니다.

'믿음'은 신령하고 거룩하고 신실한 느낌이 들고, '지혜롭게'는 이성적이고 합리적이고 타산적이고 인간적인 것처럼 느끼는 못된 습성이 있습니다. '아무나 쓰신다'는 표현이 '아무렇게나 쓰신다'는 의미가 아닌 것처럼 믿음이라는 말이 지혜 없이 단순, 과격, 무식을 의미하는 것이 아니고 또 지혜라는 말은 믿음 없이 합리적, 계산적, 이성적이라는 의미가 아닙니다. 종종 사람들은 믿음과 지혜를 대조해서 생각하기도 하지만 성경은 믿음과 지혜를 같은 것으로 봅니다. 믿음으로 행한다는 표현을 다른 말로 표현하면 지혜롭게 행한다고 표현하는 것입니다.

기준의 문제

성경에 등장하는 용어의 정의와 개념을 바르게 이해하려면 가장 먼저 기준을 바로 알아야 합니다. 예를 들어 보겠습니다. '순결'이라는 단어를 딱 들으시는 순간에 순수, 청춘, 청초, 깨끗함 등이 연상되면 안 됩니다. 물론 세상의 기준에서는 적절하지만 기독교의 기준에서는 적절하지 않습니다. 기독교의 기준은 언제나 하나님입니다. 기독교에서 순결이란 하나님의 원리대로 행하는 것을 의미합니다. 하나님의 원리가 아닌 채로 깨끗한 것 청렴한 것은 도덕적이거나 윤리적인 순결에 불과합니다. 기독교에서 순결하다고 할 때 기준은 하나님이어야 하고 어떤 사람에 대해 '저 사람은 참 순결하다' 는 말은 '저 사람이 하나님으로 충만하다' 는 의미이고 '저 사람이 순결하게 행하네' 라는 것은 '저 사람이 하나님의 마음, 하나님의 기준, 하나님의 심정으로 행하는구나' 라는 의미가 되는 것입니다.

본문에 등장하는 '다윗이 지혜롭게 행하니라' 에서 지혜로움을 영리하고 명철하게 행동하는 것으로 생각하면 안 됩니다. 지혜라는 용어를 듣고 총명, 영재, 아이큐, 성적표, 보장 된 미래, 전도유망함 등이 연상하면 안 됩니다. 그리스도인의 기준은 달라야 하는 것입니다. 순결의 기준도 하나님이요, 지혜로움의 기준도 하나님입니다. 하나님은 천지만물과 세상만 창조하신 것이 아닙니다. 식물과 동물과 인간만 창조하신 것이 아니라 개념도 창조하셨고, 원리도 창조하셨고, 가치도 창조하셨고, 의미도 창조하셨습니다. 모든 것을 하나님이 창조하셨기에 모든 것의 기준은 하나님이십니다. 그래서 기독교에서 말하는 지혜는 '하나님의 의도에 일치 되는 것' 을 의미합니다. 하나님의 일하심과 합한 것이 지혜로운 것입니다. 모든 개념이 하나님에게서 나왔기에 하나님을 모르면 아무것도 모르는 것입니다. 하나님을 모르면 사랑을 모릅니다. 하나님을 알면 사랑을 알고 하나님의 사랑을 하면 사랑에는 문제가 발생하지 않습니다. 하나님을 모르면 인내를 모릅니다. 하나님을 모르면 평화를 모르는 것입니다. 하나님을 모르면 은혜를 모르는 것입니다. 하나님을 모르면 겸손을 모릅니다. 하나님을 모르면 지혜를 모릅니다. 모든 것의 출처가, 근본이, 시작이 하나님이시기 때문입니다.

성도의 기준은 하나님입니다. 모든 개념과 모든 의미와 모든 가치와 모든 존재를 창조하신 분이 하나님이십니다. 모든 것이 하나님께로 나왔고 모든 것의 기준이 하나님이기에 서로 의미가 상통합니다. 믿음과 순결이 같은 것입니다. 순결과 지혜가 같은 것입니다. 지혜와 평화가 같은 것입니다. 평화와 질서가 같은 것입니다. 왜냐하면 모든 것의 기준이 하나님이요 모든 개념과 의미가 다 하나님께로 나왔기 때문에 표현이 다양한 것 같지만 다 같은 말입니다. 성령의 열매가 아홉 가지라고 나타납니다. 사랑과 희락과 화평과 오래 참음과 자비와 양선과 충성과 온유와 절제 등은 모두 같은 것입니다. 믿음으로 행한다는 말의 구체적인 표현이 지혜롭게 행한다는 것입니다. 두 표현은 대치되는 표현이 아니라 동일한 내용에 다른 표현양식인 것입니다. 성도는 하나님을 알고 하나님의 기준으로 하나님의 마음으로 행동하는 자들이고 또 성도는 자신의 삶을 통해 다른 사람들로 하여금 하나님을 알게 하는 것 그것이 성도의 삶인 것입니다.

지혜로운 다윗, 미련한 군중

여인들의 노래

본문 18장에 여러 사건이 등장하고 그때마다 '다윗이 지혜롭게 행했다'고 설명합니다. 다윗의 행위를 지혜롭게 행했다고 표현하는 이유는 하나님의 원리, 하나님의 마음, 하나님의 심정, 하나님의 방식으로 하는 것이 지혜라는 것을 보여주기 위해서입니다. 그중에 가장 대표적인 것이 이제 중간에 나오는 여인들의 노래입니다. 다윗이 전쟁에서 승리하고 돌아오자 여인들이 기뻐하여 존경과 감사와 경외의 마음으로 창화하여 가로되 '사울이 죽인 자는 천천이요 다윗은 만만이로다'고 노래합니다. 이 말은 사실이요, 맞는 말이요, 절대 틀린 말이 아닙니다. 그런데 바보 같은 말입니다. 옳은 말, 맞는 말인데 지혜롭지 못한 말입니다.

18장 2절에서 사울이 다윗을 집에는 못 가게하고 전쟁에는 나가게 합니다. 다윗은 사울이 지시하는 대로 행동합니다. 사울이 미쳤다는 것은 온 백성이 다 알고, 다윗이 블레셋에서 골리앗이라고 하는 장수를 이겨겨서 지도자가 될 만하다는 것 또한 다 아는 사실이고, 하나님이 다윗을 기름 부었다는 것도 다 아는 사실입니다. 그런 다윗이 사울의 말을 듣는 것을 사람들은 미련해 보인다고 생각을 하지만 성경은 다윗이 지혜롭게 행하였다고 표현합니다. 여인들이 다윗이 전도유망한 청년이며 자신들의 지도자가 되었으면 좋겠다는 생각으로 다윗을 칭찬하고 격려하자는 것은 좋은 생각입니다. 여인들이 지혜롭게 행한다고 하는 노래가 "사울은 천천이요 다윗은 만만이라"입니다. 자기들은 지혜롭게 행동하지만 실상은 미련하게 행동한 것입니다. 지혜롭고 미련함의 근거와 기준이 하나님이어야 합니다. 하나님의 기준, 하나님의 심정, 하나님의 때, 하나님의 방법, 하나님의 원리에 맞느냐는 것이 지혜로움과 미련함의 기준이어야 합니다.

성경이 다윗과 다른 사람의 행동을 비교해 주고 있습니다. 미련하게 보이는 행동인데 지혜롭다고 하고, 지혜로워 보이는 행동인데 미련하다고 할 때 기준은 하나님의 때를 기다릴 줄 알며 하나님의 일하심을 기다릴 줄 알며 하나님을 기대하고 하나님과 동행하느냐는 것입니다. 사울이 다윗을 미워한다는 것을 다윗도 압니다. 사울이 악신이 들려서 다윗이 수금을 타자 사울이 창을 던집니다. 한번 던질 때 도망하는 것이 아니라 그 자리에 있습니다. 그러자 사울이 또 창을 던집니다. 결국 사울이 다윗을 떠나게 합니다. 성경은 이러한 행동을 다윗이 지혜롭게 행했다고 표현합니다. 다윗의 행동을 '상황판단에 능숙하다'고 표현하지 않고 14절 '그 모든 일을 지혜롭게 행하니라 여호와께서 그와 함께 계시니라'고 표현합니다. 다윗의 현명함이 아니라 하나님의 도우심입니다. 사울이 자신의 딸 미갈을 다윗에게 주어 사위로 삼고자 합니다. 다윗의 목표는 왕위가 아닙니다. 그러기에 왕의 가문이 될 수 있는 기회라고 덥석 움켜잡지 않습니다. 주변의 신하들도 모두 사울의 사위가 되라고 권고하지만 다윗은 절대로 자신의 위치를 넘어서지 않습니다. 23절 "다윗이 가로되 왕의 사위 되는 것을 너희는 작은 일로 보느냐 나는 가난하고 천한 사람이라"고 말하고 거절합니다. 몸이 달은 것은 왕이 되고픈 다윗이 아니라 사울입니다. 어떻게든 다윗을 사위삼으려고 타협하고, 협상합니다. 결국 다윗은 미갈을 아내로 맞이합니다. 성경은 이것을 지혜롭게 행하였다고 말하는 것입니다.

다윗의 행동을 18장 28절이 이렇게 표현합니다. "여호와께서 다윗과 함께 계심을 사울이 보고 알았고"입니다. 즉 '다윗이 얼마나 하나님과 동행했고, 다윗이 얼마나 하나님의 뜻에 순종했고, 다윗이 얼마나 하나님을 위하여 충성했고, 다윗이 얼마나 하나님을 위하여 희생했는가?'에 초점에 맞추어져 있지 않습니다. 정반대로 '여호와께서 다윗과 동행하시고, 여호와께서 다윗과 함께하시고, 여호와께서 다윗을 도우셨다' 고 여호와의 역사하심을 강조합니다. 창세기 21장 22절에 아브라함을 아비멜렉이 찾아옵니다. 아비멜렉이 '아브라함아 네가 얼마나 하나님과 동행하는지 우리가 보았도다' 고 말하지 않습니다. 도리어 "네가 무슨 일을 하든지 하나님이 너와 함께 계시도다"고 하나님을 강조합니다. 이삭에게도 "여호와께서 너와 함께 계심을 너와 우리가 분명히 보았노라"고 여호와를 강조합니다. 하나님을 기준 삼아 하나님의 원리로 지혜롭게 믿음으로 잘 행하셔서 여러분이 하나님의 은혜를 누리시고 여러분의 삶을 통해 하나님을 증거하는 멋진 성도의 삶이 되시기를 주님의 이름으로 축원합니다.

19
하나님이 어떻게 행하실 것

사무엘상 21:1~22:5

1 다윗이 놉에 가서 제사장 아히멜렉에게 이르니 제사장 아히멜렉이 떨며 다윗을 영접 하에 그에게 이르되 어찌하여 네가 홀로 있고 함께 하는 자가 아무도 없느냐 하니 2 다윗이 제사장 아히멜렉에게 이르되 왕이 내게 일을 명령하고 이르시기를 내가 너를 보내는 것과 네게 명령한 일은 아무것도 사람에게 알리지 말라 하시기로 내가 나의 소년들을 이러이러한 곳으로 오라고 말하였나이다 3 이제 당신의 수중에 무엇이 있나이까 떡 다섯 덩이나 무엇이나 있는 대로 내 손에 주소서 하니 4 제사장이 다윗에게 대답하여 이르되 보통 떡은 내 수중에 없으나 거룩한 떡은 있나니 그 소년들이 여자를 가까이만 하지 아니하였으면 주리라 하는지라 5 다윗이 제사장에게 대답하여 이르되 우리가 참으로 삼 일 동안이나 여자를 가까이 하지 아니하였나이다 내가 떠난 길이 보통 여행이라도 소년들의 그릇이 성결하겠거든 하물며 오늘 그들의 그릇이 성결하지 아니하겠나이까 하매 6 제사장이 그 거룩한 떡을 주었으니 거기는 진설병 곧 여호와 앞에서 물려 낸 떡밖에 없었음이라 이 떡은 더운 떡을 드리는 날에 물려낸 것이더라 7 그 날에 사울의 신하 한 사람이 여호와 앞에 머물러 있었는데 그는 도엑이라 이름하는 에돔 사람이요 사울의 목자장이었더라 8 다윗이 아히멜렉에게 이르되 여기 당신의 수중에 창이나 칼이 없나이까 왕의 일이 급하므로 내가 내 칼과 무기를 가지지 못하였나이다 하니 9 제사장이 이르되 네가 엘라 골짜기에서 죽인 블레셋 사람 골리앗의 칼이 보자기에 싸여 에봇 뒤에 있으니 네가 그것을 가지려거든 가지라 여기는 그것밖에 다른 것이 없느니라 하는지라 다윗이 이르되 그같은 것이 또 없나니 내게 주소서 하더라 10 그 날에 다윗이 사울을 두려워하여 일어나 도망하여 가드 왕 아기스에게로 가니 11 아기스의 신하들이 아기스에게 말하되 이는 그 땅의 왕 다윗이 아니니이까 무리가 춤추며 이 사람의 일을 노래하여 이르되 사울이 죽인 자는 천천이요 다윗은 만만이로다 하지 아니하였나이까 한지라 12 다윗이 이 말을 그의 마음에 두고 가드 왕 아기스를 심히 두려워하여 13 그들 앞에서 그의 행동을 변하여 미친 체하고 대문짝에 그적거리며 침을 수염에 흘리매 14 아기스가 그의 신하에게 이르되 너희도 보거니와 이 사람이 미치광이로다 어찌하여 그를 내게로 데려왔느냐 15 내게 미치광이가 부족하여 너희가 이 자를 데려다가 내 앞에서 미친 짓을 하게 하느냐 이 자가 어찌 내 집에 들어오

겠느냐 하니라 1 그러므로 다윗이 그 곳을 떠나 아둘람 굴로 도망하매 그의 형제와 아버지의 온 집이 듣고 그리로 내려가서 그에게 이르렀고 2 환난 당한 모든 자와 빚진 모든 자와 마음이 원통한 자가 다 그에게로 모였고 그는 그들의 우두머리가 되었는데 그와 함께 한 자가 사백 명 가량이었더라 3 다윗이 거기서 모압 미스베로 가서 모압 왕에게 이르되 하나님이 나를 위하여 어떻게 하실지를 내가 알기까지 나의 부모가 나와서 당신들과 함께 있게 하기를 청하나이다 하고 4 부모를 인도하여 모압 왕 앞에 나아갔더니 그들은 다윗이 요새에 있을 동안에 모압 왕과 함께 있었더라 5 선지자 갓이 다윗에게 이르되 너는 이 요새에 있지 말고 떠나 유다 땅으로 들어가라 다윗이 떠나 헤렛 수풀에 이르니라

성경 구도의 차이

창세기 ~ 사무엘서

성경을 읽어 보시면 성경의 내용상 구조가 조금 다르다는 차이점을 이해하실 수 있습니다. 창세기부터 여호수아까지 읽어 보면 창세기에는 많은 사람이 등장하는 것이 아니라 아브라함의 생애, 이삭의 생애, 야곱의 생애, 요셉의 생애 등 네 사람 정도의 생애가 나옵니다. 출애굽기에 들어가면 개인의 삶은 없어지고 공동체 또는 전체가 등장합니다. 모세의 출생 사건이 한두 장 나오고 다음에는 바로 이스라엘의 출애굽이라고 하는 큰 사건이 등장합니다. 레위기로 가면 사건은 온데간데없고 온통 제사 이야기인 것처럼 느껴집니다. 민수기로 가면 똑같은 행동을 반복하는 다람쥐 쳇바퀴 도는 것과 같은 인상을 받고 신명기를 읽다보면 마치 고시 준비를 하는 중인가 생각이 들 정도로 법에 관한 내용이 많이 나옵니다. 여호수아로 가면 전쟁 이야기가 가득합니다. 창세기부터 여호수아까지는 사건이 빠르게 진행됩니다. 주제도 다양하게 바뀌는 것 같고 등장인물도 많고 변화도 많습니다.

사무엘서에 들어오면 뉘앙스가 확 다릅니다. 사무엘서에는 사무엘 이야기가 조금 나오고 다음부터 다윗 이야기가 매우 길게 나옵니다. 요셉이 노예에서 총리가 되는 변화도 불과 서너 장에 다 기술했던 성경이,

목동이 왕이 되는 다윗의 장면을 기록하는데 많은 분량을 할애합니다. 다윗의 이야기가 사무엘 상, 하, 역대상, 하 그리고 시편까지 매우 많습니다. 다윗 이야기는 왕으로 기름 붓는 사건이라든가 골리앗을 이기는 사건이라든가 몇몇 굵직한 사건만 나오는 것이 아니라 별별 이야기, 자잘한 이야기, 사소한 이야기, 허접한 이야기, 그저 그렇고 그런 이야기들이 계속 나옵니다.

성경의 관심

창세기부터 여호수아까지는 빠르게, 하나님의 역사가 장엄하게 몇몇 사람에게가 아니라 하나님의 일하심에 집중되어 나오다가 왜 그 다음부터는 지루하게 한 사람의 생애 전체가 길게 나올까요? 그것은 성경의 관심이 바로 사람에게 있기 때문입니다. 성경의 주인공이 외형상으로는 하나님이지만 내용상으로는 인간입니다. 성경에 하나님의 역사, 하나님의 계시, 하나님의 능력, 하나님의 기적, 하나님의 위엄 등이 등장합니다. 그런데 하나님의 역사가 어느 때 등장하고 어떻게 등장하느냐를 보면 우리의 기대와는 좀 다릅니다. 하나님의 영광, 하나님의 권세, 하나님의 화려함, 하나님의 위엄, 하나님의 존귀 등이 말 그대로 영광스럽게, 말 그대로 존귀하게, 말 그대로 권위 있게 등장하는 모습은 거의 없습니다. 하나님은 권세자로서 풍채 있으신 모습으로, 위엄 있으신 모습으로 등장하시고 신비스러운 말씀만 하시고 사라지는 방식으로 나타나지 않습니다. 분명 하나님은 권세가 있고, 위엄이 있고, 능력이 있지만 위엄 있는 모습으로, 권세 있는 모습으로가 아니라 일하는 모습으로, 수고하는 모습으로, 종의 모습으로, 헌신하는 모습으로 등장합니다.

세상에서는 권세가 있고 위엄이 있으면 멋있게 품위를 지키고 있으며, 권세나 위엄이 없는 사람은 일하고 수고하는 것으로 생각합니다. 그러나 성경은 정반대로 권세가 있으니까 일을 하고, 능력이 있으니까 일을 하고, 일하심에 하나님의 권세와 하나님의 능력과 하나님의 위엄이 작용하고 역사했을 때 결과가 전부 인간에게 적용되고 있다는 것을 만납니다. 하나님이 아브라함을 만들었습니다. 아브라함 때문에 하나님이 달라지신 것이 없습니다. 하나님이 요셉을 총리로 만들었습니다. 요셉이 총리된 것 때문에 하나님이 달라지신 것이 없습니다. 하나님이 모세를 이스라엘 지도자로 만들었습니다. 모세가 출애굽을 감당하므로 하나님이 달라지신 것이 없습니다. 하나님이 삼손에게 힘을 주셨습니다. 삼손이 큰 힘을 가지게 된 것으로 하나님이 달라지신 것이 없습니다. 하나님이 다윗을 왕으로 삼아 주셨습니다. 다윗이 왕이 되어서 하나님이 달라지신 것이 없습니다. 반대로 하나님이 아브라함을 만났습니다. 그랬더니 아브라함은 달라집니다. 하나님이 삼손을 만납니다. 그랬더니 삼손은 달라집니다. 하나님이 모세를 만납니다. 그랬더니 모세는 달라집니다. 하나님이 다윗을 만납니다. 그랬더니 다윗은 달라집니다. 하나님의 위엄과 권세와 능력이 작용하고 역사하고 일해서 모든 것이 하나님께로 귀결되는 것이 아니라 인간에게 귀결되는 것, 성경의 주제요, 성경의 관심입니다. 하나님의 모든 초점은 인간에게 맞추어져 있습니다.

구약의 창세기부터 여호수아까지는 하나님의 일하심입니다. 다음은 하나님의 일하심에 결과로 하나님의 백성이 된 사람들의 이야기입니다. 그래서 하나님이 일하신 이야기보다 하나님의 일하심의 결과로 하나님의 은혜를 누리면 사느냐 또는 하나님의 은혜가 있음에도 누리지 못하는가에 관한 사람들의 삶의 이야기가 훨씬 더 많이 나오게 되는 것입니다. 신약도 마찬가지입니다. 마태복음부터 요한복음까지는 예수님의 일하심입니다. 즉 하나님의 구원하심입니다. 그리고 그것보다 더 많은 분량이 서신서 즉 하나님의 일하심의 결과로 구원된 성도들의 삶의 이야기를 강조하는 것입니다.

다윗의 이야기

영웅전이 아니다

성경에 나타나는 인물들은 우리가 기대하는 것과 다른 방면으로 묘사됩니다. 영웅이 없고 훌륭한 사람이 없고 뛰어난 사람이 없고 특별한 사람이 없습니다. 모든 것이 하나님의 역사라고 강조합니다. 다윗이 어느 날 혜성처럼 등장합니다. 기름 부음을 받았다면 다음날부터 모든 일이 만사형통이어야 되고 모든 계획들이 탄탄대로여야 할 것 같습니다. 한 두 장면은 그렇게 되었습니다. 목동에서 어느 날 왕으로 임명을 받고 골리앗이라고 하는 장수를 물리침으로 말미암아 백성 앞에 단 한 번에 알려진 영웅이 된 것처럼 보입니다. 그런데 이후에 삶은 우리의 예측과는 전혀 다릅니다. 사울의 시기를 받아서 죽음당할 수밖에 없는 위험한 처지를 여러 번 겪게 되고 모든 일이 도리어 기름부음을 받지 않았다면 이렇게 꼬이지는 않았을 것으로 보일 정도로 삶이 힘듭니다. 그런 이야기들이 사무엘상 19장과 20장에 나와 있습니다. 19장에 보면 사울이 다윗을 죽이려하여 자객들을 다윗에 집으로 보냅니다. 모든 백성 앞에 인정받은 다윗이라면 자객들을 멋지게 물리치고 당당하게 나와야 되는데 성경은 그렇게 설명하지 않습니다. 자객들이 오니까 도망가기 바빠서 아내가 다윗을 창문에 달아 매주어, 아내가 내려주는 줄을 붙잡고 내려가서 도망가는 장면이 등장합니다. 또 그렇게 도망가던 중에 한번은 사무엘이 있는 곳으로 갑니다. 다윗을 기름 부었던 사무엘이니까 사무엘이 모든 상황을 역전시켜주고 둘이 하나님의 기름 붓는 사람이요, 하나님의 기름 부은 사람들이 모여서 어떤 멋있는 대단한 역전을 만들어 낼 것으로 기대하겠지만 서로에게 전혀 아무런 보탬이 안 되는 모습이 등장합니다. 20장에 다윗과 요나단의 우정 사건이 나타나지만, 그 우정은 새로운 전환을 만들어 내지 못합니다. 사울이 죽이려고 하는데 진짜로 죽이려고 하나 가짜로 죽이려고 하는지 확인을 합니다. 이런 저런 얘기만 하다가 결국은 사울이 다윗을 진짜 죽이려고 하는 사실을 알고 둘이 우는 장면으로 끝이 납니다.

놉으로 도망

21장에는 다윗이 사울에게서 도망가는 두 가지 사건이 기록되어 있습니다. 하나는 21장 1절부터 9절에 놉이라고 하는 지역까지 도망가서 아히멜렉이라고 하는 제사장을 만나는 사건입니다. 다윗이, 하나님의 사람이 도망을 가서 하나님의 제사장을 만납니다. 제사장과 대화하는 가운데 하나님의 사람 다윗이 처음부터 끝까지 모두 거짓말을 합니다. 자신이 사울의 임무를 수행중이라는 말, 소년들을 이동시켰다는 말, 음식을 챙겨오지 않았다는 말, 칼을 놓고 왔다는 말 등 모든 것이 거짓입니다. 다윗의 피신이 사울의 신하에 의해 발각되자 이번에는 다윗이 가드 지역의 아기스 왕에게 도망을 갑니다. 아기스 왕의 신하들이 다윗을 시기하여 죽여야 한다고 참소를 합니다. 소식을 듣고 다윗이 그 날부터 미친 척을 하여 침을 질질 흘리고 몸을 망가뜨립니다. 모든 것이 거짓된 행동입니다. 두 사건의 공통점은 다윗이 거짓을 말하고 거짓을 행했다고 하는 것입니다. 다윗을 거짓말쟁이요, 사기꾼이요, 이중인격자요, 기회주의자요, 불의한 자라고 판단할 수 없습니다. 다윗의 이러한 행동은 성경을 어떻게 설명하고, 무엇을 강조하려고 하는지 이해해야 합니다.

하나님의 기준

개념 or 인격

신앙을 가지고 성경을 배운다는 것은 성경적 사고방식, 하나님의 원리를 배우는 것입니다. 신앙을 가지기 전에는 하나님의 원리는 모르고 세상의 원리만 가지고 살다가 교회를 다니면서 하나님의 기준과 하나님의 원리를 배웁니다. 배우면서 하나님의 원리대로 행하자니 세상에서 통용되지 않을 것 같고, 세상의 원리를 가지고 교회에 오자니 세속적인 것 같아서 고민하다가 자연스럽게 세상의 원리와 하나님의 원리라는 두 가지 원리를 가지고 삽니다. 교회에서는 하나님 방식으로, 세상에서는 세상방식으로 자연스럽게 살아갑니다. 성도는 두 가지 원리, 두 가지 기준을 가지고 살면 안 됩니다. 두 가지 원리로 사는 것이 가능하지 않다는 의미가 아니라 너무 어렵고 힘들다는 의미입니다. 하나님의 원리를 정확히 알아서 옳고 그른 것을 어떻게 분별하는 것이며, 삶속에 어떻게 적용하는가를 확인해 보겠습니다.

사람들의 관심은 진실, 사실, 정의 등에 관심이 맞추어져 있습니다. 진실을 좋아하고, 사실을 선호하고 정의로워야 한다고 주장합니다. 세상에서 자주 사용되는 주장 중에는 '진실은 힘이 있다. 사필귀정이다. 언젠가 역사가 사실을 밝혀 줄 것이다. 우리는 진실의 힘을 믿습니다' 등이 있습니다. 또 '말에는 힘이 있다. 말이 씨가 된다. 당신 말대로 된다'고도 말하기도 합니다. 모두 좋은 말, 옳은 말들입니다. 그러나 이러한 주장들이 강조된다는 것은 실제적으로는 말처럼 이루어지지 않고 있다는 반증입니다. 진실이 드러나지 않는 경우가 많고, 정의가 반드시 이기지도 않으며, 역사는 너무 쉽게 왜곡되곤 합니다. 진실, 정의 등은 자체로서 역사하지 못하고 스스로 일하지 못합니다. 사실은 사실일 뿐, 정의는 정의일 뿐, 진실은 진실일 뿐, 개념은 개념일 뿐, 말은 말일 뿐 그것들은 일하지 못하고 변화를 만들어 내지 못합니다. 일하는 것, 변화를 만들어 내는 것, 어떤 움직임을 일으키는 것은 진실, 사실, 정의 자체가 아니라 인격체입니다. 인격체가 일을 하는 것이며 인격체가 무엇인가를 만들어 내는 것이며 인격체가 역사를 하는 것입니다. 그러므로 사실이나 진실이나 정의가 스스로 작동을 하고 스스로 역사하는 것이 아니라 인격체가 정의와, 인격체가 사실과 반응할 때 역사가 일어나는 것입니다. 인격체가 반응하지 않으면 진실, 정의 등은 힘이 없습니다. 그러니까 정작 중요한 것은 '진실이냐 사실이냐 옳으냐 참이냐'가 아니라 인격체입니다. 개념을 움직일 수 있는 인격체가 훨씬 더 중요합니다. 그 인격체가 바로 하나님과 사람입니다.

세상은 인격체 보다 사건 또는 개념 자체가 사실이냐 정의냐 옳으냐를 더 강조하고 초점을 맞춥니다. 예를 들어, 어떤 사실이 있는데 누군가 사실을 왜곡합니다. 사실이 왜곡되니까 왜곡된 내용 때문에 한쪽 사람이 죽습니다. 그러면 상대 쪽에 있던 사람들이 진실을 밝히려고 무지하게 애를 써서 결국 진실이 밝혀집니다. 진실이 밝혀진 결과 사실을 왜곡했던 사람이 죽습니다. 한 사건에 대해서 왜곡해서 이 사람이 죽고, 진실을 밝혀서 저 사람이 죽고 결국 진실은 남았는데 사람은 다 죽어 버립니다. 진실이 왜곡되는 것만이 문제가 아니라 진실이 바로 잡히는 것도 문제입니다. 진실 자체에 문제를 갖는 것이 아니라 인격체에 관심을 가져야 합니다. 진실은 남고 사람이 없어지는 것이 가장 바보 같은 행동입니다. 인간의 싸움 중에 가장 바보 같고 어리석은 싸움이 '누가 옳으냐?'는 싸움입니다.

인간을 위한 기준

성경은 '사실이냐 아니냐, 진실이냐 아니냐, 정의냐 아니냐'는 것을 말하지 않습니다. 왜냐하면 인간이 사실, 정의, 진실 등을 강조하는 것은 이미 인간의 삶 속에 거짓, 왜곡, 부정 등이 있다는 것을 전제하기 때문입니다. 그러나 하나님에게는 그런 것이 없습니다. 그래서 하나님은 어떤 내용의 사실여부, 어떤 내용의 진실여부, 어떤 내용의 정의여부 등을 언급하기 전에 모든 것의 기준이 하나님이라는 것을 강조합니다. 왜냐하면 하나님이 기준이 된다는 것은 하나님의 뜻과 하나님의 계획과 하나님의 원리와 하나님의 마음이 온전히 인간을 위한 것이라는 이유 때문입니다.

　많은 사람이 하나님에 대한 반감이 있고, 하나님이 전권을 휘두르며 인간이 조롱당하고 이용당하고 희생당한다는 안 좋은 인식이 깔려있습니다. 그래서 하나님이 기준이 된다, 하나님이 원리다, 하나님의 뜻대로 한다는 표현을 좋게 생각하지 않습니다. 그러나 하나님은 인간을 위한 분이고, 하나님은 인간을 위해 일하며 수고하며 역사하며 희생하시고 헌신하시는 분입니다. 말만 유창하게 하고, 좋은 말 바른말 옳은 말만 늘어놓는 분이 아니라 실제로 인간이 문제를 일으키면 하나님은 늘 일하시는 모습으로 등장합니다. 죄를 지은 인간을 찾아오시는 것도 하나님이요, 죄 지은 인간을 치유해주시는 것도 하나님이요, 죄인을 위해서 죽어 주시는 분도 하나님이요, 죄인을 하나님의 자녀 삼아 주시는 분도 하나님이요, 인간을 위한 수고와 애씀과 희생과 헌신과 일하시는 분도 하나님입니다. 하나님의 모든 계획, 하나님의 모든 뜻, 하나님의 모든 의도는 인간을 위한 것입니다.

　하나님이 기준이 된다는 것은 인간에게 매우 유익한 것입니다. 인간이 '진실이냐 거짓이냐, 옳으냐 틀리냐'를 따지면 결국 인간이 나누어지고 인간이 차별되어 집니다. 그래서 옳은 자에게는 상급으로, 틀린 자에게는 진노로 연결되어 결국 인간을 차별화 시켜냅니다. 모든 사람이 진실을 좋아하는 것이 아닙니다. 어떤 사람은 진실이 밝혀지기를 좋아하지만 어떤 사람은 진실이 끝내 밝혀지지 않기를 소망합니다. 왜냐하면 진실의 기준이 무엇이냐에 따라 상황이 달라지기 때문입니다. 각 사람은 자신의 기준에서 진실을 주장하려고 할 뿐입니다. 그러나 하나님의 기준은 누구는 좋게 하고 누구는 안 좋게 하고, 누구에게는 덕이 되게 하고 누구에게는 실이 되게 하는 것이 아닙니다. 하나님의 기준은 모든 인간을 덕이 되게 하고 모든 인간을 이롭게 하십니다. 하나님의 기준은 의인에게 적용이 되면 의인을 끌어주는 것으로, 죄인에게 적용되면 죄인을 살려주는 것으로 작용됩니다. 그래서 하나님의 기준 됨이 인간에게 좋은 것입니다.

하나님의 책임

하나님이 기준이 되시는 것이 인간에게 중요한 또 다른 이유는 하나님이 책임진다는 것입니다. 사실은 사실일 뿐 스스로 역사하지 못하며 스스로 어떤 역할을 감당하지 못합니다. 사실이 옳고 그름의 중요한 객관적 기준이 될 수 있지만 인격체와 분리되면 아무런 의미가 없어집니다. 인격체에 의하여 사실이 각양 다른 모양으로 역사될 수 있습니다. 그러나 하나님이 기준이요 척도라는 것은 하나님이 기준이기에 모든 책임을 하나님이 진다는 것이요 모든 역할을 하나님이 하신다는 것입니다. 하나님 스스로가 '내가 기준이 된다' 고 말씀하실 때 '내가 책임지고, 내가 일하고, 내가 만들고, 내가 역사하고, 내가 이룬다' 는 하나님의 활동과 의지가 전제되어 있는 것입니다. 하나님이 계시지 않는다면, 사실은 사실일 뿐 사실을 책임질 자가 없으며, 사실을 지켜낼 자가 없습니다. 하나님이 역사하지 않는다면, 정의는 정의로만 존재할 뿐 정의가 지켜지지 않으며 정의가 적용되지 않습니다. 하나님이 기준이 되시고 하나님이 책임져주신다는 것은 매우 중요한 것입니다.

교회에서 자주 사용하는 '하나님의 말씀이 정의요 하나님의 말씀이 사실이요 하나님의 말씀이 진실이다' 라는 말 중에서 정의, 진실, 사실에 초점이 맞추어지는 것이 아니라 하나님이 말씀하신 정의와 진실과 사실 그리고 하나님의 말씀이 실제로 정의되고 사실되고 진실되도록 하나님이 일하신다는 것이 훨씬 중요한 것입니다. 하나님이 진실을 말씀 하시는 것이 아니라 하나님이 진실입니다. 진실이 역사하는 것이 아니라 하나님이 역사하십니다. 진실이 있는 곳에 하나님의 역사가 있는 것이 아니라 하나님이 역사하는 것이 진실입니다. 진실이기에 하나님이 도우시는 것이 아니라 하나님이 행하시는 것이 진실입니다. 하나님은 두 사람 중에 진실한 자에게 역사하는 것이 아니라 사람이 있으면 하나님이 역사 하셔서 둘 다를 살려냅니다. 진실이 있고, 진실이 힘이 있어서 진실이 무엇을 만들어 내는 것이 아닙니다. 성경이 말하는 진리, 성경이 말하는 진실은 그 자체가 기준이 되어 옳고 그른 것을 분별해내는 작용을 하는 것이 아니라, 옳은 사람이건 틀린 사람이건 사람에게 하나님이 역사해서 둘 다를 살려내는 것을 말합니다. 결국 사람을 살려내는 것이기에 진실이라고 부를 수 있는 것입니다. 하나님이 진리이신 것입니다.

다윗의 행위

사울을 피해 도망 다니는 다윗은 놉에서 아히멜렉 제사장에게, 가드에서 아기스 왕에게 모두 진실을 말하지 않고 거짓말을 했습니다. 세상적 기준에 근거하면 다윗의 말은 사실이 아니며, 옳은 말이 아니며, 정의로운 행동이 아닙니다. 그런데 성경적 기준에 근거하면 다윗은 참 말, 옳은 말, 사실, 진실을 말한 것이요 정의롭게 행동한 것입니다. 본문에서 세상적 기준에서 볼 때 사실을 말한 아히멜렉과 거짓을 말한 다윗의 결과를 확인해 보아야 합니다. 다윗이 놉에 가서 제사장 아히멜렉을 만나서 대화하는 것을 듣고 본 자는 도엑입니다. 도엑은 사울에게 가서 다윗과 아히멜렉의 대화 내용과 행적을 자세히 보고합니다. 아히멜렉이 다윗이 구하는 것 즉 빵과 칼을 주었다고 말합니다. 도엑은 사실을 말했고, 진실을 말했습니다. 그 결과 제사장들이 다 죽임을 당합니다. 진실은 진실 자체로 독립적이지 않고, 진실 스스로 역사하지 못합니다. 진실보다 중요한 것이 진실을 다루는 인격체입니다. 도엑의 진실은 사울이라는 죄의 인격체와 결합되었을 때에 사람을 죽이는 결과를 만들어 내었을 뿐입니다. 진실이 전혀 선한 역할을 하지 못했습니다. 사람을 죽이는 진실을 진실로 여길 수 없습니다. 도엑과 다르게 다윗은 상대적으로 거짓말을 했습니다. 다윗이 아히멜렉에게 가서 대화한 내용 모두가 다 거짓이었습니다. 그런데 거짓말을 한 결과로 자기가 살고, 함께 했던 모든 사람이 다 살아났습니다. 인격이 거짓이라는 내용을 변화시켜 사람을 살려내는 역할을 이루어 낸 것입니다.

사람을 살리는 것

성도는, 기독교는, 신앙은 옳은 말이냐 틀린 말이냐는 논쟁을 넘어서는 것입니다. 하나님의 기준, 하나님의 원리, 하나님의 마음, 하나님 관점, 하나님 중심이어야 합니다. 왜냐하면 하나님의 원리와 뜻은 사실이냐 아니냐를 넘어서 사람을 살려내는 것이기 때문입니다. 사람들이 진실을 강조하는 이유, 선을 강조하는 이유는 서로 잘 살기 위해서입니다. 사람이 진실과 선 때문에 죽는다면 강조할 이유가 없습니다. 그런데 사람들은 살고자 진실과 선을 강조하면서 동시에 진실과 선 때문에 죽습니다. 왜냐하면 각 사람의 기준이 서로 다르기 때문에, 자신은 살고 남을 죽이는 기준을 가지고 있기 때문입니다. 하나님을 믿는 사람이기에 하나님의 사람인 다윗의 행동을 미화하는 것이 아닙니다. 다윗이 하나님의 사람이기에 다윗이 행동하는 것은 무조건 옳다고 편들어 주는 것이 아닙니다. 하나님의 뜻이라면 거짓말을 해도 되고, 하나님의 뜻이라면 사실을 왜곡해도 되고, 하나님의 뜻이라면 본질을 바꿔도 된다는 의미가 아닙니다. 사람들은 '누가 옳으냐, 누가 맞느냐'를 따지면서 논쟁의 중심과 본질 자체를 놓칩니다. 지혜롭게 행한다고 할 때 지혜의 기준이 하나님이요, 진실을 말한다고 할 때 진실의 기준이 하나님이요, 기준이신 하나님의 가장 핵심적인 의도는 사람을 살려 내는 것입니다.

바른 말을 해서 사람이 죽으면 그것은 바른 말이 아니요, 틀린 말을 해서 사람이 살면 그것은 틀린 말이 아닙니다. 세상의 말의 기준은 사람과 관계없이 말 자체의 사실여부에만 집중할 때 하나님의 기준은 사람을 살리느냐 죽이느냐에 맞추어져 있는 것입니다. 하나님의 기준에 의하여 모든 이들에게 하나님의 은혜가 들어나고, 모든 이들에게 이로움이 나는 것이 하나님적 기준에서 진리냐 거짓이냐를 말하는 성경의 기준이요 저와 여러분의 방식이어야 합니다. 하나님이 진리이십니다. 하나님이 진리이기 때문에 진리와 거짓을 나누어 하나님이 행동하시면 인간은 다 죽습니다. 왜냐하면 하나님이 의로운 자를 구원하시고 죄인을 심판하시면 아무도 살 수 있는 자가 없기 때문입니다. 의인에게 상주고 죄인에게 벌준다는 말은 옳은 말이고 사실이고 진실입니다. 그런데 진실대로 행하면 인간은 죄인이라 모든 인간이 멸절되는 것입니다. 모든 인간을 죽이는 진실은 진실로서 아무런 의미가 없습니다. 하나님의 기준에서 옳고 그름은 하나님의 의도대로 작용하고 역사하여 사람이 살아나고, 사람이 이로워지고, 사람이 덕을 얻고, 사람이 자유로워지고, 사람이 평화를 얻을 수 있을 때 옳다고 하는 것입니다. 성도가 하나님을 기준으로 인정하는 것은 하나님의 기준은 인간을 위한 것이요, 하나님의 기준은 하나님이 인간을 책임지신다는 것을 믿는 것입니다.

하나님이 나를 위하여 어떻게 행하실 것을 알기까지

하나님의 역사

하나님의 사람들은 하나님을 믿는 사람들입니다. 하나님은 의미나 개념이 아니라 존재이십니다. 하나님은 존재로서 역사하시고 일하시고 그분의 계획대로 행하시고, 때에 합당하게 행하시고, 모든 것을 이롭게 하시고, 모든 일을 인간에게 유익하게, 인간에게 맞게 잘 하십니다. 다윗의 경우를 통하여 확인해 보겠습니다. 다윗은 어느 날 사무엘에게서 기름을 부어 왕이 된다는 위임을 받았습니다. 백성 앞에서 적장 골리앗을 이김으로 말미암아 왕의 자질이 있다는 것을 인정받았습니다. 하나님이 기름 부었고, 하나님이 도와서 이기게 했으면 이제 나머지 절차도 하나님이 잘 인도해주셔야 되는데 지금까지와는 달리 이후부터는 일이 꼬여서 왕이 되기는커녕 왕에게 미움을 받고 왕에게서 살해의 위협을 당하고 도망을 다니는 신세가 되어버렸습니다. 다윗이 상황을 어떻게 받아드려야 할지 상당히 난감할 것입니다. 아마도 다윗은 '하나님이 나를 뽑으신 것이 실수여서 일이 틀어졌나? 하나님이 나를 기름 붓고 정적을 이기는 것까지는 도우시다가 요새는 바쁘셔서 나를 방치하시는가? 분명 하나님이 나를 왕으로 삼아서 나라를 다스리게 하려고 하면 모든 일이 형통해야 되는데 왜 이렇게 상황은 어렵게만 이어지지?' 등의 생각에 다윗의 난감함, 다윗의 절망감, 다윗의 당혹감, 다윗의 좌절감은 대단했을 것입니다.

　하나님은 절대로 게으르지 않습니다. 한때는 다윗을 잘 돌보다가 요즘엔 방관하여서 다윗이 사울에게서 도망 다니는 것이 아닙니다. 하나님은 지금도 여전히 다윗을 만들어 가십니다. 하나님은 하나님의 때에 맞추어 가고 계십니다. 다만 다윗의 생각이 하나님의 생각과 다르기 때문에 늦은 것처럼 느껴질 뿐입니다. 또 하나님은 착각하지 않습니다. 다른 사람인데 잘못 뽑아서 취소하여 사람을 바꾸는 분이 아닙니다. 하나님은 지금 다윗을 만들어 가는 것입니다. 다윗을 왕으로 만들어 가는 과정 중에 하나님이 다윗 주변에 사람을 모아 줍니다. 다만 하나님이 모아 주는 사람이 우리의 기대와 다윗의 기대와 전혀 다르게 등장하는 것입니다. 22장 2절에 하나님이 사람을 모아 주었는데 '환난당한 모든 자와 빚진 자와 마음이 원통한 자가 다 그에게로 모였고' 입니다. 다윗은 왕의 후계자로 왕이 될 사람입니다. 차기 왕의 주변에는 장군들이 몰려와야 하고, 인재들이 몰려와야 하고, 재정 후원자들이 몰려와야 합니다. 그래야 빨리 나라를 재건하는 일에 정진할 수 있습니다. 그런데 하나님은 정반대의 사람들을 모아 주셨습니다. 다윗 자신도 도망가기 바쁜데 환난 당한 모든 자, 빚진 자와 마음이 원통한 자가 한 둘도 아니고 사백 명이나 모여서 도망 다니는 다윗의 발걸음을 무겁게 만들고 있습니다. 이것은 상황이 어려워지는 것이 아니라, 하나님이 다윗을 훼방하는 것이 아니라 하나님의 도우심이요 하나님의 만들어 가심이요 하나님의 준비하심입니다.

하나님의 사람

도대체 하나님은 무엇을 만들고자, 무엇을 가르치려고 이렇게 하고 계실까요? 다윗이 자기 주변에 모인 사람들을 데리고 모압 미스베로 가서 모압 왕에게 하는 말이 있습니다. 사무엘상 22장 3절 '다윗이 거기서 모압 미스베로 가서 모압 왕에게 이르되 하나님이 나를 위하여 어떻게 하실 지를 내가 알기까지' 가 다윗의 관심사 입니다. 다윗은 언제 내가 왕이 될 것인가에 관심이 없습니다. 내가 어떻게 왕이 될 것인가에 관심이 없습니다. 내가 어떻게 나라를 다스릴 것인가에 관심이 없습니다. 하나님이 지금 다윗에게 알게 하고 가르치려고 하는 것은 '하나님이 나를 위하여 어떻게 하실 것인가?' 라는 하나님의 마음, 하나님의 계획, 하나님의 의도, 하나님의 원리입니다.

하나님은 다윗에게 사람들을 모아주셨습니다. 다윗 주변에 모인 모든 환난 당한 자, 빚진 자, 마음이 원통한 자들에게 다윗이 해줄 수 있는 것이 무엇일까요? 다윗이 그들에게 구제 사업을 할까요? 그들을 데리고 다윗이 빈민 활동을 할까요? 그들을 데리고 재건훈련을 할까요? 예수님에게 사람들이 몰려왔습니다. 하나님이 떡을 준적이 있습니다. 그렇다고 그들의 가난을 해결해 준적이 없습니다. 예수님에게 병자들이 몰려들었습니다. 하나님이 그들의 병을 치유해 준적이 있습니다. 그러나 하나님이 병원을 차리신 적이 없습니다. 다윗에게 모든 환난 당한 자 빚진 자 마음이 원통한 자가 왔습니다. 다윗이 그들을 위해 무엇을 할 수 있을까요? 무엇을 해야 할까요? 하나님은 왜 그들을 보냈을까요? 일반적으로 사람들은 빚진 사람이 있으면 그 사람을 '빚진' 사람이라고 합니다. 빚을 졌다는 것을 강조할 뿐 사람이라는 사실을 강조하지 않습니다. 비록 빚을 졌을지라도 사람이기에 사람대접을 해 주어야 합니다. 그런데 세상에서는 빚진 사람은 '빚진' 사람일뿐 사람대접을 해 주지 않습니다. 무식한 사람이 있습니다. 그 사람은 단지 학력이 짧을 뿐입니다. 그런데 세상에서는 무식한 사람은 '무식한' 사람이라고 여길 뿐 사람대접을 해 주지 않습니다. 빚진 사람도 사람이요, 환난당한자도 사람이요, 곤고한 자도 사람이요 사람은 사람대접을 받아야 합니다. 하나님은 이스라엘의 왕이 될 후계자로 기름 부은 다윗에게 인재와 참모를 보내는 것이 아니라 원통한 자, 빚진 자, 환난 당한 자를 보내주시는 것입니다.

다윗이 그들의 원통함을 풀어줄 수 없고, 그들의 빚을 다 갚아줄 수 없고, 환난을 해결 해 줄 수 없습니다. 아무 것도 해 줄 수 없습니다. 다만 한 가지 다윗이 할 수 있는 것은 그들을 사람으로 대접하는 것입니다. 원통한 자, 환난당한 자를 사람으로 대접할 수 있는 것은 다윗에게 하나님의 마음이 있어야 가능합니다. 하나님이 자신을 대해주시고 있는 마음으로 자신도 다른 사람을 대해 줄 때에만 가능합니다. 그래서 하나님이 다윗 주변에 그런 사람을 보내 주는 것입니다. 그들에게 하나님의 심정으로 사람대접을 해주고, 하나님의 심정으로 인간 대접해주고, 하나님의 원리로 덕이 되게 하고 유익이 되게 하고 자유가 되게 하십시오. 하나님의 사람이 갖추고 배우고 연단하고 쌓아야 할 것은 하나님의 마음입니다. 하나님의 사람이 갖추어야 하는 것은 하나님의 능력이나 재주나 실력이 아닙니다. 능력과 재주와 실력으로 사람이 안 바뀌고 사람이 달라지지 않습니다. 하나님 원리, 하나님 마음, 하나님 심정, 하나님의 뜻이어야 합니다.

하나님의 준비

하나님은 다윗을 왕으로 기름 부으셨고, 하나님이 기뻐하시고 백성이 즐거워하는 왕이 될 수 있도록 준비해 가십니다. 하나님은 왕이 될 다윗에게 지도력 훈련이 아니라, 리더쉽 훈련이 아니라, 통찰력 훈련이 아니라, 결단력 훈련이 아니라 오직 한 가지 하나님을 알게 하는 것입니다. 하나님의 마음, 하나님의 심정, 하나님의 뜻, 하나님의 관점, 하나님의 기준을 가지고 행동하게 하는 것입니다. 하나님의 기준은 '옳으냐 그르냐?' 가 아닙니다. '맞느냐 틀리느냐?' 아닙니다. '참이냐 거짓이냐?' 가 아닙니다. 하나님의 기준은 '사람을 살려내느냐? 사람을 위로하느냐? 사람을 평화롭게 하느냐? 사람을 안식하게 하느냐?' 입니다. 하나님의 기준이어야 사람 사는 세상이 되고 사람이 살만해집니다. 물론 다윗이 하나님의 일하심을 다 알고 하나님의 일하심을 온전히 믿은 것이 아니었습니다. 자신의 상황 가운데 '하나님이 나를 위하여 어떻게 하실 지를 내가 알기까지' 기다렸습니다. 하나님의 마음으로 사람을 대하고, 하나님의 심정으로 사람을 대하여, 하나님의 평화를 누리고, 하나님의 자유를 누리고, 하나님의 안식을 누리고 멋지게 하나님나라를 살아가시기를 주님의 이름으로 축원합니다.

20
사람의 말, 하나님의 말

사무엘상 24:1~22

1 사울이 블레셋 사람을 쫓다가 돌아오매 어떤 사람이 그에게 말하여 이르되 보소서 다윗이 엔게디 광야에 있더이다 하니 2 사울이 온 이스라엘에서 택한 사람 삼천 명을 거느리고 다윗과 그의 사람들을 찾으러 들염소 바위로 갈새 3 길 가 양의 우리에 이른즉 굴이 있는지라 사울이 뒤를 보러 들어가니라 다윗과 그의 사람들이 그 굴 깊은 곳에 있더니 4 다윗의 사람들이 이르되 보소서 여호와께서 당신에게 이르시기를 내가 원수를 네 손에 넘기리니 네 생각에 좋은 대로 그에게 행하라 하시더니 이것이 그 날이니이다 하니 다윗이 일어나서 사울의 겉옷 자락을 가만히 베니라 5 그리 한 후에 사울의 옷자락 벰으로 말미암아 다윗의 마음이 찔려 6 자기 사람들에게 이르되 내가 손을 들어 여호와의 기름 부음을 받은 내 주를 치는 것은 여호와께서 금하시는 것이니 그는 여호와의 기름 부음을 받은 자가 됨이니라 하고 7 다윗이 이 말로 자기 사람들을 금하여 사울을 해하지 못하게 하니라 사울이 일어나 굴에서 나가 자기 길을 가니라 8 그 후에 다윗도 일어나 굴에서 나가 사울의 뒤에서 외쳐 이르되 내 주 왕이여 하매 사울이 돌아보는지라 다윗이 땅에 엎드려 절하고 9 다윗이 사울에게 이르되 보소서 다윗이 왕을 해하려 한다고 하는 사람들의 말을 왕은 어찌하여 들으시나이까 10 오늘 여호와께서 굴에서 왕을 내 손에 넘기신 것을 왕이 아셨을 것이니이다 어떤 사람이 나를 권하여 왕을 죽이라 하였으나 내가 왕을 아껴 말하기를 나는 내 손을 들어 내 주를 해하지 아니하리니 그는 여호와의 기름 부음을 받은 자이기 때문이라 하였나이다 11 내 아버지여 보소서 내 손에 있는 왕의 옷자락을 보소서 내가 왕을 죽이지 않고 겉옷 자락만 베었은즉 내 손에 악이나 죄과가 없는 줄을 오늘 아실지니이다 왕은 내 생명을 찾아 해하려 하시나 나는 왕에게 범죄한 일이 없나이다 12 여호와께서는 나와 왕 사이를 판단하사 여호와께서 나를 위하여 왕에게 보복하시려니와 내 손으로는 왕을 해하지 않겠나이다 13 옛 속담에 말하기를 악은 악인에게서 난다 하였으니 내 손을 왕을 해하지 아니하리이다 14 이스라엘 왕이 누구를 따라 나왔으며 누구의 뒤를 쫓나이까 죽은 개나 벼룩을 쫓음이니이다 15 그런즉 여호와께서 재판장이 되어 나와 왕 사이에 심판하사 나의 사정을 살펴 억울함을 풀어 주시고 나를 왕의 손에서 건지시기를 원하나이다 하니라 16 다윗이 사울에게 이같이 말하기를 마치매 사울이 이르되 내 아들

다윗아 이것이 네 목소리냐 하고 소리를 높여 울며 17 다윗에게 이르되 나는 너를 학대하되 너는 나를 선대하니 너는 나보다 의롭도다 18 네가 나 선대한 것을 오늘 나타냈나니 여호와께서 나를 네 손에 넘기셨으나 네가 나를 죽이지 아니하였도다 19 사람이 그의 원수를 만나면 그를 평안히 가게 하겠느냐 네가 오늘 내게 행한 일로 말미암아 여호와께서 네게 선으로 갚으시기를 원하노라 20 보라 나는 네가 반드시 왕이 될 것을 알고 이스라엘 나라가 네 손에 견고히 설 것을 아노니 21 그런즉 너는 내 후손을 끊지 아니하며 내 아버지의 집에서 내 이름을 멸하지 아니할 것을 이제 여호와의 이름으로 내게 맹세하라 하니라 22 다윗이 사울에게 맹세하매 사울은 집으로 돌아가고 다윗과 그의 사람들은 요새로 올라가니라

하나님의 준비

하나님이 하시는 하나님의 일

성경에 여러 사건이 나오고 여러 예언들이 나오고 여러 가르침이 나올지라도 하나님이 인간에게 가르쳐 주고자하는 본질적인 내용은 인간의 문제는 죄라는 것이며 죄의 해결은 하나님을 아는 것이라는 것입니다. 사울이 등장하고 소멸되는 것, 다윗이 등장하는 것, 누가 더 선한 왕이 되는가, 누가 더 백성의 신망을 얻는 왕이 되는가, 누가 더 하나님께 영광을 돌리는가의 문제가 아닙니다. 왕정제도는 인간들이 생각하는 문제와 문제 해결 방식에 비추어 하나님이 생각하시는 문제와 문제의 해결 방식을 가르쳐 주시는 것입니다. 이스라엘은 자신들의 삶이 불완전했을 때 백성의 생각에 열국과 같은 왕정 제도가 없기 때문이라고 생각했고 그래서 왕을 요구했고 왕을 세웠습니다. 그렇게 세운 왕이 사울이였지만 주변국들에 의한 두려움 대신에 바로 자신들이 세운 왕에 대한 두려움이 새롭게 더 많이 있었습니다. 문제는 제도가 아니었고 해결책은 왕이 아니었던 것입니다. 하나님은 새로운 선한 왕을 뽑아 주시는 것이 아니라, 문제는 제도가 아니라 죄이며, 해결책은 누구를 뽑느냐가 아니라 하나님을 의지하는 것이라는 것을 가르쳐 주시는 것입니다. 하나

님을 의지하고 하나님의 원리대로 행동하면 모두가 평안하고 행복하다는 것을 보여 주는 예로서 다윗이 등장하는 것입니다.

하나님이 다윗을 뽑으셨고 하나님이 다윗에게 기름 부으셨고 하나님이 다윗을 돕고 계십니다. 그렇다고 하나님이 다윗을 왕으로 만들려는 것이 목적이 아닙니다. 하나님이 안심하고 믿을 수 있는 다윗을 만들어 내면 그때 하나님은 걱정을 덜게 되는 것이 아닙니다. 하나님의 의도는 사람들로 하여금 다윗을 의지하게 하는 것이 아니라 하나님을 알아 하나님을 의지하게 만드는 것입니다. 그래서 성경을 읽는 성도들이 다윗에게로 초점이 맞추어지면 바르게 이해하는 것이 아닙니다. 하나님이 다윗을 통하여 하나님을 알게 하고자 하기 때문에, 하나님이 다윗을 만들어 가시며 연단시키며 가르쳐 가는 내용이 우리들이 기대하는 것과는 다릅니다. 하나님은 다윗에게 어떤 과업을 이룰 능력을 준비시키는 것이 아닙니다. 국가를 경영하려는 통치술이나 국토를 확장하려는 작전술이나 어떤 일을 위한 기술, 실력, 능력, 재력, 테크닉 등을 가르치지 않습니다. 또 하나님은 다른 사람의 마음을 얻는 처세술을 준비 하지 않습니다. 시대에 걸맞은 새로운 리더십이나 모든 사람의 감동을 얻을 수 있는 친화력이나 사람들의 심중에 호소하는 감성이나 누구에게나 책잡히지 않는 철저한 자기관리의 방법을 가르치는 것이 아닙니다. 또 지도자가 되고 왕이 되어야 하니까 다른 사람을 위하는 태도나 자세, 의전을 훈련하지도 않습니다. 자기 목숨보다 남의 목숨을 소중히 여기는 희생정신, 언제라도 대를 위해서는 자기 자신인 소를 희생할 줄 아는 살신성인의 정신, 자기에게 무슨 일이라도 맡기면 이 한 몸 부서져라 충성을 다하겠다는 충성심을 가르치는 것도 아닙니다.

하나님은 다윗을 만드는데 다윗을 통하여 하나님이 유익을 얻으려고 하는 것이 아니라 다윗 자체가 목적이고 그 일을 통하여 사람들이 하나님을 아는 것이 목적입니다. 그래서 하나님이 하시는 일의 결과가 최우

선적으로 다윗에게 좋은 것입니다. 하나님은 다윗에게 하나님의 마음을 가르치고 하나님의 원리를 배우게 합니다. 그 결과 가장 좋은 사람은 다윗입니다. 하나님에게 배워 가장 행복한 사람은 다윗입니다. 하나님을 알아 가장 자유로운 사람은 다윗입니다. 그렇게 하나님이 다윗으로 하여금 먼저 하나님을 배우고 하나님의 원리대로 행하여 다윗이 행복하게 하시고, 다윗이 하나님의 원리대로 행하여 행복한 모습을 보고 함께 있는 자들도 행복하고 함께 하는 자들도 하나님의 원리대로 해야겠다고 다짐하게 하십니다.

아둘람에 모인 사람들

그러한 작업을 하기 위하여 하나님이 다윗에게 나오도록 부른 사람들이 22장 2절에 '모든 환난 당한 자 빚진 자 마음이 원통한 자들' 입니다. 환란 당한 모든 자, 원통한 자, 빚진 자들의 공통점은 억울하다는 것입니다. 하나님이 왜 저들을 다윗에게로 보내며, 그들에게 무엇을 해주라고, 그 일들을 통하여 무엇을 배우라고 하나님이 그들을 보내신 이유를 알아야 합니다. 모인 사람의 첫 번째 부류는 환난당한 자입니다. 환난당한 자는 무엇인가에 해를 당하고 고통 받고 어려움을 받고 있는 사람들입니다. 만약 어떤 사람이 자기가 잘못을 했을 때 잘못의 대가로 어려움을 받고 있다면 스스로 환난 당한다고 말하지 않습니다. 물론 잘못을 범할 수 있고, 대가로 벌을 받을 수 있습니다. 하지만 경미한 잘못에 비하여 중한 벌을 받으면 억울함을 느끼고 환란을 당하는 것입니다. 환난당하는 자들에 대하여 성경이 말하고자 하는 것은 부당하게 대접 받고 있다 또는 과도한 대접을 받고 있다는 것입니다. 그래서 그들의 마음에 억울함이 있는 자들입니다. 그들의 마음을 어떻게 풀어 줄 수 있을까요? 두 번째 부류는 원통한 자들입니다. 원통한 자는 단지 어떤 어려움에 처한 자들만이 아닙니다. 인간이 가장 못 견디는 것 중의 하나가 억울함이라고 합니다. 공부를 잘해서 A+ 나와야 된다고 생각을 하는데 자기가 A 밖에 못 받았으면 원통한 것입니다. 상을 더 받아야 되는데 조금밖에 못 받으면 그것도 원통한 것이요 합당치 않은 대우를 받는 것이며 공정하지 못한 대우를 받는 것입니다. 그들의 마음을 어떻게 풀어주고 다윗이 그들을 위해 할 수 있는 게 무엇이겠으며 하나님은 왜 그들을 다윗에게 보내냐는 것입니다. 세 번째 부류는 빚진 자입니다. 빚진 자는 원통하거나 억울한 것보다 삶에 소망이 없고 남을 힘들게 만들었다는 자괴감과 절망감에 빠져있는 자들입니다.

다윗의 심정

다윗 주변에 환난 당한 모든 자, 원통한 자, 빚진 자가 몰려 왔습니다. 그들을 만났을 때 다윗의 심정을 한 마디로 표현하면 사자성어로 동병상련同病相憐입니다. 왜냐하면 지금 모든 환난 당한 자나 억울한 자나 원통한 자나 빚진 자나 똑같은 상황, 똑같은 심정이 다윗이기 때문입니다. 다윗도 지금 환난을 당하고 있습니다. 다윗이 사울에게 무엇을 잘못했기에 사울이 죽인다고 창을 던지고 자기를 잡으러 군사를 보내어 자기가 도망 다녀야 하냐 말입니다. 다윗은 환난을 당하고, 자기의 처지가 그들과 똑같고 억울한 심정 가운데 여기 저기 피난을 다니고 있습니다. 그러다 보니까 본의 아니게 이 사람 저 사람에게 신세를 지고 빚을 지고 있습니다. 사무엘상 22장에서 아히멜렉이라고 하는 제사장을 찾아가서 떡을 얻고 칼을 얻어 왔습니다. 자기는 도움을 받았지만 그 사건이 사울에게 알려져서 모든 제사장이 사울에게 다 멸절을 당합니다. 나를 도와준 사람들이 나 때문에 죽었다는 소식을 들은 심정이 빚진 자의 심정이요 그러나 사울에게 쫓겨 다니는 자기를 보면 자기도 환난 당하는 것이요, 원통함이란 말입니다. 자기 앞에 나온 사람들이 자신의 처지나 심정이 똑같은 것입니다.

다윗의 주변에 사람들이 모여서 만나면 하는 가장 중요한 주제로, 사람이 살만한 세상이 되려면 가장 필요한 것은 바로 공의입니다. 자신들이 원통하고, 억울하고, 환난을 당하고 있기에 이 모든 것을 해결하려면 일을 공정하게 처리해야 하고, 공의가 서야 하고, 법이 강화되어야 하고, 질서가 확립되어야 한다는 주장을 날마다 펼칠 것입니다. 억울한 마음을 풀어 줄 방법 중의 하나가 공의입니다. 세상에서 법의 역할이 억울한 자를 없애 주고, 고통과 원한을 사지 않도록 막아주는 것입니다. 다윗이 하나님의 사람으로 부름 받았다면 당연히 공의를 행해야 합니다. 그러나 하나님은 다윗에게 공의 그 이상의 것을 보여주고 계십니다. 당연히 해야 하는 행동으로서 공의보다 더 중요한 것은, 하나님이 다윗에게 가르쳐 주고 계시는 인간을 인간으로 대접하는 것입니다. 인간을 인간으로 대하는 것은 공의보다 훨씬 높은 차원입니다. 공의롭게 행하면 억울한 자는 생기지 않고 원통한 자는 생기지 않습니다. 공의롭게 행하면 잘한 사람은 잘한 대로 살고 억울한 일을 당한 사람은 억울함을 회복할 수 있지만, 정말로 잘못한 사람은 살길이 없는 것이 공의입니다. 공의는 정말로 옳은 것이요 좋은 것입니다. 그러나 공의는 의로운 사람, 옳은 사람은 살게 하지만 잘못한 사람들, 죄인들은 살 방법이 없게 만드는 것입니다. 그래서 하나님은 공의로서 억울함을 벗어나게 해 주시고, 그 이상인 인간 대접 즉, 은혜와 사랑의 원리를 동원하여 일보다 사람이 중요하고 그 어떤 것보다 공의보다 사람이 중요하다는 것을 다윗에게 알게 하고 다윗이 하나님을 통하여 사람의 중요성 경험하게 하는 것입니다. 이것이 바로 하나님이 다윗에게 알리시려고 하는 공의와 공의를 넘는 은혜와 사랑의 법칙입니다. 하나님은 다윗에게 모든 환난 당한 자, 빚진 자, 원통한 자, 자기 심정과 같은 자들을 만나서 그들 가운데 이 땅에 필요한 것이 무엇이며, 인간의 행복을 위해서 필요한 것이 무엇인가를 바로 깨달아 알게 하시는 것입니다.

죽이는 사람, 살리는 하나님

죽이러 다니는 사람

인간의 삶을 개선하고자 환경문제, 교육문제, 심리문제, 경제문제 등이 대두할 때에 조금만 다른 각도에서 생각해보면 이러한 주장들이 얼마나 얼토당토하지 않고, 죄를 모르고서는 말이 되지 않는가를 확인해 볼 수 있습니다. 사무엘상 24장에 사울과 다윗이라고 하는 두 사람이 있습니다. 두 사람 중 환경, 처지, 상황 조건들을 비교해서 여유롭고 힘을 가진 사람은 사울입니다. 사울은 왕이요 부와 명예와 힘을 가진 사람입니다. 이 모든 것을 가지는 사람이라면 자신이 여유가 있고 넉넉하기 때문에 다른 사람을 배려할 수 있고, 도울 수 있고, 후원할 수 있는 상황입니다. 게다가 특별히 사울은 왕입니다. 왕은 백성을 보호해야 하고 억울한 일이 없도록 바르게 통치해야 하고 편안한 삶을 살도록 책임을 져야 하는 위치에 있는 사람입니다. 그런데 성경에 보면 사울이 힘과 권세와 부와 명예를 가지고, 덕을 베풀고 은혜를 주고 사랑을 주고 모든 사람에게 도움을 줄 위치와 신분에 있는 사람이 사람을 죽이러 다니고 있습니다. 자신이 가지고 있는 부와 권세와 명예와 힘을 총동원하여 사람 죽이는 일에 집중하고 있습니다. 다윗을 잡아 죽이려 하고, 다윗과 관련된 모든 사람을 다 죽여 버립니다. 제사장이 다윗에게 떡을 주었다고 제사장들을 다 멸절 해버리고, 자기 신하 다윗이 어디에 숨었는지 알려지기만 하면 군사들을 동원해 잡으려고 쫓아갑니다. 왜 다윗을 죽이려 하느냐고 묻는 자기 아들에게도 패역무도한 계집의 소생이라는 저주를 퍼붓고, 계속해서 환난 당하는 자들을 만들어 내고 원통한 사람들을 만들어 내고 있습니다. 경제적으로 부유한 자에게서 여유가 나오지 않습니다. 지위가 있는 자에게서 배려가 나오지 않습니다. 배운 자에게서 사랑이 나오지 않습니다. 권세자에게서 섬김과 봉사가 나오지 않습니다. 사람이 죄에 잡혀 있는 이상 죄는 힘을 악용하게 만들고 죄는 돈을 악용하게 만들고 죄는 권세를 악용하게 만듭니다. 죄를 고치지 않으면 어떤 식으로도 인간을 변화 시킬 수 없습니다.

살리러 다니는 사람

사울과는 반대로 다윗은 도망 다니는 사람이요 쫓기는 사람입니다. 쫓기는 자는 아무것도 가진 것이 없고 도리어 자신의 목숨이 위험에 처해 있기 때문에 악을 저지를 가능성이 많은 환경입니다. 굳이 의도적으로 남을 해치는 것이 아니라 내 목숨을 지키려다 보니 남을 해치게 되는 일이 발생할 소지가 많습니다. 다윗의 억울하고 원통함 가운데 악을 행할 가능성이 많은 상황임에도 전혀 다르게 행동합니다. 다윗이 자신의 목숨을 부지하기 위해 가는 곳마다 약탈하고, 가는 곳마다 사람을 죽이고, 가는 곳마다 문제를 일으키고 있는 것이 아닙니다. 도망자 다윗이 평범한 사람을 환난 당하게 만드는 것이 아니라 도리어 환난 당하는 모든 자의 마음을 풀어 주고 있습니다. 도망자 다윗이 또 다른 원통한 자를 만들어 내는 것이 아니라 원통한 사람들의 마음을 녹여주고 있습니다. 도망자 다윗이 자기 목숨 구하고자 다른 사람을 죽이는 것이 아니라 다른 사람들의 목숨을 구해줍니다.

사무엘상 23장에 보면 블레셋 사람들이 그일라 사람들을 쳐서 그일라 사람들이 억울하게 약탈을 당하자 다윗이 그 성을 다시 찾아주고 백성을 구원하고 살려내는 일을 합니다. 다윗이 그일라 성을 회복하러 갈 때 하나님께 묻습니다. "내가 가서 이 블레셋 사람을 치리이까?"라고 물을 때 하나님의 대답이 "일어나 그일라로 내려가라. 내가 블레셋 사람들을 네 손에 붙이리라"입니다. 하나님이 도우시는 이유는 다윗이 원래 심정이 좋아서, 다윗이 원래 마음이 착해서, 다윗이 원래 의협심이 강해서가 아니라 하나님이 다윗을 통해 하나님이 일하심의 원리를 보여주고,

다윗이 하나님의 원리대로 행하고 있다는 것을 확인해주려는 것입니다. 사람이 처한 처지와 환경이 사람의 행동에 큰 영향을 줄 수 있습니다. 그러나 하나님이 함께 하시지 않으면 사람은 좋은 처지와 환경에도 다른 사람에게 악을 행할 수 있고, 하나님이 함께 하시면 나쁜 처지와 상황과 환경에도 다른 사람에게 선을 행할 수 있습니다. 처지와 환경이 문제가 아니라 죄가 문제이고 해결책은 처지와 환경을 개선하는 것이 아니라 하나님을 아는 것이라는 것을 보여 주는 것입니다.

사람의 말, 하나님의 말씀

사람의 말

다윗이 쫓겨다니는 중에 어느 날 엔게디 황무지 들판에 머물게 됩니다. 사울이 다윗이 그 곳에 있다는 소식을 듣고 이스라엘에서 뽑은 군사들을 데리고 잡으러 옵니다. 황무지 가운데 굴이 하나 있는데 다윗이 공교롭게도 굴속에 숨습니다. 다윗이 굴속에 있다는 것을 모르고 사울이 자기 나름대로 잠시 쉬려고 피했는데 그곳이 바로 그 굴입니다. 그래서 똑같은 굴에 다윗은 안쪽에 있고 사울이 여기 왔다는 것을 알고 있고, 사울은 안에 다윗이 있다는 것을 모르고 굴 입구에 있습니다. 도망 다니는 다윗과 잡으러 다니는 사울이 지금 가까운 곳에 함께 있습니다. 도망 다니던 다윗은 사울이 어디 있는가를 알고 있고, 사울은 다윗이 어디 있는지를 모르고 있습니다.

바로 그 때 다윗 주변에서 다윗을 도와주던 동료들이 다윗에게 한마디 말을 합니다. 24장 4절 "다윗의 사람들이 이르되 보소서 여호와께서 당신에게 이르시기를 내가 원수를 네 손에 넘기리니 네 생각에 좋은 대로 그에게 행하라 하시더니 이것이 그날이니이다" 입니다. 다윗이 듣기에 너무나 옳은 말이요 합당한 말입니다. 참으로 억울하게 도망 다니던 다윗에게 이렇게 절호의 찬스란 두 번 다시 올 수 없는 아주 기가 막힌 찬스입니다. 바로 그때 주변에 있는 사람들이 다윗의 행동의 정당성을 인정해 주고, 하나님의 응답이라고 확신까지 주고 있습니다. 단지 말로만이 아니라 실제로 생각해보아도 이런 기회는 다시 오지 않습니다. 정말로 하나님이 이런 기회를 안 주면 이런 기회는 오지 않으며, 누가 보아도 하나님의 응답이고 분명하게 흔들림이 없을 정도의 좋은 기회입니다. 그런데 다윗은 동료들의 옳은 말, 합당한 말을 따르지 않습니다.

동료들의 주장처럼 이 상황이 하나님의 응답여부를 확인하는 방법을 잘 분별 하셔야 합니다. 하나님의 응답 여부를 확인할 때에 내 상황에서 하나님의 원리를 적용하려고 시도하면 안 됩니다. 내가 처한 상황에서 하나님의 원리를 이해하려고 하면 내가 처한 상황이라고 하는 전제를 가지고 있기 때문에 하나님의 원리를 모두 나에게 유리한 쪽으로 정당화하고 합리화하려는 죄의 원리를 벗어 날 수 없습니다. 내 상황 속에서 하나님의 응답 여부를 묻는 것이 아니라 하나님의 원리를 가지고 내 상황을 어떻게 이해해야 하고 하나님의 원리를 가지고 내 상황을 어떻게 분별해야 하는가를 점검해야 합니다. 사람은 남의 이야기 할 때는 모두 객관적이 될 수 있습니다. 남의 상황을 분별 할 때는 사람들이 하나님의 원리, 하나님의 기준, 하나님의 방법을 잘 적용합니다. 그런데 정작 자신의 상황이 되어 버리면 하나님의 원리가 보이는 것이 아니라 자신의 상황이 보입니다. 왜냐하면 자신이 처한 상황은 대부분 절박하기 때문입니다. 자신의 상황에서 하나님의 원리를 이해하려고 하면 자신에게 유리한 쪽으로 해석하고 싶은 죄의 욕망을 부인할 힘이 없습니다.

다윗의 동료들은 상황을 가지고 하나님의 원리를 이해하는 것입니다. 당연히 말이 되고, 하나님의 응답이요, 하나님께서 도우시는 것이요, 하나님이 주신 절호의 기회라고 주장합니다. 그러나 다윗은 정반대로 행동합니다. 자신의 상황에서 하나님의 응답을 확인하는 것이 아니라 하나님의 원리로 자신의 상황을 점검하는 것입니다. 하나님의 원리에서 자신의 상황을 점검해보니 동료들의 말이 하나님의 원리와 일치하지 않는 것입니다. 왜냐하면 하나님의 원리는 사람을 살리는 원리요, 죄인을 살려 주시는 하나님이었는데 하나님이 다윗 앞에 다윗의 개인적 원수를 갚으라고 하나님이 기름 부어 세우신 왕을 죽이라고 응답하는 상황을 연출하실 리가 없기 때문입니다. 동료들의 말은 심정은 이해가 가고, 사람의 생각에는 합당하지만 하나님의 원리에는 맞지 않는다는 것입니다. 그래서 다윗은 동료들의 권고에도 사울을 죽이지 않습니다. 상황을 가지고 하나님의 말씀을 이해하려고 하면 실패합니다. 하나님의 말씀을 가지고 내 상황을 이해해야 합니다. 우리는 언제나 하나님의 원리, 하나님의 말씀, 하나님의 뜻을 잘 기억하고 있어야 합니다. 평상시에 하나님의 원리, 하나님의 기준, 하나님의 방법에 대한 충분한 분량을 쌓아 놓아야 합니다.

하나님의 말씀

하나님의 뜻, 하나님의 계획, 하나님의 원리, 하나님의 기준은 언제나 인간을 위한 것입니다. 단지 당사자 한 사람이 아니라 모든 인간을 위한 것입니다. 누군가 한 사람을 행복하게 하고자 다른 누군가 한 사람이 희생을 당한다면 그것은 모든 인간을 위한 원리라고 말할 수 없습니다. 죄의 원리는 당사자만 행복하게 하는 원리이지만 하나님의 원리는 모든 인간을 행복하게 하는 원리입니다. 죄의 원리는 인간을 인간의 적으로 생각하게 만듭니다. 죄의 원리는 인간을 이겨야 승리를 얻을 수 있다고 말합니다. 죄의 원리 중에 가장 미련한 것은 '인간의 가장 큰 적은 자기 자신이다' 라고 말하는 것입니다. 남을 이기는 것이 아니라 나를 이겨야 하는 것이며, 남과 싸우는 것이 아니라 내 안에 있는 나와 싸워야 한다는 말이 가장 바보 같은 말이며 가장 어리석은 말이며 죄의 말에 모두가 속는 것입니다.

하나님의 원리는 전혀 다릅니다. 하나님의 원리는 인간의 적은 인간이 아니라 죄라고 말합니다. 다른 사람을 이겨야 내가 행복한 것이 아니라 죄를 이겨야 행복하다고 말합니다. 다른 사람보다 능력이 많고 권세가 있어야 내가 평안하고 자유롭다고 말하는 것은 죄의 원리입니다. 하나님은 죄를 이겨야 자유롭고 죄를 이겨야 평화롭다고 말씀하십니다. 인간은 절대로 상호간에 경쟁 상대가 아니고 인간의 삶은 생존 경쟁과 약육강식이 아닙니다. 하나님의 원리는 상생의 원리요, 생명의 원리요, 평화의 원리요, 행복의 원리인 것을 잊으시면 안 됩니다. 하나님이 다윗을 왕 되게 하자고 사울을 죽이면 안 됩니다. 하나님의 원리를 알기에 다윗은 사울을 죽이지 않습니다.

하나님을 믿는 것

남을 인정하는 것

다윗의 동료들이 사울을 죽이라는 권고에도 다윗은 사울을 죽이지 않는데 이유가 24장 6절 "내가 손을 들어 여호와의 기름 부음을 받은 내 주를 치는 것은 여호와께서 금하시는 것이니 그는 여호와의 기름 부음을 받은 자가 됨이니라"입니다. 단지 하나님의 기름 부은 사람을 죽이면 혹시 저주가 임할지 모른다는 두려움 때문이 아닙니다. 다윗이 사울을 죽이지 않은 이유는 매우 심오합니다. 다윗은 원래 목동으로서 일반적 기준에 근거하면 도무지 왕이 될 수 없는 사람이었습니다. 다윗이 왕이 되어가는 과정은 다윗의 탁월한 능력 때문이 아니라 하나님이 자신을 선택했고 하나님이 자신을 기름 부었다고 하는 하나님의 세우심의 결과입니다. 누군가가 다윗에게 어떻게 당신이 왕이 될 수 있느냐고 물을 때 다윗이 대답할 수 있는 유일한 일은 하나님이 세우셨다는 말 밖에는 없습니다. 하나님이 자신을 왕으로 세웠다는 권위를 인정받으려면 자신부터 하나님의 권위를 인정해야 합니다. 누구보다도 하나님의 권위를 세우고 하나님의 일하심을 인정해야 할 사람은 바로 다윗입니다. 만약 다윗이 하나님의 권위를 인정치 않고, 하나님이 기름 부은 사울의 권위를 인정치 않으면, 다른 사람 어느 누구도 하나님이 다윗에게 기름 부었다는 사실을 인정하지 않을 것입니다. 다윗이, 사울이 하나님께 기름 부음 받았다는 사실을 부인하면서 자신은 하나님께 기름부음을 받았다고 주장할 수 없습니다. 다윗이 만약 하나님의 기름 부음 받은 사울을 거부해버리면 자신도 인정받을 수 있는 근거가 전무합니다.

사울 왕이 미쳤다는 것을 다윗도 알고 있고 하나님도 알고 계십니다. 하나님이 사울의 상태를 알고 있고, 하나님이 사울의 행동을 모두 보고 계십니다. 그럼에도, 하나님이 사울을 폐하지 아니하시고 사울을 죽이지 아니하십니다. 하나님이 사울을 살려두시고 하나님이 사울을 허락하고 계시다면 모두 하나님을 따라야 합니다. 그것이 하나님을 믿는 것입니다. 하나님을 믿는 것은 하나님이 옳다는 것을 인정하는 것이고 하나님이 선하게 일하신다는 것을 인정하는 것이고 하나님이 합당하게 일하신다는 것을 인정하는 것이고 하나님이 하나님의 때에 하나님의 일을 가장 선하게 이루어 가신다는 것을 믿고 하나님께 순종하는 것입니다. 왕이 될 수 없는 목동 출신을 하나님이 왕으로 기름 부으셨다면, 왕으로 등극하는 때와 장소도 하나님이 결정하시고 허락하실 것을 인정하고 기다리는 것이 하나님을 믿는 것입니다. 다윗보다 사울을 더 잘 알고 계시는 하나님이, 다윗보다 이스라엘의 필요를 더 정확하게 알고 계시는 하나님이 아직 사울을 살려 두시고 하나님이 아직 나를 왕으로 세우시지 않으신다면 이것은 아직 하나님의 때가 아닌 것으로 받아드리고 하나님께 순종하는 것이 하나님의 원리요 하나님을 믿는 것이요 다윗은 그렇게 하나님을 믿는 것입니다. 다윗이 사울을 살려주는 행동은 사울도 하나님의 기름 부음 받은 종이기에 사울을 죽이면 큰 재앙이 임한다는 두려움이 아니라 하나님을 믿고, 하나님의 일하심을 믿고, 하나님의 선하심을 믿고, 하나님의 적절하게 행하심을 믿는 것입니다. 다윗이 하나님을 위해서 하는 가장 큰 일은 성전을 짓는 것이 아니라 하나님을 믿고 하나님의 행하심에 순종하는 것입니다. 또 다윗이 백성을 위해서 하는 가장 큰 일은 부국강병을 이루는 것이 아니라 하나님의 원리가 가장 옳고 선하다는 것을 백성에게 보여 주는 것입니다. 하나님의 원리를 아시고 하나님의 마음을 가지시고 하나님의 뜻대로 행하셔서 하나님의 행복을 삶 속에서 풍성히 누리시기를 주님의 이름으로 축원합니다.

21
나를 막아 주신 하나님

사무엘상 25:1~42

1 사무엘이 죽으매 온 이스라엘 무리가 모여 그를 두고 슬피 울며 라마 그의 집에서 그를 장사한지라 다윗이 일어나 바란 광야로 내려가니라 2 마온에 한 사람이 있는데 그의 생업이 갈멜에 있고 심히 부하여 양이 삼천 마리요 염소가 천 마리이므로 그가 갈멜에서 그의 양 털을 깎고 있었으니 3 그 사람의 이름은 나발이요 그의 아내의 이름은 아비가일이라 그 여자는 총명하고 용모가 아름다우나 남자는 완고하고 행실이 악하며 그는 갈렙 족속이었더라 4 다윗이 나발이 자기 양 털을 깎는다 함을 광야에서 들은지라 5 다윗이 이에 소년 열 명을 보내며 그 소년들에게 이르되 너희는 갈멜로 올라가 나발에게 이르러 내 이름으로 그에게 문안하고 6 그 부하게 사는 자에게 이르기를 너는 평강하라 네 집도 평강하라 네 소유의 모든 것도 평강하라 7 네게 양 털 깎는 자들이 있다 함을 이제 내가 들었노라 네 목자들이 우리와 함께 있었으나 우리가 그들을 해하지 아니하였고 그들이 갈멜에 있는 동안에 그들의 것을 하나도 잃지 아니하였으니 8 네 소년들에게 물으면 그들이 네게 말하리라 그런즉 내 소년들이 네게 은혜를 얻게 하라 우리가 좋은 날에 왔은즉 네 손에 있는 대로 네 종들과 네 아들 다윗에게 주기를 원하노라 하더라 하라 9 다윗의 소년들이 가서 다윗의 이름으로 이 모든 말을 나발에게 말하기를 마치매 10 나발이 다윗의 사환들에게 대답하여 이르되 다윗은 누구며 이새의 아들은 누구냐 요즈음에 각기 주인에게서 억지로 떠나는 종이 많도다 11 내가 어찌 내 떡과 물과 내 양 털 깎는 자를 위하여 잡은 고기를 가져다가 어디서 왔는지도 알지 못하는 자들에게 주겠느냐 한지라 12 이에 다윗의 소년들이 돌아서 자기 길로 행하여 돌아와 이 모든 말을 그에게 전하매 13 다윗이 자기 사람들에게 이르되 너희는 각기 칼을 차라 하니 각기 칼을 차매 다윗도 자기 칼을 차고 사백 명 가량은 데리고 올라가고 이백 명은 소유물 곁에 있게 하니라 14 하인들 가운데 하나가 나발의 아내 아비가일에게 말하여 이르되 다윗이 우리 주인에게 문안하러 광야에서 전령들을 보냈거늘 주인이 그들을 모욕하였나이다 15 우리가 들에 있어 그들과 상종할 동안에 그 사람들이 우리를 매우 선대하였으므로 우리가 다치거나 잃은 것이 없었으니 16 우리가 양을 지키는 동안에 그들이 우리와 함께 있어 밤낮 우리에게 담이 되었음이라 17 그런즉 이제 당신은 어떻게 할지를 알아 생각하실지니 이는 다윗이 우리 주인과 주인의

온 집을 해하기로 결정하였음이니이다 주인은 불량한 사람이라 더불어 말할 수 없나이다 하는지라 18 아비가일이 급히 떡 이백 덩이와 포도주 두 가죽 부대와 잡아서 요리한 양 다섯 마리와 볶은 곡식 다섯 세아와 건포도 백 송이와 무화과 뭉치 이백 개를 가져다가 나귀들에게 싣고 19 소년들에게 이르되 나를 앞서 가라 나는 너희 뒤에 가리라 하고 그의 남편 나발에게는 말하지 아니하니라 20 아비가일이 나귀를 타고 산 호젓한 곳을 따라 내려가더니 다윗과 그의 사람들이 자기에게로 마주 내려오는 것을 만나니라 21 다윗이 이미 말하기를 내가 이 자의 소유물을 광야에서 지켜 그 모든 것을 하나도 손실이 없게 한 것이 진실로 허사라 그가 악으로 나의 선을 갚는도다 22 내가 그에게 속한 모든 남자 가운데 한 사람이라도 남겨 두면 하나님은 다윗에게 벌을 내리시고 또 내리시기를 원하노라 하였더라 23 아비가일이 다윗을 보고 급히 나귀에서 내려 다윗 앞에 엎드려 그의 얼굴을 땅에 대니라 24 그가 다윗의 발에 엎드려 이르되 내 주여 원하건대 이 죄악을 나 곧 내게로 돌리시고 여종에게 주의 귀에 말하게 하시고 이 여종의 말을 들으소서 25 원하옵나니 내 주는 이 불량한 사람 나발을 개의치 마옵소서 그의 이름이 그에게 적당하니 그의 이름이 나발이라 그는 미련한 자니이다 여종은 내 주께서 보내신 소녀들을 보지 못하였나이다 26 내 주여 여호와께서 살아 계심을 두고 맹세하노니 내 주도 살아 계시거니와 내 주의 손으로 피를 흘려 친히 보복하시는 일을 여호와께서 친히 막으셨으니 내 주의 원수들과 내 주를 해하려 하는 자들은 나발과 같이 되기를 원하나이다 27 여종이 내 주께 가져온 이 예물을 내 주를 따르는 이 소년들에게 주게 하시고 28 주의 여종의 허물을 용서하여 주옵소서 여호와께서 반드시 내 주를 위하여 든든한 집을 세우시리니 이는 내 주께서 여호와의 싸움을 싸우심이요 내 주의 일생에 내 주에게서 악한 일을 찾을 수 없음이니이다 29 사람이 일어나서 내 주를 쫓아 내 주의 생명을 찾을지라도 내 주의 생명은 내 주의 하나님 여호와와 함께 생명 싸개 속에 싸였을 것이요 내 주의 원수들의 생명은 물매로 던지듯 여호와께서 그것을 던지시리이다 30 여호와께서 내 주에 대하여 하신 말씀대로 모든 선을 내 주에게 행하사 내 주를 이스라엘의 지도자로 세우실 때에 31 내 주께서 무죄한 피를 흘리셨다든지 내 주께서 친히 보복하셨다든지 함으로 말미암아 슬퍼하실 것도 없고 내 주의 마음에 걸리는 것도 없으시리니 다만 여호와께서 내 주를 후대하실 때에 원하건대 내 주의 여종을 생각하소서 하니 32 다윗이 아비가일에게 이르되 오늘 너를 보내어 나를 영접하게 하신 이스라엘의 하나님 여호와를 찬송할지로다 33 또 네 지혜를 칭찬할지며 또 네게 복이 있을지로다 오늘 내가 피를 흘릴 것과 친히 복수하는 것을 네가 막았느니라 34 나를 막아 너를 해하지 않게 하신 이스라엘의 하나님 여호와의 살아 계심을 두고 맹세하노니 네가 급히 와서 나를 영접하지 아니하였더면 밝는 아침에는 과연 나발에게 한 남자도 남겨 두지 아니하였으리라 하니라 35 다윗이 그가 가져온 것을 그의 손에서 받고 그에게 이르되 네 집으로 평안히 올라가라 내가 네 말을 듣고 네 청을 허락하노라 36 아비가일이 나발에게로 돌아오니 그가 왕의 잔치와 같은 잔치를 그의 집에 배설하고 크게 취하여 마음에 기뻐하므로 아비가일이 밝는 아침까지는 아무 말도 하지 아니하다가 37 아침에 나발이 포도주에서 깬 후에 그의 아내가 그에게 이 일을 말하매 그가 낙담하여 몸이 돌과 같이 되었더니 38 한 열흘 후에 여호와께서 나발을 치시매 그가 죽으니라 39 나발이 죽었다 함을 다윗이 듣고 이르되 나발에게 당한 나의 모욕을 갚아 주사 종으로 악한 일을 하지 않게 하신 여호와를 찬송할지로다 여호와께서 나발의 악행을 그의 머리에 돌리셨도다 하니라 다윗이 아비가일을 자기 아내로 삼으려고 사람을 보내어 그에게 말하게 하매 40 다윗의 전령들이 갈멜에 가서 아비가일에게 이르러 그에게 말하여 이르되 다윗이 당신을 아내로 삼고자 하여 우리를 당신께 보내더이다 하니 41 아비가일이 일어나 몸을 굽혀 얼굴을 땅에 대고 이르되 내 주의 여종은 내 주의 전령들의 발 씻길 종이니이다 하고 42 아비가일이 급히 일어나서 나귀를 타고 그를 뒤따르는 처녀 다섯과 함께 다윗의 전령들을 따라가서 다윗의 아내가 되니라

영웅은 없다

사람들의 기대

시대적으로 어려운 시기가 되면 사람들은 누군가가 나타나서 어려운 일을 극복해주길 바랍니다. 어려운 시절, 난국일 때에 사회적으로는 영웅이 등장하는 시기이고 종교적으로는 이단이 흥왕하는 시기입니다. 자신이 어찌할 수 없는 상황 또는 자신이 감당하기 힘든 상황일 때 사람들은 인간이든 신이든 누군가가 나와서 상황을 극복하게 하고 자신에게 도움을 주면 참 고맙겠다는 기대와 바람과 소망을 갖게 됩니다. 동시에 사람들은 세상에는 공짜가 없다는 것을 잘 알고 있습니다. 그래서 어떤 사람이 나타나서 자신을 구해주고 상황을 바꾸어 주면 상대를 영웅으로 높여줍니다. 그 사람이 자신을 억압하거나 자신을 약탈하거나 자신의 일정 부분을 제한할지라도 그것을 어쩔 수 없이 당해 줍니다. 왜냐하면 세상엔 공짜가 없고 자신이 그에게 신세를 졌기 때문입니다. 또 우리가 평상시 듣기에는 전혀 허무맹랑하고 말도 안 되는 것 같은 이단과 이단에 빠진 사람들의 이야기를 들어보면 사실은 말이 되는 얘기입니다. 어떤 사람이 어려움에 처했을 때 신이 나와서 도와주고 생명이 위급할 때 신이 치유의 능력을 베풀어주므로 생명을 살려냈을 때에 생명을 준 신

이 재산을 달라고 할 때 안 줄 수 없게 되는 것입니다. 왜냐하면 신도 공짜가 있는 것이 아니라 신이 능력을 발휘하고 신이 어떤 역사를 행하였으면 그에 상응하는 것을 갚아야 하는 것이 정상이라고 사람들은 생각하기 때문입니다. 자기들에게 도움을 준 사람을 영웅이라고 하고, 자신에게 도움을 준 신을 절대적으로 순복해야 할 존재로 여기게 됩니다. 그래서 지금도 사회적 부작용들이 많이 작용하는 것입니다.

영웅에 대한 평가

영웅은 늘 양면적 평가를 받습니다. 한쪽에서는 영웅이라고 받들면 다른 한쪽에서는 반드시 악질이라고 경멸을 하는 부류들이 있습니다. 성도들에게 성경의 인물 중에 존경하는 분, 닮고 싶은 분, 배우고 싶은 분을 고르라면 큰일을 행한 사람 즉 영웅적 행위를 한 사람을 고릅니다. 흔히 모세를 영웅이라고 합니다. 자기 자녀가 모세처럼 되기를 원하여 아들의 이름을 모세라고 짓는 사람도 있습니다. 모세를 영웅이라고 생각하는 이유는 이스라엘의 대표자요 애굽에서 이스라엘을 구해낸 위대한 역사를 이룬 자이기 때문입니다. 그러나 그것은 이스라엘의 관점에서만 본 것입니다. 만약 애굽의 관점에서 본다면 모세는 배은망덕한 놈이고 아주 나쁜 놈이고 살인자이고 도망자에 불과할 뿐입니다. 또 흔히들 여호수아를 위대한 장군이라고 말을 합니다. 대단한 전략가요 지략가요 오합지졸의 민간인들과 이주민들만 이끌고 강한 성 여리고를 물리치고 온 가나안을 정복했으니 세계 전쟁사에 빛나는 대장군이라고 존경을 합니다. 그러나 가나안의 입장에서 보면 전혀 달라집니다. 이스라엘 입장에서 보면 자기들의 영웅이지만 가나안의 입장에서 보면 침략자요 약탈자요 무자비한 살인자에 불과합니다.

이와 같이 관점에 따라 영웅에 대한 평가가 바뀌기에 이해 당사자의 관점을 배제하고 객관적으로 평가하고 분석하자는 제안도 나옵니다. 누구에게 좋았느냐를 논하기 전에, 그가 행한 일 자체가 크고 위대한 일이라는 것은 사실이기에 아군 편에도 장군이 있지만 적군 중에도 훌륭한 장수가 있기는 하다는 이야기도 나오게 되어있습니다. 여하튼 사람들은 영웅을 만들고 영웅을 미워하고 또 영웅이 나오려고 하면 악당이 나와야 하고 악당은 경멸하는 것이 일반적인 사례입니다. 성경은 절대로 그렇지 않다는 것입니다. 성경은 인간을 영웅으로 만들지 않고 인간을 특별히 악당으로 만들지 않습니다. 다윗이 왕으로 등극하는 과정에 전혀 영웅적인 장면이 등장하지 않고 지극히 평범한 일상적인 이야기들만 등장합니다.

평범한 다윗

마키아벨리가 군주론에서 왕이 되려는 사람이 갖추어야하는 자질과 통치원리 등에 대하여 기록하였습니다. 군주론에 나오는 군주의 자질과 방식에 근거하면 다윗은 전혀 어울리지 않는 사람입니다. 다윗은 영웅이 아니라 지극히 평범한 사람입니다. 첫 번째 다윗은 출신 자체가 전혀 왕 같지 않고 영웅이 될 수 없습니다. 적어도 한 나라의 왕이 되려면 우선은 정통성이 있어야 합니다. 정통성이 없으면 늘 시비에 걸리게 됩니다. 나중에 큰일을 하고 싶은 사람은 처음부터 가족관리, 가문관리, 경력관리를 잘해야 합니다. 다윗의 경우에는 증조부가 보아스이고 증조모가 이방인 여인 룻입니다. 불과 두 대 위에서부터 한 나라를 다스릴 민족적 정통성을 갖추고 못하고 있습니다. 또 자라나는 과정이 영웅답지 않습니다. 다윗의 어린 시절은 평범한 목동이었습니다. 사무엘이 기름을 부으려고 할 때 아버지도 형제들도 아무도 다윗을 눈여겨보지 않았습니다. 형제 중에 혹시 자신들이 아니라면 다윗은 왕이 될지도 모른다는 기대감도 없었습니다. 물론 세상엔 영웅을 만드는 방법이 두 가지가 있습니다. 하나는 어렸을 적부터 영웅적 자질을 갖추고 있는 유형과 다른 하나는 원래는 형편없었는데 후에 영웅다운 모습을 맞추는 유형입니다. 다윗은 두 가지 유형 어디에도 속하지 않습니다. 처음부터 영웅의 자질을 보여 주지 못했습니다. 두 번째 유형의 경우 영웅이 되고 지도자가 되고 왕이 되려면 등장하는 장면이 멋있어야 합니다. 상대를 제압할 탁월한 능력과 다른 사람이 보기에 왕이 되고 지도자가 되어도 되겠다는 신뢰를 줄 수 있어야 합니다.

혹자들은 다윗이 골리앗을 이겼으니 충분히 영웅으로 등극할 만 하다고 생각할 수 있습니다. 블레셋에서는 골리앗이라고 하는 커다란 장수가 나오는데 이스라엘에서 대응하러 나가는 장수는 젊은 소년 같은 다윗입니다. 많은 사람들이 전쟁을 보고 다윗을 신뢰할 수 있으려면 다윗은 돌멩이를 던져서 이기는 것이 아니라 칼싸움을 해서 이겨야 합니다. 골리앗이 칼을 들고 나왔을 때 다윗도 칼을 들고 나아가야 하고, 골리앗이 칼을 다루는 솜씨보다 다윗이 칼을 다루는 솜씨가 월등해야 합니다. 골리앗이 행하는 모든 공격을 다윗이 능수능란하게 피하고, 다윗이 민첩하고 신속하게 골리앗을 공격하매 골리앗이 계속하여 수세에 몰리고 결국 다윗이 탁월한 솜씨로 골리앗을 조롱하고 무릎을 꿇게 만들어야 합니다. 그래야 이 장면을 보고 있는 군사들과 이스라엘 백성이 다윗의 실력을 알고, 다윗의 재주를 알고, 다윗의 우월함을 알 수 있게 되고 백성의 마음속에 앞으로 어떤 적이 쳐들어와서 다윗만 있다면 이길 수 있을 것이라는 기대감이 생기게 되는 것입니다. 골리앗을 무찌르면서 보여준 다윗의 전쟁능력이 백성에게 다윗이라면 믿을 수 있고, 다윗이라면 신뢰할 수 있다는 믿음을 심어주어야 하는 것입니다.

그런데 다윗은 골리앗과의 싸움에서 칼을 들고 나간 것이 아니라 돌멩이를 들고 나갔습니다. 돌멩이를 여러 번 던져서 던질 때마다 블레셋 장수 하나 씩을 제거한 것이 아니라 단지 한 번 던졌을 뿐인데 한 번으로 골리앗을 넘어뜨린 것입니다. 과연 다윗이 돌멩이를 던지는 모습을 본 백성의 마음에 과연 다윗의 돌멩이 던지는 실력은 탁월하고 돌멩이를 잘 던지는 다윗만 있다면 모든 전쟁에서 승리할 수 있다는 신뢰감이 들었을지 의문입니다. 어쩌면 다윗이 돌멩이로 골리앗을 이긴 것은 우연의 일치이거나 행운이었다고 생각하기가 쉬울 것입니다. 백성은 앞으로 치를 전쟁에서도 다윗의 우연을 기대하거나 계속하여 행운이 있을 것이라고 기대하기가 쉽지 않을 것입니다. 결국 다윗은 이 싸움을 통해 백성의 마음을 얻기가 힘든 것입니다. 다윗이 칼을 들고 골리앗을 이겼으면 백성에게 더 큰 감동을 주었을 텐데 성경은 다윗이 돌멩이를 던져 이겼다고 기록하는 것입니다.

다윗의 전쟁들

골리앗과의 싸움 이후에 다윗은 여러 전쟁에 나가서 늘 승리했습니다. 그런데 성경의 묘사가 아주 재미있습니다. 다윗이 전쟁에 출전할 때 대장으로서 혼자 군대를 이끌고 나가는 것이 아니라 꼭 사울의 다른 장수들과 함께 나갑니다. 다윗과 사울의 장수들이 함께 전쟁에 나갔다면 다윗은 싸우고 다른 장수들은 구경만하지 않을 것입니다. 다른 장수들은 칼싸움을 배웠으니까 칼을 들고 싸울 것이고 다윗은 그때까지 싸움 기술은 오직 돌멩이를 던지는 것이었기에 돌멩이를 던지고 있었을 것입니다. 전쟁에 참여한 군사들이 보기에 칼을 들고 싸우는 장수와 돌을 던지는 장수 중에 누구를 자신들의 장수로 여길지는 너무 확연한 것입니다. 다윗은 어느 면으로 보나, 출신으로 보아도, 자라나는 과정으로 보아도, 골리앗을 이기고 등극하는 과정도 전혀 왕이 되거나 지도자가 되거나 백성의 신뢰를 받을 수 있을 만한 모습이 아닙니다. 사람들은 영웅이 있다고 생각하고 그러면 반드시 악당도 있다고 생각하고 그때 영웅은 당연히 미화되어야 하고 악당은 당연히 표현이 안 좋게 나와야 한다고 생각하지만 성경은 전혀 그런 식으로 사람을 다루지 않습니다. 성경은 영웅이 따로 있는 것이 아니고 악당이 따로 있는 것이 아니고 모든 사람은 죄인으로서 다 같다는 것입니다. 만약 일반적인 사람과 다른 영웅적인 사람이 있다고 하면 그것은 그 사람이 다르기 때문이 아니라 하나님이 그 사람을 도와주셨기 때문이라고 말하는 것입니다. 결국 성경을 하나님의 도우심, 하나님의 일하심, 하나님의 역사하심을 강조하는 것입니다.

인간은 은혜가 없다

다윗의 행위

사무엘상 25장에서 다윗은 사울에게 쫓기는 입장입니다. 쫓기는 사람은 가능한 식솔이 적어야 됩니다. 은밀하게 숨어야 하고 신속하게 도망가야 하는데 식솔이 육백 명이나 되었습니다. 사람을 거느리면 제일 중요한 것이 사람들을 먹이는 것입니다. 다윗도 똑같은 문제에 직면했던 것 같습니다. 그때에 나발이라고 하는 어떤 부자가 양 털을 깎고 있다는 소식이 들려왔습니다. 양 털을 깎는 것은 양으로 보아서는 추수 때요 잔치하는 것이고 동네 사람들을 불러 함께 기뻐하며 나름대로 사랑과 은혜를 베푸는 행사입니다. 나발이 양 털을 깎고 있다는 소식을 듣고 다윗이 백성의 먹을 것을 책임지려고 소년들을 보내 먹을 것을 달라고 요청을 합니다. 만약 다윗이 양 털 깎는 때가 아닌 평상시에 먹을 것을 달라 그랬으면 시기가 적절하지 않은 행동이요, 나쁘게 말하면 약탈이라고 표현할 수도 있을 것입니다. 그런데 이 날은 잔칫날이요, 잔칫날은 너그럽게 자비를 베푸는 날입니다. 다윗이 잔칫날을 골라서 갔으니 염치없이 걸식하는 모습은 아니었던 것 같습니다.

다윗이 평상시가 아닌 잔칫날 나발을 방문하는 것은 다윗이 가져야 하는 최소한의 예의이지만 나발이 음식을 주느냐 안 주느냐는 전적으로 나발이 결정할 사안입니다. 만약 잔칫날 가서 음식을 좀 달라고 했을지라도 나발이 안 준다고 해서 나발이 치사하거나 야비하거나 자비가 없는 사람이 아닙니다. 다윗이 소년들을 보내어 나발에게 하는 말이 너무나 재미있습니다. 사무엘상 25장 7절 '네게 양 털 깎는 자들이 있다 함을 이제 내가 들었노라 네 목자들이 우리와 함께 있었으나 우리가 그들을 해하지 아니하였고 그들이 갈멜에 있는 동안에 그들의 것을 하나도 잃지 아니하였나니' 입니다. 불쑥 나타나서 먹을 것을 내놓으라는 사람을 날도둑놈이라고 합니다. 먹을 것을 요구하는 근거가 자신이 들판에 있을 때 너희를 하나도 해하지 않았기 때문에 내놓으라고 주장하는 사람을 날강도라고 합니다. 다윗이 주장하는 근거를 듣고 선뜻 음식을 내어줄 사람은 없습니다. 다윗이 들판에서 나발의 목동들을 해치지 않은 것은 선을 행한 것이 아니라 당연한 일일 뿐입니다. 단지 악행을 하지 않은 것을 선행이라고 말할 수 없고, 악행을 행하지 않은 것을 자신의 공로로 주장할 수 없습니다.

다윗은 평상시 나발의 목동들에게 은혜를 베푼 것이 아닙니다. 다윗이 나발의 목자들을 돌보아 준 것은 사실이지만 은혜를 베푼 것은 아닙니다. 다윗이 나발의 목동을 해치지 않은 이유는 선행이 아니라 여러 가지로 설명될 수 있습니다. 다윗도 도망을 다니며 늘 쫓기고 있는 상황입니다. 그런데 그 옆에 나발에 목자들이 있었습니다. 다윗도 두려워하고 나발의 목동들도 자기 재물을 지키기 위하여 두려워하고 있을 때 다윗의 주변에 누군가가 있는 것은 방해가 아니라 큰 위안이 되는 것입니다. 다윗이 사울의 군사들에게 쫓기고 있으며, 혈혈단신이 아니라 육백 명이라는 무리를 이끌고 있기에 은밀하게 숨을 수도 없는 상황에서, 언제 추격자가 나타나거나 도적자들이 나타날지 모를 때에 누군가 옆에 있는 것은 매우 도움이 되는 것입니다. 그러니까 다윗이 옆에 있는 목동들을 해하지 않은 것은, 자신과 아무런 상관이 없을 때 단지 목동들이 위험에 처한 것을 인지하고 의협심이 불타고 정의감이 불타서 순수한 희생정신으로 쫓아가서 그들을 막아준 영웅적 행위가 아닌 것입니다.

다윗이 평상시 나발을 도와준 것은 서로 간에 이득이 되기 때문입니다. 쫓기는 다윗의 무리에게나 양을 지켜야 하는 목동에게는 서로의 존재가 서로에게 유익이 되는 것입니다. 다윗이 마치 나발의 목동을 위한 사설 경호원 같은 심정으로 목숨을 바쳐 그들을 지킨 것이 아닙니다. 다윗이 이제 와서 자신이 나발의 목동들을 위하여 선행을 베풀고 은혜를 베푼 것처럼 주장하여 대가를 요구하는 것은 정당한 행동이 아닙니다. 만약 다윗이 정말로 은혜를 베풀었다면 은혜를 주었으니 은혜를 갚으라는 말을 하면 안 됩니다. 다윗이 대가를 요구하는 순간 그동안 다윗이 베푼 은혜는 일순간에 은혜가 되지 않습니다. 결국 본문에서 다윗은 선하고 의로운 행동을 행한 것이 전혀 나타나지 않습니다. 성경은 다윗을 미화시키고 띄워 주려고 의도하지 않고, 평범한 이야기를 할 뿐입니다.

나발의 행위

다윗을 영웅으로 생각하면 반대편에 있는 나발을 악당으로 생각하지만 그것도 사람들의 오해입니다. 성경에는 어떤 사람을 의인으로 높여 주지도 않지만 어떤 사람을 악인으로 폄하하지도 않습니다. 성경에는 악당이 없습니다. 죄인이 아니라는 의미가 아니라 특별히 더 악한 존재가 없다는 의미입니다. 나발이 잘못한 것이 없습니다. 양 털 깎는 날에 잔치를 베풀어서 사람들과 함께 먹고 마시고 즐겼습니다. 나발의 식솔의 입장에서 생각하면 나발은 정말 고마운 사람입니다. 나발은 누구인지도 모르는 외부인의 요청을 모두 거부하고 자신의 식솔들에게 잔치 음식을 풍성히 나누어 줄 정도로 자신의 사람들을 챙겨주었습니다. 주인으로서의 책임을 성실히 이행한 것입니다.

예전에는 시골 인심이 좋았는데 요금은 시골 인심도 각박해졌다고 말하는 분들도 있습니다. 예전에는 지나가던 사람이 오이 밭에 들어가서 오이 따먹어도 주인이 제지하지 않았고, 지나가던 여행객이 고추 밭에 들어가서 고추를 몇 개 따가지고 가도 고소하지 않았다고 말하기도 합니다. 예전에는 인심이 좋았는데 근래에는 인심이 나빠진 것 같다는 말은 옳은 말이 아닙니다. 인심은 변하지 않았습니다. 예전 인심과 근래의 인심은 동일합니다. 그런데 예전과 근래의 행동이 다른 것은 인심 때문이 아니라 상황 때문입니다. 예전에는 사람들이 대부분 자기 동네에 살면서 이동하는 사람이 별로 없었습니다. 하루 종일 오이 밭을 지나가는 사람이 서너 사람뿐이고 그들이 따가는 양도 몇 개에 불과합니다. 하지만 근래에는 이동하는 사람이 많아졌고, 오이 밭을 지나가는 사람이 하루에 수백 명이고 한 사람이 서너 개만 오이를 따가도 오이 밭에 오이가 하나도 남지 않기 때문에 사람들에게 오이를 따가도록 인심을 베풀 수 없는 것입니다. 시골 인심이 변한 것이 아니라 상황이 변했다는 것을 이해해야 합니다.

나발의 집에서 잔치를 하고 있을 때 다윗의 소년들이 음식을 구하러 왔습니다. 다윗의 소년들 중에 몇 명만이 식사를 하고 가겠다고 요청하는 것이 아닙니다. 나발에 손에 있는 대로 달라고 할 때 다윗의 식솔이 육백 명 가량입니다. 아무리 나발이 잔치를 베풀었다고 할지라도 자신의 식솔 이외에 느닷없이 찾아와서 육백 명 가량의 음식을 요청한다면 기꺼이 들어줄 사람이 거의 없을 것입니다. 나발의 행동이 특별히 악한 것이 아니라 지극히 평범합니다. 나발은 주인으로서 아주 관대한 사람입니다. 양 털 깎는 날 자기와 가족들만 먹고 종들은 일만 시키는 것이 아니라 종들도 모두 풍성하게 먹게 합니다. 25장 36절에 '아비가일이 나발에게 돌아오니 그가 왕의 잔치와 같은 잔치를 그의 집에 배설하고 크게 취하여 마음에 기뻐하므로' 입니다. 나발이 왕의 잔치 같은 잔치를 벌여도 나발 자신이 먹는 것은 얼마 되지 않습니다. 식솔들을 위하여 왕의 잔치 같은 잔치를 벌여주는 자비로운 주인, 친절한 주인, 관대한 사람입니다.

불량한 사람

성경은 독자가 나발에 대해 오해할 만하게 기록해 놓았습니다. 25장 2절 "마온에 한 사람이 있었는데 그의 생업이 갈멜에 있고 심히 부하여 양이 삼천 마리요 염소가 천 마리이므로 그가 갈멜에서 그의 양 털을 깎고 있었으니 그 사람의 이름은 나발이요 그의 아내 이름은 아비가일이라 그 여자는 총명하고 용모가 아름다우나 남자는 완고하고 행실이 악하며 그는 갈렙 족속이었더라" 입니다. 마치 나발이 악행을 일삼는 사람처럼 기록되어 있지만 실제 의미는 그렇지 않습니다. 성경이 나발을 표현하는 내용을 잘 분별해야 합니다. 25장 3절에서는 "남자는 완고하고 행실이 악하며"라고 기록되었고, 나발의 종들의 나발에 대한 평가는 25장 17절 "그런즉 이제 당신은 어떻게 할지를 알아 생각하실지니 이는 다윗이 우리 주인과 주인의 온 집을 해하기로 결정하였음이니이다. 주인은 불량한 사람이라 더불어 말할 수 없나이다" 입니다. 위에서 살펴 본대로 나발은 종들을 위하여 왕의 잔치 같은 잔치를 베풀어 주었건만 종들은 나발에 대해 불량한 사람이라고 말하고 있습니다.

성경에서 '불량한 사람'이라는 표현은 행실이 나쁜 사람, 자기 욕심만 부리는 사람, 포학한 사람, 인정사정없는 사람을 의미하는 것이 아닙니다. 성경은 인간은 다 죄인으로서 똑같다고 말합니다. 그러기 때문에 도덕적이나 윤리적 기준으로 나쁜 사람, 악한 사람, 욕심 많은 사람이라는 표현을 사용하는 것이 아닙니다. 성경이 사람에 관하여 표현할 때 기준은 언제나 하나님입니다. 25장 17절에 불량한 사람이라는 표현은 행위가 나쁘다는 의미가 아니라 '벨리알의 아들'이라는 표현입니다. '벨리알의 아들'은 사무엘 상 2장에서 엘리 제사장의 아들들에 대하여 불량자라고 표현할 때 사용되었던 표현과 동일한 것입니다. 불량한 사람, 벨리알의 아들은 행위가 악한 사람, 나쁜 사람, 욕심 많은 사람, 강포한 사람, 자비를 베풀지 않는 사람을 의미하는 것이 아니라 하나님의 원리를 따르지 않는 사람, 우상의 원리나 죄의 원리를 따르는 사람을 의미하는 것입니다. 다윗에 대한 평가와 나발에 대한 평가를 할 때 적용하는 기준자체를 세상과는 다르게 적용해야 합니다. 성경적 기준에서 불량자는 하나님의 원리가 아닌 자입니다.

세상에 법 없이도 살 만한 사람이 있습니다. 그 사람을 성경적 관점으로는 불량자라고 표현합니다. 하나님을 모르고, 예수를 믿지 않는 사람 중에 착한 시민 상을 받는 분도 계십니다. 그 사람을 성경적 기준으로는 불량자라고 합니다. 세상과 성경은 사람을 판단하는 기준이 다른 것입니다. 본문에서 나발에 대하여 완고하고 포악하고 불량한 사람이라고 표현하는 것은 나발이 악한 사람이요 하는 행동마다 괘씸하다는 의미가 아닙니다. 다윗이 특별히 선한 것이 아니요, 나발이 특별히 악한 것이 아닙니다.

아비가일의 행위

본문에는 다윗, 나발과 함께 아비가일이 등장합니다. 나발의 아내인 아비가엘에 대하여 성경은 '총명하고 용모가 아름다우나'고 기록하고 있습니다. 성경은 단순하게 인간적인 평가를 하고 있는 것이 아닙니다. 왜 나발에 대하여는 불량한 사람이라고 표현하고 아비가일에 대하여는 총명하게 표현하는지 이유를 알아야 합니다. 성경에 문자적으로 표현된 내용만을 가지고 성경이 말하려는 의미를 오해하면 안 됩니다. 본문에서 나발은 위기 또는 곤경에 처해 있습니다. 지혜롭고 총명한 아내는 남편이 위기에 처해 있을 때 남편을 도와야 합니다. 남편이 곤란한 일을 당하면 남편이 곤란하지 않도록 도와야 합니다. 나발이 다윗의 요청을 거절했다는 소식을 듣고 다윗이 나발의 집으로 쳐들어오려고 한다는 보고가 아비가일에게 전달되었습니다. 아비가일이 먹을 것을 싸들고 다윗을 영접하러 나가서 협상을 시도하는데 정말로 말을 잘합니다. 만일 아비가일이 총명한 사람이라면 다윗과 협상을 잘해야 하는 것이 아니라 자기 남편 나발과 협상을 잘해야 합니다. 나발의 종들이 다윗에 관한 보고를 전달하면서 아비가일에게 주인의 나발은 불량한 사람이라 대화가 통하지 않는다고 하소연을 합니다. 대화가 잘 통하는 사람과 대화를 잘 하는 사람은 총명한 사람이 아니라 일반적인 사람일 뿐입니다. 아비가일이 총명한 사람이라면 자기 남편인 나발을 잘 다루어야 하고, 나발을 지혜롭고 현명하게 행동할 수 있도록 도와주어야 합니다. 자기 남편의 종들이 나아와서 자기 남편을 불량한 사람이라고 말할 때 아내가 종들의 의견에 동의하고 함께 남편을 욕하는 것은 아내의 도리가 아니요 총명한 사람이 취할 행동이 절대로 아닙니다. 개인적으로 나발의 최대의 불행은 아비가일을 아내로 얻은 것이라고 생각합니다.

죄인들의 원리

나발의 집으로 행하던 다윗이 도중에 아비가일을 만나고 결국 나발을 치러가지 않습니다. 다윗이 나발을 치러가지 않은 것이 선한 행위이고 의로운 행위이고 자비를 베푼 행위가 절대로 아닙니다. 아비가일이 다윗에게 하나님이 당신을 막으시고 앞으로 주께서 당신을 높이 드실 때에 당신이 누구의 피를 흘렸다는 소문이 나면 좋지 않으니 지금부터 경력관리를 잘 해야 한다고 충고하매 다윗이 그 말을 듣고 감동받아 나발을 치러 나가려는 계획을 취소하는 것이 아닙니다. 사람은 절대로 그렇게 착하지 않습니다. 아비가일의 말을 다 듣고 다윗이 나발을 치러가지 않는 이유는 아주 간단합니다. 이유는 이미 다윗은 얻을 것을 모두 얻었기 때문입니다. 아비가일이 다윗을 영접하려 나올 때 빈 손들고 나와서 말로만 설득한 것이 아닙니다. 25장 18절 '아비가일이 급히 떡 이백 덩이와 포도주 두 가죽 부대와 잡아서 요리한 양 다섯 마리와 볶은 곡식 다섯 세아와 건포도 백송 이와 무화과 이백 개를 가져다가' 라고 말합니다. 다윗이 나발의 집에 자신의 소년들을 보냈던 가장 근본적인 목적은 먹을 것을 얻는 것이었습니다. 나발은 음식을 제공하지 않았지만 아비가일은 음식을 풍성하게 들고 나왔습니다. 물론 아비가일이 가져온 음식이 다윗의 모든 식솔 육백 명을 먹이기에는 턱없이 부족합니다. 하지만 나발이 잔치를 베풀 때 다윗의 식솔까지 고려하여 무제한의 음식을 준비한 것이 아닙니다. 나발은 당연히 자신과 자신의 식솔들이 먹을 만큼만 음식을 준비했을 것이기 때문에 다윗이 갑자기 나발의 집을 쳐들어간다고 할지라도 아비가일이 준비해온 떡 이백 덩이와 포도주 두 가죽 부대와 잡아서 요리한 양 다섯 마리와 볶은 곡식 다섯 세아와 건포도 백송 이와 무화과 이백 개보다 더 많은 것을 취할 가능성은 거의 없습니다. 이미 다윗은 아비가일로부터 나발의 집에서 받을 수 있는 만큼의 음식을 모두 제공받은 것입니다. 이제 나발의 집에 가도 더 얻을 것이 없기에 갈 이유가 없습니다. 다윗은 아비가일에 말에 감동해서, 선한 마음을 먹어서, 자비를 베풀고자 가지 않는 것이 아니라 어차피 먹을 것이 생겼고 갈 일이 없어서 안 가는 것뿐입니다.

다윗은 자비를 베풀고 은혜를 베푼 것이 아닙니다. 혹자들은 다윗이 아비가일이 준비한 음식만 받는 것이 아니라 나발의 집을 공격하여 나발의 모든 재산을 빼앗을 수 있었지만 욕심을 부리지 않고 절제하였고, 잔인하게 행동하지 않고 긍휼을 베풀었다고 주장할 수 있습니다. 이러한 생각은 한편으로는 다윗을 미화하고픈 의도가 깔려있고 다른 한편으로는 죄인들의 심리, 악인들의 심리를 모르기 때문에 갖는 오해에 불과합니다. 한 가지 예를 들어보겠습니다. 어느 마을 산에 산적이 있어 가을에 마을로 곡식을 약탈하러 내려오곤 합니다. 마을 사람들이 쌀을 백가마니를 수확했다는 소식을 듣고 내려왔을 때 쌀 백가마니를 모두 약탈해가는 산적은 초보입니다. 경험이 많은 산적, 나름대로 영리하고 지혜로운 산적은 쌀 백가마니 중에 칠십 가마니만 약탈해 가는 것입니다. 백가마니를 약탈할 힘이 없거나 운송을 능력이 없는 것이 아닙니다. 당장 백가마니 모두를 약탈해 갈 수 있고, 마을 사람 모두를 죽일 수도 있지만 의도적으로 단지 칠십 가마니만 가져가고 삼십 가마니는 남겨두는 것입니다. 마을 사람들이 남은 쌀 삼십 가마니로 힘들게라도 겨울을 나게 하고 다음 해 봄에 또 농사를 지을 수 있도록 도와주어야 합니다. 마을 사람들이 농사를 지어야 다음해 가을에 또 약탈을 할 수 있기 때문입니다. 악당도 경험이 있고, 지혜가 있습니다. 다윗도 피난 생활을 하는 도중에 나름대로 도망자의 지혜를 터득했고 나름대로 생존전략을 짠 것에 불과합니다. 본문에서 다윗은 거룩하고 신실하고 자비롭고 겸손해서 나발의 집에 안 가는 것이 아닙니다. 다윗이 신실한 것이 아니고, 나발이 불의한 것이 아니고, 아비가일이 총명한 것이 아닙니다. 다윗을 높여서도 안 되고 나발을 낮춰도 안 되고 아비가일을 칭찬해도 안 됩니다.

나를 막아 주신 하나님

하나님의 일하심의 결과

지금까지 살펴본 것은 일반적인 사람들의 관점입니다. 사람은 특별히 잘난 사람이 있고 특별히 못난 사람이 있는 게 아니라 모든 죄인은 똑같습니다. 본문이 강조하고자 하는 것, 본문이 다윗의 행동에 대하여 강조하려는 내용은 만약 다윗이 사람들의 기대와 다른 특별히 선하거나 자비하거나 관대한 모습을 보였다면 그것은 다윗의 신실함과 경건함이 아니라 하나님의 도우심의 결과라는 것입니다. 성경은 하나님이 도우시지 않으면 모든 사람은 똑같고 하나님이 도우시면 어떤 사람이라도 달라질 수 있다는 것을 말하는 것입니다.

아비가일이 다윗을 맞으러 나간 것은 집안을 살리려는 주인마님의 숭고한 뜻에 의한 것이 아닙니다. 아비가일은 단지 저 살자고 뛰어 나간 것에 불과합니다. 다윗이 나발의 집에 쳐들어오면 오직 한 사람만 나발만 죽이는 것이 아니라 나발과 나발의 아내, 나발의 자녀들과 식솔들을 모두 해할 것입니다. 아비가일이 다윗에게 나와서 전한 말은 하나님의 계시를 받아서 하나님의 뜻이 온전히 담긴 멋진 말을 한 것이 아닙니다. 아비가일이 한 말은 지극히 평범한 말에 불과합니다. 자기를 죽이려고 쫓아오는 사람한테 나아가서는 어떤 말이라도 할 수 있고, 온갖 감언이설을 총 동원하는 것입니다. 아비가일이 다윗에게 한 말이 25장 24절부터 31절까지입니다. 아비가일의 말은 진실의 말이거나, 충심의 말이거나, 다윗을 존경해서 하는 말이 아닙니다.

다윗은 나발이 자신의 청을 거절한 것에 대하여 마음이 상하였고 당장에 보복하려고 나발의 집을 향해 출발하였습니다. 도중에 아비가일의 지혜롭고 현명한 말을 듣고 마음을 돌이켜 멈추어 선 것이 아닙니다. 성경이 강조하는 다윗의 행동은 다윗이 나발의 집으로 가지 않은 것이 아니라 못 갔다는 것입니다. 다윗 스스로 자신이 나발의 집으로 갈 수 없었다고 고백하는 것입니다. 25장 39절 "나발이 죽었다 함을 다윗이 듣고 이르되 나발에게 당한 나의 모욕을 갚아 주사 종으로 악한 일을 하지 않게 하신 여호와를 찬송할지로다"입니다. 다윗은 비록 아비가일을 통해 얻을 것을 얻었을지라도 자존심이 상하고 모욕을 당했기 때문에 가서 죽여 버리고자 나가려고 했는데 하나님이 자신을 막으셨다는 것을 깨달은 것입니다. 다윗이 안 나간 것이 아니라 하나님이 다윗을 나가지 못하도록 막으신 것입니다. 다윗이 악을 안 행한 것이 아니라 하나님이 다윗으로 하여금 악을 행치 못하게 하신 것입니다. 다윗이 신실한 것이 아니라 하나님이 신실하신 것입니다. 다윗이 긍휼한 것이 아니라 하나님이 긍휼하신 것입니다. 하나님이 막았기 때문에 다윗이 악을 그칠 수 있었을 뿐 다윗의 의지나 결단과 각오로 악을 행하려던 의도를 멈춘 것이 아닙니다.

나발의 집으로 달려가려던 다윗은 자신의 마음을 알고 있기 때문에 자신의 행동이 자신의 의지가 아니라 하나님의 일하심의 결과라는 것을 알고 있는 것입니다. 하나님이 막지 않았으면 다윗은 가서 나발의 식구들을 죽였을 것이고, 그러면 다윗은 하나님의 도에 합당치 않았을 것이기에 다윗의 마음과 계획과 의도를 아시는 하나님께서 다윗을 막아 주셨다는 것을, 하나님께서 다윗으로 하여금 악을 행하지 않도록 지켜 주시고 보호해 주셨다는 것을 다윗이 아는 것입니다. 모든 것이 하나님의 은혜라는 것을 깨달은 것입니다. 다윗은 자기가 악을 안 행한 것이 아니라 하나님이 막았다는 것을 알기에 자신은 선을 행했다고 교만할 수 없는 것입니다. 다윗은 교만하지 않은 것이 아니라 교만할 수가 없는 것입니다. 다윗의 다윗 됨은 다윗의 노력이나 다윗의 공로가 아닙니다. 본문은 하나님이 돕지 않으면 모든 사람이 똑같고 하나님이 도우시면 누구라도 달라질 있는 것을 보여주는 것입니다.

22
여호와께서 사시거니와

사무엘상 26:1~25

1 십 사람이 기브아에 와서 사울에게 말하여 이르되 다윗이 광야 앞 하길라 산에 숨지 아니하였나이까 하매 2 사울이 일어나 십 광야에서 다윗을 찾으려고 이스라엘에서 택한 사람 삼천 명과 함께 십 광야로 내려가서 3 사울이 광야 앞 하길라 산 길 가에 진 치니라 다윗이 광야에 있더니 사울이 자기를 따라 광야로 들어옴을 알고 4 이에 다윗이 정탐꾼을 보내어 사울이 과연 이른 줄 알고 5 다윗이 일어나 사울이 진 친 곳에 이르러 사울과 넬의 아들 군사령관 아브넬이 머무는 곳을 본즉 사울이 진영 가운데에 누웠고 백성은 그를 둘러 진 쳤더라 6 이에 다윗이 헷 사람 사람 아히멜렉과 스루야의 아들 요압의 아우 아비새에게 물어 이르되 누가 나와 더불어 진영에 내려가서 사울에게 이르겠느냐 하니 아비새가 이르되 내가 함께 가겠나이다 7 다윗과 아비새가 밤에 그 백성에게 나아가 본즉 사울이 진영 가운데 누워 자고 창은 머리 곁 땅에 꽂혀 있고 아브넬과 백성은 그를 둘러 누웠는지라 8 아비새가 다윗에게 이르되 하나님이 오늘 당신의 원수를 당신의 손에 넘기셨나이다 그러므로 청하오니 내가 창으로 그를 찔러서 단번에 땅에 꽂게 하소서 내가 그를 두 번 찌를 것이 없으리이다 하니 9 다윗이 아비새에게 이르되 죽이지 말라 누구든지 손을 들어 여호와의 기름 부음 받은 자를 치면 죄가 없겠느냐 하고 10 다윗이 또 이르되 여호와께서 살아 계심을 두고 맹세하노니 여호와께서 그를 치시리니 혹은 죽을 날이 이르거나 또는 전장에 나가서 망하리라 11 내가 손을 들어 여호와의 기름 부음 받은 자를 치는 것을 여호와께서 금하시나니 너는 그의 머리 곁에 있는 창과 물병만 가지고 가자 하고 12 다윗이 사울의 머리 곁에서 창과 물병을 가지고 떠나가되 아무도 보거나 눈치 채지 못하고 깨어 있는 사람도 없었으니 이는 여호와께서 그들을 깊이 잠들게 하셨으므로 그들이 다 잠들어 있었기 때문이었더라 13 이에 다윗이 건너편으로 가서 멀리 산 꼭대기에 서니 거리가 멀더라 14 다윗이 백성과 넬의 아들 아브넬을 대하여 외쳐 이르되 아브넬아 너는 대답하지 아니하느냐 하니 아브넬이 대답하여 이르되 왕을 부르는 너는 누구냐 하더라 15 다윗이 아브넬에게 이르되 네가 용사가 아니냐 이스라엘 가운데에 너같은 자가 누구냐 그러한데 네가 어찌하여 네 주 왕을 보호하지 아니하느냐 백성 가운데 한 사람이 네 주 왕을 죽이려고 들어갔었느니라 16 네가 행한 이 일이 옳지 못하도다 여호와께서 살아 계심을

두고 맹세하노니 여호와의 기름 부음 받은 너희 주를 보호하지 아니하였으니 너희는 마땅히 죽을 자이니라 이제 왕의 창과 와의 머리 곁에 있던 물병이 어디 있나 보라 하니 17 사울이 다윗의 음성을 알아 듣고 이르되 내 아들 다윗아 이것이 네 음성이냐 하는지라 다윗이 이르되 내 주 왕이여 내 음성이니이다 하고 18 또 이르되 내 주는 어찌하여 주의 종을 쫓으시나이까 내가 무엇을 하였으며 내 손에 무슨 악이 있나이까 19 원하건대 내 주 왕은 이제 종의 말을 들으소서 만일 왕을 충동시켜 나를 해하려 하는 이가 여호와시면 여호와께서는 제물을 받으시기를 원하나이다마는 만일 사람들이면 그들이 여호와 앞에 저주를 받으리니 이는 그들이 이르기를 너는 가서 다른 신들을 섬기라 하고 오늘 나를 쫓아내어 여호와의 기업에 참여하지 못하게 함이니이다 20 그런즉 청하건대 여호와 앞에서 먼 이 곳에서 이제 나의 피가 땅에 흐르지 말게 하옵소서 이는 산에서 메추라기를 사냥하는 자와 같이 이스라엘 왕이 한 벼룩을 수색하러 나오셨음이니이다 21 사울이 이르되 내가 범죄하였도다 내 아들 다윗아 돌아오라 네가 오늘 내 생명을 귀하게 여겼은즉 내가 다시는 너를 해하려 하지 아니하니라 내가 어리석은 일을 하였으니 대단히 잘못되었도다 하는지라 22 다윗이 대답하여 이르되 왕은 창을 보소서 한 소년을 보내어 가져가게 하소서 23 여호와께서 사람에게 그의 공의와 신실을 따라 갚으시리니 이는 여호와께서 오늘 왕을 내 손에 넘기셨으되 나는 손을 들어 여호와의 기름 부음을 받은 자 치기를 원하지 아니하였음이니이다 24 오늘 왕의 생명을 내가 중히 여긴 것 같이 내 생명을 여호와께서 중히 여기셔서 모든 환난에서 나를 구하여 내시기를 바라나이다 하니라 25 사울이 다윗에게 이르되 내 아들 다윗아 네게 복이 있을지로다 네가 큰 일을 행하겠고 반드시 승리를 얻으리라 하니라 다윗은 자기 길로 가고 사울은 자기 곳으로 돌아가니라

왜곡하지 말아야 할 것

세상에 있는 모든 것은 하나님이 창조하신 원래 모습 그대로 있는 것이 가장 좋은 것입니다. 사람들이 이렇게 저렇게 바꾸지만, 바꾸어서 좋아질 것이란 절대로 없습니다. 왜냐하면 하나님이 천지를 창조 하실 때 가장 좋게 가장 아름답게 가장 적절하게 만드셨기 때문입니다. 인간이 하나님의 기준과 하나님의 가치를 상실하여 죄인이 되고나서 모든 것에 대한 생각이 바뀌었습니다. 바뀐 죄의 가치에서 다시 하나님의 가치를 회복하면 그것이 가장 좋은 방법이고 유일한 정답인데 사람들은 그렇게 하지 않고 바뀐 채로 죄의 가치와 죄의 기준에 맞추어 보려고 노력하는

모습들이 참으로 안타깝습니다. 옛날에는 외형을 바꾸는 것을 대단한 무례, 결례로 생각했었는데 이제 그런 것은 자연스럽게 필요에 의해서 바꾸는 것으로 되었고 이제는 내부적인 유전자 자체, 인간 구조 자체를 새롭게 형성해 보려는 모습도 발견하게 됩니다.

하나님은 천지를 만드셨고 사람들도 많은 것을 만들었습니다. 얼핏 보기에 하나님이 만드신 것보다 사람들이 만든 것이 훨씬 편리해 보이지만 사람들이 만든 것이 훨씬 위험합니다. 하나님이 만드신 것보다 사람이 만든 것이 훨씬 좋아 보이지만 훨씬 복잡해져서 아무나 쓸 수 있게 되는 것이 아니게 되었습니다. 하나님이 만드신 것보다 사람이 만든 것이 훨씬 새로워진 것처럼 보이지만, 전혀 예상치 못하고 또 해결할 수도 없는 더 많은 새로운 문제가 발생하고 있다는 사실 앞에 스스로 놀라고 있습니다. 죄의 원리라고 해서 전부다 악한 모습만을 드러내는 것이 아닙니다. 더 큰 악을 감추기 위해 최소한의 선한 모양이라도 가지고 있는데 보이는 선한 겉모습에 속아서 더 큰 악을 당연시 여기는 모습이 참으로 안타깝습니다.

세상에서 하나님이 만드신 것들이 하나 둘씩 바뀌어 가고 있는 것이 참으로 안타깝지만, 하나님의 것 중에서 바뀐 것 그 어떤 것보다 가장 바뀐 것이 안타깝고 왜곡되고 오해되는 것 중에 심각한 것이 바로 종교입니다. 인간이 만든 것 중에 이런 것 저런 것들은 자꾸 변하니까 이렇게 변했다 저렇게 변했다 할 수 있습니다. 그런데 인간을 만드신 분, 세상을 창조하신 하나님을 오해하고 하나님을 왜곡하는 것은 정말로 심각한 것입니다. 하나님은 인간이 죄인이 된 이후에 인간이 하나님에게서 단절되었기에 하나님에 대한 개념이 없을 것이고, 죄의 개념으로 하나님을 생각할 것이고, 죄의 개념으로 생각한 하나님은 반드시 하나님에 대하여 왜곡할 것이 뻔했기 때문에 하나님을 알리시기를 원했습니다. 하나님을 나타내시고, 하나님을 계시하시고, 하나님을 보이시고, 하나님을 이 모양 저 모양으로 우리에게 증거하셔서 하나님이 어떤 분이며 하나님이 얼마나 인간을 사랑하고 얼마나 인간을 도우시는지 보이시려고 하셨습니다. 하나님의 자기계시, 자기를 나타냄, 자기를 증거하심, 자기를 알려주시는 모든 내용이 성경에 기록되어 있습니다. 인간은 자신의 생각으로가 아니라 성경을 통해 알리시는 하나님의 모습을 발견해야 합니다. 불행하게도 성숙하지 못한, 아직 연약한 오해와 왜곡이 많이 등장하는 것이 정말로 우리를 안타깝게 합니다.

종교의 왜곡

세상의 왜곡 중에 가장 심각한 것은 종교의 왜곡입니다. 종교가 왜곡되면 정말로 무섭습니다. 기독교도 안타까운 왜곡의 역사를 많이 거쳐 왔습니다. 기독교가 왜곡되는 것 중에 하나, 가장 대표적인 것은 죄인을 남발한다는 것입니다. 하나님 앞에 우리 모두는 죄인입니다. 죄인 아닌 사람이 한 사람도 없습니다. 그러기에 우리는 다른 사람에 대하여 '죄인이다, 하나님의 기준에 어긋난 사람이다'고 정죄하고 그가 받을 심판을 예언하고 그가 맞이할 재앙을 선언하는 역할을 해서는 안 됩니다. 물론 사회에서는 모든 사람이 어떤 법적 기준, 즉 윤리적 도덕적 사회적 기준에 근거할 때 아무런 잘못이 없기 때문에 서로 옳은 사람들입니다. 옳은 가운데 누군가가 법을 어기면 그때 죄인이 되는 것입니다. 세상은 법을 준수 한 자가 법을 어긴 사람에게 '너는 죄인이다'고 말하고 대가를 받게 할 수 있습니다. 세상에서는 그렇게 할 수 있지만 교회에서는 그럴 수 없습니다. 왜냐하면 하나님 앞에 우리 모두는 죄인이라는 측면에서 똑같은 차원이요, 똑같은 수준이기 때문입니다. 하나님의 원리 앞에 나는 하나님의 법을 준수했는데 너는 하나님의 법칙을 지키지 않았다고 상대를 정죄할 수 없습니다. 모든 인간은 하나님 앞에 죄인이기에 죄인들끼리 상대를 향해 하나님의 기준을 지켰다고 자랑하거나 지키지 못했다고 정죄하고 심판할 수 없습니다.

기독교는 어떤 사람이 하나님의 원리를 따르지 못하고 하나님의 뜻을 순종하지 못했으면 그가 아직 연약하다고 이해해야 합니다. 신앙이 연약했으면 가르쳐 든든하게 해주고, 무엇인가 무거운 신앙적 짐에 눌려 있었다면 짐을 대신 짊어지어 가볍게 쉬고 안식하여 하나님의 뜻을 지킬 수 있도록 도와주고, 그럼에도 지키지 못한다면 이해하고, 끌어안고, 함께 울어주고 대신 짐을 져주는 모습이 있어야 합니다. 세상은 죄인을 만드는 곳이요, 교회는 죄인을 치유하는 곳이어야 합니다. 이것이 왜곡되면 세상에서는 멀쩡히 의로운 사람인데 교회 와서는 날마다 정죄받는 상황에 놓이게 됩니다. 또 신앙이 왜곡되는 모습 중에, 하나 아마도 기독교 역사 중에 가장 대표적인 왜곡의 실수는 인간이 하나님의 이름으로 하나님의 역할을 대신하는 것입니다. 기독교에서도 하나님이 하실 일인데 인간들이, 교회에 속한 자들이 하나님의 이름으로 하나님의 일을 행한다는 명분으로 많은 왜곡을 범했습니다. 우리 모두가 돌아보아야 할 자화상입니다.

하나님의 사람의 세 가지 유형

분명한 정황

사무엘상 26장의 본문은 24장의 본문과 거의 같습니다. 쫓겨다니는 다윗과 쫓아다니는 사울이 등장합니다. 다윗이 사울을 죽일 수 있는 입장에 있을 때 다윗과 다윗 주변에 있는 동료들과 죽임을 당할 위기에 처해 있는 사울, 삼자의 대화 속에 나오는 모습을 통해서 셋 다 하나님의 백성인데 어떤 모습이 바른 모습이고 어떤 모습이 성숙한 모습인가를 분별하고 혹시 오늘날 우리가 오해하고 왜곡하기 쉬운 모습들을 바른 모습으로 분별하기를 원합니다.

원래 큰소리치는 사람은 뭔가 잘못한 사람이 아니라 나름대로는 옳은 일을 행한 사람입니다. 다윗도 나름대로 의로웠는지 '하나님은 살아계시다'고 했는데 과연 다윗의 정황이 어땠는지 한 번 확인해 보겠습니다. 다윗은 하나님의 인정을 받은 사람이었습니다. 사무엘의 인정을 받았고, 백성의 인정을 받았고, 하나님의 인정을 받았고, 다윗이 하나님의 기름부음을 받았다는 것을 사울도 알고 있습니다. 그러므로 다윗이 왕으로 등극하는 일은 너무나 정상적인 일입니다. 다윗이 왕이 되었을 때 아무도 쿠데타라고 말할 사람이 없고, 순리대로 되었고, 하나님이 정하신대로 되었다고 말할 명분이 있는 상황입니다. 또 다윗은 사울에게 잘못한 것이 없습니다. 다윗은 정정당당한 사람입니다. 다윗이 옳다고 사울도 인정했습니다. 사울의 아들 요나단도 다윗이 옳다는 것을 인정했고 아버지 사울에게 쫓아가서 왜 다윗을 죽이려고 하느냐며 다윗의 편을 들어주었던 적도 있습니다. 이스라엘 백성도 다윗이 옳다고 인정했습니다. 다윗이 무슨 일을 행하여도 사람들에게 원망들을 일이 없고 정통성이 시비가 걸릴 일이 없습니다. 상대적으로 분명히 사울은 잘못을 했습니다. 이미 사무엘에게서 '하나님이 너를 버리고 다윗을 왕으로 세웠다'는 말을 들었으며 또 정신건강적인 측면에서도 왕위를 수행하기에는 적절하지 않았습니다. 권력남용도 하고 있었고 나라를 바로 다스리지 못했었고 자기 개인의 원수를 갚기 위해 수시로 군사를 일으키고 직접 원수를 잡으려고 왕궁을 떠나 통치를 소홀히 한 면이 있습니다.

사울과 다윗의 관계에 있어서 다윗은 정당하고 만약 다윗이 왕이 되면 왕이 되려고 욕심을 부려 의로운 사울을 죽였다고 말할 사람은 하나도 없습니다. 다윗이 왕이 되면 이제 나라가 제대로 되려나보다 또는 이제 모든 일이 순리대로 될 것이라고 생각할 것입니다. 게다가 다윗은 이미 사울을 한 번 살려 준 적도 있습니다. 이미 승리한 것이요, 은혜를 베풀었던 것입니다. 그럼에도, 지금 사울이 여전히 다윗을 잡으려고 하는 행위는 배은망덕한 행위로 욕을 먹어도 쌉니다. 정황상으로는 완전히 다윗이 옳습니다. 다윗이 먼저 나가 '하나님은 살아계시다. 진리는 살아있다. 하나님이 함께 하면 언제나 이긴다' 고 공세를 취할 수 있고, 적극적인 자세를 취할 수 있고, 쫓기는 현재의 상황을 역전할 수 있습니다. 그런데 다윗은 그렇게 하지 않습니다. 하나님을 믿는 자의 모습, 살아계신 하나님을 믿는 자의 모습, 하나님의 일하심을 믿는 자의 모습이 어떻게 들어나는지 확인해 보겠습니다. 본문을 통해서 세 종류의 사람 즉, 하나님을 믿는데 하나님과 자신과 아무 관계없이 사는 사람 사울, 하나님을 믿는데 하나님의 일하심의 방법을 잘못해서 옳은 것 같으나 왜곡하는 다윗의 수하 아비새, 정말로 하나님을 믿는 것이 어떤 것인가를 보여주는 다윗을 살펴보겠습니다.

불신자 사울

사울은 하나님을 믿는 자 같으나 전혀 하나님과 무관한 자입니다. 하나님의 계획, 하나님의 일하심, 하나님의 역사를 전적으로 무시하는 사람입니다. 자신이 왕이 될 아무런 길이 없을 때 자신을 세워 주신 분이 하나님이십니다. 그러면 하나님의 뜻에 순종함이 옳습니다. 하나님이 왕을 세웠다고 해서 신분적 격차를 세운 것이 아닙니다. 하나님은 왕과 백성 사이에 기능의 차이를 두었을 뿐 절대로 신분적 차이를 만들지 않습니다. 왕 스스로 백성 위에 높아져도 안 되고, 백성이 왕을 낮추어도 안 됩니다. 왕이나 백성이나 하나님 앞에서는 동등한 인간이요, 동등한 하나님의 백성으로 같은 것입니다. 하나님이 자신을 왕으로 세워주셔서 왕이 되었으면 하나님이 자신을 버리고 대신 다윗을 세우면 다윗을 인정해 주어야 합니다. 그런데 하나님이 다윗을 기름 부었다는 사실을 알고도 전혀 개의치 않고 다윗을 죽이러 다니는 모습입니다. 신앙을 왜곡하는 모습이 뚜렷이 구분이 됩니다. 하나님이 세우셨다는 구별된 의식을 가지고 구별된 의식이 올바른 역할로가 아니라 우월의식이 되고 우월의식 속에 권위를 부리고, 권세를 부리려는 어리석은 모습입니다.

아비새는 충신인가 역적인가

하나님의 뜻대로 사는 것 같은데 자세히 분별하지 않으면 너무 쉽게 왜곡하는 모습을 보여주는 사람이 아비새입니다. 아비새는 다윗의 신하 중의 한 사람으로 정말 지도자를 위하는 사람, 지도자의 덕망을 위해 모든 악역을 대신 감당하려고 하는 충신의 모습을 보여줍니다. 다윗이 어느 날 자기를 쫓던 사울이 십 광야에 진 쳤다는 소식을 들었습니다. 밤에 사울이 잠자는 곳에 다윗이 부하 아비새를 데리고 같이 갔습니다. 사울이 아무 지키는 사람도 없이 무방비 된 상태에서 잠을 자고 있을 때 다윗의 충신 아비새가 다윗에게 하는 말이 26장 8절 "아비새가 다윗에게 이르되 하나님이 오늘 당신의 원수를 당신의 손에 넘기셨나이다 그러므로 청하오니 내가 창으로 그를 찔러서 단번에 땅에 꽂게 하소서 내가 그를 두 번 찌를 것이 없으리이다"입니다. 사무엘상 24장에서 굴속에서 다윗의 동료들이 다윗에게 했던 말보다 훨씬 업그레이드 된 말입니다. 왜냐하면 그때에도 '이것이 하나님이 주신 기회일지 모릅니다. 이 기회를 놓치지 말고 원수를 갚으십시오' 라고 말 했습니다. 그 상황에서 다윗이 사울을 죽여 원수를 갚으려고 했다면 다윗이 칼을 썼어야 합니다.

본문의 상황은 24장의 상황보다 더 극적이고 절묘합니다. 아비새는 다윗에게 원수를 갚으라고 말하는 것이 아닙니다. 아비새는 '정황상으로는 분명히 하나님이 원수를 갚으라고 준 기회인 것 같습니다. 다윗이여 당신은 앞으로 왕이 될 사람으로서 통치할 자가 의로운 경력을 쌓아야 의로운 명분에 누가 될 수 있는 칼을 쓰는 행위를 해서는 안 됩니다. 원수 갚을 기회가 왔는데 당신은 가만히 계시고 내가 칼을 써서 모든 책임을 내가 짊어질 테니 허락만 해주시오' 라고 말하고 있습니다. 너무 멋있고, 이런 신하 하나 있으면 나라를 경영하는데 든든한 후원군이 있어 믿음직스러울 것입니다. 세상 사람들은 이런 사람을 충신이라고 합니다. 명분과 정의가 어쨌든, 주인으로서 자기를 위해 애쓰는 사람을 충신이라고 여겨 주는 것입니다.

스스로 자원하여 악역을 감당하겠다고 나서니 아비새는 충신 중에 충신 일 것입니다. 본문의 관심은 아비새가 충신이냐 역적이냐를 판별하는 것이 아니라 하나님을 믿는 사람이 하나님의 뜻을 어떻게 적용해 가느냐는 것입니다. 아비새는 단순히 자기 의견을 제시하는 것이 아닙니다. 아비새도 이스라엘 사람으로서, 기름 부음 받은 다윗을 수종드는 하나님의 사람으로서, 하나님의 뜻을 알리고, 하나님의 계획에 순종하려는 선한 의도를 가진 것처럼 보입니다. 만약에 아비새가 하나님과 무관하게 왕권에 대한 욕심만 있는 사람이라면, 단지 왕에 대해 충성만 하는 사람이라고 하면, 이렇게 다윗에게 보고 할 이유도 없고 물어볼 이유도 없습니다. 어느 날 저녁에 특공대 몇 명 데리고 가서 사울의 목을 베고 가져와서 다윗에게 바치면서 원수가 제거되었으니 이제 왕으로 등극하시라고 말하면 될 것인데 아비새는 그렇게 하지 않습니다.

다윗이 도망 다니니까 아비새도 도망 다니고 다윗과 함께 행동을 합니다. 사울을 제거할 기회가 왔을 때에 다윗에게 악을 행하라고 말하지 않습니다. 다른 측면으로 다윗 대신에 본인이 악역을 감당하겠다고 말하는 것도 아닙니다. 아비새의 말 속에 담겨있는 본질적인 의미는 '다윗이여! 하나님의 뜻에 순종하십시오' 라고 권면하며 설득하는 것입니다. 하나님이 사울을 죽일 수 있는 기회를 베풀어 주셨으니 이 원수를 죽여서 하나님의 뜻에 순종하라고 설득하는 것입니다. 만약 다윗이 이 일을 행하지 않으면 다윗은 하나님의 정의를 무시하는 것이며, 아마도 이번이 하나님이 주시는 마지막 기회 일지도 모르는데 다윗의 결단력 없음과 망설임 때문에 하나님의 일을 그르칠 수도 있다고 강권하는 것입니다. 눈으로 확인하는 바와 같이 분명한 기회를 주셨으니 하나님의 뜻에 순종하라고 다그치는 말은 너무나 분명하게 옳은 말처럼 들립니다. 만약 다윗이 하나님의 기름 부음 받은 사람을 어떻게 죽일 수 있냐고 망설인다면 아비새는 '하나님은 말씀으로만 역사 하시는 것이 아니라 상황으로도 보여 주시면서 역사하십니다. 지난번 굴에서 다윗께서 사울을 죽이지 않으려 할 때에는 제가 아무소리도 안했습니다. 왜냐하면 다윗의 생각이 맞는다고 생각할 수 있고, 그것은 원수를 죽이라는 기회가 아니라 우연히 찾아온 기회일 수도 있기 때문입니다. 결과적으로 그때는 다윗이 옳았습니다. 그런데 지금은 사울 왕이 출전을 했고, 잠자는데 아무도 수비하는 자가 없어서 왕이 죽음에 처할 기회가 한 번도 아니고 두 번씩이나 이렇게 내 눈 앞에 훤히 드러나게 역사하시는데 보고도 하나님의 뜻이 아니라고 하시겠습니까? 다윗이여 망설이지 마시고 하나님의 뜻에 순종하십시오. 하나님은 또 사람을 통해서도 역사하십니다. 보십시오. 다윗 보고 찌르라는 것이 아니라 하나님이 나를 통해 역사하사 멸시천대는 내가 받고 존귀영광 모든 권세 다윗님 받으라고 딱 들어맞지 않습니까? 하나님의 뜻에 순종하십시오. 하나님은 살아 계시고 진리 편에 계셔서 당신을 도우실 것입니다. 하나님과 함께 하시기 바랍니다'고 강권하는 것입니다. 아비새의 말은 누가 들어도 정당한 듯하고, 누가 들어도 합리적이라고 생각할 수 있습니다. 그러나 아비새의 말은 절대로 정당한 말이 아니요 옳은 말이 아닙니다. 아비새는 하나님과 하나님의 일하심에 대하여 커다란 오해를 하고 있기 때문입니다.

사람들이 오해하는 것은 크게 두 가지입니다. 하나는 '하나님이 사람을 통해 일하신다'는 표현의 의미를 오해하는 것입니다. 하나님은 사람을 통해 일하십니다. '사람을 통해' 일하신다는 것을 강조하면서 '하나님'이 일하신다는 것을 놓치는 것입니다. 분명히 하나님이 사람을 통해 일하신다는 말이 옳습니다. 이 말은 '하나님이 사람에게 일을 맡겨 놓았다, 그러므로 이제부터 사람이 책임져야한다' 는 의미가 절대로 아닙니다. 창세기 12장에서 하나님이 아브람에게 민족을 이루겠다고 약속하셨습니다. 하나님이 아브라함을 통해 일하셨지 아브라함이 한 것이 아닙니다. 출애굽 사건의 경우에도 하나님이 모세를 통해서 출애굽을 한 것은 맞지만 모세가 출애굽을 주도하고 책임진 것이 아닙니다. 하나님의 일은 하나님이 하십니다. 하나님이 사람을 통해서 일하셔도 결국 하나님이 일하시는 것입니다. 그런데 사람들은 하나님이 사람에게 일을 맡겨 놓아서 이제부터 사람이 모두 해야 하는 것으로, 하나님에게 사명을 위임 받고 권세와 모든 권한을 위임 받아 사람이 해야 하는 것으로 생각하는 것이 오해입니다.

또 다른 오해는 하나님이 어떤 일을 이루신다고 생각하는 것입니다. 하나님이 '사람을 통해서' '일' 하시는 것은 맞지만 일 자체가 목적인 것은 없습니다. 중요한 것은 하나님이 행하시는 어떤 일, 어떤 사건이 아닙니다. 정작 중요한 것은 하나님이 왜 그 일을 행하시는가, 하나님이 그 일을 통해 나타내시고자 하는 하나님의 모습을 아는 것입니다. 이스라엘에 왕을 세워 주시는 것이 하나님의 목적이 아니었습니다. 하나님이 왕을 세운다고 하면 왜 왕을 세우는가를 알아야지, 다윗이 자신이 하나님의 왕이니까 선한 왕이 되어야겠다고 다짐하고 하나님 없이도 나라를 잘 다스려야겠다고 결단하는 것이 아닙니다. 하나님은 열방 가운데 이스라엘을 세웠습니다. 하나님이 이스라엘을 세우신 것은 다른 나라보다 더 잘 사는 나라, 다른 나라 보다 더 부강한 나라, 다른 나라 보다 더 똑똑한 나라, 다른 나라 보다 더 튼튼한 나라를 만들려는 것이 아닙니다. 하나님이 계시다는 것을 알게 하려고, 이스라엘과 열방 모두가 하나님을 알게 하려고 이스라엘을 사용하시는 것입니다. 다윗을 왕으로 세웠습니다. 하나님은 하늘의 일이나 통치하시고 땅의 일은 다윗에게 위임하시려는 것이 아닙니다. 하나님이 하시면 된다는 것, 하나님과 함께 해야 한다는 것, 하나님을 알도록 왕이라는 신분과 다윗이라는 사람을 사용하셨을 뿐입니다. 이스라엘을 세우셨다고 해도 이스라엘을 책임지시는 분은 하나님이고, 왕을 세웠다고 해도 이스라엘을 다스리시는 분은 하나님이십니다. 그런데 사람들은 왜 이스라엘을 세웠는지, 왜 왕을 세웠는지 이유를 오해했던 것입니다. 아비새의 말은 너무나 경우에 합당한 말이고 너무나 상황에 딱 들어맞는 말 같아서 그렇게 했을 때에 어느 누구도 그릇되었다 말할 수 없는 것 같지만 전혀 틀린 말입니다.

여호와께서 사시거니와

다윗의 역할

하나님의 사람인 것 같으나 하나님과 무관하게 사는 모습을 보여주는 사울, 하나님의 뜻에 순종하는 것 같으나 하나님을 오해하는 모습을 보여주는 아비새와 비교하여 하나님의 뜻에 순종하는 모습을 보여주는 다윗의 역할을 확인해 보겠습니다. 세상 사람과 하나님의 사람의 차이는 하나님입니다. 세상 사람은 하나님을 믿지 않는 사람이고, 하나님의 사람은 하나님을 믿는 사람입니다. 세상 사람은 하나님이 계시지 않다고 생각합니다. 하나님이 계시지 않으니까 하나님은 아무 일도 하시지 않는 것이고, 그러니까 내가 행하지 않으면 어떤 일도 되지 않는다고 생각합니다. 사람의 생각과 사람의 행동 속에 하나님은 고려되지 않습니다. 모든 일을 자신이 판단하고 자신이 결정하고 자신이 행해야 합니다. 그러나 하나님의 사람, 하나님을 믿는 사람은 다릅니다. 하나님의 사람은 하나님이 계시다는 것을 믿는 것입니다. 하나님이 계시다는 것은 하나님이 존재하시고, 하나님이 일하시고, 하나님이 계획이 있으시고, 하나님이 뜻이 있으시고, 하나님이 능력이 계시고, 하나님이 모든 목적을 이루시고, 하나님이 자신과 함께 계시고, 자신이 행하는 것보다 하나님이 더 잘 행하시며, 자신이 하는 것보다 하나님이 더 크게 더 옳게 더 멋지게 더 많은 사람에게 합당하게 행하신다는 것을 믿는 사람입니다. 그 사람의 생각과 행동에는 언제나 하나님이라는 분이 고려되고 있습니다.

본문에서 다윗의 충신 아비새는 '하나님의 뜻이다, 하나님이 주신 기회이다' 는 생각은 있지만 하나님이 뜻을 세웠으면 하나님이 이루신다는 생각은 못하는 것입니다. 그러나 다윗은 하나님이 계시고, 하나님이 살아 계시고, 하나님의 뜻이 계시다면 뜻을 이루시는 분도 하나님이시라는 것을 믿는 것입니다. 다윗이 아비새에게 하는 말이 사무엘상 26장 9절에서 10절 '다윗이 아비새에게 이르되 죽이지 말라 누구든지 손을 들어 여호와의 기름 부음 받은 자를 치면 죄가 없겠느냐 하고 다윗이 또 이르되 여호와께서 살아 계심을 두고 맹세하노니 여호와께서 그를 치시리니 혹은 죽을 날이 이르거니와 또는 전장에 나가서 망하리라' 입니다. 다윗은 하나님의 사람으로서 하나님의 일은 하나님이 하신다는 것을 믿는 것입니다. 하나님의 일은 하나님이 하신다는 것을 믿는 것이 믿음이지 하나님이 하실 일을 인간이 대신 하려고 충성과 열심을 내는 것은 믿음이 아닙니다. 하나님의 사람이 할 일은 하나님이 하신다는 것을 믿는 것입니다. 하나님의 사람으로서 가장 중요한 역할은 하나님을 인정하고 하나님을 나타내고 하나님을 증거하는 것입니다. 내가 하나님을 위해 무엇인가를 행해야 하는 것이 아니라 하나님이 나를 위해 일하고 계시다는 것 즉 하나님을 인정하는 것입니다.

다윗이 이스라엘의 왕인 미친 사람 사울을 살려둔다고 하는 것은 하나님의 나라를 방치하는 것이요 이스라엘 백성을 곤란에 빠지게 하는 것이 아닙니다. 반대로 다윗이 사울을 죽이지 않는 것은 하나님은 살아 계시고, 하나님은 역사하신다는 것을 가르치는 최고의 방법입니다. 본문에서 다윗이 할 유일한 일은 미친 왕 사울을 제거하는 것이 아니고 하나님의 나라 이스라엘과 하나님의 백성을 위하여 빨리 왕권을 회복하고 국가를 안정적으로 다스리는 것이 아니라 하나님을 인정하는 것입니다. 하나님의 이름으로 분연히 떨치고 일어나 하나님의 공의를 외치고 하나님이 하시는 일을 대신하는 것이 아니라 하나님을 인정하는 것입니다. 온 백성으로 하여금 하나님은 일하고 계시고, 하나님은 이스라엘을 돌보시고 계시고, 하나님은 이스라엘을 책임지고 계신다는 사실을 본인의 삶 속에서 순종적으로 나타내는 것입니다.

하나님을 믿는 것

다윗은 아비새가 하는 말 '정황적으로 보아도 하나님의 뜻이 분명합니다. 한 두 번도 아니고 상황적으로나 사람으로나 하나님의 뜻이 분명하니까 지금 행하소서' 라는 권고를 따르지 않습니다. 다윗이 사울과의 대화에서 무죄를 주장하기를 26장 18절 '또 이르되 내 주는 어찌하여 주의 종을 쫓으시나이까 내가 무엇을 하였으며 내 손에 무슨 악이 있나이까' 입니다. 그런데 정말 중요한 것, 하나님이 살아 계시다는 것을 믿는 것, 하나님의 뜻에 순종한다는 것이 무엇인가를 보여 주는 장면이 26장 19절 '원하건대 내 주 왕은 이제 종의 말을 들으소서. 만일 왕을 충동시켜 나를 해하려 하는 이가 여호와시면 여호와께서는 제물을 받으시기를 원하나이다마는' 입니다. 혹자들은 다윗의 믿음의 업적을 고르라고 하면 골리앗을 이긴 것을 고르거나 가는 곳마다 승리를 한 것, 무수한 시편을 지은 것, 이스라엘 영토를 확장한 것, 성전을 지을 수 있는 기틀을 마련한 것 등을 먼저 떠올립니다. 그러나 다윗이 하나님의 사람으로 가장 위대한 일, 가장 위대한 말은 바로 이것 '당신을 충동시켜서 나를 해하려 하시는 이가 여호와시면 여호와께서는 제물을 받으시기를 원하나이다' 입니다.

다윗이 하나님의 사람으로 기름부음을 받았습니다. 하나님이 지금 자신을 통해 일을 하고 계시다는 것을 알고 있습니다. 다윗도 하나님의 사람으로 기름 부음 받았지만 사울도 하나님의 사람으로 기름 부음 받은 사람입니다. 그러면 사울을 세우신 분도 하나님이십니다. 사울이 미쳤다는 것을 하나님도 알고 계실 것입니다. 그럼에도, 사울 왕이 죽지 않고 멀쩡히 살아 있습니다. 미치광이 왕이 나라를 다스리면 전쟁에 나갈 때마다 번번히 패하여서 나라가 망할 위기에 처해야 하는데 나라가 망하지 않고 있습니다. 하나님이 사울을 도와주고 계시며 하나님이 이스라엘을 지키고 계시다는 증거입니다. 왕이 미쳤고 벼룩 같은 다윗을 잡으러 쫓아 다녀서 왕궁을 비워 놓고 있으면 왕궁 주변에 왕권에 욕망을 가진 자들이 쿠데타를 일으켜서 왕권을 차지하는 것이 너무나 쉬울 것 같은데, 미친 왕이 되어 왕위를 비워 놓고 제 아무리 돌아다녀도 한 번도 쿠데타가 일어나지 않고 있습니다. 다윗은 이 모든 일들을 바라보면서 하나님이 자신을 도우셨듯이 사울을 돕고 계시다는 것을 알기에 자신이 하나님을 거스르지 않는 것입니다.

하나님이 다윗을 들어 쓰실 때 다윗을 왕으로 세우고자함이 목적이 아니었습니다. 하나님의 궁극적인 목적은 백성의 생각이 틀린 것을 알게 하고, 하나님이 옳다는 것을 알게 하는 것입니다. 백성의 생각에 도무지 왕다워 보이지 않던 다윗, 양이나 치던 소년이 전쟁에서 승리하고 나라를 안정시킬 수 없을 것이라는 생각 대신에 누구라도 하나님이 도우시기만 하면 전쟁에서 승리할 수 있고, 왕이 될 수 있다는 것을 알게 하는 것이 하나님의 목적입니다. 열방과 같은 왕을 요구하는 백성을 향해 왕을 의지할 것이 아니라 양치기를 통해서도 나라를 구할 하나님을 의지하라고 가르치시는 것이 하나님의 목적입니다.

다윗은 '내가 하나님께 기름 부음 받았으면 사울도 하나님이 기름 부었고, 나를 향하여 하나님의 뜻이 있다고 한다면 사울을 향한 하나님의 뜻도 있을 수 있다. 내가 기름 부음 받았으니 나만 옳은 것이 아니라 사울을 통하여도 하나님이 일하시고 계실 수도 있다. 하나님이 살아계시니 하나님이 일하실 것이다. 사울이 죽어야 한다면 죽을 날이 이르던가, 전쟁에 가서 죽던가 할 것이다. 내가 왕이 될 때가 되면 하나님이 나를 왕으로 세우실 것이다. 나에게 좋은 쪽으로만 하나님이 역사하신다. 비록 내가 사울에게 죽는 한이 있을지라도 그것이 하나님의 뜻이면 하나님의 뜻이 이루어지이다' 고 생각하는 것입니다. 이것이 하나님의 뜻에 순종하는 성도의 성숙한 모습입니다. 다윗이 사울을 이기고 드디어 왕으로 등극하는 모습을 통해서만 하나님의 승리하심, 하나님의 살아계심, 진리가 결국엔 이기는 모습을 보여주는 게 아닙니다. 성경은 다윗이 도망 다니는 모습을 그냥 기록합니다. 죽음을 맞이하는 장면을 그냥 보여주고 있습니다. 이 다윗의 모습을 통해서 하나님이 지키시고 도우시고 일하신다는 것을 증거하는 것입니다.

23
충성 or 반역

사무엘상 27:1~28:2

1 다윗이 그 마음에 생각하기를 내가 후일에는 사울의 손에 붙잡히리니 블레셋 사람들의 땅으로 피하여 들어가는 것이 좋으리로다 사울이 이스라엘 온 영토 내에서 다시 나를 찾다가 단념하리니 내가 그의 손에서 벗어나리라 하고 2 다윗이 일어나 함께 있는 사람 육백 명과 더불어 가드 왕 마옥의 아들 아기스에게로 건너가니라 3 다윗과 그의 사람들이 저마다 가족을 거느리고 가드에서 아기스와 동거하였는데 다윗이 그의 두 아내 이스르엘 여자 아히노암과 나발의 아내였던 갈멜 여자 아비가일과 함께 하였더니 4 다윗이 가드에 도망한 것을 어떤 사람이 사울에게 전하매 사울이 다시는 그를 수색하지 아니하니라 5 다윗이 아기스에게 이르되 바라건대 내가 당신께 은혜를 입었다면 지방 성읍 가운데 한 곳을 내게 주어 살게 하소서 당신의 종이 어찌 당신과 함께 왕도에 살리이까 하니 6 아기스가 그 날에 시글락을 그에게 주었으므로 시글락이 오늘까지 유다 왕에게 속하니라 7 다윗이 블레셋 사람들의 지방에 산 날 수는 일년 사 개월이었더라 8 다윗과 그의 사람들이 올라가서 그술 사람과 기르스 사람과 아말렉 사람을 침노하였으니 그들은 옛적부터 술과 애굽 땅으로 지나가는 지방의 주민이라 9 다윗이 그 땅을 쳐서 남녀를 살려두지 않고 양과 소와 나귀와 낙타와 의복을 빼앗아 가지고 돌아와 아기스에게 이르매 10 아기스가 이르되 너희가 오늘은 누구를 침노하였느냐 하니 다윗이 이르되 유다 네겝과 여라무엘 사람의 네겝과 겐 사람의 네겝이니이다 하였더라 11 다윗이 그 남녀를 살려서 가드로 데려가지 아니한 것은 그의 생각에 그들이 우리에게 대하여 이르기를 다윗이 행한 일이 이러하니라 하여 블레셋 사람들의 지방에 거주하는 동안에 이같이 행하는 습관이 있었다 할까 두려워함이었더라 12 아기스가 다윗을 믿고 말하기를 다윗이 자기 백성 이스라엘에게 심히 미움을 받게 되었으니 그는 영원히 내 부하가 되리라 생각하니라 1 그 때에 블레셋 사람들이 이스라엘과 싸우려고 군대를 모집한지라 아기스가 다윗에게 이르되 너는 밝히 알라 너와 네 사람들이 나와 함께 나가서 군대에 참가할 것이니라 2 다윗이 아기스에게 이르되 그러면 당신의 종이 행할 바를 아시리이다 하니 아기스가 다윗에게 이르되 그러면 내가 너를 영원히 내 머리 지키는 자를 삼으리라 하니라

하나님을 믿는 것

하나님을 믿는다는 것, 신앙을 가졌다는 것, 기독교인이 된다는 것을 사람들이 많이 오해합니다. 하나님을 믿는다는 것은 혼자서 살다가 이제 하나님을 의지해서 산다는 의미가 아닙니다. 어떤 사람이 기존의 가치관과 사상과 원리와 개념을 그대로 가지고 살면서 혼자서 문제를 해결하기에 너무 힘들었는데 이제 자신의 인생을 도와줄 자나 동업자로 하나님을 모시는 것이 아닙니다. 자신의 인생의 목적과 소망이 변하지 않은 채 단지 전지전능한 하나님, 능력의 하나님을 믿어서 도움을 받자는 것은 신앙이 아니고 기독교가 아닙니다. 만약 어떤 신을 믿는데 그 신이 어디선가 누군가에 무슨 일이 생기면 나타나서 해결 해 준다고 생각하면 그 존재는 램프의 지니이거나 상상 속의 존재일 뿐이지 성경의 하나님과는 아무런 관계가 없고, 그러한 존재를 믿는 것을 하나님을 믿는다고 말하지 않습니다. 하나님을 믿는다는 것은 하나님의 기준과 하나님의 원리를 갖는다는 말입니다. 모든 사람은 하나님을 믿기 전까지 모두 자기의 생각과 자기의 기준과 자기의 가치와 자기의 방법을 가지고 삽니다. 그런데 어떤 사람이 하나님을 믿기로 하는 것은 이제 기존에 가진 자기의 기준과 가치와 방식 대신에 하나님의 기준을 새로 알아간다는 것입니다.

하나님은 전지하시고 전능하십니다. 전지전능하신 하나님을 믿어서 내 목적을 달성하자는 것이 아니라 하나님이 참으로 전지전능하신 분이기에 하나님의 원리가 가장 좋은 것임을 인정하고 하나님의 방법이 가장 옳은 것임을 인정하고 하나님의 기준이 가장 합리적임을 인정하여 나의 기준과 나의 가치와 나의 방법 대신에 하나님의 기준과 하나님의 가치와 하나님의 원리를 인정하고 수용하고 순종하는 것을 하나님을 믿는다고 표현하는 것입니다. 자신의 모든 기준을 유지한 채 하나님을 믿어서 전능한 하나님의 도움으로, 능력있으신 하나님의 도움으로 나의 목적과 나의 소원을 성취하는 큰 천군 천마를 얻는 것을 기독교라고 말하지 않는다는 것입니다. 자신의 기준이 달라져야 하고 원리가 달라져야 한다는 말입니다. 사람들은 하나님은 전능하시다는 것은 믿습니다. 그러나 바로 하나님의 기준이 가장 옳다는 것은 인정하지 않습니다. 또 사람들은 하나님이 능력이 있다는 것을 믿고 능력 있으신 하나님을 좋아합니다. 그런데 바로 능력 있으신 분의 원리가 가장 자신에게 옳은 것이라는 것은 인정하지 않습니다. 이것이 바로 신앙의 왜곡이요, 신앙의 변질입니다. 하나님의 기준 됨과 하나님의 가치와 하나님의 원리를 잘못 적용하니까 신앙이 화해와 연합과 일치와 평화를 만들어 내는 것이 아니라 이전투구泥田鬪狗 싸움을 만드는 것입니다.

다윗은 어느 나라 사람인가?

다윗의 소속

본문을 통해서 하나님의 기준을 적용하는 관점, 특별히 성경이 말하는 국가의 기준, 민족의 기준이 무엇이고, 국가와 민족을 위한 행동의 옳고 그름을 어떻게 분별해야 하는가를 확인해 보길 원합니다. 다윗은 분명히 이스라엘의 백성입니다. 단지 이스라엘의 백성 중에 한 사람인 정도가 아니라 이스라엘의 왕으로 기름 부음 받은 차세대 지도자입니다. 다윗이 신변에 위협을 받고 있어서 도망을 다니던 중 더는 이스라엘 내에서 도망치는 것의 한계에 도달합니다. 결국 이스라엘 내에서는 피난처를 구하지 못하고 최종적으로 숨어드는 곳이 당시 이스라엘의 가장 적대국가인 블레셋입니다. 블레셋 지역의 가드라고 하는 지방에 아기스라는 왕의 소속으로 들어갑니다. 다윗의 피난 이야기는 단순한 살인자의 도피생활에 관한 이야기가 아닙니다. 만약 국가라는 것을 기준으로 다윗의 행동을 판단하면 엄청난 파장이 발생할 행동입니다. 한 나라의 지도자 될 사람이 나라의 적국인 블레셋 들어가서 숨고 왕의 도움을 받는다는 것이 과연 앞으로 한나라의 지도자가 될 사람으로서 취할 수 있는 행동으로 이해하기 힘듭니다. 국가를 기준으로 판단하면 다윗의 행동은 나라에 대한 배신이요 더 나아가 이적행위에 해당하는 것으로 다윗이 왕위에 등극할 때 전력시비에 붙을 일입니다.

다윗은 단지 생존을 위해 도망만 간 것이 아닙니다. 피난처로 삼은 블레셋에 소속되어서 다윗이 행한 일을 구체적으로 살펴보면 더더욱 논란의 소지가 많습니다. 27장 10절에 보면 이런 말이 나옵니다. "아기스가 이르되 너희가 오늘은 누구를 침노하였느냐 하니 다윗이 이르되 유다 네겝과 여라무엘 사람의 네겝과 겐 사람의 네겝이니이다 하였더라"입니다. 다윗이 블레셋으로 도망가서 블레셋의 장수로 등용되었다면, 왕의 명령으로 전쟁에 나가 싸움을 싸워야만 했다면 혹시 여라무엘의 네겝이라든가 겐 사람의 네겝 지역을 쳐들어가는 것은 충분히 이해할 수 있습니다. 다윗이 비록 도망자가 되어 피난해 있을지라도 여전히 이스라엘 사람이요 이스라엘의 왕이 될 사람임에도 블레셋의 장수의 신분으로 자신의 고국인 유다 지방을 쳐들어 갈 때는 열외를 하든가 아니면 전면에 나서서는 안 될 것입니다. 하지만 다윗은 전쟁에서 열외하지 않고 유다로 쳐들어갑니다. 자기의 나라, 자신이 왕으로 등극할 나라를 공격하는 것입니다. 이러한 다윗의 행동이 과연 어떠한 평가를 받아야 하는지 논란이 될 수 있습니다.

다윗은 블레셋의 장수로서 도저히 전쟁에 빠질 수 없으니까 적당히 뒤에서 얼버무리다 만 것이 아닙니다. 27장 12절 "아기스가 다윗을 믿고 말하기를 다윗이 자기 백성 이스라엘에게 심히 미움을 받게 되었으니 그는 영원히 내 부하가 되리라고 생각하니라"입니다. 다윗은 이스라엘을 대하여 아주 열심히 싸웠던 것 같습니다. 블레셋의 왕, 이스라엘의 적장이 말하기를 다윗이 자기나라 백성에게 원수처럼 여기게 싸웠다고 칭찬하며, 얼마나 충성을 다했는지 자신의 종신 경호 실장을 삼겠다고 말하고 있습니다. 다윗은 블레셋이라는 나라와 아기스라는 왕을 위해 충성을 다했습니다. 다윗은 블레셋 지역에 일년 사 개월을 머물렀습니다. 이 기간 동안의 다윗의 행적에 대하여 29장 3절에 블레셋의 아기스 왕이 자기 신하들에게 다윗을 변명해 주는 말이 나옵니다. "그가 나와 함께 있은 지 여러 날 여러 해로되 그가 망명하여 온 날부터 오늘까지 내가 그의 허물을 보지 못하였노라." 29장 9절 "아기스가 다윗에게 대답하여 이르되 네가 내 목전에 하나님의 전령 같이 선한 것을 내가 아나" 입니다.

다윗의 항변

다윗은 이스라엘 백성임에도 블레셋으로 도망가서 블레셋의 장수가 되어 이스라엘을 침략하는 일에 선봉에 서고 열심히 싸웁니다. 블레셋 군대가 이스라엘이라는 나라를 총체적으로 침노해갑니다. 그 때 선봉에 다윗을 세웁니다. 다윗을 선봉에 세웠을 때 블레셋의 다른 장수들이 반대합니다. 29장 4절부터 5절 "블레셋 사람의 방백들이 그에게 노한지라 블레셋 방백들이 그에게 이르되 이 사람을 돌려보내어 왕이 그에게 정하신 그 처로서 가게 하소서 그는 우리와 함께 싸움에 내려가지 못하리니 그가 전장에서 우리의 대적이 될까 하나이다 그가 무엇으로 그 주와 다시 화합하리까 이 사람들의 머리로 하지 아니하겠나이까 그들이 춤추며 노래하여 이르되 사울이 죽인 자는 천천이요 다윗은 만만이로다 하던 그 다윗이 아니니이까 하니" 입니다.

자신을 유다를 행한 전쟁에 참여하지 못하게 하려는 블레셋 방백들의 반대의 목소리를 들으면 다윗은 속으로라도 기뻐하고 다행스럽게 여겨야 됩니다. 남의 나라에 도망와서 신세지는 형편으로 자기 스스로 전쟁에 나가지 못하겠다는 소리는 할 수 없고, 그렇다고 자신의 나라, 자기 백성을 치러가는 전장의 선봉에 서서 공격하는 것도 도무지 수용할 수 없어 민망해하고 어찌할 줄 모르는 곤혹한 때에 블레셋 군사들이 제발 다윗은 데리고 나가지 말고 다윗으로 하여금 그냥 본국에 머물러 있게 하자고 자신들의 왕에게 제안하는 소리를 들을 때 조용히 있어야 합니다. 제발 왕이 신하들의 청원을 수용하여 자신이 난감한 상황에 빠지지 않도록 기대해야 합니다. 그런데 다윗은 전혀 그렇게 행동하지 않습니다. 다윗은 도리어 아기스 왕에게 나가서 아주 강력하게 항의를 합니다. 자신으로 하여금 전쟁에 나가지 못하고 하는 것, 싸움을 할 수 없도록 하는 것에 대해 저항합니다. 29장 8절 "다윗이 아기스에게 이르되 내가 무엇을 하였나이까? 내가 당신 앞에 오늘까지 있는 동안에 당신이 종에게서 무엇을 보셨기에 내가 가서 내 주 왕의 원수와 싸우지 못하게 하시나이까?"입니다.

다윗은 분명히 이스라엘 사람입니다. 블레셋의 왕 아기스에게 이스라엘의 왕 사울에 대하여 말하기를 "내 주 왕의 원수"라고 표현합니다. 다윗은 지금 이스라엘 사람으로서 나라에 대한 반역을 한다고 보아야 합니까 아니면 블레셋의 아기스 왕 밑에서 왕에 대하여 충성을 하는 자라고 보아야 합니까? 나중에 결국 다윗은 돌아와서 이스라엘의 왕이 되고 이스라엘을 부국강병하게 만드니까 지도자가 되는 과정 중에 발생했던 사건 중의 하나로 묵인하고 넘어가야 합니까? 아니면 과거사 진상조사 위원회를 만들어 다윗이 행한 일에 대한 심판을 받게 해야 합니까? 다윗이 도망 중에 블레셋으로 피한 것 잘한 것일까? 이스라엘이 적군으로 삼고 있는 블레셋에 소속되어 고국 이스라엘을 향하여 전투에 열심내는 것이 옳은 것일까요? 상대방에 수하에 있을 때 자신의 상관을 위하여 충성하는 것이 옳을까요? 비록 아기스 왕의 수하에 있지만 자신의 나라를 생각해서 적당히 하는 게 옳을까요? 만약 누군가 여러분에게 이런 질문을 하시면 절대로 대답하지 마시기 바랍니다. 왜냐하면, 질문 자체가 틀렸기 때문입니다.

이스라엘은 어떤 나라인가?

국가관의 문제

다윗의 행동에 대하여 이스라엘 국가에 소속된 사람으로서 적군에 소속 되었을 때 어떻게 행동해야 하는 가를 묻는 것은 관점 자체가 잘못된 것입니다. 왜냐하면 성경은 이스라엘이라는 국가와 블레셋이라는 국가 즉 양 국가 간의 문제를 다루는 것이 아니기 때문입니다. 성경이 생각하는 것을 새롭게 알아 국가에 대한 인식, 관점이 바뀌어야 합니다. 하나님은 따로 한 나라를 세운 적이 없습니다. 하나님은 이스라엘이라는 특정한 나라의 하나님이 아니십니다. 이스라엘이라는 한 나라만 도와주시는, 이스라엘만의 하나님이 절대로 아니라는 것입니다. 아브라함부터 시작한 이스라엘이라는 공동체의 특성은 국가적이지 않고 민족적이지 않습니다. 이스라엘을 국가적 관점에서 다른 나라에 비교해서도 안 되고 민족적 관점에서 다른 민족과 견주어서도 안 됩니다. 왜냐하면 이스라엘은 국가와 민족의 기준으로 세워진 공동체가 아니기 때문입니다. 이스라엘 공동체의 유일한 특징은 국가냐 민족이냐가 아니라 '하나님의 신앙 공동체' 라는 것입니다.

만약 하나님이 이스라엘을 국가로 세웠다면 다른 국가와 경쟁 상태에 있어야 합니다. 국가로서 면모를 유지하고, 국가로서 제도를 유지하고, 국가로서 살아남을 부국강병책을 마련해야 합니다. 그런데 이스라엘을 세우신 하나님은 국가의 건설과 운영에 관한 어떠한 가르침도 주시지 않습니다. 국가의 제도도 주지 않고 국가를 든든히 할 수 있는 방법도 주지 않고 국가라는 개념도 주지 않습니다. 역사상 이스라엘이 튼튼하고 평안할 때가 있었습니다. 그 시기는 땅을 많이 차지하고 주변의 모든 나라보다 훨씬 경제적으로 부유하고 군사적으로 강했을 때가 절대로 아닙니다. 이스라엘이 태평성대를 누렸던 것은 국가적 모습으로의 흥왕 때문이 아니라 하나님이 도우셨기 때문입니다. 이스라엘이 반대로 다른 나라에 망했을 때도 있습니다. 다른 주변국들이 강성해지고 이스라엘이 약해서 망한 것이 아닙니다. 이스라엘이 하나님을 섬기지 않고 우상을 숭배했을 때 망했습니다. 이스라엘이라는 나라의 흥망성쇠는 경제와 정치와 문화와 국방과 제도에 있지 않고 하나님과의 관계성 속에 있었습니다. 성경의 이스라엘은 국가가 아니며 민족도 아닙니다. 그러므로 성경의 이스라엘에 대하여 이스라엘이라는 국가 공동체적 국가관을 심어 주려고 하면 잘못된 것입니다. 또한 이스라엘이 자신들이 히브리인이라는 민족정신을 강조하여 내세우는 것도 잘못입니다.

오늘날 중동에 있는 국가 이스라엘이 가장 잘못하고 있는 것이 바로 이것입니다. 하나님이 이스라엘을 세우신 목적과 하나님이 이스라엘을 세우신 방법을 오해하고 자기들이 이스라엘 국가요 이스라엘 민족이라고 하는 정체성을 가지려고 하는 것이 성경에 대한 가장 큰 오해이고, 이것은 반대로 하나님의 백성 됨을 포기하는 어리석은 짓입니다. 하나님의 관점에서는 내 나라 이스라엘과 남의 나라 블레셋 또는 내 나라 이스라엘과 남의 나라 애굽, 내 나라 이스라엘과 남의 나라 미디안이라는 개념이 없습니다. 왜냐하면 하나님이 그런 의미로 국가라는 것을 만든 적이 없기 때문입니다. 기독교는 하나님의 관점을 가지고, 하나님의 규모와 하나님의 원리와 하나님의 차원을 가져야 합니다.

오늘날 교회와 기독교가 영역과 관점이 점점 축소되는 것이 너무나 안타깝습니다. 기독교가 그가 속한 나라에 영향력을 끼치려고 하는 것은 좋습니다. 그러나 영향력이라고 하는 것은 절대적으로 신앙적인 것이어야 합니다. 대한민국의 예를 들어 볼 때, 하나님이 도우셔서 대한민국이 세계를 지배하는 나라가 되게 해달라고 말하는 것은 교회가 할 소리가 아닙니다. 그러한 표현은 애국일 수는 있지만 기독교적이지 않습니다. 하나님이 도우셔서 목사의 아들 딸들, 성도의 아들 딸들이 공부 잘해서 노벨상을 타고 대한민국의 위상을 높이는 것은 애국일 수는 있지만 기독교적인 것과는 전혀 무관합니다. 기독교는 근본 관점과 가치와 기준이 다른 것입니다. 기독교는 나라, 민족, 혈연 등으로 나누어지고 분리할 것이 아닙니다.

기독교의 상대

성경은 하나님이 기준이 되어서 하나님의 원리와 죄를 논합니다. 기독교의 대상이 되는 것, 기독교의 적이 되는 것, 기독교의 상대가 되는 것은 언제나 죄입니다. 기독교의 상대가 절대로 다른 나라가 되어서도 안 되고, 다른 민족이 되어서도 안 되고, 다른 종교가 되어서는 안 됩니다. 다른 나라도 하나님이 만드신 인간들의 모임이고, 다른 민족도 하나님이 만드신 인간들의 모임이고, 다른 종교를 믿는 사람들도 하나님이 만드신 인간들의 모임입니다. 하나님을 모른다는 것으로 구별되었을 뿐이지, 다른 민족으로 배타시키거나 차별해서는 안 됩니다. 기독교가 싸워야 하고 기독교가 이겨야 하고 기독교가 물리쳐야 하는 것은 언제나 죄입니다. 하나님의 도우심으로 다른 사람보다 공부를 잘 하는 것이 아니라 죄를 이겨야 합니다. 하나님의 도우심으로 다른 나라 보다 수출을 많이 해야 하는 것이 아니라 죄를 이겨야 합니다. 하나님의 도우심으로 다른 나라 보다 영토를 많이 차지해야 하는 것이 아니라 죄를 이겨야 합니다. 하나님의 도우심으로 다른 나라 보다 빨리 선진국에 들어가는 것이 아니라 죄를 이겨야 합니다. 기독교의 대상은 언제나 죄입니다. 사이즈와 규모와 모든 구별점이 좁아지는 것이 아니라 내 교회를 넘어 내 교단, 내 교단을 넘어 내 종교, 내 종교를 넘어 내 나라, 내 나라를 넘어 원래 하나님이 창조하신 하나님의 세상과 하나님의 나라와 하나님의 사람들에게로 하나님의 모든 지혜 영역이 확장 되어야합니다. 기독교의 상대는 죄이지 어떤 나라도 다른 민족도 다른 종교도 아닙니다.

다윗의 문제

본문에서 다윗이 블레셋으로 피신하여 이스라엘로 쳐들어오는 문제는 고민거리가 아닙니다. 성경의 다윗은 이스라엘이라는 나라에 소속된 상태가 아닙니다. 성경을 읽으실 때 세상의 국가관을 가지고 읽으면 성경의 의도를 오해하는 것입니다. 본문에서는 다윗이 이스라엘 백성이라는 것과 이스라엘 백성이 적국인 블레셋에 들어갔다는 사실에 초점을 맞추는 것이 아닙니다. 다윗의 신분을 국가적 기준으로 이스라엘 나라에 소속되어 있느냐 또는 상대 국가 블레셋에 소속되어 있느냐가 핵심이 아닙니다. 다윗이 이스라엘을 돕느냐 또는 블레셋을 돕느냐가 중요 쟁점이 아닙니다. 우리나라와 너희 나라를 구분하고 우리 편과 상대 편을 갈라 놓고 과연 다윗의 행동이 충성인가 반역인가 또는 옳은 것인가 틀린 것인가 또는 잘하는 행동인가 잘못하는 행동인가를 판별하는 것이 아닙니다.

하나님의 사람의 충성

소속한 곳에 충성한 경우

본문은 기준 자체를 전혀 다르게 가져야 합니다. 성경에 등장하는 사람들의 행동을 이해하는 일에 도움을 주는 두 가지 예를 살펴보겠습니다. 이스라엘이 바벨론에 패망하여 포로로 잡혀갑니다. 포로로 잡혀 바벨론으로 끌려가는 유대인 중에 젊고 유능한 다니엘이라는 사람이 있습니다. 바벨론 왕궁에서 교육을 받고 양육 되어서 나라의 고위직에 올라

통치를 잘 합니다. 다니엘이 바벨론의 고위직에 등용되었을 때에 바벨론을 위해서 통치를 잘 해야 됩니까 아니면 자신의 나라를 패망시킨 적국이기에 통치를 엉터리로 해야 합니까? 만약 하나님이 다니엘에게 주신 지혜를 총동원해서 바벨론을 튼튼하고 강성하고 더욱더 흥왕하게 만들면 이스라엘은 언제 독립하고 언제 돌아올 수 있을지 모릅니다. 그렇기에 다니엘이 비록 나라가 힘이 없어 패망하였지만, 하나님이 자신에게 아무리 지혜를 줄지라도 절대 바벨론을 위해서 지혜로운 정책을 시행하지 않고 교활하고 악의에 찬 정책만을 사용하는 것을 애국이라고 말할 수 없습니다. 성경은 다니엘이 바벨론으로 끌려가서 그곳에서 아주 충성한 것으로 나옵니다. 다니엘이 관직에 있는 동안 자그마치 왕이 네 번이 바뀌어도 거뜬히 살아남아서 자신의 직분을 지켜 나갑니다. 성경은 다니엘이 잘 하였고 충성하였다고 말합니다. 만약 민족적, 국가적 기준으로만 본다면 다니엘은 충실한 자가 아니라 국가의 배신자요, 자신의 이익만을 위한 매국노로 치부될 것입니다.

요셉의 경우도 마찬가지입니다. 야곱의 열두 번째 아들 요셉이 형제들에게 팔려서 애굽으로 가게 되었습니다. 기적적인 과정을 통해 요셉은 마침내 총리가 되었습니다. 히브리 사람이 애굽의 관직에 오른 것을 잘한 일이냐 잘못한 일이냐고 말하려는 것이 성경의 핵심이 아닙니다. 애굽의 총리로 근무하는 동안 바로 왕의 꿈을 기가 막히게 해몽하여 애굽에 칠 년간 풍년이 왔을 때 곡식을 잘 저장하였다가 칠년 간 흉년이 들었을 때에 나라를 건강하게 잘 유지해 나가면서 국가적 위기를 극복합니다. 다니엘은 바벨론의 총리로 재직하면서 이스라엘을 이롭게 해준 것이 없기 때문에 잘못한 행동이고, 요셉은 애굽의 총리로 재직하면서 가나안 지역에 흉년이 들었을 때 야곱의 가족들이 이동하여 거처를 마련할 수 있도록 도와 주었기에 잘 한 행동이라고 두 사람을 대조하면 안 됩니다. 요셉도 자신이 속한 곳에 충성을 다한 것이요, 다니엘도 자신이 속한 곳에 충성을 다한 것입니다.

소속한 곳에 불충한 경우

이스라엘 백성이 가나안을 정복하러 가는데 첫 번째 관문 여리고성이 있습니다. 여리고 성이 튼튼하여 이스라엘이 감히 접근을 못하고 이길 방법을 찾지 못합니다. 그때 여호수아가 정탐꾼 두 명을 여리고 성으로 보냅니다. 정탐꾼들은 여리고 성을 살피기 위하여 기생 라합의 집에 들어갑니다. 소식을 어떻게 알고 여리고 군사들이 정탐꾼을 잡으러 옵니다. 바로 그때 라합이 거짓말을 해서 군사들로 하여금 두 정탐꾼을 잡지 못하게 빼돌립니다. 과연 라합의 행위는 잘 한 것일까요 아니면 잘못한 것일까요? 라합이 여리고성의 군사들에게 한 말은 거짓말일까요, 참말일까요? 라합은 여리고에 대하여 반역을 행한 것일까요 충성을 한 것일까요? 혹자들은 성경이 라합의 행동을 칭찬하고 있기 때문에 어떻게든 라합의 행위를 합리화는 시켜주기 위하여 라합이 선한 거짓말을 했다고 말하곤 합니다. 또는 분명히 라합이 여리고 민족을 배반하였지만 라합을 미화하기 위하여 의로운 반역이었다고 표현하고 합니다. 선한 거짓말이나 의로운 반역이라는 표현은 성경을 잘못 이해하는 것입니다. 하나님이 정하시는 기준과 관점을 가지고 상황을 보면 이해가 되는데 하나님의 기준과 관점을 빼고 기존의 관점 즉 인간적 관점이나 죄의 관점을 가진 상태에서 각각의 상황을 어떻게든 합리화해서 표현해 내려고 하니까 이상한 표현이 나오는 것입니다. 성경의 사건에 대하여 인간이 가지고 있는 관점과 기준을 하나님의 관점과 기준으로 바꾸어야 하는데, 관점과 기준을 바꾸려는 시도를 하는 대신에 사건에 대하여 동일한 이해를 가진 채 설명하는 표현 방식만을 바꾸려고 시도하는 것입니다. 기준과 관점은 여전히 변화되지 않았기에 라합에 대하여 거짓말을 한 것과 반역을 한 것은 분명하다고 생각하지만 표현을 다르게 하려고 선한 거짓말과 의로운 반역이라는 어이없는 설명을 하는 것입니다. 기준이 변하지 않은 상태로 선한 거짓말, 관점이 변하지 않은 상태로 의로운 반역이라는 개념은 성립될 수 없습니다.

블레셋에 있는 다윗

본문에서 다윗은 자기 나라를 떠나 적국의 군대에 가있는 것이 아닙니다. 다윗은 이스라엘에 반역적인 행동을 하고 블레셋에 충성을 하는 것이 아닙니다. 왜냐하면 성경에는 그런 기준이 없기 때문입니다. 본문의 다윗은 하나님이 자신을 세우시고 하나님이 자신에게 주워진 상황 가운데서 하나님이 맡기신 일을 감당하고 있을 뿐입니다. 다윗의 기준은 '내가 지금 이스라엘에 있느냐? 내가 지금 블레셋에 있느냐?'가 아니라 '내가 누구의 보내심을 받아 이곳에 왔고, 누구의 뜻에 의하여 이곳에 왔고, 누구의 원리대로 행하고 있느냐?'는 것이며 대답은 '하나님이 기준이시다'라는 것입니다. 하나님이 보내시는 곳이라면 이스라엘도 하나님의 나라요, 하나님이 보내시는 곳이라면 블레셋도 하나님의 나라이기에 다윗은 하나님의 기준을 가지고 하나님이 맡기신 일에 충성하고 있는 것입니다. 하나님의 사람은 하나님의 기준을 따른다는 것을 아셔야 합니다.

창세기에서 요셉이 애굽 시위대장 보디발에게 팔려 갑니다. 보디발 장군의 집에 머물 때에 보디발 장군 아내에게 유혹을 받습니다. 그때 요셉은 기준을 전혀 다르게 정합니다. '나를 도와주고 여태까지 나를 살려준 보디발 장군에게 내가 죄를 범할 수 있는가? 나를 도와준 보디발 장군에게 내가 과연 충성할 것인가? 아니면 이 여자하고 음욕을 행하여 배반을 할 것인가?'가 기준이 아닙니다. 보디발 장군과의 신의 관계가 기준이 아니요, 자신이 은혜를 받은 것에 대한 도리가 기준이 아니요, 윤리 도덕적 남녀 관계가 기준이 아닙니다. 보디발 장군의 아내가 유혹할 때 요셉이 하는 말은 "내가 하나님께 득죄하리이까?"로서 자신의 행동의 기준으로 하나님을 내세우는 것입니다. 이것이 하나님의 사람이 가져야 하는 올바른 기준의 정상적인 모습입니다.

다윗은 고국 이스라엘을 떠난 것이 아니고 적국 블레셋에 가있는 것도 아닙니다. 이스라엘에 있을 때도 하나님 안에 있으면 다윗은 하나님 안에 있는 것이고, 블레셋에 머물러 있을지라도 하나님 안에 있으면 다윗은 여전히 하나님 안에 머무는 것입니다. 반대로 사울은 이스라엘 나라 안에 있을지라도 하나님 안에 있지 않으면 사울은 하나님 안에 있는 것이 아닙니다. 하나님의 사람의 기준은 어느 나라냐 혹은 어느 민족이냐 혹은 어느 장소냐 혹은 어느 종교인지의 여부가 아니라 하나님 안에 있느냐는 것입니다.

모든 인간을 위한 하나님의 기준

하나님의 기준은 모두에게 공평하고 하나님의 방법은 모두에게 덕을 끼치는 것입니다. 복음서에서 침례요한이 복음을 전파할 때 당시 사람들이 침례요한에게 나와 자신들이 행할 일에 관하여 묻는 장면이 있습니다. 누가복음 3장에서 침례요한은 자신에게 묻는 무리들에게 아무 것도 묻지 않고 대답을 해 줍니다. 이스라엘 사람인지 아니면 로마 사람인지를 묻지 않습니다. 유대인인지 사마리아인지도 묻지 않습니다. 오직 한 마디 '옷 두벌 있는 자는 옷 없는 자에게 나누어 줄 것이요 먹을 것이 있는 자도 그렇게 할 것이라' 입니다. 옷 두벌 있는 자가 옷을 줄 때에도 유대인에게 주어야 하는지 로마인에게 주어야 하는지를 구분하지 않습니다. 옷 있는 자는 옷 없는 자에게 주는 것으로 충분합니다. 세리들도 질문하려고 침례요한에게 나왔습니다. 유대인의 세금을 걷어서 로마에 바치는 역할을 하는 세리들을 향해 침례요한은 국적이나 민족을 질문하지 않습니다. 침례요한의 대답은 "정한 세 외에는 늑징치 말라"는 것 뿐입니다. 군인들도 침례요한에게 나왔습니다. 침례요한의 대답은 "사람에게 강포하지 말고 무소하지 말고 받는 요를 족한 줄로 알라"입니다. 민족, 국적, 소속을 기준으로 삼아 행동하지 말고 오직 하나님의 기준을 가지고 하나님의 원리대로 행하고 하나님의 방법대로 행하라는 것입니다.

예수의 사역

예수님의 사역에 대해서 사람들은 한편으로 너무 태평하고 온건했다고 평가하는 사람들도 있습니다. 오늘날 인권 운동하는 사람들의 기준만큼도 도달하지 못했다고 비난하기도 합니다. 예수는 당시 유대가 로마의 속국이 되어 있을 때 독립운동을 한 적이 없고 로마를 향해 정권투쟁을 한 적도 없고, 당시에 만연되고 있던 노예제도에 대하여 노예해방 운동을 펼친 적도 없고 검투사가 목숨을 걸고 싸울 때 검투사 제도를 폐지하자는 운동을 한 적도 없습니다. 예수님이 현실과 무관한 것이 아니요, 예수님은 하나님의 나라만 보았을 뿐 세상에는 관심이 없었기 때문이 아닙니다.

예수는 인간의 문제를 바라보는 기준과 관점이 죄인들과 다른 것입니다. 사람들은 어떤 죄의 현상이 있으면 죄를 짓는 사람과 싸웁니다. 죄인을 몰아내는 것으로 문제가 해결될 줄로 알기 때문입니다. 예수는 사람이 문제가 아니라 모든 사람 속에 들어있는 죄의 가치, 죄의 원리, 죄의 기준, 죄의 방법 등 죄가 문제이기 때문에 죄하고 싸워서 죄를 이길 뿐 죄 짓는 사람하고 싸우는 것이 아닙니다. 예수의 방법은 죄인이 죄의 원리를 사용할 때, 예수는 하나님의 사람으로 하나님의 원리를 쓰고, 하나님의 방법을 쓰고, 하나님의 기준을 따르고, 하나님의 힘으로 죄의 원리하고는 전혀 다른 하나님의 원리를 적용하는 것으로 죄를 이기는 것입니다. 죄를 이기는 것은 죄를 몰아내는 것으로 이기는 것이 아니라 내가 하나님의 원리와 하나님의 방법으로 행하는 것으로 이기는 것입니다. 예수는 단 한사람도 죄인을 몰아낸 적이 없습니다. 단 한 사람도 죄인으로 정죄한 적도 없고 단 한 사람도 죄인을 쫓아낸 적도 없음에도 죄를 이겼습니다. 예수가 하나님의 기준을 가지고 하나님의 가치를 가지고 하나님의 관점을 가지고 하나님의 방법을 가지고 행한 것입니다.

본문은 다윗이 어느 나라에 소속되어 있어서 누구에게 충성하느냐를 말하려는 것이 아닙니다. 다윗의 경우를 예로 들어서 성도가 가져야하는 바른 기준을 제시하여 주는 것입니다. 다윗이 어느 나라에 있으며 어느 왕에게 소속되어 있는지를 묻는 것이 아니라 어느 곳에 있든지 어느 직분에 있든지 어느 위치에 있든지 어느 역할을 하든지 기준을 하나님으로 잡고 모든 일을 하나님의 원리로 감당하는 것이 가장 선하고 아름다운 것으로 소개시켜 주는 것입니다.

24

대답지 아니하시므로

사무엘상 28:3~25

3 사무엘이 죽었으므로 온 이스라엘이 그를 두고 슬피 울며 그의 고향 라마에 장사하였고 사울은 신접한 자와 박수를 그 땅에서 쫓아내었더라 4 블레셋 사람들이 모여 수넴에 이르러 진 치매 사울이 온 이스라엘을 모아 길보아에 진 쳤더니 5 사울이 블레셋 사람들의 군대를 보고 두려워서 그의 마음이 크게 떨린지라 6 사울이 여호와께 묻자오되 여호와께서 꿈으로도, 우림으로도, 선지자로도 그에게 대답하지 아니하시므로 7 사울이 그의 신하들에게 이르되 나를 위하여 신접한 여인을 찾으라 내가 그리로 가서 그에게 물으리라 하니 그의 신하들이 그에게 이르되 보소서 엔돌에 신접한 여인이 있나이다 8 사울이 다른 옷을 입어 변장하고 두 사람과 함께 갈새 그들이 밤에 그 여인에게 이르러서는 사울이 이르되 청하노니 나를 위하여 신접한 술법으로 내가 네게 말하는 사람을 불러올리라 하니 9 여인이 그에게 이르되 네가 사울이 행한 일 곧 그가 신접한 자와 박수를 이 땅에서 멸절시켰음을 아나니 네가 어찌하여 내 생명에 올무를 놓아 나를 죽게 하려느냐 하는지라 10 사울이 여호와의 이름으로 그에게 맹세하여 이르되 여호와께서 살아 계심을 두고 맹세하노니 네가 이 일로는 벌을 당하지 아니하리라 하니 11 여인이 이르되 내가 누구를 네게로 불러 올리랴 하니 사울이 이르되 사무엘을 불러올리라 하는지라 12 여인이 사무엘을 보고 큰 소리로 외치며 사울에게 말하여 이르되 당신이 어찌하여 나를 속이셨나이까 당신이 사울이시니이다 13 왕이 그에게 이르되 두려워하지 말라 네가 무엇을 보았느냐 하니 여인이 사울에게 이르되 내가 영이 땅에서 올라오는 것을 보았나이다 하는지라 14 사울이 그에게 이르되 그의 모양이 어떠하냐 하니 그가 이르되 한 노인이 올라오는데 그가 겉옷을 입었나이다 하더라 사울이 그가 사무엘인 줄 알고 그의 얼굴을 땅에 대고 절하니라 15 사무엘이 사울에게 이르되 네가 어찌하여 나를 불러 올려서 나를 성가시게 하느냐 하니 사울이 대답하되 나는 심히 다급하니이다 블레셋 사람들은 나를 향하여 군대를 일으켰고 하나님은 나를 떠나서 다시는 선지자로도, 꿈으로도 내게 대답하지 아니하시기로 내가 행할 일을 알아보려고 당신을 불러올렸나이다 하더라 16 사무엘이 이르되 여호와께서 너를 떠나 네 대적이 되셨거늘 네가 어찌하여 내게 묻느냐 17 여호와께서 나를 통하여 말씀하신 대로 네게 행하사 나라를 네 손에서 떼어 네 이웃 다윗에게 주셨느니라 18 네가 여호와의

목소리를 순종하지 않고 그의 진노를 아말렉에게 쏟지 아니하였으므로 여호와께서 오늘 이 일을 네게 행하셨고 19 여호와께서 이스라엘을 너와 함께 블레셋 사람들의 손에 넘기시리니 내일 너와 네 아들들이 나와 함께 있으리라 여호와께서 또 이스라엘 군대를 블레셋 사람들의 손에 넘기시리라 하는지라 20 사울이 갑자기 땅에 완전히 엎드러지니 이는 사무엘의 말로 말미암아 심히 두려워함이요 또 그의 기력이 다하였으니 이는 그가 하루 밤낮을 음식을 먹지 못하였음이니라 21 그 여인이 사울에게 이르러 그가 심히 고통 당함을 보고 그에게 이르되 여종이 왕의 말씀을 듣고 내 생명을 아끼지 않고 왕이 내게 이르신 말씀을 순종하였사오니 22 그런즉 청하건대 이제 당신도 여종의 말을 들으사 내가 왕 앞에 한 조각 떡을 드리게 하시고 왕은 잡수시고 길 가실 때에 기력을 얻으소서 하니 23 사울이 거절하여 이르되 내가 먹지 아니하겠노라 하니라 그의 신하들과 여인이 강권하매 그들의 말을 듣고 땅에서 일어나 침상에 앉으니라 24 여인의 집에 살진 송아지가 있으므로 그것을 급히 잡고 가루를 가져다가 뭉쳐 무교병을 만들고 구워서 25 사울의 앞에와 그의 신하들 앞에 내 놓으니 그들이 먹고 일어나서 그 밤에 가니라

여호와께서 대답하지 아니하시므로

먼저 말씀하시는 하나님

기독교는 계시의 종교입니다. 계시의 종교란 감추어진 것을 드러내 밝혀주고 말하고 우리에게 알려주는 종교라는 의미입니다. 상대적 표현으로는 수도의 종교 즉 자신이 도를 찾고 구하고 발견해 나가는 종교라는 의미와 대조되는 것입니다. 인간이 모르는 것을 하나님이 가르쳐 주시고, 인간이 찾고 있는 것을 하나님이 제공해 주시고, 인간을 위하여 하나님이 모든 것을 행하시는 계시의 종교, 인간을 위한 종교가 바로 기독교입니다. 성경에서는 하나님과 인간 중에 언제나 하나님이 먼저 행동하십니다. 하나님이 먼저 인간을 창조하기로 계획하시고, 하나님이 인간을 위하여 먼저 창조라는 수고와 일을 하시는 것처럼 성경의 모든 장면에서 하나님이 먼저 말씀하시고, 하나님이 먼저 역사하시고, 하나님이 먼저 인간에게 은혜를 주시는 분으로 등장합니다. 성경은 인간이 하나님을 찾고 인간이 진리를 찾고 인간이 신을 찾아 나가는 모습이 아

닙니다. 도리어 하나님이 인간을 만드시고, 인간이 하나님을 떠날 때에 하나님은 인간을 먼저 찾아오시고, 인간이 죄의 거짓 된 원리에 사로잡혀 있을 때에 하나님이 먼저 인간에게 진리를 가르쳐 주시는 분입니다. 언제나 하나님이 먼저 행하시고 인간은 은혜를 받는 것입니다. 성경에는, 기독교에는 신을 찾아 나서는 자, 진리를 찾아 나서는 자, 구도자라는 개념이 없습니다.

본문도 말씀하시는 하나님과 구하는 인간의 선후관계를 잘 분별하셔야 합니다. 하나님은 이미 인간에게 모든 것을 말씀하여 주셨습니다. 이스라엘에게도 말씀하셨고 사울에게도 말씀하셨습니다. 이스라엘에게 은혜를 주셨고 이스라엘이 형통할 방법을 다 알려 주셨습니다. 본문에 등장하는 사울은 그동안 하나님이 이미 전하여 준 말씀에 귀 기울이지 않다가 자신의 상황이 급해지고 절박해지자 하나님을 찾습니다. 사울의 가장 미련한 행동입니다. 성도들이 사용하는 표현 중에 '하나님은 우리를 도우시는 분' 이라는 고백이 있습니다. 일반적으로 이 표현은 '내가 위기에 처해 있을 때 하나님은 나를 도와주시고 나를 구원해 주시는 분이다' 는 의미로 생각을 합니다. 하지만 성경의 원래 의미는 훨씬 더 깊고 풍성한 의미를 가지고 있습니다. '하나님은 우리를 도우시는 분' 이라는 표현의 정확한 의미는 '내가 위기에 처했을 때 나를 도와주시는 분' 정도가 아니라 '애당초 내가 위기에 처하지 않도록 이미 나에게 바른 길을 알려주시는 분' 이라는 의미입니다. 안타깝게도 위기에 처하지 않도록 먼저 예방하여 주시고 참된 길 바른 길을 알려 주시는 하나님의 성품은 모른 채 기껏해야 위기에서 구해준 하나님만 강조하고 찬양합니다. 본문에서 사울은 하나님을 찾습니다. 하나님을 찾는 모습이라고 해서 사울의 모습을 신앙적 행위라고 말해주지 않습니다. 하나님에 대한 이해, 하나님에 대한 지식, 하나님에 대한 인격적 만남이 없이, 하나님과의 교제 없이 단순히 하나님의 능력만, 하나님의 재주만, 하나님의 실력만 요청하는 것을 신앙이라고 말하지 않습니다. 지금까지는 하나님 말씀을 하나도 듣지 않다가 자신의 상황이 급해지니까 이제 하나님을 찾는 것은 하나님이라는 존재를 찾는 것이 아니라 내 문제를 해결해 줄 수 있는 어떤 능력자 중 아무나 찾는 것에 불과한 것입니다. 사울의 행동을 하나님을 찾는 신앙이라고 말하지 않습니다. 하나님이 참으로 고마우신 이유는 하나님이 성품 자체가 인간을 도우시는 분이기에 인간이 자신의 이기적 목적을 위하여 찾아도 하나님이 도와주시고 응답해 주신다는 것입니다. 왜냐하면 그런 과정을 통해서라도 그가 하나님을 안다면 그것이 하나님의 기쁨이기 때문입니다.

이미 대답하신 하나님

사울은 자신의 상황이 절박해지자 여호와에게 물었습니다. 아마도 여러 방식을 동원해서 물었던 것 같습니다. 여호와께서는 꿈으로도 우림으로도 선지자로도 대답하지 않으셨다고 말합니다. 사울의 간절한 부르짖음에도, 사울에 애절한 탄원에도, 하나님은 대답하지 않으셨습니다. 하나님을 찾고 하나님의 응답을 구하는데 하나님은 대답하지 않으십니다. 하나님은 왜 대답하지 않으실까요? 하나님이 사울의 상황에 무심하시거나 그 동안 사울의 행동에 대해 불만을 가지고 계시기 때문일까요? 하나님은 자신에 말에 불순종하는 자에게 대답하지 않기 때문일까요? 하나님을 향한 충성과 서원이 없기 때문일까요? 하나님은 인간의 자격과 조건에 따라 응답 여부를 결정하시는 분이 아닙니다. 사울의 요청에도 하나님이 답하지 않으신 이유는 정확하게 말하면 대답할 것이 없어서 이다. 이미 모든 것을 다 알려 주셨기 때문입니다.

사울이 하나님께 묻는 것이 그동안 하나님이 한 번도 알려주지 않은 새로운 문제라 당황해서 어찌해야 할지를 몰라서 하나님께 묻는 것이라면 하나님은 즉시 응답하셨을 것입니다. 그러나 사울이 하나님께 요청한 문제는 이미 하나님께서 수차례 걸쳐 말씀하셨고 가르쳐 주셨고 어찌 행해야 할 바를 알려주셨던 것입니다. 사울은 하나님께 물을 것이 아니라 반대로 이미 하나님께서 사울에게 말씀하셨던 바를 들은 대로 배운 대로 행하면 되는 것입니다. 하나님께서 가르쳐 주신 것은 전혀 행하지 않은 채 직면한 문제를 하나님께 어찌해야 하냐고 묻고 왜 대답하지 않으시냐고 항변하는 것은 어리석은 일입니다. 사울은 하나님께 물을 것이 아니라 하나님이 말씀하셨던 것을 생각해 보면 정답이 다 나와 있는 것입니다.

하나님에 대한 이해를 정확하게 하셔야 합니다. 하나님은 먼저 말씀해 주시는 분입니다. 인간을 도우시는 분입니다. 아무리 물어봐도 하나님이 대답하지 않으시면 대답하지 않으신다고 하나님을 원망하시는 것이 아니라 하나님이 대답하지 않으시는 이유, 인간을 도우시는 분이요 인간을 가르치시는 분이요 인간을 구원해주시는 분이요 인간을 위해 주시는 하나님이 대답하지 않으시는 이유를 확인해야 한다는 것입니다. 자신의 생각에 근거하지 말고 하나님의 속성에 근거하여 하나님이 대답하지 않으시는 이유를 확인해야 합니다. 하나님이 대답하지 않으시는 이유를 죄인들은 일반적으로 '아! 내가 정성이 부족한가 보다, 내가 감사가 부족한가 보다'고 생각하고 어떻게든 하나님의 마음을 달래볼 계획을 세웁니다. 이러한 생각은 성경의 생각과는 무관한, 지극히 일반적이고 인간적이고 죄인적인 생각일 뿐입니다. 성경적으로 하나님이 대답치 않으시는 이유를 생각한다면 '하나님은 이미 대답을 주신 것이구나. 내가 아직 그 대답을 찾지 못할 뿐이고, 내가 대답을 분별치 못하는 것이구나'고 해야 합니다.

신앙은 나에게 어떤 문제가 생겼을 경우 하나님 앞에 문제를 고하기 이전에, 또는 문제를 고한 이후라도 하나님의 대답여부를 확인하는 단계를 거치는 것이 아닙니다. 제일 좋은 것은 하나님께 나의 문제를 고하기 이전에, 평상시 하나님 말씀을 늘 묵상해서 나에게 어떤 일이 생겼을 때 이 일은 하나님 관점에서 어떤 일이고 하나님의 말씀 속에 어떤 대답이 이 일에 해당하는 것인가를 확인해 보는 것입니다. 안타깝게도 성도 대부분이 단계가 바뀌어져 있습니다. 평상시에는 하나님 말씀에 아주 무관하게 살아갑니다. 그러다가 급해지면 하나님을 찾고, 하나님을 부르고, 하나님께 애원하고, 하나님이 말씀하지 않으면 지금 사울처럼 이 모양으로 저 모양으로 많은 다른 방식을 취해 보려고 합니다. 사전에 교육도 없고 사전에 예방도 없고 그저 닥치는 대로 하나님과 한 번 맞장 떠서 붙어 보겠다는 신앙이 주류를 이루고 있습니다. 가장 미련하고 어리석은 신앙생활입니다.

자신을 바꾸는 신앙

사울은 자기가 하나님께 묻기 직전까지 하나님의 말씀대로 행하지 않았습니다. 전혀 하나님의 말씀대로 살지 않고 자신의 뜻대로 살다가 갑자기 자기의 상황이 불리해지자 하나님을 찾고 하나님 음성을 듣기를 원합니다. 이런 경우 하나님이 말씀하지 않으시면 하나님과 자신 중에 자신을 돌아보고 나의 무엇이 잘못 되었는가를 확인해 보고 나를 고쳐야 합니다. 그런데 사울은 마치 자신은 잘못이 없는데 하나님이 잘못하시는 것처럼 생각하고 있습니다. 자신은 정상인데 하나님이 응답하지 않는다고 생각하는 것입니다. 사울이 옳고 하나님이 틀린 것이 아니라 하나님이 옳고 사울이 틀린 것입니다. 나의 관점에서 하나님을 판단하는 신앙이 아니라 하나님의 관점에서 나를 점검하고 돌아보는 신앙이어야 합니다. 늘 자신을 돌아보아서 내가 가진 마음이 하나님의 마음인지 죄의 마음인지를 확인하고, 나의 행동이 하나님의 방식인지 죄의 방식인지를 분별하고 늘 나를 바꾸어야 합니다. 하나님에 의해서 나를 바꾸어야지 나에 의해서 하나님을 바꾸는 방식이어서는 안 됩니다.

대부분 죄인은 자신은 문제가 없다고 생각하고, 자신은 나름대로 최선을 다했다고 생각하고 내 탓이 아니라 하나님이 지금 망설이고 계신 것이며 하나님이 응답을 안 하신다고 생각을 합니다. 내가 하던 방식 중에 하나님의 마음에 안 드시는 것이 있는 것으로 생각하여 좀 새로운 방식으로 하나님께 나가보고 새롭고 희한한 방식으로 하나님을 움직여 보고 하나님을 조종해 보려고 합니다. 하나님이 사울에게 응답지 아니하시고 꿈으로도 응답하지 않으시고 우림으로도 응답지 않으시고 선지자로도 응답지 않으셨습니다. 하나님이 응답하지 않으시면, 하나님이 응답하시 않으시는 이유를 깨닫고자 노력해야 합니다. 그런데 사울은 응답하지 않으시자, 꿈으로도 말씀하지 않으시고 우림으로도 말씀하지 않으시고 선지자로도 말씀하지 않으시자 기어코 하나님의 응답을 받아 내고야 말겠다는 각오로 갖가지 다른 방식을 동원해 봅니다. 마치 자신의 방법이 달라지면 하나님이 응답하실 것으로 오해하는 것이며, 하나님의 성품에 대하여 왜곡하는 것입니다. 마침내 사울은 신접한 여인, 무당 또는 영매를 불러와서 그 동안 다른 종교나 다른 신에 대하여 사용하던 방법까지 총동원하고 있습니다. 이것은 옳지 않은 것입니다. 세상에는 타인을 움직이는 방식을 가르쳐주고 심지어는 신의 마음을 움직이고 신의 능력을 동원하는 어떤 신비한 방식과 지식이 있다고 주장하고 비법을 가르치기도 합니다. 그러나 기독교에는 절대로 그런 것이란 없습니다.

인간이 다른 사람의 마음을 조종할 방법은 없습니다. 인간이 신의 반응을 조절할 비법은 없습니다. 신을 조정하려는 생각이 죄의 방식이고, 성경은 성도가 하나님을 향하여 그런 시도를 할 때 그런 행동을 망령된 행동이라고 말합니다. 성경 어디에도 하나님을 움직일 수 있는 방법, 하나님을 조종할 방법을 주신 적이 없습니다. 하나님이 인간에게 신을 조정할 방법을 주시지 않은 이유는 신을 조종할 필요가 없기 때문입니다. 하나님은 언제나 먼저 행동하신다고 했습니다. 인간의 필요를 아시기에 먼저 계획하시고, 먼저 제공하시고, 먼저 가르치시고, 먼저 후원하시고, 먼저 도와주시고, 먼저 구원하십니다. 언제나 하나님이 인간보다 먼저 인간을 위해 주시는 분이기에 인간이 하나님을 조종하고 하나님을 움직여야 하는 필요 자체가 없기에 하나님은 인간에게 신을 조종할 수 있는 방식을 주신 적이 없습니다.

인간이 예배를 통하여 하나님을 감동시키고 찬양을 통하여 하나님께 영광 돌리고 기도를 통하여 하나님을 움직이자는 발상은 왜곡된 발상입니다. 성경은 하나님이 먼저 인간에게 은혜를 주시고 하나님이 먼저 인간에게 축복을 주시고 하나님이 먼저 인간에게 구원을 주신다고 선언합니다. 하나님의 은혜를 받은 자, 하나님의 축복을 받은 자, 하나님의 구원을 받은 자가 하나님께 예배하고 하나님께 찬양하고 하나님께 고백하는 것입니다. 하나님의 행하심에 따라 인간이 반응을 보이는 것이지 인간의 어떤 술수에 따라 하나님이 움직이시는 것이 아닙니다. 본문에서 사울은 큰 오해를 하고 있습니다. 하나님이 대답을 안 하시는 것은 이미 다 말씀하셨기 때문인데 사울은 대답이 아직 안 온 줄로 알고 어떻게든 대답을 얻어 내려고 하고, 하나님이 대답을 안 하시면 자신이 새로운 방식과 성경에 없는 방식과 하나님이 주시지 않은 방식이라도 동원해서 하나님과 만나려 하는 어리석은 행동을 보여주는 것입니다. 신앙은 인간이 하나님을 감동시키는 것이 아니라 하나님에 의하여 인간이 감동을 받는 것이며, 인간의 행위에 대하여 하나님이 반응하는 것이 아니라 하나님의 일하심에 대하여 인간이 반응하는 것입니다.

사무엘의 신

누구냐?

본문에는 사울이 신접한 여인을 만나고 여인이 한 사람을 불러올려 사무엘과 사울이 대화하는 장면이 나옵니다. 성경을 연구할 때 꼭 기억해야 할 것은 본문의 강조점이 무엇이냐는 것입니다. 성경은 인간에게 '이게 진리다'고 앞뒤 상황, 인간의 처지와 조건은 모두 제거하고 단순하게 '진리'만을 던져 주는 것이 아닙니다. 하나님은 진리를 인간의 역사 속에, 인간의 삶에, 생활의 정황 속에 벌어지는 일들을 통해서 보여 주시고 가르쳐 주십니다. 그러므로 인간의 삶, 정황, 일, 사건이 중요한 것이 아니라 그 일과 상황 속에 담겨있는 하나님의 뜻이 무엇인지를 분별하는 것이 중요합니다. 종종 죄인들은 하나님의 뜻이 무엇이고, 하나님의 진리 내용이 무엇인지에 대한 관심보다는 벌어진 사건과 정황, 일 등 진리 주변에 있는 것들에 더 관심을 가짐으로 본질을 놓쳐 버리곤 합니다. 본문도 그런 대표적인 구절입니다.

사울이 신접한 여인을 찾아가서 한 사람을 들어 올리라고 명하여 사무엘이 올라 왔다고 합니다. 이 사건에서 중요한 것은 하나님의 뜻이 무엇인가 또는 사울이 무엇을 잘못하고 있고 하나님이 어떤 말씀을 주시는가에 맞추어져야합니다. 하지만 대부분 성도는 본문에서 하나님의 뜻과 말씀에 관심 갖지 않고 신접한 여인에 의하여 불려 올라온 사람이 사무엘이 맞는지 여부만 묻습니다. 본문의 중요성은 사무엘이 올라 왔는지의 여부, 어떤 사람이 죽었을 때에 죽은 자의 영혼을 신접한 여인이 불러 올려서 대화할 수 있는지의 여부가 아닙니다. 신접한 여인이 불려 올린 사람이 사무엘인지의 여부를 사람들이 확인하려는 이유는 만약 사무엘이라면 사무엘이 하는 말은 옳은 말일 것이라고 생각하며, 만약 사무엘이 아니라면 틀린 말일 것이라고 생각하기 때문입니다. 그러나 신접한 여인에 의해 불려 올라온 사람이 사무엘이라고 해도 좋고 사무엘이 아니라고 해도 좋습니다. 불려 올라온 사람이 사무엘이냐 아니냐의 여부, 사무엘의 혼령이냐 가짜냐의 여부는 전혀 중요하지 않습니다. 정작 중요한 것은 따로 있습니다. 불려 올라온 사람이 사무엘일 경우와 사무엘이 아닐 경우 모두 전혀 중요하지 않은 이유를 살펴보겠습니다.

사무엘이라면

신접한 여인에 의하여 불려 올라온 사람이 사무엘일 수 있습니다. 그런데 사무엘이 올라 왔다고 해서 전혀 새로울 것이 없습니다. 사무엘이 올라 왔기 때문에 사울이 잔뜩 기대를 하고 사무엘에게 무엇인가 대답을 들으려고 귀 기울일 것입니다. 그러나 사무엘이 올라왔다고 해서 상황이 달라지는 것은 아무것도 없습니다. 사무엘이 올라왔으니 문제가 해결되고 사무엘이 적절한 해답을 줄 것이라고 기대하시면 큰 착각입니다. 사무엘이 불려 올라와서 사울의 질문에 대답한다면 대답은 새로울 것이란 전혀 없기 때문입니다. 왜냐하면 사무엘은 하나님의 사람이었습니다. 하나님의 사람은 자신의 말을 하는 것이 아니라 하나님의 말씀을 대언하는 사람입니다. 사무엘이 그 동안 했던 말은 사무엘의 말이 아니라 하나님의 말씀이었습니다. 그런데 사울이 하나님께 물었을 때 하나님이 대답치 아니하셨다고 했습니다. 하나님이 대답치 아니한 것을 사무엘이 불려 올림 받았다고 해서 사무엘이 자신의 새로운 대답을 하나님 몰래 사울에게 알려줄 것이라고 기대해서는 안 됩니다. 절대로 그런 일은 없을 것이기 때문입니다. 하나님이 대답치 않으시면 사무엘은 절대로 대답하지 않습니다. 불려 올라 온 자가 사무엘이라고 할지라도 새로운 대답은 단 하나도 주시지 않을 것이기 때문에 그가 사무엘이든지 아니든지 아무 상관이 없다는 것입니다.

신접한 여인에 의하여 불려 나온 사람이 사무엘입니다. 사울이 불러내서 사무엘을 부르니까 사무엘이 하는 첫 번째 말 "어찌하여 나를 불러내었느뇨?"입니다. 사무엘은 할 말이 없다는 것입니다. 그래도 사울이 자신이 하도 절박해서 하나님을 찾았는데 하나님이 대답치 않아서 사무엘을 불렀다고 자초지종을 설명합니다. 이때 사무엘의 대답은 이미 사무엘이 살아생전에 했던 말이요, 사무엘이 살았을 때에 하나님이 사무엘을 통해 사울에게 주셨던 말과 동일한 말이지 전혀 새로운 말이란 없습니다. 28장 17절부터 19절 '여호와께서 나를 통하여 말씀하신 대로 네게 행하사 나라를 네 손에서 떼어 네 이웃 다윗에게 주셨느니라 네가 여호와의 목소리를 순종하지 않고 그의 진노를 아말렉에게 쏟지 아니하였으므로 여호와께서 오늘 이 일을 네게 행하셨고 여호와께서 이스라엘을 너와 함께 블레셋 사람들의 손에 넘기시리니 내일 너와 네 아들들이 나와 함께 있으리라 여호와께서 또 이스라엘 군대를 블레셋 사람들의 손에 넘기시리라 하는지라' 입니다. 이것은 이미 나온 말이요, 사무엘 생전에 하나님이 사무엘을 통하여 사울에게 했던 말입니다. 죽은 자의 혼령을 부르면 뭔가 신비하고 새롭고 놀라운 소리를 해줄 것 같아서, 하나님이 대답하지 않으시는 어떤 대답을 들을 수 있을 것을 기대하는 매우 어리석은 방식입니다. 하나님은 평상시는 아무 말씀 안 하시다가 가끔씩 희한한 방식으로 어떤 비밀과 신비한 지식을 주시는 것으로 오해하면 안 되고, 그런 것을 받으려고 찾으러 구하고 다녀서도 안 됩니다.

사무엘이 아니라면

만약 올라온 사람이 사무엘이 아니라 어떤 혼령이나 어떤 귀신이라면 더더욱 살펴볼 일도 없고 관심 가질 일도 없습니다. 올라온 그 사람이 사무엘인지 아닌지를 확인하는 것은 너무나 쉽습니다. 만약 사무엘이 아니라면 새로운 대답을 할 것입니다. 만약 새로운 대답이 나온다면 그는 하나님의 사람이 아닐 것입니다. 왜냐하면 하나님은 이랬다, 저랬다 하시는 분이 아니시기 때문입니다. 분명히 사무엘이 살았을 때에 사무엘을 통해 사울에게 하나님의 뜻을 다 알리셨다가 갑자기 하나님의 뜻과 다른 새로운 말씀을 하시면 그것도 귀신을 통하거나 혼령을 통해 새로운 계획을 발표하신다면, 그분은 하나님이실 수 없고 그런 하나님을 만난 자는 앞으로는 절대 하나님을 믿지 않을 것입니다. 왜냐하면 지금 사울도 자신이 급해서 하나님을 불렀지만 다른 얘기를 하신다면 다음에는 절대로 하나님을 안 믿을 것입니다. 왜냐하면 하나님은 이랬다, 저랬다 하시니까 하나님의 약속이 지켜진다고 어찌 우리가 신뢰할 수 있겠느냐고 항변할 것이기 때문입니다.

결국 올라 온 사람이 사무엘이라고 하면 하나님과 똑같은 말을 할 것이기에 새로운 것이 있을 수 없고, 올라온 사람이 하나님의 사람 사무엘이 아니라면 더더욱 들을 필요도 없기에 올라 온 사람이 사무엘이냐 아니냐의 여부를 따질 것이 아닙니다. 도리어 하나님은 이미 사울에게 대답하셨고 하나님은 이미 사울에게 모든 것을 알려 주셨기에 하나님의 뜻을 알아야 하고, 사울의 행동 자체가 틀린 것이기에 자신의 방식을 철회하고 하나님의 말씀을 분별하는 일에 집중해야 합니다. 사울의 행동은 그나마 하나님을 찾고자 했던 갸륵한 행동이고 그나마 하나님을 찾고자 했던 간절한 행동이 아니라 전혀 무익한 행동이요, 아무 쓸데없는 헛된 행동에 불과합니다. 신앙생활에서 가장 중요한 것은 하나님을 아는 것이요, 하나님의 말씀을 아는 것입니다.

나의 행할 바를 배우려고

새로운 것은 없다

사람들은 언제나 자신의 행동에 좋은 명분을 붙이려고 노력을 합니다. 비록 나쁜 짓을 하면서, 틀린 짓을 하면서 의도는 나쁜 것이 아니었고 원래의 뜻은 좋았었다고 변명하기 일쑤입니다. 하지만 그러한 말들은 말 그대로 변명이요, 아무 소용없는 말입니다. 본문에서 사무엘을 불러올리는 쓸데없는 행동을 하면서도 사울이 내세우는 명분이 28장 15절 "내가 행할 일을 알아보려고 당신을 불러 올렸나이다" 입니다. 얼핏 들으면 사울이 대단히 순종적인 것처럼 들립니다. 사무엘이 말씀만 하면 그 말씀을 진리로 받아 자신의 행동을 고치고 오직 그 말씀에 순종하겠다는 의지를 가진듯한 뉘앙스로 들립니다. 사울의 고백은 전혀 그와 같은 의도를 가진 것이 아닙니다. 사울은 이미 자신에게 주신 하나님의 말씀을 듣지 않았습니다. 하나님이 이미 주신 말씀도 안 듣는 사람이 새로운 것을 배우려하고 새로운 것을 행하려고 하니 이미 주신 말씀 말고 새로운 말씀을 달라는 것은 전혀 앞뒤가 맞지 않는 것입니다.

만약 사울에게 필요한 행동이 있었다면 사울이 혼령을 통해서라도 하나님을 찾기 전에 먼저 하나님이 사울에게 말씀하셨을 것입니다. 이미 주어진 것은 소홀히 하고 꼭 새로운 것을 배우겠다고 소동치는 것이 공부 못하는 학생들의 전형적인 패턴이요, 인생을 실패하는 사람들의 전형적인 패턴이요, 죄인들의 전형적인 반응입니다. 성경에는 인간에게 필요한 것은 하나님이 이미 벌써 다 주었다고 선언합니다. 하나님이 행하시는 일은 언제나 완벽하고 충분합니다. 창조 때에도 완성이었고 일하실 때마다 가장 정확하게 가장 적절하게 가장 적당하게 다 맞게 주시는 분입니다. 하나님이 하시는 일 중에 부족함이 있거나 실수가 있거나 하나님의 판단 착오가 있거나 하나님이 빠트리는 일이란 있을 수 없습니다. 그래서 내가 보충해 드리고 내가 보태드리고 내가 거들어 드려야 하는 일이란 없습니다. 하나님이 사무엘을 통해 미처 말씀을 못하셔서 죽은 자를 불러내서라도 해결해야 하시는 말씀은 없습니다.

나의 행할 바를 배우려고

성도가 살아가는 중에 하나님의 뜻을 분별치 못하고 하나님의 뜻을 알지 못해서 성경 말고 다른 곳에 가서 예언을 받고 다른 곳에 가서 안수를 받고 다른 곳에 가서 뭔가 특별한 것을 알아내야 하는 것이란 전혀 없다는 것입니다. 사울이 도대체 무엇을 행하려고, 사울이 배우려고 하는 자신의 행할 바는 이미 하나님이 다 말씀하셨습니다. 하나님의 뜻은 무엇입니까? 성경에 다 나와 있습니다. 하나님 제가 어떻게 행하기를 원하십니까? 성경에 다 나와 있습니다. 주여 어떤 것이 옳습니까? 성경에 다 나와 있습니다. 솔직히 말하면 하나님의 뜻을 모르는 게 아니라 하나님의 뜻대로 하기가 싫은 것입니다. 원수를 어떻게 해야 합니까? 성경에 나오기를 원수를 사랑하라고 하셨습니다. 하나님의 말씀을 늘 읽어 하나님 뜻을 분별하시고 하나님 뜻대로 사시는 것이 제일 좋습니다. 어디 새로운 하나님에 말씀이란 없습니다.

하나님과의 만남

인격적인 하나님

본문에서 사울의 행동이 옳은 행동이었는지의 여부, 유익한 행동이었는지의 여부는 결과를 보고 알 수 있습니다. 종종 영화나 드라마나 타 종교에는 영매를 통하여 어떤 신비한 영적세력과 교감하는 장면들이 등장합니다. 자아를 벗어나 어떤 영적세계로 들어가서 비몽사몽간에 형언할 수 없는 영험한 상태로 들어가는 장면들을 종종 봅니다. 그런데 성도가 하나님을 만나는 것은 그런 영계의 신접현상이나 영적인 어떤 현상이 아니라는 것입니다. 영화에서 보는 장면들은 성경에는 없는, 하나님과 인간의 관계에 없는, 죄인들의 그릇된 발상입니다. 영매를 통해 어떤 혼령을 불러올리고 혼령과 대화를 하고 혼령과 한바탕 싸움을 벌이고, 상황이 끝나고 나면 당사자가 대부분 탈진하고 쇠진하고 쓰러지고 한 삼박 사일 간 정신을 못 차리고 혼절합니다. 육신을 넘어 영적세계를 넘어 다니며 어떤 영계들의 세계를 왕래해서 힘이 들고 식은땀이 흐르고 온몸에 힘이 빠져 죽었는지 살았는지 구분이 안 되는 장면들을 늘 드라마 영화에서 많이 봤습니다. 그런 장면은 하나님과 인간의 만남이 아니기 때문에 펼쳐지는 장면들입니다. 그것은 비인격적 존재들이 비인격적 방식으로 만나기 때문에 발생하는 현상들입니다.

하나님은 인격적 존재요 하나님이 인간을 인격적 존재로 만드시고 인격적 존재와 인격적 존재가 인격적으로 만나기 때문에 타 종교들에서 발생하는 비인격적 현상은 등장하지 않는다는 것입니다. 본문에서 사울이 신접한 여인을 통하여 사무엘을 불러 올려서 그와 대답하고 나서 혼절하고 탈진하고 기진맥진하는 기력을 상실하는 장면을 봅니다. 이것은 옳지 않은 행동을 했기 때문에 그런 결과가 있는 것입니다. 성경을 보시면 성도와 하나님, 하나님과 성도와의 관계에서 만남은 환희고, 감격이고, 기쁨이고, 열정이고, 감동이고, 즐거움이고 행복입니다. 하나님이 두려움에 빠진 죄인을 찾아 오셔서 위로해 주시고 좌절해 있는 인간에게 찾아오셔서 하나님이 새 힘을 주시고 쓰러져 있는 자에게 오셔서 하나님께서 새 기력을 주시고 어찌할 바 모르는 자에게 오셔서 하나님이 알려주시고 그래서 하나님을 만난 자들이 일어나고 서고 새 힘을 얻고 새 능력을 얻는 것입니다. 하나님이 아브라함에게 나왔습니다. 이삭, 야곱, 요셉, 모세, 여호수아, 사무엘, 다윗이 하나님을 만난 경우들을 살펴보시기 바랍니다. 하나님을 만난 사람들이 놀랜 적은 있습니다. 왜냐하면 죄인이 전혀 하나님을 만날 것이라는 기대를 안 했을 때 하나님이 오니까 놀래고 감격하고, 또 하나님이 말씀하실 때 죄인이 못 알아들어서 하나님과 논쟁하고 하나님과 설전을 벌이는 장면이 나옵니다. 그러나 그 결과 언제나 인간이 하나님을 알아차리고 인간이 하나님의 도우심을 알고 하나님의 뜻대로 새 힘을 받아 새롭게 나가는 장면으로 결말이 이어집니다. 하나님과 인간의 만남 중에 인간의 모든 에너지를 하나님이 싹 뽑아 가시고 하나님을 만나느라고 하도 힘들어가지고 쓰러지고 좌절하고 기진하고 맥진하고 혼절하는 장면이 성경에 나오지 않습니다. 성경은, 기독교는 인격적이신 하나님과 인격적 인간이 인격적 교제를 나눈다는 것을 놓치시면 안 됩니다.

　기독교는 지극히 인격적인 종교입니다. 인격적인 하나님이요, 인격적인 인간이요, 인격적인 만남입니다. 삶의 현장을 떠나고, 삶의 일상을 떠나고, 인간의 이성을 떠나고, 인간의 몸을 떠나는 것은 없습니다. 가장 건전한 성도의 신앙생활, 가장 건강한 성도의 신앙생활은 평상시 하나님 말씀을 읽고 말씀을 통하여 자신이 하나님의 은혜 받은 성도라는 것을 아는 것입니다. 또한 자신이 받은 은혜를 누리는 방식을 성경을 읽으므로 깨닫고 읽은바 말씀에 의하여 자신 속에 하나님의 마음, 하나님의 말씀의 분량을 채우고 하나님의 말씀대로 행동하여 은혜를 누리는 것입니다. 또한 자신이 하나님의 은혜를 누리는 것이 너무 기쁘고 감사해서 하나님께 예배하는 삶이 가장 건전하고 가장 건강한 신앙생활입니다. 본문에 등장하는 사울의 행동을 통하여 하나님은 이미 말씀하시고 이미 대답하시고 이미 모든 것을 허락하신 인간을 위한 분이라는 것, 하나님이 행하시지 않은 새로운 방식은 다 무익하다는 것을 아셔서 말씀을 통해 하나님을 알고 하나님을 통해 여러분의 존재를 깨달아 하나님의 원리대로 하나님의 마음으로 하나님의 은혜를 풍성히 누리시기를 주님의 이름으로 축원합니다.

25

하나님이 주신 것

사무엘상 30:1~30

1 다윗과 그의 사람들이 사흘 만에 시글락에 이른 때에 아말렉 사람들이 이미 네겝과 시글락을 침노하였는데 그들이 시글락을 쳐서 불사르고 2 거기에 있는 젊거나 늙은 여인들은 한 사람도 죽이지 않고 다 사로잡아 끌고 자기 길을 갔더라 3 다윗과 그의 사람들이 성읍에 이르러 본즉 성읍이 불탔고 자기들의 아내와 자녀들이 사로잡혔는지라 4 다윗과 그와 함께 한 백성이 울 기력이 없도록 소리를 높여 울었더라 5 다윗의 두 아내 이스르엘 여인 아히노암과 갈멜 사람 나발의 아내였던 아비가일도 사로잡혔더라 6 백성이 자녀들 때문에 마음이 슬퍼서 다윗을 돌로 치자 하니 다윗이 크게 다급하였으나 그의 하나님 여호와를 힘입고 용기를 얻었더라 7 다윗이 아히멜렉의 아들 제사장 아비아들에게 이르되 원하건대 에봇을 내게로 가져오라 아비아들이 에봇을 다윗에게로 가져가매 8 다윗이 여호와께 묻자와 이르되 내가 이 군대를 추격하면 따라잡겠나이까 하니 여호와께서 그에게 대답하시되 그를 쫓아가라 네가 반드시 따라잡고 도로 찾으리라 9 이에 다윗과 또 그와 함께 한 육백 명이 가서 브솔 시내에 이르러 뒤떨어진 자를 거기 머물게 했으되 10 곧 피곤하여 브솔 시내를 건너지 못하는 이백 명을 머물게 했고 다윗은 사백 명을 거느리고 쫓아가니라 11 무리가 들에서 애굽 사람 하나를 만나 그를 다윗에게로 데려다가 떡을 주어 먹게 하며 물을 마시게 하고 12 그에게 무화과 뭉치에서 뗀 덩이 하나와 건포도 두 송이를 주었으니 그가 밤낮 사흘 동안 떡도 먹지 못하였고 물도 마시지 못하였음이니라 그가 먹고 정신을 차리매 13 다윗이 그에게 이르되 너는 누구에게 속하였으며 어디에서 왔느냐 하니 그가 이르되 나는 애굽 소년이요 아말렉 사람의 종이더니 사흘 전에 병이 들매 주인이 나를 버렸나이다 14 우리가 그렛 사람의 남방과 유다에 속한 지방과 갈렙 남장을 침노하고 시글락을 불살랐나이다 15 다윗이 그에게 이르되 네가 나를 그 군대로 인도하겠느냐 하니 그가 이르되 당신이 아는 죽이지도 않고 내 주인의 수종에 넘기지도 아니하겠다고 하나님의 이름으로 내게 맹세하소서 그리하면 내가 당신을 그 군대로 인도하리이다 하니라 16 그가 다윗을 인도하여 내려가니 그들이 온 땅에 편만하여 블레셋 사람들의 땅과 유다 땅에서 크게 약탈하였음으로 말미암아 먹고 마시며 춤추는지라 17 다윗이 새벽부터 이튿날 저물 때까지 그들을 치매 낙타를 타고 도망한 소년 사백 명 외에는 피한 사람이 없

었더라 18 다윗이 아말렉 사람들이 빼앗아 갔던 모든 것을 도로 찾고 그의 두 아내를 구원하였고 19 그들이 약탈하였던 것 곧 무리의 자녀들이나 빼앗겼던 것은 크고 작은 것을 막론하고 아무것도 잃은 것이 없이 모두 다윗이 도로 찾아왔고 20 다윗이 또 양 떼와 소 떼를 다 되찾았더니 무리가 그 가축들을 앞에 몰고 가며 이르되 이는 다윗의 전리품이라 하였더라 21 다윗이 전에 피곤하여 능히 자기를 따르지 못하므로 브솔 시내에 머물게 한 이백 명에게 오매 그들이 다윗과 그와 함께 한 백성을 영접하러 나오는지라 다윗이 그 백성에게 이르러 문안하매 22 다윗과 함께 갔던 자들 가운데 악한 자와 불량배들이 다 이르되 그들이 우리와 함께 가지 아니하였은즉 우리가 도로 찾은 물건은 무엇이든지 그들에게 주지 말고 각자의 처자만 데리고 떠나가게 하라 하는지라 23 다윗이 이르되 나의 형제들아 여호와께서 우리를 보호하시고 우리를 치러 온 그 군대를 우리 손에 넘기셨은즉 그가 우리에게 주신 것을 너희가 이같이 못하리라 24 이 일에 누가 너희에게 듣겠느냐 전장에 내려갔던 자의 분깃이나 소유물 곁에 머물렀던 자의 분깃이 동일할지니 같이 분배할 것이니라 하고 25 그 날부터 다윗이 이것으로 이스라엘의 율례와 규례를 삼았더니 오늘까지 이르니라 26 다윗이 시글락에 이르러 전리품을 그의 친구 유다 장로들에게 보내어 이르되 보라 여호와의 원수에게서 탈취한 것을 너희에게 선사하노라 하고 27 벧엘에 있는 자와 남방 라못에 있는 자와 얏딜에 있는 자와 28 아로엘에 있는 자와 십못에 있는 자와 에스드모아에 있는 자와 29 라갈에 있는 자와 여라므엘 사람의 성읍들에 있는 자와 겐 사람의 성읍들에 있는 자와 30 홀마에 있는 자와 고라산에 있는 자와 아닥에 있는 자와 31 헤브론에 있는 자에게와 다윗과 그의 사람들이 왕래하던 모든 곳에 보내었더라

만사형통

올바른 희망

흔히들 "인간이 살아있는 것은 희망을 가지고 있다는 것이요, 희망을 포기 한다면 살았으나 죽은 것과 마찬가지다"는 말을 합니다. 광고 문구 중에 '함께 가요 희망으로!' 도 있습니다. 그러나 미지의 삶에 대한 내용, 앞으로 어떻게 될지 모르는 상태에 대하여 앞으로의 일을 소망한다는 것과 앞으로의 일을 다 알고 아는 것을 기대한다는 것은 전혀 차원이 다릅니다. 일이 어떻게 될지 모르지만 또 정작 일이 나에게 보탬이 될지 손해가 될지의 여부도 모르지만 그래도 소망이 없는 것보다는 소망이 있는 게 낫다는 측면에서 소망을 가질 때의 소망은 실상 아무것도 아닙

니다. 또 앞으로의 일을 다 아는 것은 아무 재미가 없으니 마치 모험을 즐기려는 자세로 모르는 일이 흥미진진하고 기대가 된다고 해서 도전적인 자세인 것처럼 마음먹는 것도 아무것도 아닙니다. 앞으로의 일을 안다는 것과 그 일을 누린다는 것은 차원이 다른 것입니다.

기독교적인 올바른 소망, 성경적인 올바른 희망을 갖는다는 것은 무엇이 될지 모른 채 막연히 기대하는 것이 아니라 앞으로의 일이 무엇인지를 정확히 알고 다만 아직 일어나지 않았기에 일어났을 때의 기쁨과 즐거움을 기대하는 것입니다. 결혼을 예를 들면 아직 결혼하지 않은 두 미혼 남자가 있다고 할 때 한쪽은 아직 사귀는 사람도 없고 결혼 날짜도 잡히지 않아서 누구랑 결혼할지 언제 결혼할지 어떻게 살지 전혀 알지 못한 채 그래도 언젠가는 결혼하리라는 막연한 기대를 하는 것과, 교제하는 자가 있고 정해진 사람이 있고 이제 결혼해서 행복하게 살 것을 기대하는 것은 전혀 차원이 다릅니다.

하나님을 믿는다는 것은 무슨 일이 이루어질지 모른 채 하나님이니까 나를 도와줄 것이라고 기대하는 것이 아닙니다. 하나님을 믿으매 하나님이 나에게 무슨 일을 해주셨고 앞으로 무슨 일을 해주실 것을 다 알고 일어날 일을 소망하는 것이 기독교의 믿음이요, 하나님을 믿는 것입니다. 신앙인들이 하나님을 믿고 소망을 갖는다고 할 때 하나님의 관점에서 올바른 소망을 가져야 합니다. 막연하게 하나님이 도우시니까 모든 일이 만사형통하고, 하나님이 도우시니까 하는 일마다 다 잘될 것이라고 희망을 갖는 것은 옳지 않습니다.

예상 밖의 상황

다윗은 하나님에게서 왕으로 기름 부음을 받았습니다. 사람들은 '하나님에게서 왕으로 기름 부음을 받았다'는 말 중에 '왕'이라는 단어에 초점을 맞추는 경향이 있습니다. '언제 왕이 되고, 어떻게 왕이 되고, 왕이 되면 정말 좋겠다, 왕이면 자기가 하고 싶은 것 모두 다 하겠다, 왕의 권세, 왕의 위엄, 왕의 떵떵거림' 등을 생각합니다. 그러나 '하나님이 다 윗을 왕으로 기름 부었다' 는 말 중에 가장 중요한 단어는 '왕' 이 아니라 '하나님' 입니다. 다윗은 이제 혼자가 아니라 하나님이 기름 부었으니 하나님이 함께 하신다는 것이 중요합니다. 하나님이 함께 하면 능력의 하나님이 동행하시어 모든 것을 쉽게 이룰 수 있고, 실패가 전혀 없고, 승승장구 할 것 같다는 느낌을 가지시면 안 됩니다. 다윗의 삶은 형통함, 승승장구와는 전혀 다릅니다. 하나님이 함께 하신다면 하나님이 왜 인간과 함께 하시며, 하나님이 무엇을 함께 하시며, 하나님은 왜 인간을 찾아오시고, 왜 동행하시고, 왜 도우시고, 무엇을 도우시는가를 분명하게 알아야 신앙의 바른 기대를 가지고 바른 만족을 누릴 수 있습니다.

다윗은 이새의 집에서 말째입니다. 위에 일곱 형제가 있고 집안의 막내아들입니다. 그럼에도, 이스라엘 왕으로 기름 부음을 받았습니다. 이제 왕의 후계자가 되었으니 모든 것이 거침없는 탄탄대로요, 행복의 나날일 것이라고 생각할 수 있습니다. 하나님의 마음에 합한 사람이라는 인정을 받았으니 아무 방해물이 없이 형통할 것이라고 생각할 수 있습니다. 그러나 성경에서 우리가 만나는 다윗의 삶은 전혀 그렇지 않습니다. 시험, 환난, 역경, 오해, 불행의 연속입니다. 인생이 참으로 불쌍하다는 생각이 들만큼 억울한 사건들의 연속입니다. 그런데 다윗의 인생에서 역경이 시작되는 것이 하필이면 기름 부음 받은 다음부터입니다. 물론 골리앗을 이기기도 했고 전쟁에 나가 많은 공적을 쌓기도 했고 명성을 얻기도 했습니다. 그러나 결과는 사울의 적이 되어 도망 다니고 쫓겨 다니게 됩니다. 도대체 하나님은 다윗에게 무엇을 도와주었는지 의아해 할 수 있습니다. 하나님은 다윗을 목동이라는 천한 직분에서 왕이라는 높은 직분으로 신분상승을 도와주는 것이 아닙니다. 가난한 자에게 부유한 자가 되도록 하고 무지한 자에게 똑똑한 자가 되게 하는 것이 아닙니다. 만약 다윗이 불행했었다고 하면 그것은 목동이었기 때문에 불행한 것이 아닙니다. 이새의 집안에 말째가 되어서 형님들 심부름 하나씩만 들어줘도 일곱 가지를 들어야 되니까 너무 힘들고 귀찮고 번거롭게 살아서 불행했던 유년시절이었기에 그 동안 수고 많았으니 이제 왕이 되어 명령하고 손가락 까딱 안 하고 살아보도록 도와주는 것이 아닙니다.

왜냐하면 성경은 인간의 문제를 죄라고 말하기 때문입니다. 그가 왕이든 그가 목동이든 신분 때문에 불행한 것이 아니고 하나님을 아느냐 하나님을 모르느냐로 행복과 불행이 나뉘는 것입니다. 목동이든 왕이든 죄에 잡혀 있으면 불행한 것이고, 목동이든 왕이든 죄를 이기면 행복한 것입니다. 문제는 인간의 죄요, 해결은 하나님입니다. 인간의 행복은 죄를 이기는 것이라고 성경은 말합니다. 다윗은 하나님의 도움을 받아 목동에서 왕으로 신분의 변화를 이루어 가는 것이 아니라 하나님을 모르던 죄인에서 하나님을 아는 사람으로 변해가고 있는 것입니다. 목동이냐 왕이냐가 아니라 하나님을 아느냐 하나님을 모르느냐가 중요한 것입니다.

행복한 삶

성경에 등장하는 인물의 변화는 신분과 위치와 지위의 변화가 아니라 하나님을 모르던 자가 하나님을 알게 되었다는 것입니다. 성경은 인간이 행복한 방법을 알려 주는 것입니다. 죄를 따르지 않고 하나님에 원리를 따르면 행복하다고 성경은 말합니다. 죄에 원리대신 하나님에 원리를 따르면 자유롭다고 말합니다. 죄의 원리대신 하나님의 원리를 따르면 신이 난다고 말합니다. 성경은 인간이 행복해지는 원리를 가르치는 것입니다. 무엇을 먹고 사느냐는 정말 중요합니다. 그러나 그것보다 더 중요한 것은 무슨 마음을 먹고 사느냐 입니다. 무엇을 하면서 사느냐도 정말 중요합니다. 그러나 무슨 마음으로 일을 하느냐가 더욱 중요합니다. 흔히들 인생은 다 마음먹기 나름이라고 말합니다. 그 말은 맞는데 문제는 마음이 먹어지지 않는다는 것입니다. 죄에게 잡혀있기 때문에 죄의 마음은 잘 먹어지는데 죄의 마음으로는 행복하지가 않습니다. 성경은 인간에게 하나님의 마음, 하나님의 심정을 주시고, 하나님의 마음으로 죄를 이겨 행복해지기를 바라시고 계시는 것입니다.

죄인들의 마음

백성의 마음

본문을 통해 죄인들이 행하는 죄의 원리와 하나님이 보여주시는 하나님의 원리를 구분해 보겠습니다. 다윗의 상황은 무지하게 꼬여있습니다. 왕으로 기름 부음 받고나서 사울 왕에게 쫓기고 이스라엘 전역을 두루 쫓겨 다니다가 이스라엘 내에는 머물 곳이 없어서 마침내 블레셋 아기스 왕에게로 피해 있었습니다. 블레셋 지역에 약 일 년 넉 달을 지내다가 아기스 왕이 이스라엘을 침략한다고 하기에 장수의 한 사람으로 따라 나갔었다가 블레셋 장수들이 만류하는 바람에 전쟁에는 참여하지 못하고 원래 살던 곳 시글락으로 돌아오는 장면입니다. 시글락에 도착해 보니까 정말 어이없는 일이 발생했습니다. 왕을 따라 시글락 성을 잠시 비워두고 전쟁에 나갔다 돌아와 보니 누군지 모르는 어떤 군사들이 와서 성을 싹 불태웠고 자기 처자들과 자기 수하들의 처자들을 다 데리고 가버렸습니다. 와보니까 불타는 성만 휑하니 남아있습니다. 아주 난감하고 당황스럽고 모두가 어떻게 해야 할지를 모르는 상황입니다.

그때 다윗과 함께 했던 사람들이 할 일은 무엇이겠습니까? 이것저것 다 할 일이 없을 때 유일하게 할 수 있는 일이 우는 것입니다. 사람들은 이것이나 저것이나 할 것이 있으면 할 수 있는 것을 행합니다. 울다가도

할 일이 생각나면 울기를 그치고 일을 하러 갑니다. 더는 도무지 할 일이 없고, 취할만한 어떤 조치도 없으면 웁니다. 다윗과 함께 했던 백성이 다 울었습니다. 처한 상황이 너무 난감하고 대처할 어떤 방법도 없기에 울고 울어서 더는 울 기력도 없는 상태가 될 때까지 울었습니다. 그러다 사람들이 한 가지 할 일이 생각나서 벌떡 일어나서 하는 말이 다윗을 돌로 치자는 것입니다. 인간은 울 기력이 없을 정도의 상태이다가도 갑자기 죄를 짓자는 마음만 생겨도 힘이 불끈 솟아서 다 일어납니다. 울기를 멈추고 생각해낸 조치가 다윗을 돌로 치자는 것입니다. 사무엘상 22장의 설명에 의하면 다윗과 함께하는 육백 명은 환난당한 모든 자와 빚진 자와 마음에 원통한 자들입니다. 마음에 상처가 많은 사람은 정말 다루기가 힘듭니다. 원통한 자, 억울한 자, 울분이 있는 자, 부당하게 당했다고 생각하는 사람들은 조금만 서운한 느낌이 들어도 감정이 폭발하면 감당할 수가 없습니다. 그런 무리가 육백 명이나 다윗을 쫓아 다녔습니다. 사실 다윗도 억울한 자요 원통한 자요 도망자입니다. 다윗이나 무리나 같은 심정이요 똑같은 상황입니다. 서로 보탬이 되기는커녕 서로 한탄하는 수준이 맞을 것 같아서 서로 어울려 다녔습니다. 함께 따라 다니다가 이스라엘이라는 나라에서는 도무지 피할 곳이 없어 이웃나라 블레셋에 까지 와서 사는 중에 성이 공략을 당하고 가족들 다 뺏기고 소산물까지 다 빼앗긴 것입니다.

　육백 명이 그동안 다윗을 따라다닌 것은 강요된 것이 아니었습니다. 자기들은 다윗을 따라다닐 만한 처지와 상황이 전혀 아니었는데 다윗이 납치했다가 떠나면 죽인다고 해서 어쩔 수 없이 붙잡혀있는 상황이 전혀 아닙니다. 자기들은 더는 어떻게 할 수가 없기에 그나마 도움을 받자고 다윗에게 왔던 것이고, 지금 블레셋 장수들과 함께 전쟁에 나가려고 했을 때도 자신들은 안 나가려고 했는데 다윗이 안 나가면 죽인다고 해서 나간 것이 아니라 자기들 생각에도 아기스 왕의 은혜를 받고 있는데,

이런 전쟁이 있을 때 나가줘야 앞으로도 혜택을 받고 살 수 있을 것이라는 생각을 하고 동의해서 함께 나갔을 것입니다. 자신들의 성을 비워놓고 나감으로 성이 침략을 받은 것은 단지 다윗의 잘못이 아니라 모두의 잘못입니다. 모두의 잘못인데 울다가 갑자기 일어나서 다윗을 죽이자고 선동하는 것입니다. 이것이 죄의 원리요 죄의 마음이요, 죄의 심보입니다.

다윗의 반응

함께 했던 무리가 자신을 돌로 치자고 덤빌 때 다윗은 어떻게 반응해야 합니까? 다윗은 무리를 향하여 그동안 자신은 강요한 적이 없고 무리가 스스로 자원하여 동행한 것이니 다윗의 잘못이 아니라고 변명하지 않습니다. 모두가 합의해서 행동했으니 공동의 책임이라고 주장하지도 않습니다. 다윗이 변명을 하거나 공동책임을 주장한다면 다윗의 말은 틀린 말이 아닙니다. 비록 다윗이 옳은 말, 바른 말을 할지라도 사람들은 다윗의 소리를 듣지 않습니다. 사람들은 절대로 옳은 소리를 좋아하지 않습니다. 자기에게 이로운 소리를 좋아할 뿐입니다. 사람들은 맞는 소리를 좋아하지 않습니다. 자기에게 보탬이 되는 소리를 좋아할 뿐입니다. 이것이 죄인의 마음, 죄인의 원리입니다. 원통함이 있는 자들에게, 지금 또 다시 가족을 잃어버려 마음이 상한 자들에게 변명을 하거나 공동책임을 물으면 다윗이 맞아 죽을 것입니다.

이때에 다윗은 아무소리 안 해야 합니다. 그렇다고 다윗이 아무소리 안하고 속으로 '이놈들을 믿었는데 이렇게 배반당할 줄이야. 너희들이 나한테 이럴 줄은 정말 몰랐다'는 마음을 가져도 절대로 안 됩니다. 하나님의 마음을 알아야 하고, 하나님의 원리를 알아야 되는 것은 동시에 죄의 원리와 죄의 마음도 알아야 한다는 것을 의미합니다. 하나님의 마음을 알아야 하나님의 은혜를 누리고, 죄인의 마음을 알아야 죄에 당하지 않는 것입니다. 하나님의 마음을 아는 사람은 죄인의 원리를 알기 때문에 죄인의 행동을 보고 서운해 하거나 아쉬워하지 않습니다. 만약 어떤 사람이 아홉 번 나에게 잘했는데 한 번 나에게 잘못했을 경우, 하나님의 은혜를 모르는 사람 또는 죄의 원리를 모르는 사람은 아홉 번 잘한 것은 잊어버리고 한 번 잘못한 것에 대하여 서운해 합니다. 그러나 죄의 원리를 아는 사람은 아홉 번 못한 것은 당연한 것이고 한 번 나한테 잘해준 것이 그렇게 고마울 수가 없는 것입니다. 왜냐하면 죄인은 한 번이라도 다른 사람에게 잘해 주기가 쉽지 않다는 것을 알기 때문입니다.

하나님을 구함

하나님에게서 찾음

백성이 다윗을 돌로 치자고 죄의 원리를 들고 나와 덤빕니다. 그때 다윗이 취할 행동은 두 가지 정도 예상할 수 있습니다. 첫째, 사람들이 다윗을 돌로 치자고 할 때 가장 빠른 생각은 도망가는 것입니다. 감정이 폭발하는 사람들 앞에서 감정이 안정되기를 기다리는 것은 매우 위험합니다. 가능한 빨리, 가능한 멀리 도망가야 합니다. 그런데 다윗은 도망을 안 갔습니다. 왜냐하면 갈 곳이 없었기 때문입니다. 이미 다윗은 도망 다니는 신세이고, 어차피 이스라엘에서 쫓겨나와 다른 나라 블레셋의 아기스 왕 밑에 잠시 머물러 있었는데 그 왕도 전쟁에 나가있고 전쟁에 따라 나갔다가 장수들의 반대로 돌아와 있는 상황에서 도망갈 곳은 어디에도 없습니다. 다윗은 도망을 안 가는 것이 아니라 도망을 못 가는 것입니다. 두 번째, 도망 갈 곳이 없는 다윗이 취할 수 있는 조치는 시글락 성을 침략했던 사람들을 쫓아가서 모든 것을 다시 회복해 오는 것입니다. 그런데 다윗은 그것도 하지 않습니다. 백성에게 자신이 골리앗을 이겼던 사람이요, 많은 전쟁에서 승리했던 자니까 자신에게 한 번만 기회를 주면 적들을 쫓아가서 원수들을 다 물리치고 잃었던 것을 다 회복하겠다고 제안하지 않습니다. 왜냐하면 다윗은 현재 벌어지는 상황에 대하여 아무것도 모르기 때문입니다. 성경을 읽는 독자들은 시글락 성을 쳐들어온 사람들이 아말렉 사람이라는 것을 알고 있지만 전쟁에 나갔다고 돌아온 다윗과 일행은 누가 쳐들어 왔었는지, 언제 쳐들어 왔었는지, 어떻게 쳐들어 왔었는지, 어디로 돌아갔는지, 며칠 전에 떠났는지, 어느 방향으로 떠났는지에 대하여 아무것도 아는 것이 없는 상태입니다. 상대에 대한 정보가 전무한 상태에서 다윗이 취할 수 있는 조치는 하나도 없습니다. 도망가자니 갈 데가 없고 쫓아가자니 어디로 가야할 바를 모르고 다윗은 아무것도 할 것이 없는 것입니다.

위기에 처한 다윗이, 아무 것도 취할 조치가 없는 다윗이 행하는 것이 기도입니다. 다윗이 기도하는 모습은 위대한 신앙의 모습이 아니며, 하나님께 기름 부음 받은 신실한 왕의 모습이 아니며, 다른 모든 것을 제쳐두고 가장 먼저 기도하는 믿음의 모습이 아닙니다. 다윗은 여러 가지 대안이 있음에도 그 동안 믿음의 훈련과 연단을 잘 받아서 위기에 닥치자마다 하나님께 매달렸다고 칭찬하는 장면이 아닙니다. 분명 다윗이 기도했지만, 다윗이 기도한 것은 다른 어느 것도 행할 것이 없었기 때문입니다. 다윗은 믿음이 좋아서 사람 의지하지 않고 하나님만 의지한다고 기도하는 멋진 장면이 아니라 할 것이 없어서, 지푸라기라도 잡는 심정으로 기도할 뿐입니다. 본문은 위기 탈출 방법이나 하나님을 믿는 자가 받는 축복에 관한 내용이 아닙니다. 이 사건을 통해 하나님이 가르쳐 주고자 하는 것은 죄의 원리로 사는 것이 아니라 하나님의 원리로 살아야 인간이 행복하고 모두가 행복하다는 근본 원리를 가르치는 것입니다. 상황을 극복하는 방법, 난국을 타개하는 방법, 역경을 벗어나는 방법 등 삶의 한 부분에 관한 것이 아니라 인간이 살아가는 근본을 가르치고 있는 것입니다.

아말렉

다윗의 식구들을 잡아가고, 다윗으로 하여금 곤경에 처하게 만든 적군들은 아말렉 사람들입니다. 성경의 전체적인 흐름을 알면 성경의 이야기를 훨씬 재미있게 이해할 수 있습니다. 이스라엘이 출애굽을 하여 광야로 들어갔을 때, 광야를 지나가는 이스라엘을 공격하러 나온 군대가 아말렉입니다. 여호수아가 나가서 싸우는데 어찌할 바를 몰라 모세가 산에 올라가서 기도하여 하나님이 도와주니까 적군을 물리쳤던 군대가 아말렉입니다. 하나님이 여호수아에게 가나안을 정복할 때에 가나안을 싹 진멸하라고 말씀하셨습니다. 그런데 여호수아가 살아있을 때에는 진멸을 하다가 여호수아가 죽고 나자 이스라엘 백성의 생각이 달라졌습니다. 이미 가나안 지역에서 이스라엘 사람들이 살만한 공간을 차지하였기에 남아있는 가나안 족속을 다 줄일 필요가 없다고 생각한 것입니다. 어차피 가나안에서 농사짓고 살아야 되는데 물 긷는 자도 있어야 하고 장작 패는 자도 있어야 하기 때문에 비록 하나님은 진멸하라고 했을지라도 가나안 족속을 살려주기로 마음먹은 것입니다. 이스라엘 백성이 나름대로 지혜롭게 생각하여 자신들의 삶에 보탬이 되도록 남겨둔 가나안 족속이 실제적으로는 전혀 도움이 되지 않았습니다. 사사시대 이후 사무엘이나 사울과 다윗 시대에 이스라엘의 골칫거리, 이스라엘의 문젯거리, 이스라엘의 적대 세력이 등장할 때마다 상대는 가나안을 정복할 때 진멸하지 않고 남겨둔 무리입니다. 하나님의 말씀을 순종하지 않고, 나름대로 자신들이 지혜롭게 행동했지만 결과는 자신들의 기대와는 전혀 다르게 나옵니다. 하나님의 말씀이 언제나 옳으며, 하나님의 말씀대로 행동하는 것이 언제나 좋은 결과가 나오는 것입니다.

사사기 3장에서 하나님은 가드 지방을 물리치라고 말씀하시지만 이스라엘은 가드 사람들을 살려주고, 가드에서 한 적장이 나오는데 이름이 골리앗입니다. 아말렉의 경우도 마찬가지입니다. 분명히 다윗 이전에 하나님이 사울 왕을 세워서 사울이 싸움에 나갈 때 사무엘을 통하여 아말렉을 진멸하라고 말씀하셨습니다. 그 때에도 사울이 하나님을 향하여 하나님의 뜻 대신 자신의 거룩한 뜻을 세웁니다. 하나님께 예배하고 하나님께 좋은 것으로 드리자고 제안하며 아말렉을 진멸하지 않고 살려 두었습니다. 그렇게 살려 둔 사람들이 지금 또 이스라엘을 공격합니다. 진멸하라는 하나님의 말씀을 순종하지 않고 아말렉을 살려 두었던 왕이 사울이었는데 사울 왕이 아말렉의 군병에게 죽습니다. 하나님 말씀이 제일 좋습니다. 하나님은 인간에게 좋은 것을 하라고 하십니다. 하나님 뜻대로 하는 것, 하나님 말씀대로 하는 것, 하나님 원리대로 하는 것이 가장 좋습니다.

회복

다윗이 아무것도 할 일이 없으니까 여호와께 의지하여 힘을 얻습니다. 다윗이 제사장을 불러서 하나님 앞에 묻습니다. 다윗이 아말렉의 군사를 쫓아가야할지의 여부를 물을 때에 하나님께서 쫓아가라고 대답하시고 다윗이 정령 그에게 미치고 그 모든 것을 다 찾으리라고 응답하십니다. 하나님의 말씀대로 다윗과 군사들이 아말렉 군사들을 찾으러 갑니다. 다윗과 함께 가족들을 찾으러 가는 무리가 전쟁터에 나갔다가 돌아온 자들이기에 지치고 힘들어 있었던 것 같습니다. 육백 명이 가다가 피곤하여 브솔 시냇가에 이백 명은 머물고 사백 명이 나갑니다. 사백 명이 나가서 애굽 소년을 하나 만나서 소년의 도움으로 그들의 진영을 찾아서 모든 것을 탈취하고 다 회복하고 돌아옵니다.

하나님의 기준은 언제나 회복입니다. 다윗이 전쟁을 잘하고, 싸움을 잘하고 승리합니다. 그러면 영토가 엄청나게 넓어져야 합니다. 싸움을 잘하고 전쟁에 능하면 도망 다니는 것이 아니라 기습작전을 펼쳐서 승리하고 전세를 역전시켜야 합니다. 그러나 다윗은 여전히 잘 도망 다닐 뿐입니다. 아말렉을 쫓아가서 자신의 가족을 찾아오는 정도가 아니라 아예 싹 쓸어버릴 수 있습니다. 블레셋의 아기스 왕 밑에서 장수로 있을 것이 아니라 아예 아기스 왕을 무찌르고 블레셋을 정복할 수도 있을 것이지만 단지 장수로 머물러 있고, 적장들의 시기를 피하기 위하여 미친 사람 행세를 하기도 하는 정도입니다. 하나님은 다윗은 전쟁 영웅으로 만드는 것이 아니고, 이스라엘을 부국강병하게 만들어 주는 것이 목적이 아닙니다. 하나님은 인간을 하나님을 알게 하시고, 인간의 행복한 삶이 회복되도록 역사하시는 것입니다.

하나님을 나타냄

죄인들의 원리

다윗이 아말렉을 추격하여 모든 것을 되찾고 돌아와 브솔 시냇가에 도착을 하니까 강을 건너지 못했던 이백 명이 마중 나옵니다. 다윗과 무리가 서로 모두 만나서 기뻐하며 즐거워하며 탈취물을 나누고 공유하려고 하는 순간 또 다시 사람들의 죄의 원리, 죄의 마음, 죄의 심보가 작동합니다. 분명히 자신들과 함께 서로 마음이 억울했던 자요, 원통했던 자요, 빚진 자요, 모두에게 오해를 받았던 자들이요, 원망함이 무지하게 많았던 그래서 함께 오랜 세월을 지냈던 자들입니다. 서로 위로하고, 서로 권면하고, 서로 안위했던 사람들인데 전쟁을 통해 탈취물이 생기고 소유가 생기는 순간에 인간의 관계가 돌변합니다. 자기 동료들, 잠시 전까지 함께 동고동락했던 동료들을 만나는 순간에 자신들과 동료들을 차별해야 한다고 주장합니다. 끝까지 적을 추격했던 자신들과 지쳐서 중간에 머물러 있는 동료 사이에는 탈취물을 똑같이 분배할 수 없다는 것입니다. 이것이 죄인의 원리요, 죄인의 심보입니다.

직접 추적한 사람들은 추적하느라고 수고했고, 싸우느라 수고했고, 돌아오느라고 수고했지만, 중간에 머물러 있는 사람들은 단지 가만히 앉아 쉬고 있었기에 자신들과 비교하여 공로가 다르고 상급이 달라야 한다는 것입니다. 차별 보상을 주장하는 사람들의 말에는 일리가 있습니다. 분명히 더 수고하고, 더 노력하고, 더 애쓴 것이 있기에 수고한 만큼, 노력한 만큼 보상을 받아야 한다는 주장이 합리성이 있습니다. 이 말은 들은 나머지 이백 명이 동의하지 않습니다. 이백 명은 또 다른 주장을 합니다. '너희들 나가서 싸우고 오는 동안 우리는 여기서 마음 편히 놀고 쉰 것이 아니다. 너희들 사백 명이 갔고 우리는 이백 명 뿐이었다. 우리가 블레셋 군대 따라 갔다 왔을 때 졸지에 이런 봉변을 당했었다. 그러면 너희들이 갔다가 우리만 남아 있을 때에 다른 사람이 또 와서 우리마저 죽이고 너희와 우리의 근거지 자체를 없앨 수도 있었다. 너희들이 잃어버린 것을 찾아서 돌아오려고 할 때, 우리가 없었다면 너희는 돌아올 곳이 없었을 것이다. 엄밀하게 따져보면 추격했던 사백 명 보다 남아있던 이백 명이 훨씬 더 수고하였다. 겨우 이백 명이 주변에서 몇 천이 나올지 몇 만이 나올지 모르는 두려움과 떨림과 불안 속에서 밤에 불침번을 서며 수고했다. 우리의 수고가 너희의 수고보다 절대로 작지 않다' 이들의 주장 또한 당연히 합리성이 있습니다. 양편 모두의 주장이 옳습니다. 둘 다 말이 됩니다.

하나님을 나타냄

이때 다윗이 어느 한 쪽의 말이 옳다고 들어주면 곧 바로 파당이고 분열이고 공동체가 깨집니다. 만약 추적 나갔던 자들을 대우해주면 남아 있던 자들이 억울해지고, 남아 있던 자들을 대접해 주면 다음부터 전쟁에 나가야 할 때 아무도 안 나갈 것입니다. 나간 자나 안 나간 자나 같으니까 적절히 타협하자고 말하면 다윗은 우유부단하고, 결단력이 없고,

카리스마가 없다고 할 것입니다. 다윗은 어느 편의 말도 안 듣고, 중재를 하지도 않습니다. 그리고 다윗은 모든 것들을 골고루 나누어 주는 결정을 내립니다. 다윗의 결정은 양쪽의 공로를 동일하게 인정하여 탈취물을 골고루 나누어 준 것이 아닙니다. 물론 탈취물을 동일하게 나누었다는 결과는 같습니다. 그러나 다윗이 내린 결정의 근거는 같은 수고에 대한 같은 보상이라는 원리가 절대로 아닙니다.

아말렉과의 전쟁을 바라보는 다윗 자신의 처지를 보면 동료들이 자기를 돌로 쳐 죽이려고 해서 죽임을 당할 수밖에 없는 상황에 있을 때에 자기가 할 수 있는 것이란 아무것도 없었습니다. 믿음이 좋아서 기도한 것이 아니라 할 것이 없어서 기도했던 것뿐입니다. 자기가 쫓아가서 싸움을 잘해서 이기고 돌아온 것이 아니라, 할 수 없어 하나님께 기도했더니 자신의 기도를 하나님이 들으시고, 적군에게 영향을 미치고 모든 것을 찾아오라고 말씀하시는 하나님의 도우심으로 모든 것을 회복했습니다. 모든 과정이 다윗 자신이 행한 것이 아니라 하나님이 도와주신 것이라는 것을 알고 있습니다. 다윗은 자신이 아는 것을 자신의 동료들 두 진영 모두에게 설명합니다. 아말렉을 쫓아간 무리와 브솔 시내에 남아 있던 두 진영 사이에는 차별이 생겨서는 안 되고, 탈취물을 많고 적게 나누어서는 안 되고, 똑같이 나누어야 한다고 말합니다. 이유는 모두가 똑같이 수고했기 때문이 절대로 아닙니다. 탈취물을 동일하게 나누어야 하는 이유는 똑같이 수고했기 때문이 아니라 똑같이 수고하지 않았기 때문입니다. 아말렉을 무찌르고 탈취물을 얻을 수 있었던 것은 다윗의 수고 때문이 아니요, 추적자들 때문이 아니요, 남아 있던 자들 때문이 아닙니다. 다윗의 대답은 사무엘상 30장 23절 "다윗이 이르되 나의 형제들아 여호와께서 우리를 보호하시고 우리를 치러 온 그 군대를 우리 손에 넘기셨은즉 그가 우리에게 주신 것을 너희가 이같이 못하리라"입니다.

추격자가 싸워서 뺏어온 것이 아니고, 남아 있던 자가 지켜서 얻은 것이 아니고 모든 싸움과 모든 소산은 여호와께서 자신들을 도우시고 여호와께서 적군을 자신들에게 붙이시고 여호와께서 자신들에게 주신 것이라고 말합니다. 하나님이 주신 것에 대하여 인간이 공을 나누는 것이 아니며, 여호와가 주신 것에 대하여 인간이 상급을 따지는 것이 아니며, 여호와가 주신 것에 대하여 누가 더 수고했느냐를 따지는 것이 아니라는 것입니다. 모두가 똑같이 수고했기 때문에 똑같이 나누어 가지는 것이 아니라 아무도 수고 안 했는데 하나님이 주신 것이니까 하나님의 원리로 같이 나누는 것이 옳다는 것입니다. 이것이 하나님의 원리요, 하나님의 마음입니다. 다윗은 이 모든 것에 누가 더 수고했느냐가 아니라 자신들의 수고가 아니기 때문에 자신들은 아무것도 가질 것이 없다는 것입니다. 자신들은 아무것도 안 했는데 하나님이 도우셔서 이 모든 것을 회복했으니 이것을 하나님의 은혜라고 하는 것입니다. 은혜는 말 그대로 은혜입니다. 하나님의 은혜에 인간의 수고와 인간의 헌신과 인간의 어떤 공과가 언급될 수 없고 차이가 날 수 없습니다.

인간을 위하시는 하나님

사무엘상 30장에서 가장 멋있으신 분은 다윗이 아니라 하나님입니다. 다윗은 아무것도 한 것이 없습니다. 본문은 다윗이 기도했다는 것을 강조하는 것이 아닙니다. 위기의 순간에 기도해야 한다고 가르치는 것이 아닙니다. 다윗이 탈취물을 공정하게 나누는 것을 통하여 지도자의 모습으로 높여주려는 것이 아닙니다. 다윗이 모든 사람보다 가장 많이 수고하고 모든 사람보다 가장 큰 곤경에 처해 있었음에도 공평히 나누니 다윗은 정말 지도자적이 자질이 있고 백성을 위할 줄 알고 겸손할 줄 안다고 칭찬하려는 것이 아닙니다. 성경은 다윗을 말하는 것이 아니라 하나님을 말해 주는 것입니다. 하나님을 가르쳐주려고 다윗을 무시하지 않고, 본문에서 마치 다윗이 잘하는 것처럼 마치 다윗이 기도해서 응답되었고, 마치 다윗이 모든 것을 공평무사하게 잘 한 것처럼 설명해 주는 것이 바로 인간을 높여 주시는 하나님의 배려입니다. 하나님은 다윗을 통해 우리에게 가르쳐 주시려고 하는 것은 다윗을 영웅 만드는 것이 아니라 인간이 하나님의 원리를 가져야 하고, 하나님의 마음, 하나님의 심정으로 행동해야 한다는 것입니다. 실제로 다윗이 구체적으로 하나님을 나타낸 적이 없습니다. 도리어 하나님이 다윗을 통해 하나님을 드러내는 것입니다. 하나님의 은혜로 받은 것에 차별이 있을 수 없고, 우열이 있을 수 없고, 하나님께서 주신 것이니 모두가 균등하게 누려야 한다는 것이 성경이 가르쳐 주려는 원리입니다.

교회 안에, 신앙 안에, 믿음 안에, 하나님나라 안에 인간 수고의 차이 또는 인간 열심의 차이, 인간 헌신의 차이가 강조되면 안 됩니다. 기도한 사람하고 기도 안 한 사람하고 은혜 받는 게 같습니다. 왜냐하면 은혜는 기도로 받는 것이 아니기 때문입니다. 충성한 자와 충성 안 한 자가 하나님께 받을 복이 같습니다. 기독교는 인간의 행동정도에 따라 하나님이 은혜와 복을 주시는 것이 아니라 하나님께 복을 받고 보니까 인간이 선하고 의롭게 행동할 것으로 여기기 때문입니다. 다윗이 멋지게 행동하니까 하나님이 역사를 꾸며 주신 것이 아니라, 하나님이 다윗을 도우시기에 다윗이 하나님이 도우셨다는 것을 깨닫고 공평하게 나눌 마음이 생긴 것입니다. 하나님의 은혜가 먼저요, 하나님의 복이 먼저입니다. 기독교는 은혜가 선포되고 복음이 선포되는 것입니다. 은혜를 아는 자의 자발적 수고가 있고 은혜를 모르는 자를 향한 헌신과 애씀과 끌어안아 줌과 대신 짐을 져주는 것이 있습니다. 하나님의 은혜가 선행되고 은혜를 아는 자들의 사랑과 용납과 수용과 이해가 있어서 모두가 행복과 자유와 기쁨과 안식을 누릴 수 있는 곳이 바로 교회요, 그런 삶이 바로 신앙생활입니다. 은혜는 말 그대로 하나님의 은혜이지 상이 아닙니다. 복은 말 그대로 하나님의 복이지 절대로 대가가 아닙니다. 은혜 받은 자들, 복 받은 자들의 하나님께로 향한 감사와 즐거움과 헌신과 충성과 애씀이 있을 때 그 안에 사랑과 행복과 평화와 자유와 기쁨이 있습니다.

할례있는 백성

사무엘상 31:1~13

1 블레셋 사람들이 이스라엘을 치매 이스라엘 사람들이 블레셋 사람들 앞에서 도망하여 길보아 산에서 엎드러져 죽으니라 2 블레셋 사람들이 사울과 그의 아들들을 추격하여 사울의 아들 요나단과 아비나답과 말기수아를 죽이니라 3 사울이 패전하매 활 쏘는 자가 따라잡으니 사울이 그 활 쏘는 자에게 중상을 입은지라 4 그가 무기를 든 자에게 이르되 네 칼을 빼어 그것으로 나를 찌르라 할례 받지 않은 자들이 와서 나를 찌르고 모욕할까 두려워하노라 하나 무기를 든 자가 심히 두려워하여 감히 행하지 아니하는지라 이에 사울이 자기의 칼을 뽑아서 그 위에 엎드러지매 5 무기를 든 자가 사울이 죽음을 보고 자기 칼 위에 엎드러져 그와 함께 죽으니라 6 사울과 그의 세 아들과 무기를 든 자와 그의 모든 사람이 다 그 날에 함께 죽었더라 7 골짜기 저쪽에 있는 이스라엘 사람과 요단 건너쪽에 있는 자들이 이스라엘 사람들이 도망한 것과 사울과 그의 아들들이 죽었음을 보고 성읍들을 버리고 도망하매 블레셋 사람들이 이르러 거기에서 사니라 8 그 이튿날 블레셋 사람들이 죽은 자를 벗기러 왔다가 사울과 그의 세 아들이 길보아 산에서 죽은 것을 보고 9 사울의 머리를 베고 그의 갑옷을 벗기고 자기들의 신당과 백성에게 알리기 위하여 그것을 블레셋 사람들의 땅 사방에 보내고 10 그의 갑옷은 아스다롯의 집에 두고 그의 시체는 벧산 성벽에 못박으매 11 길르앗 야베스 주민들이 블레셋 사람들이 사울에게 행한 일을 듣고 12 모든 장사들이 일어나 밤새도록 달려가서 사울의 시체와 그의 아들들의 시체를 벧산 성벽에서 내려가지고 야베스에 돌아가서 거기서 불사르고 13 그의 뼈를 가져다가 야베스 에셀 나무 아래에 장사하고 칠 일 동안 금식하였더라

멋있게 살기, 멋있게 죽기

삶의 평가

사무엘상 31장은 사무엘상의 마지막 장으로 사울이 죽는 사건이 기

록되어 있습니다. 사람이 사는 동안에 가장 중요한 것은 죽는 순간 얼마나 멋있게 죽느냐가 아니라 살아있는 동안 얼마나 멋있게 사느냐 입니다. 죽음을 인간의 마지막 순간이라고 해서 상당히 의미를 두려는 사람들이 있습니다. 그동안 잘 살았으면 다행이지만 비록 잘못 살았을지라도 마지막 순간을 장렬하게 드라마틱하게 죽으면 죽음의 장면으로 모든 삶을 평가하는 습성들이 있습니다. 그래서 대체로 영웅은 그가 죽은 다음에 영웅으로 추대되는 것이 보통입니다. 예수님과 세상에 있는 영웅들과는 전혀 다른 측면들이 많이 있는데 그 중의 하나가 바로 예수는 원래부터 알려져 있었다는 것입니다. 예수는 예언이 있어 예언대로 등장하고 예언대로 출생하고 예언대로 사역하고 예언대로 죽는다는 것입니다. 예상 밖의 일이 일어나는 것이 아니고, 아무도 기대하지 않았던 불가사의한 일이 일어나서 후대의 사람들이 예수는 과연 달랐다라고 추대하는 방식이 아니라 원래 예언이 주어지고 예언대로 사신다는 것입니다. 또한 예수가 살았을 때에 예수 사역의 결과로 많은 사람이 은혜를 입었다는 것입니다. 그러나 세상의 영웅은 정반대인 경우가 많습니다. 그가 출생한다는 것을 아무도 몰랐고 그가 자라나는 도중에 아무도 관심을 갖지 않았고 영웅이 될 것이라고 예상을 못했습니다. 그러다가 삶 중에 어떤 영웅적인 행동을 하거나 죽을 때 좀 멋있게 죽으면 그 사람이 영웅으로 칭송되고 그때야 이전의 모든 삶을 아름답게 미화하는 작업들이 이루어집니다. 혹시 이전의 삶을 아름답게 미화하려고 하는데 삶이 워낙 엉망이어서 미화할 내용이 없으면 이전 삶은 덮어두고 죽음만을 생각하는 사람들의 습성이 있습니다.

여름에 종종 물놀이 사고가 납니다. 물놀이를 할 때 어떤 사람이 물에 빠져서 상당히 위태로운 상황이 발생하면 그를 구하러 구할 능력이 있는 사람이 들어가야 합니다. 구할 수 있는 능력이 없음에도 뛰어 들어가서 구하지도 못하고 자기도 죽으면 그것은 살신성인도 아니요, 의인도 아니요, 도리어 미련한 짓이요, 바보 같은 짓입니다. 어떤 사람이 어떻게 살았는지 모르지만 마지막 순간에 명분 있게 죽었다고 해서 멋있는 삶이 절대 아닙니다. 죽음은 절대로 미화해서 되는 것이 아닙니다. 인간의 관점에서 마지막 순간이라거나 최후의 모습이라고 해서 어떤 의미를 많이 부여하지만 실상은 영생을 사는 사람의 관점에서는 죽음도 인생살이에 한 모습에 불과합니다. 다른 살아가는 일들과 다를 것이 없습니다. 죽음이라고 해서 훨씬 더 가산점을 주고 훨씬 더 멋있게 생각해야 할 것이 아닙니다. 잘 살다가도 마지막 순간을 잘 마무리하지 못하면 마치 인생이 실패한 것처럼 느껴지고, 대충 살다가도 마지막 장면에 뭔가 의로운 행동을 하면 이전의 삶에 면죄부를 주는 것처럼 행동해서는 안 됩니다. 그것은 죄인들의 방식일 뿐입니다.

멋있게 죽기

본문에서 사울이 죽음을 맞이합니다. 사울은 사는 동안에 멋있게 살지 않았습니다. 사울은 왕임에도 불구하고 왕답지 않게 살았고, 하나님의 백성 이스라엘임에도 이스라엘답지 않게 살았고, 하나님의 기름 부음 받은 종임에도 기름 부음 받은 자답게 살지 않았고, 하나님의 할례 받은 백성임에도 할례 받은 자답게 살지 않았습니다. 그동안 군대를 정비하고 국방을 튼튼히 하고 나라를 잘 다스린 것도 아닙니다. 자신의 충신 다윗을 잡으려고 군대를 사적으로 동원하고 왕궁을 비워둔 채 온통 이산 저산을 헤매고 다녔습니다. 그러던 중 본문에 나오는 것처럼 블레셋 군대가 쳐들어 왔습니다. 전쟁에서 이길 리가 없습니다. 당연히 허술했던 군대가 대패하고 자기의 세 아들도 다 죽고 자신도 활에 맞아 중상을 입어서 죽어가고 있습니다. 죽어가고 있을 때 해야 할 일은 그냥 죽는 것입니다. 그런데 그동안 전혀 하나님과 무관하게 살던 사울이 마지막 순간에는 마치 전 생애를 하나님의 사람답게 살았던 것처럼, 이스라엘 백성답게 살았던 것처럼, 왕으로서의 권위와 체통을 아주 중요시 여기며 살았던 것처럼 장렬해 보이고 뭔가 흔적을 남겨보려고 애를 쓰는 것 같습니다. 마치 하나님께 충실했었고 거룩하고 신실하게 믿음을 유지해왔던 사람처럼 행동하려고 합니다.

자기가 화살을 맞아 중상을 입어서 죽게 되었으면 그냥 죽으면 됩니다. 그런데 죽지 않고 옆에 병기든 자를 부릅니다. 병기든 군사에게 자기를 찔러 달라고 요청합니다. 사울이 이렇게 요청하는 이유는 할례 없는 블레셋 백성에 손에 죽으면 자신의 삶이, 자신의 명예가 모욕을 당한다는 것입니다. 병기든 자가 죽이려 하지 않자 자기 손으로 칼을 취하고 그 위에 엎드러져 죽었다고 말합니다. 블레셋 군사 손에 죽으면 창피한 것이고 자기 칼로 죽으면 좀 달라지는 것이 아니며, 패배해서 적군의 손에 죽으면 불명예스럽고 그나마 자기 팀 동료에게 죽으면 전쟁 중 순직한 것이 아닙니다. 사울은 죽는 순간에도 병기든 자에게 부담을 주고, 병기든 자가 죽이지 않으니까 자기는 자살하고 부담감에 못 이겨서 병사도 자결하게 만드는, 죽는 순간까지 물귀신 작전입니다.

멋있게 살기

인간은 어떻게 멋있게 죽느냐를 신경 쓰는 것이 아니라 사는 동안 얼마나 멋있게 사느냐에 관심을 집중해야 합니다. 처음도 행복해야 하고, 과정도 행복해야 하고, 나중도 행복해야 합니다. 사람들은 죽음을 어떻게든 멋있게 표현해보려고 여러 말들을 만들어 내곤 합니다. 그 말들은 전부 말장난에 불과한 것입니다. 성경은 죽음을 절대로 미화하지 않습니다. 성경에는 죽음을 드라마틱한 장면이나 극적인 장면으로 묘사하는 곳이 한 군데도 없습니다. 믿음의 조상 아브라함 어떻게 죽었고 마지막에 무슨 말을 남겼으며 하나님을 위하여 어떻게 신실한 모습을 가지고 죽었는가에 대한 내용이 전혀 나오지 않습니다. 단지 '열조와 함께 자더라' 는 표현으로 끝입니다. 이삭과 야곱과 요셉도 장렬하거나 멋있거나 백성을 위하여 정말로 위대한 유언을 남긴 것이 없습니다. 모세와 아론도 마찬가지입니다. 아무도 그가 죽는 것을 본 사람이 없습니다. 모세가 마지막에 하나님의 심정을 가지고 백성을 위하여 피를 토하며 주님의 말씀을 따르라고 설교하며 장렬하게 죽는 것이 아닙니다. 산에 올라갔는데 안 내려오는 것으로 백성이 모세가 죽었다는 것을 아는 것이 전부입니다. 여호수아도 마찬가지이고 사무엘도 마찬가지입니다. 사무엘상 25장에서 보신대로 "사무엘이 죽으매 온 이스라엘 무리가 모여 그를 두고 슬피 울며 라마 그의 집에서 그를 장사한지라"일 뿐입니다. 성경은 죽음의 장면을 멋있게 기록하거나, 죽은 사람을 영웅으로 추대하는 장면이 한 군데도 없습니다.

신약도 마찬가지입니다. 예수님의 열 두 제자 중에 베드로라는 사람이 있습니다. 나머지 열 한 제자도 마찬가지이고 베드로도 어떻게 죽었는지 성경에 나타나지 않습니다. 하나님을 부인했던 자, 예수님을 부인했던 자가 참회하여 얼마나 멋있게 살다가 마지막 순간에 온 영혼 주님께 바치면서 죽는 장면이 없습니다. 사도행전에 1장부터 10여장까지 베드로가 나오다가 어느 순간부터 등장하지 않습니다. 15장에 잠깐 나왔다가 이후에는 없어져 버리고 바울이 등장하는 것으로 끝납니다. 베드로가 어떻게 죽었는지, 바울이 어떻게 죽었는지 성경은 말하지 않습니다. 성경이 말하지 않는 것을 사람들이 억지로 생각해내고 만들면 안 되는데 꼭 사람들은 말을 만들어 냅니다. 멋있는 장면, 극적인 장면, 뭔가 영웅적인 장면을 만들어내고 과연 달랐더라는 말을 만들어 냅니다. 베드로에 관하여도 성경에 없는 전설, 죄인들의 발상이 가득 담긴 전설이 남아있습니다. 베드로가 로마시대에 복음을 증거하고 다니다가 관원들에게 잡혀서 당시의 관례대로 십자가에 달려서 죽어야 했다는 것입니다. 베드로는 자신은 주님의 신들 매도 감당치 못하는데 주님이 죽으셨던 방법처럼 십자가에 달려 죽기를 감당할 수 없으니 십자가에 바로 달지 말고 십자가에 거꾸로 달아 죽여 달라고 요청했다고 합니다. 이렇게 말해야 베드로가 어떻게 살았으며 마지막에 얼마나 장렬하게 죽었는가를 극화할 수 있기 때문에 사람들이 만들어내는 전설이요, 허구일 뿐입니다. 성경은 그런 것을 없애버립니다. 사도행전 7장에 스데반이 죽는 모습이 나옵니다. 스데반이 얼마나 훌륭하게 죽으면 평상시 예수님이 하나님 우편에 앉아 계시다가 그날은 하도 급해서 벌떡 일어나셨다고 기록된 것이 아닙니다. 스데반이 얼마나 멋있게 죽느냐가 아니라 믿음 있는 자가, 하나님의 능력 있는 자가 죽음 자체를 어떻게 멋있게 극복해 내고 어떻게 맞이하느냐는 믿음의 모습, 신앙의 모습을 보여 주는 것이지 죽음의 모습을 강조하는 것이 아닙니다. 사는 동안 즐겁고 신나고 자유롭고 평안하고 행복하게 하나님의 은혜를 누리며 사시기를 바랍니다.

신앙의 역할

할례의 의미

사울은 중상을 당하였을 때 병기든 자에게 자신을 찔러서 죽여 달라고 요청했습니다. 사울이 이러한 요청을 한 이유는 사무엘상 31장 4절 "할례 없는 자들이 와서 나를 찌르고 모욕할까 두려워하노라"입니다. 사울은 평상시 할례 있는 백성답게 살지 않았습니다. 평상시는 아무 상관 없이 살다가 갑자기 죽는 순간에 할례를 들고 나옵니다. 할례라든가 하나님이 인간에게 주신 여러 가지 종교적 신앙적 징표들과 계율들과 행위들이 무엇을 의미하며, 어떻게 활용되어야 하는지에 대하여 오해를 하는 것입니다. 할례를 예로 들겠습니다. 하나님이 하나님의 백성에게 '너는 나의 백성이다. 나는 너의 하나님이다. 이것을 기억하라'는 의미에서 하나님이 인간을 위해서 주신 징표가 할례와 기타 여러 가지 성경에 나타나는 일들입니다. 그러므로 할례는 이스라엘이 하나님을 향해 행하여야 할 의무를 기억하는 상징이 아니라, 하나님이 이스라엘에게 '나는 너의 하나님으로서 내가 너를 돕고 내가 너를 후원하고 내가 너와 동행할 것이라' 는 하나님의 약속을 기억할 수 있도록 주시는 하나님의 선물인 것입니다. 할례나 기타 종교적 절기나 제도를 볼 때마다 이스라엘은 '우리가 하나님을 향하여 무엇을 해야 하는가?' 를 기억해야 하는 것이 아니라 '하나님이 우리에게 무엇을 약속하셨고 하나님이 우리에게 무엇을 행하고 계시고 하나님께서 무엇을 행할 것인가?' 를 기억하는 것입니다. 하나님은 바로 그것을 위해 하나님의 증표들을 인간에게 주시는 것입니다.

이스라엘이 위기에 처해 있습니다. 전쟁 중에 상대를 감당해 낼, 막아낼 방도가 없습니다. 자신들이 패할 것이 뻔히 눈에 보입니다. 누가 보아도 가능성이 없습니다. 하나님께 도와 달라고 할 수도 없습니다. 왜냐하면 그동안 하나님의 말씀을 순종치 않았고 절기도 지키지 않았고 엉망으로 살았기 때문입니다. 상황으로는 매우 절박하지만, 하나님 뵐 면목도 없는 심정입니다. 바로 그때 상황을 걱정만 할 일이 아니라 이스라엘은 하나님을 향하여 당당히 부르짖을 수 있는 근거를 가지고 있는데 그것이 바로 할례입니다. 내 삶은 엉망이고 내 삶속에 하나님에 대한 모든 것이 부족했을지라도 그래도 나는 하나님을 부를 수 있고, 나는 하나님을 찾을 수 있고, 하나님에게 '하나님 도와주세요. 하나님 저를 인도해주세요' 라고 말할 수 있는 근거가 할례라든가 기타 하나님의 징표들입니다. 사울이 이 순간에 그저 죽는 것이 아니라 반대로 말했어야 합니다. '하나님 도와주세요. 저 엉망으로 살았던 것 맞습니다. 저 말씀 순종 안 하고 살았던 것 맞습니다. 그러나 하나님 도와주세요. 하나님 약속하셨잖아요. 하나님 도와주신다고 했잖아요. 하나님 인도하신다고 했잖아요' 라고 말할 수 있는 근거, 그때 사용하라고 하나님이 주신 징표가 하나님이 허락하신 할례와 같은 것들입니다. '하나님 저 못났습니다. 그래요 저 엉망이에요. 그래도 저 하나님 백성이잖아요'라고 간구할 수 있는 근거로 하나님이 주신 것입니다.

하나님이 인간에게 허락하신 할례, 절기, 율법 등 모든 것들 즉 종교의 내용과 신앙의 표징과 하나님의 말씀과 권면은 인간을 도와주고자 하나님이 허락하신 것입니다. 그런데 사울은 하나님이 주신 것을 정반대로 사용하고 있습니다. 사울은 인간과 하나님과의 관계에 있어서 가장 죄인인 모습을 보여줍니다. 사울은 가장 어리석고 미련한 모습을 보여줍니다. 사울의 말은 '나는 할례 받은 신의 백성이다. 나로 말미암아 이 거룩한 할례가 모욕을 당해서도 안 되고 나로 말미암아 이 할례라고 하는 거룩한 행위를 주신 그분이 모욕을 당해서도 안 된다. 이 할례가 모욕을 당하니 내가 자결함으로 나의 할례 받은 백성다운 모습을 잃지 않고, 내가 자결함으로 나를 할례 주신 그 분의 이름을 모욕당하지 않게 하리라. 나의 종교적 표징을 위하여, 나의 신을 위하여 내가 죽노라'는 의미를 내포하고 있습니다. 멋있는 게 아니라 가장 어리석은 짓이요, 가장 바보 같은 짓이요, 심한 말로 미친 짓입니다. 다른 종교에서는 이런 것들이 아름답게 미화되고 신을 향한 거룩한 행위로 추앙될 수 있습니다. 그러나 기독교에서는 아닙니다. 이러한 사고방식은 하나님과 아무런 상관이 없는 방식입니다.

할례 없는 블레셋 백성

'할례 없는 백성'이라는 말을 사울 말고 다른 사람도 사용한 적이 있습니다. 바로 다윗입니다. 다윗이 사무엘상 17장 34장부터 37절에서 할례 없는 백성이라는 표현을 사용합니다. 블레셋 백성 중에 골리앗이라고 하는 장수가 나와서 이스라엘 모든 백성을 모욕하고, 이스라엘은 왕에게서 신하들까지 다 모욕을 당하고 있을 때 다윗이 사울과 백성 앞에서 했던 말입니다. 사무엘상 17장 34절부터 37절 "다윗이 사울에게 말하되 주의 종이 아버지의 양을 지킬 때에 사자나 곰이 와서 양 떼에서 새끼를 물어 가면 내가 따라가서 그것을 치고 그 입에서 새끼를 건져냈고 그것이 일어나 나를 해하고자 하면 내가 그 수염을 잡고 그것을 쳐죽였나이다. 주의 종이 사자와 곰도 쳤은즉 살아 계시는 하나님의 군대를 모욕한 이 할례 받지 않은 블레셋 사람이리이까? 그가 그 짐승의 하나와 같이 되리이다. 또 다윗이 이르되 여호와께서 나를 사자의 발톱과 곰의 발톱에서 건져 내셨은즉 나를 이 블레셋 사람의 손에서도 건져내시리이다"입니다. 다윗은 블레셋을 향하여 "할례 받지 않은 블레셋 사람"이라는 표현을 썼습니다.

사울은 불순종했으니까 하나님을 구할 수 없고 다윗은 순종했으니까 하나님을 구할 수 있는 것이 아닙니다. 사무엘상 17장까지 사울은 나쁘고 다윗은 옳다는 것이 아닙니다. 성경은 누구는 옳고 누구는 틀리다고 인간을 차별하고 인간을 구분하고 비교하지 않습니다. 성경에는 될 성싶은 나무는 떡잎부터 다르다는 개념이 없습니다. 성경에는 성공한 사람은 뭔가 달라도 다르다는 표현이 한 군데도 없습니다. 성경은 사람을 구분하거나 차별하지 않습니다. 그러므로 다윗이나 사울이나 똑같은 자입니다. 그런데 사울은 죽을 때 할례 없는 백성에게 죽는 것이 모욕 당할까봐 스스로 죽는 쪽으로 사용하고, 다윗은 이스라엘이 블레셋 군대에게 모욕을 당할 때 '우리는 할례 있는 하나님의 백성이다. 그러니까 우리에게 할례를 허락하신 하나님이, 징표를 허락하신 하나님이 우리를 이 위기에서 건져내실 것이다' 라고 말하는 것입니다. 이것이 할례 또는 기독교의 모든 의식, 약속, 말씀을 삶 중에 가장 잘 적용하는 올바른 모습인 것입니다. 하나님의 징표를 지켜내고자 내가 죽는 것이 아니라 내가 죽을 수밖에 없을 때 징표를 동원하여 하나님으로 인해 사는 것이 하나님이 허락하신 방식입니다.

만약 그 때에 다윗도 사울처럼 행동했다고 하면 이렇게 했어야 합니다. 다윗이 사울 왕과 모든 백성에게 나와서 '왕이시여! 정신을 차리시옵소서. 지금 저 할례 없는 백성 블레셋이 나와서 하나님과 하나님의 백성을 이렇게 모욕하는데 듣고 계십니까? 가서 저놈을 죽이십시오. 우리 중에는 골리앗을 당할 자가 하나도 없습니다. 나도 갈 힘이 없습니다. 그러면 우리가 해야 할 일은 하나입니다. 우리 모두 귀를 깨물고 죽읍시다. 혀를 깨물고 죽는 게 아닙니다. 저 놈이 말을 하니까 저 놈의 혀를 깨물읍시다. 저놈의 혀를 깨물을 재주가 없으면 내 귀로 들리니까 내 귀를 깨물고 죽어야 됩니다' 라고 말했어야 합니다. 다윗이 이렇게 행했다면 장렬하게 죽었다고 말할 수 있을 것입니다. 그런데 다윗은 절대 그렇게 하지 않았다는 것입니다. 골리앗의 말을 들을 때에 모욕을 당하는 것 때문에 자결을 하는 것이 아니라, 주변에 있는 동료들 데리고 함께 죽는 것이 아니라, "우리는 할례 있는 하나님의 백성이기에, 할례 없는 자들과는 다르기에 하나님을 구할 수 있고 하나님의 도움을 요청할 수 있고 하나님 앞에 간구할 수 있다"고 말했고 그래서 하나님의 도움을 입고 이스라엘이 구원을 받을 수 있었던 것입니다. 기독교는 신을 위해 인간이 죽는 것이 아니라 인간을 위해 하나님이 죽어주신 종교입니다. 하나님으로 인해 인간이 살아났으니 인간은 자유롭고 풍성하고 행복하고 평안하고 기쁘고 신나고 멋있게 사는 것, 이것이 기독교입니다.

인간을 위해 주시는 하나님

사울은 사는 동안 하나님의 백성답게 은혜와 축복을 누리지 못했습니다. 하나의 이야기를 만들어 보겠습니다. 사울은 화살을 맞아 죽을 입장이 되었을 때 하나님께 기도했어야 합니다. 말 한 필을 보내달라고 구했더니 어디선가 말이 달려왔고, 사울을 겨우 말을 잡아타고 적진을 벗어나는 것입니다. 그리고 성경에 이렇게 기록되었어야 합니다. '사울이 이 사건을 통하여 하나님을 알았고 이후로는 늘 하나님에 뜻에 순종하며 하나님과 동행하면서 행복하게 살았더라. 이것은 길르앗 야베스 지방에 내려오는 이야기입니다.' 이렇게 이야기가 전개되는 것이 사울이 하나님을 바로 믿는 것이고, 하나님께 할례를 받은 할례 있는 백성의 삶에 방식인 것입니다. 그런데 사울은 할례가 자신에게 아무런 도움이 되지 못했고 죽는 순간까지 자기의 구원의 방편이 아니라 죽어야 되는 이유가 돼 버렸습니다. 종교의 왜곡이요 진리의 왜곡이요 신앙의 가장 극심한 왜곡입니다. 기독교는 하나님이 인간을 도와주시는 종교입니다. 인간이 하나님을 알고 하나님으로 말미암아 행복해 질지언정 절대로 하나님 때문에 불편해지거나 불행해지면 안 됩니다.

사울의 생애

사울의 평가

사무엘상을 시작할 때는 분명히 사무엘이 주요 인물이었습니다. 그러나 7장 이후에는 사울 이야기가 가장 많이 나옵니다. 사무엘상의 활동적인 인물은 사울인데 정작 사울은 못된 사람으로 나오고 도리어 다윗이 부각됩니다. 사무엘상의 주인공이 사무엘인지 사울인지 다윗인지 분간할 수가 없습니다. 정확히 말하면 중요인물은 사무엘 아니고 사울도 아니고 다윗도 아닙니다. 성경은 자기 백성을 어떻게 도우시는가를 기록한 하나님에 관한 책입니다. 사울의 죽음, 사울의 삶에 대한 평가가 여러 가지가 있습니다. 긍정적인 평가도 있고 부정적인 평가도 있습니다. 사울에 대한 긍정적인 평가로는 그래도 사울이 이스라엘의 초대 왕이었다는 측면을 사람들은 부각합니다. 그러나 사울이 왕이었다는 사실, 특별히 이스라엘의 초대 왕이었다는 사실은 아무런 의미가 없습니다. 왜냐하면 하나님은 왕이라는 것을 다른 사람보다 높은 신분과 권세를 가진 것으로 세워준 적이 없기 때문입니다. 또 사울이 이스라엘 초대 왕으로서 왕조의 기틀을 잡고 국가의 기반을 다져 놓은 것도 아무런 의미가 없습니다. 왜냐하면 하나님은 이스라엘을 사울에게 맡긴 적이 없고 이스라엘의 번성과 안전은 국방과 경제와 문화와 교육에 달려 있는 것이 아니라 하나님께 있기 때문입니다. 사울에 대해 긍정적으로 평가할 것이 전혀 없습니다.

사울에 대해서는 부정적인 평가가 훨씬 많습니다. 하나는 사울이 하나님의 말씀에 불순종했다는 것입니다. 그러나 사울의 불순종도 그렇게 큰 잘못이 아닙니다. 왜냐하면 죄인이 하나님의 말씀에 불순종하는 것은 당연한 것이요, 일반적인 것이기 때문입니다. 하나님의 말씀에 불순종한 것이 잘한 것은 아니지만 썩 잘못한 것도 아닙니다. 왜냐하면 죄인으로서 죄를 짓지 않을 방법이 없기 때문입니다. 사울로서는 그 정도밖에 할 수 없는 것이었습니다. 죄인은 하나님의 말씀에 순종하는 것이 불가능한 것입니다. 우리가 하나라도 하나님의 말씀에 순종할 수 있으면 기적 같은 일이요, 하나님의 엄청난 은혜를 입은 결과인 것입니다. 또 어떤 사람은 사울은 하나님을 위하여 아무것도 하지 않았고, 하나님의 영광을 나타내지 않았다고 부정적인 평가를 하기도 합니다. 그러나 사울이 특별히 하나님을 위해 아무 것도 안 한 것이 아닙니다. 어차피 인간은 하나님을 위할 수 없고 인간이 하나님의 영광을 나타낼 수 없습니다. 성경은 하나님의 영광이 나타나매 인간이 그 영광을 보았다고 말하지, 인간이 하나님께 영광을 돌렸다고 말하지 않습니다. 만약 사울이 하나님께 영광을 돌리지 않았다고 말한다면 다윗도 하나님께 영광이 돌린 것이 없다고 말할 수 있을 것입니다.

사람들은 어떤 사람을 평가할 때 주로 공적을 기준으로 해서 평가를 합니다. 평가 받을 만한 공적을 쌓고자 온 삶을 수고하고 헌신합니다. 세상의 평가기준과 성경의 평가기준은 전혀 다릅니다. 사울의 삶에 대한 평가는 사울이 잘했느냐 못했느냐, 하나님을 향하여 긍정적인 측면과 부정적인 측면이 무엇인가에 관한 것이거나, 이스라엘 백성을 향하여 부정적인 측면과 긍정적인 측면이 무엇이냐를 논하는 것이 아닙니다. 사울에 대한 평가는 사울 자체를 보아서 사울이 행복한 삶을 살았느냐 혹은 행복하지 못한 삶을 살았느냐만 남는 것입니다. 불행하게도 사울은 행복을 누리지 못했습니다. 죄인으로서의 삶을 살았던 것은 특별히 잘못한 것은 아닙니다. 다만 하나님의 사람으로, 부름 받아 하나님의 은혜를 입은 자로 하나님의 은혜를 누릴 수도 있었는데 누리지 못했다는 것이 안타깝다는 것입니다.

한 인간으로 태어나서 삶을 살아가는데 어느 신분, 어느 위치, 어느 일을 감당하느냐가 중요한 것이 아니라 행복하게 사느냐가 중요합니다. 혼자 힘으로 행복할 수 없으면 하나님의 도움을 받아서라도 행복해야 합니다. 그것이 하나님이 인간과 함께 하시는 이유이고 인간을 도우시는 이유입니다. 그런데 사울은 행복하지 못했습니다. 사울은 평안하지 못했습니다. 왕에 대한 집착 때문도 아니요, 신하를 신뢰하지 못했기 때문도 아닙니다. 사울이 행복을 누리지 못했던 이유는 단 하나 하나님을 몰랐기 때문입니다. 왕에 대한 집착이 생긴 것도 하나님을 모르기 때문이고 충신 다윗을 오해하여 그렇게 죽이려고 시도 한 것도 하나님의 관점으로 보지 않았기 때문입니다. 할례라는 종교적 징표마저도 그에게는 아무런 소용이 없었습니다. 왜냐하면 그 징표를 하나님을 구하고 찾을 수 있는 하나님의 자녀에 특권으로 본 것이 아니라 하나님의 자녀로 지켜내야 할 짐이요 멍에로 보았기 때문입니다. 사울은 그런 의미에 불쌍한 사람입니다.

사울과 다윗

성경은 사울과 다윗을 대조시키고 있습니다. 성경은 사울을 못된 인간으로 몰아가고 다윗을 훌륭한 인간으로 높이는 것이 아닙니다. 다윗에 대하여 성경이 강조하는 내용은 왕으로 기름 부음 받은 것이 아닙니다. 사울도 왕으로 기름 부음 받았습니다. 다윗이 골리앗을 이기고 장수가 된 것을 강조하지 않습니다. 사울도 블레셋 군대를 이긴 적이 많이 있습니다. 다윗이 가는 곳마다 승리를 얻어 백성의 마음을 얻은 것을 강조하지 않습니다. 사울도 백성의 마음을 얻었기에 왕 노릇을 했습니다. 인간적인 차원에서 사울과 다윗은 다르지 않습니다. 성경이 보여주는 사울과 다윗의 차이점은 인간적인 차원에서의 차이점이 아니라 하나님을 아느냐 하나님을 모르느냐의 차이점입니다. 하나님을 모르는 자의 사울 같은 삶과 하나님을 알기 때문에 사울과 같지 않은 다른 모습을 다윗을 통해 보여주는 것입니다.

    사무엘상 17장에서 블레셋과의 전쟁에서 적장 골리앗의 협박과 으름장이 있었습니다. 골리앗 때문에 사울은 벌벌 떨고 있습니다. 다윗의 반응은 사울과는 달랐습니다. 다윗이 용감하기 때문이 아니요, 다윗이 싸움을 워낙 잘하기 때문이 아닙니다. 다윗의 행동은 다윗의 말대로 '할례 없는 블레셋 백성이 이 나라를 침이 합당하지 않으며, 하나님이 우리를 그렇게 놓아두시지 않을 것이다' 는 것을 알기 때문에 두려워하지 않고 담대하게 나갈 수 있었던 것입니다. 다윗의 용맹이 아니라 하나님이 이스라엘에게 하신 약속을 알았기 때문입니다. 자신을 추적하는 사울이라고 하는 원수가 하루 이틀도 아니고 몇 달을 몇 년을 온 이스라엘을 헤집고 다니며 자기를 죽이려고 합니다. 그때 원수를 죽일 수 있는 절호의 찬스가 왔는데도 그를 죽이지 않을 수 있었던 것은 그가 관용이 있고 그가 바다 같은 마음이 있기 때문이 아니라 하나님의 일은 하나님이 하신다는 것을 믿기 때문에 용서할 수 있었던 것입니다. 원수를 죽이지 못했다는 울분 때문이 아니라 하나님이 자신의 삶을 인도하신다는 평안한 마음이 있기 때문에 사울을 살려줄 수 있는 것입니다.

사울은 무지하고 다윗은 영리하고, 사울은 어리석고 다윗은 총명하였다는 인간적 측면에서 사울과 다윗의 차이점은 없습니다. 사울은 하나님을 모욕하고 다윗은 하나님을 영화롭게 했다는 차이점은 없습니다. 다시 한 번 강조하면, 사울과 다윗의 차이점은 단 하나입니다. 사울은 하나님을 몰랐기에 하나님의 은혜를 누리지 못하였고, 똑같은 상황 아니 어쩌면 더 안 좋은 상황에서도 다윗은 하나님을 알았기에 하나님의 은혜를 누리며 살 수 있었다는 것입니다. 사울은 자신의 말대로 할례 있는 백성이었습니다. 할례 있는 백성임에도 할례 있는 백성답게 살지 못했습니다. 하나님의 능력을 구하지도 찾지도 않고 하나님의 은혜를 누리지도 못했습니다. 할례는 사울이 하나님을 구할 특권으로 가지고 있는 것이 아니라 사울에게 굴레가 되어 죽을 때 더욱더 참담하게 죽을 수밖에 없는 무거운 짐이 되었던 것입니다. 신앙의 가장 극심한 왜곡입니다. 다윗은 하나의 자녀로서 하나님이 자신과 함께 한다는 것을 알기 때문에 하나님을 만끽하며 살았던 사람입니다. 원수를 만났을 때에도 하나님이 하나님의 일을 하실 것이라는 것을, 원수 갚음이 하나님께 있다는 것을 알아서 자신의 손에 피 한 방울 묻히지 않고 원수를 다 갚을 수 있었습니다. 왕이 되는 시간이 비록 오래 걸릴 지라도 하나님이 기름 부으셨으매 자신을 기어코 왕으로 세우실 것을 알기에 차분히 기다렸고 때가 되어 온 이스라엘이 그를 왕으로 추대함으로 왕이 될 수 있었습니다. 하나님을 모르면 나 외에는 아무것도 해줄 사람이 없기에 불안과 염려와 근심을 벗어날 길이 없고, 하나님을 알면 하나님의 일하심을 믿기에, 하나님이 나를 돌보시고 나를 책임지신다는 것을 알기에 평안히 갈 수 있습니다. 하나님과 함께 자유롭고 평안하게 행복한 삶을 누리시기를 주님의 이름으로 축원합니다.